高等院校数字化课程创新教材

供高职高专护理、助产等相关专业使用

五官科护理

主　编　范　真

副主编　冀景珍　王志英

编　者　（按姓氏汉语拼音排序）

范　真　南阳医学高等专科学校

高雅琪　鹤壁职业技术学院

冀景珍　许昌学院

李国正　南阳医学高等专科学校

刘　莉　鄂尔多斯应用技术学院

刘　锐　承德医学院

任　冬　周口职业技术学院

王志英　宁夏医科大学

朱兰兰　重庆医药高等专科学校

朱跃弟　运城护理职业学院

科学出版社

北　京

内 容 简 介

本书分为眼科护理、耳鼻咽喉科护理和口腔科护理三大部分，每部分按各科疾病护理概述及各部位疾病患者的护理划分章节，共16章。全书从护理工作的实际出发，以培养学生能力为本位，在充分认识眼、耳、鼻、咽喉及口腔各部位应用解剖与生理功能的基础上，学习对五官科患者进行护理评估、提出护理诊断、采用常用护理操作技术进行治疗和护理的方法，并初步认识五官科护理管理。

本书适用于高职高专护理、助产等相关专业学生，亦可作为医学院校高等护理专业学生、五官科临床护理工作人员及社区护理人员的学习及参考用书。

图书在版编目（CIP）数据

五官科护理 / 范真主编. —北京：科学出版社，2018.1
高等院校数字化课程创新教材
ISBN 978-7-03-055272-3
Ⅰ. 五…　Ⅱ. 范…　Ⅲ. 五官科学–护理学–高等学校–教材　Ⅳ. R473.76
中国版本图书馆 CIP 数据核字(2017)第277649号

责任编辑：魏亚萌　丁彦斌 / 责任校对：张凤琴
责任印制：赵　博 / 封面设计：张佩战

科学出版社 出版
北京东黄城根北街16号
邮政编码：100717
http://www.sciencep.com
北京凌奇印刷有限责任公司 印刷
科学出版社发行 各地新华书店经销
*
2018年1月第　一　版　开本：787×1092　1/16
2023年12月第七次印刷　印张：14 1/2
字数：344 000
定价：39.80元
（如有印装质量问题，我社负责调换）

前　言

党的二十大报告指出："人民健康是民族昌盛和国家强盛的重要标志。把保障人民健康放在优先发展的战略位置，完善人民健康促进政策。"贯彻落实党的二十大决策部署，积极推动健康事业发展，离不开人才队伍建设。党的二十大报告指出："培养造就大批德才兼备的高素质人才，是国家和民族长远发展大计。"教材是教学内容的重要载体，是教学的重要依据、培养人才的重要保障。本次教材修订旨在贯彻党的二十大报告精神和党的教育方针，落实立德树人根本任务，坚持为党育人、为国育才。

为适应高等卫生职业教育、教学的发展趋势，落实教育部《国家中长期教育改革和发展规划纲要（2010—2020）》《高等职业教育创新发展行动计划（2015—2018）》《教育信息化十年发展规划（2011—2020）》等要求，由科学出版社组织全国高职高专院校的有关教师编写了这套护理教育规划教材，供高职高专护理专业使用，《五官科护理》即是其中的一本。

我们在编写过程中，按照出版社要求，在突出"三基"（基本理论、基本知识和基本技能），强化"五性"（思想性、科学性、先进性、启发性、适用性）的基础上，着重体现"以就业为导向，以能力为本位，以发展技能为核心"的职业教育培养理念，理论知识强调"必须、够用"，强化技能培养，突出实用性，力求教材的内容与护理岗位需求相一致，以充分提高学生学习的主动性和创造性，达到与临床工作零距离接轨的目标。

本书沿袭传统方式分为眼科护理、耳鼻咽喉科护理和口腔科护理三大部分，对应一般临床分科。但与一般教材相比，本书在编写上有如下特点。

1. 结构分级，层次清晰　在编排上没有按常规将疾病进行罗列，而是将常见疾病按病变的解剖结构分章，如眼附属器疾病患者的护理、眼球壁疾病患者的护理、眼内容物疾病患者的护理等，每一章再按不同解剖部位分节，如眼睑病患者的护理、泪器病患者的护理等，这样层次清晰，更有利于临床观察及护理时保持清晰的思路。

2. 紧贴临床，涵盖考纲　编写时按照教育部最新《高等职业学校专业教学标准（试行）》要求和《2017 年护士执业资格考试大纲》，力求符合临床护理岗位的需要，与临床工作接轨，充分体现当前临床工作的新进展、新要求，重点疾病由案例导入，使学生对临床工作情景有一个清晰的认识；将执业考试要点体现其中，每章后按护士执业资格考试题型给出一定的练习题以及时检测学习效果。这样一方面可提高学生学习兴趣，另一方面可学以致用，使学生学习过程与临床工作过程一致，达到与护士执业考试接轨的目的。

3. 资源丰富，利于学习　为了更加适应当今学生的学习习惯，本书引入了大量数字化资源，一是在重点和难点内容中链接相关的动画、视频，二是每章附有多媒体课件，使得学生除课堂听课外，更可在课前自行扫描预习，也便于在课外进行复习，通过更为直观的学习力求达到更好的效果。

本书在编写过程中蒙各编委老师的通力合作和出版社编辑的辛勤付出，在此谨向所有对本书作出贡献的教师表示衷心的感谢！

由于水平和时间所限，书中难免存在不足之处，恳请广大师生批评指正。

范　真

2023 年 12 月

目 录

CONTENTS

绪论 / 1

第一篇 眼科护理

第一章 眼科患者护理概述 / 3
第1节 眼的应用解剖生理 / 3
第2节 眼科患者的护理评估 / 9
第3节 眼科常用护理技术与护理管理 / 14
第二章 眼附属器疾病患者的护理 / 17
第1节 眼睑疾病患者的护理 / 17
第2节 泪器疾病患者的护理 / 23
第3节 结膜疾病患者的护理 / 25
第4节 斜视患者的护理 / 32
第三章 眼球壁疾病患者的护理 / 36
第1节 角膜疾病患者的护理 / 36
第2节 葡萄膜疾病患者的护理 / 40
第3节 视网膜疾病患者的护理 / 41
第4节 弱视患者的护理 / 47
第四章 眼球内容物疾病患者的护理 / 50
第1节 青光眼患者的护理 / 50
第2节 白内障患者的护理 / 56
第3节 玻璃体疾病患者的护理 / 59
第4节 屈光不正患者及老视的护理 / 60
第五章 眼外伤患者的护理 / 67
第1节 眼球表面异物伤患者的护理 / 67
第2节 眼钝挫伤患者的护理 / 68
第3节 眼球穿通伤及眼内异物伤患者的护理 / 69
第4节 眼化学伤患者的护理 / 72
第5节 电光性眼炎患者的护理 / 73

第二篇 耳鼻咽喉科护理

第六章 耳鼻咽喉科患者护理概述 / 77
第1节 耳鼻咽喉的应用解剖与生理 / 77
第2节 耳鼻咽喉科的护理评估 / 86
第3节 耳鼻咽喉科常用护理技术操作 / 91
第4节 耳鼻咽喉科护理管理 / 96
第七章 耳科患者的护理 / 98
第1节 外耳炎症及外伤患者的护理 / 98
第2节 中耳炎症患者的护理 / 100
第3节 内耳疾病患者的护理 / 105
第八章 鼻科患者的护理 / 107
第1节 鼻炎患者的护理 / 107
第2节 鼻窦炎患者的护理 / 113
第3节 鼻出血患者的处理 / 118
第九章 咽科患者的护理 / 123
第1节 扁桃体炎患者的护理 / 123
第2节 慢性咽炎患者的护理 / 128
第3节 鼻咽癌患者的护理 / 129
第4节 阻塞性睡眠呼吸暂停低通气综合征患者的护理 / 132
第十章 喉科患者的护理 / 136
第1节 喉部炎症患者的护理 / 136
第2节 喉阻塞患者的护理 / 138
第3节 喉癌患者的护理 / 141
第十一章 气管及支气管、食管异物患者的护理 / 145
第1节 气管及支气管异物患者的护理 / 145
第2节 食管异物患者的护理 / 148

第三篇　口腔科护理

第十二章　口腔科患者护理概述　/ 151

第 1 节　口腔颌面部应用解剖生理　/ 151

第 2 节　口腔科患者的护理评估　/ 158

第 3 节　口腔科护理管理　/ 164

第十三章　牙体及牙周组织疾病患者的护理　/ 167

第 1 节　牙体及牙髓病患者的护理　/ 167

第 2 节　根尖周病患者的护理　/ 171

第 3 节　牙周疾病患者的护理　/ 174

第十四章　口腔黏膜疾病患者的护理　/ 179

第 1 节　口腔黏膜炎症患者的护理　/ 179

第 2 节　口腔黏膜白斑患者的护理　/ 182

第十五章　口腔颌面部疾病患者的护理　/ 184

第 1 节　口腔颌面部炎症患者的护理　/ 184

第 2 节　口腔颌面部损伤患者的护理　/ 190

第 3 节　口腔颌面部肿瘤患者的护理　/ 195

第十六章　先天性唇裂与腭裂患者的护理　/ 200

第 1 节　先天性唇裂患者的护理　/ 200

第 2 节　先天性腭裂患者的护理　/ 202

五官科常用护理技术实训操作标准　/ 206

第 1 节　眼科护理技术实训操作标准　/ 206

第 2 节　耳鼻咽喉科护理技术实训操作标准　/ 208

第 3 节　口腔科护理技术实训操作标准　/ 212

参考文献　/ 216

《五官科护理》教学基本要求　/ 217

目标检测选择题参考答案　/ 223

彩图　/ 封三

绪　论

一　五官科护理课程性质

五官科护理是一门学习眼科、耳鼻咽喉科和口腔科护理技术的课程，属于临床护理学的组成部分。本课程从护理工作角度，通过观察眼、耳、鼻、咽喉、口腔等器官的健康状况和疾病状态，进行护理评估，作出护理诊断，制定护理计划，提出预期目标，采取适当的护理措施，协同医生做好各种治疗护理工作，促使其从疾病状态向健康状态转化。

护理工作既有一般规律性，在五官各科又有其专科的特殊性，学习本课程就是要对五官各器官的疾病特点有所认识，进而有针对性地开展护理工作。

二　五官科护理课程学习目标

本门课程按照临床基本分科情况，将内容分为眼科护理、耳鼻咽喉科护理和口腔科护理三个部分，分别包括各科护理概述和患者的护理两大部分。

通过本门课程的学习，要求学生达到以下目标。

1. 能够观察到五官各器官的健康状况，初步判断疾病部位及严重程度。

2. 能够熟练应用护理程序对五官科患者进行护理，通过询问、分析和体检收集资料，进行护理评估，提出护理诊断，制定护理目标并采取适当的护理措施。

3. 能协同医生进行诊断和治疗，对患者进行一般的专科检查和专科治疗。

4. 有足够的五官科疾病知识，能够为患者提供健康教育和指导。

三　五官疾病的特点及本课程学习方法

（一）五官科疾病特点

1. 位置特殊，功能重要　眼、耳、鼻、咽喉和口腔均位于头颅部，是颅脑的“门户”，结构复杂精密，功能涉及人的重要感觉和生活，如视觉、听觉、嗅觉、味觉、饮食、呼吸和言语等，它们对人们的健康和正常生活至关重要，甚至是性命攸关的。若对这些器官疾病治疗不及时，护理不当，将会遗留永久性残疾如盲、聋、哑，导致患者生理和心理上的障碍，也给家庭和社会增加诸多负担。

2. 相互联系，相互影响　五官各器官之间在解剖、生理和病理上均有着密切的关系。鼻和咽喉有着共同的生理功能，构成了上呼吸道，而只有在上呼吸道功能正常时，耳部才能执行正常的功能，其影响程度非常显著。鼻和鼻窦的炎性改变，常可引起咽喉炎和中耳炎；鼻窦肿瘤常影响到眼眶和口腔；口腔某些牙齿疾病亦可影响到鼻窦等。

3. 局部全身，互为关联　五官科疾病有些是全身疾病的病因，如反复发作的扁桃体炎可引起 IgA 肾病；鼻窦长期化脓感染可成为“脓毒病灶”，导致各种精神神经症状；化脓性中耳炎可引起各种颅内并发症等。而很多五官科疾病又是全身疾病的表现和结果，如原发性高血压可引起鼻出血、视网膜病变；甲状腺功能亢进可导致眼球突出；心脏病可引起耳鸣等。另外，有些眼、耳、鼻、咽喉疾病与遗传和环境因素有关，有些疾病是由药物毒副作用引起，如耳毒性听力损害、药物性鼻炎、中毒性白内障、药物性白内障等。

（二）本课程学习方法

随着医学模式和护理模式的转变，五官科护理与其他各科一样发生着深刻的变化，护士由被动执行医嘱，转向面对患者的需要和出现的各种问题，主动促使其全面康复的护理；从单纯的疾病护理，扩展为对患者的整体护理；从局限在医院内的护理，开始走向为社区人群健康服务的护理。心理活动对疾病的影响也越来越受到人们的普遍重视，心理护理对疾病的转归和患者的康复起着事半功倍的作用。因此，学习五官科护理，必须做到以下几点。

1. 树立主动护理观念　从深入认识各器官结构特点入手，只有对疾病的发生、发展认识清楚，才能在工作中主动观察病情变化、主动分析护理问题、主动采取护理措施。

2. 树立整体护理观念　注意局部与全身的关系，疾病和心理社会环境对疾病的影响及药物史、家族史等，从而真正实现整体护理。另外，在从事其他各科护理时也应了解和掌握一些五官科与全身疾病的关系和规律，从而及时发现病情，减少贻误。

3. 注意理论联系实际　学习中一方面加强能力训练，充分利用实训室条件针对模型或相互进行各种检查和护理治疗技能训练，另一方面加强临床见习和实习，充分利用学校附属医院及其他社会医院、诊所等资源，主动深入，见习实习，这样才能达到本门课程的学习目标，从根本上提高五官科护理能力。

目标检测

思考讨论

1. 五官科疾病包括哪些器官的疾病？有何特点？
2. 如何学习本门课程？

（范　真）

第一篇 眼科护理

第一章 眼科患者护理概述

第 1 节 眼的应用解剖生理

眼是视觉器官，包括眼球、视路和眼附属器三部分。眼球接受外界物体的光线成像于视网膜，通过视路传导至视中枢形成视觉，眼附属器位于眼球周围，包括眼睑、结膜、泪器、眼球外肌、眶筋膜和眶脂体等，对眼球起保护、运动等作用。

一 眼球

眼球（eye ball）近似球形。正常成人眼球的前后径约 24mm，垂直径约为 23mm，水平径约为 23.5mm。眼球位于眼眶的前部，前面有上下眼睑保护，后部受眶骨壁保护，借眶筋膜、韧带与眶壁联系，周围有眶脂肪和眼肌等。前面正中点称前极，后面正中点称后极，在两极之间的中部，沿眼球表面所作的环形线称赤道。

眼球由眼球壁和眼内容物组成。

（一）眼球壁

眼球壁可分为三层，由外向内依次为纤维膜、葡萄膜和视网膜（图 1-1）。

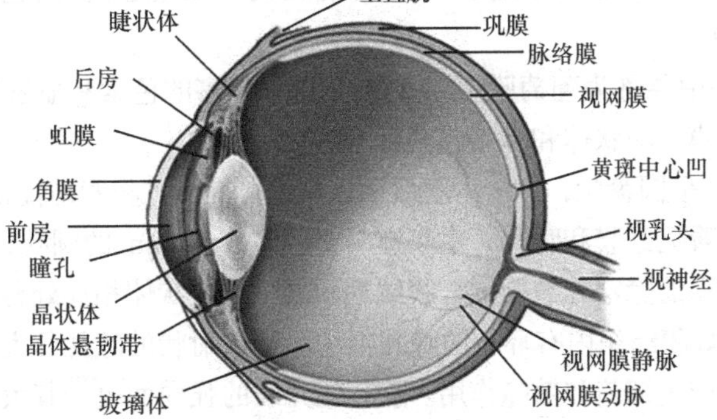

图 1-1 眼球剖面图

1. 外层　眼球壁外层由坚韧致密的纤维组织构成，故称纤维膜。其前 1/6 为透明的角膜，后 5/6 为瓷白色不透明的巩膜，两者移行区称角膜缘。眼球的外层具有保护眼内组织、维持眼球形状的作用，角膜还有屈光的作用。

（1）角膜（cornea）：位于眼球正前方，纤维膜层前 1/6，略呈横椭圆形，横径为 11.5～12mm，垂直径为 10.5～11mm，周边部厚约 1mm，中央部厚为 0.5～0.55mm。其前表面的曲率半径约为 7.8mm，后表面约为 6.8mm。

在组织学上，角膜分为 5 层。①上皮细胞层：由 5～6 层复层鳞状上皮细胞构成，无角化。此层再生能力强，损伤后能较快修复，且不留瘢痕，对细菌亦有较强的抵抗力。②前弹力层：为一层无细胞成分的均质透明薄膜，损伤后不能再生。③基质层：约占角膜全厚的 90%，由近 200 层排列规则的纤维薄板组成。此层损伤后不能再生，由不透明的瘢痕组织代替。④后弹力层：为一层较坚韧的透明均质薄膜，富有弹性，抵抗力较强，损伤后亦可再生。⑤内皮细胞层：由单层六角形扁平细胞构成。具有角膜-房水屏障作用，损伤后常引起基质层水肿。亦不能再生，其缺损区由邻近的内皮细胞扩展和移行来覆盖。

此外，在角膜表面还有一层泪膜，具有防止角膜结膜干燥和维持角膜光学性能的作用。角膜上皮、结膜上皮与泪膜共同构成了眼表组织，以保证睁眼状态下的清晰视觉。

角膜的生理特点有以下几点。①透明屈光：无角质层，无血管，细胞无色素，纤维排列整齐，为最主要的屈光间质，相当于 43D 的凸球镜片，约占眼球总屈光力的 2/3。②无血管：其营养主要来自于房水、角膜缘血管网和泪膜，故代谢缓慢，疾病愈合亦慢，但有利于角膜移植。③感觉神经丰富：三叉神经的眼支密布于上皮细胞之间，感觉十分灵敏，对保护角膜具有重要的作用。④与邻近组织关系密切：角膜与结膜、巩膜、虹膜等在组织上相延续，在疾病上常相互影响。

（2）巩膜（sclera）：位于纤维膜层后 5 / 6，由致密的胶原纤维组成，呈乳白色，质地坚韧，不透明。其功能为保护眼内组织、维持眼球外形。巩膜与角膜交界处的深部有一环形小管，称为巩膜静脉窦（sinus venous sclera），是房水回流的通道。

巩膜后部与视神经交接处分内外两层，外 2/3 移行于视神经鞘膜，内 1/3 由视神经纤维束穿出呈网眼状，称巩膜筛板，此板很薄，长期高眼压可使其向后凹陷，临床上称青光眼杯。巩膜的厚薄不一，为 0.3～1mm，眼外肌附着处最薄，在视神经周围最厚。

（3）角膜缘（limbos）：是角膜与巩膜的移行区，宽为 1.5～2.5mm。角膜缘有血管网，营养角膜。此血管网包括两层，浅层由结膜血管分支构成，位于结膜内；深层由睫状血管分支构成，位于巩膜浅层，该处充血称睫状充血。角膜缘的角膜、巩膜与虹膜、睫状体围绕形成前房角小梁网和环形的 Schlemm 管位于此区，是房水排出的主要通道，同时也是许多内眼手术切口的标志部位（图 1-2）。

2. 中层　眼球壁中层称为葡萄膜（urea），因含有丰富的色素和血管，亦称色素膜或血管膜。由前向后分为虹膜、睫状体和脉络膜三部分。

（1）虹膜（iris）：呈圆盘状，位于角膜后面，晶状体前面，将眼球前部腔隙隔成前、后房。在活体，透过角膜可看见虹膜和瞳孔，中央有一直径 2.5～4mm 的圆孔，称瞳孔（pupil）。其表面有辐射状高低不平的隐窝和皱褶称虹膜纹理。虹膜与睫状体相连处称虹膜根部，受挫伤时易从睫状体上离断。虹膜组织内有环行的瞳孔括约肌和放射状的瞳孔开大肌，分别受副交感神经和交感神经支配而产生缩瞳和散瞳作用。瞳孔随光线的强弱而改变其大小，以调节进入眼内的光线。光照下瞳孔缩小，称瞳孔对光反射，视近时的缩瞳则称瞳孔调节反射。虹膜有三叉神经纤维网密布，炎症时反应重，可引起剧烈的眼痛。

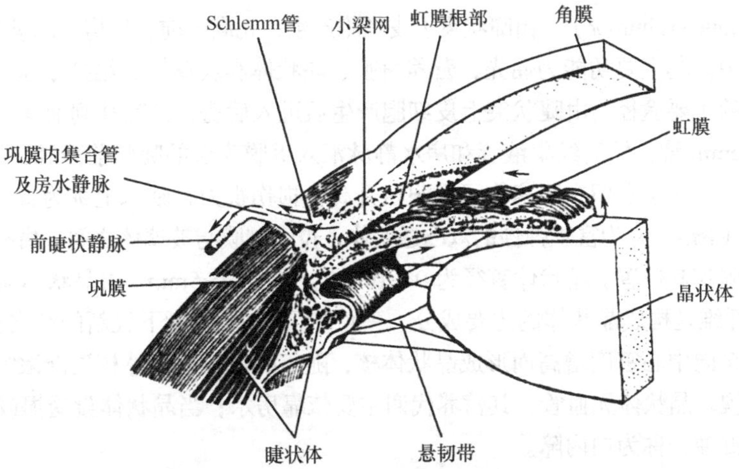

图 1-2　前房角结构和房水循环模式图

（2）睫状体（culinary body）：为前接虹膜根部，后连脉络膜、宽 6～7 ㎜的环状组织。其矢状面略呈三角形。睫状体前 1/3 肥厚称睫状冠，内表面有 70～80 个纵行放射状突起称睫状突（culinary processes），主要功能是产生房水；后 2/3 薄而平坦部分称睫状体扁平部或睫状环。扁平部与脉络膜连接处呈锯齿状，称锯齿缘。睫状体借纤细的晶状体悬韧带与其内侧的晶状体联系。睫状体内有睫状肌，含有纵行、放射状和环行三种平滑肌纤维，受副交感神经支配。睫状肌收缩时，悬韧带松弛，晶状体借助于本身的弹性变凸，增加屈光力，以看清近处物体，称眼的调节作用。睫状体也富含三叉神经末梢，炎症时眼痛明显。

（3）脉络膜（choroid）：与睫状体相延续，占中层的后 2 / 3，含有丰富的血管和色素细胞，具有营养眼球和遮光作用。前起锯齿缘，和睫状体扁平部相连，后止于视神经周围，介于视网膜与巩膜之间。脉络膜有丰富的血管，约占眼球血液总量的 65%，营养视网膜外层、晶状体和玻璃体；含有丰富的色素细胞，起遮光作用。脉络膜无感觉神经分布，故炎症时不引起疼痛。

3. 内层　眼球壁内层为视网膜（retina），是一层透明的膜，前起锯齿缘，后止视盘，外与脉络膜紧贴，内与玻璃体毗邻。

在视网膜后部偏鼻侧处，有一白色圆盘状隆起，为视神经纤维汇集处，称为视神经盘（optic disc）。此处因无感光功能，称为生理性盲点。视网膜中央动脉从视神经盘中心进入眼球后发出许多分支供应视网膜。视神经盘的颞侧约 3.5mm 处，有一黄色圆形小区，称为黄斑（macula lute）。黄斑的中心略凹陷，称为中央凹（fovea centralism），是感光、辨色最敏锐的部位。

按胚胎发育来源，视网膜可分为两层，外层为色素上皮层，内层为神经感觉层，二者之间有潜在间隙，在病理情况下，视网膜内外两层可彼此分离，称为视网膜剥离。

视网膜神经感觉层主要有三级神经元构成，即光感受器细胞—双极细胞—神经节细胞。第一级神经元为光感受器细胞，分为视锥细胞和视杆细胞，具有感光功能。视锥细胞主要分布于视网膜的中央部，能够感受强光，并具有辨色能力。在黄斑的中央凹处只有视锥细胞，无视杆细胞，是视觉分辨能力最强的部位。视杆细胞主要分布于视网膜的周边部，对光的敏感度较高，在暗环境中能够感受弱光刺激而引起视觉。第二、三级神经元分别是双极细胞和神经节细胞，起传导作用。

（二）眼球内容物

眼球内容物包括房水、晶状体和玻璃体三种透明物质，与角膜一起构成眼的屈光系统。

1. 房水（aqueous humor） 由睫状突上皮细胞产生，充满于前、后房。总量为 0.25～0.3ml，处于动态循环中。其主要功能为屈光，营养角膜、晶状体和玻璃体，维持眼压。

房水循环的主要途径：由睫状突上皮细胞产生后进入后房，经瞳孔到前房，再从前房角到小梁网入 Schlemm 管，然后经集液管和房水静脉汇入巩膜表层的睫状前静脉，回到血液循环。房水循环障碍时，房水滞留在眼房内可致眼压升高，损伤视力，临床上称为青光眼。

2. 晶状体（lens） 为富于弹性的双凸透明体，位于虹膜与玻璃体之间，借晶状体悬韧带与睫状体联系并固定其位置。晶状体直径为 9～10mm，厚为 4～5mm，由晶状体囊和晶状体纤维组成。晶状体纤维是构成晶状体的主要成分，一生中不断生成，囊下较新的纤维称晶状体皮质，较旧的纤维被挤向中心密度增高而形成晶状体核，随年龄增长晶状体核逐渐浓缩、增大，弹性减退而发生老视。晶状体无血管，其营养代谢主要依靠房水；当晶状体囊受损或房水代谢障碍时，晶状体变混浊，称为白内障。

晶状体的主要功能为屈光，屈光力约为+17.5D，并与睫状体共同完成眼的调节作用。

3. 玻璃体（vitreous） 为无色透明的胶状物质，充填于晶状体和视网膜之间，具有屈光、维持眼压和支撑视网膜的作用。例如，由于各种原因引起其支撑作用减弱，可导致视网膜剥离。

二 眼附属器

眼附属器（accessory organs of eye）包括眼睑、结膜、泪器和眼球外肌、眶脂体和眶筋膜等结构，有保护、运动和支持眼球的作用。

（一）眼睑

眼睑（eye lids）位于眼球前方，分为上睑、下睑，上睑、下睑之间的裂隙称为睑裂，睑裂的内、外侧端分别称为内眦和外眦，其游离缘称为睑缘，有睫毛生长，在其周围有皮脂腺及变态汗腺开口于毛囊。上睑、下睑缘近内眦处各有一米粒般大小的突起，称为泪乳头（lachrymal papilla），其顶部有一针尖样小孔称为泪点（lachrymal pomatum），是泪小管的开口。

眼睑自外向内依次由皮肤、皮下组织、肌层、睑板和睑结膜五层组成。

1. 皮肤 是人体最薄柔的皮肤部位之一，易形成皱褶。

2. 皮下组织 为疏松结缔组织和少量的脂肪，易引起水肿和皮下淤血。

3. 肌层 包含眼轮匝肌、提上睑肌、Muller 肌。眼轮匝肌呈环形，由面神经支配，司眼睑闭合；提上睑肌由动眼神经支配，司眼睑开启；Muller 肌受交感神经支配，兴奋时睑裂特别开大。

4. 睑板 由致密结缔组织构成的半月状结构，是眼睑的支架。其内含有与睑缘垂直排列的睑板腺，开口于睑缘，分泌类脂质，参与构成泪膜，对眼表起润滑作用。

5. 睑结膜 为紧贴于睑板后面的透明黏膜。上睑结膜距睑缘约 2 ㎜处，有一与睑缘平行的浅沟，称睑板下沟，常为细小异物存留之处。

眼睑的主要生理功能是保护眼球，反射性闭睑可防止各种损伤，瞬目运动则可使泪液均匀地分布于眼表。

（二）结膜

结膜（conjunctiva）是一层薄而透明的黏膜，富有血管。结膜按覆盖部位可分为三部分。衬于眼睑后面的部分，称为睑结膜（pleural conjunctiva）；衬于眼球巩膜表面的部分，称为球结膜（bulbar conjunctiva），与巩膜表面的球筋膜疏松相附，易推动，球结膜下注射即在此部位进行；穹隆结膜（conjunctiva fornix）位于睑结膜与球结膜相互移行处，分别称为结膜上穹和结膜下穹，松弛多皱，便于眼球转动。睑裂闭合时，整个结膜围成囊状腔隙，称为结膜囊（conjunctiva sac）。

结膜上有副泪腺分泌浆液，有杯状细胞分泌黏液，共同参与构成泪膜。

（三）泪器

泪器（lachrymal apparatus）包括泪腺和泪道两部分。

泪腺（lachrymal gland）位于眼眶外上方的泪腺窝内，通过 10～12 根排泄导管，开口于外上穹隆部结膜。

泪道（lachrymal passage）包括上、下泪点、泪小管、泪囊和鼻泪管。泪小管先垂直于睑缘行走 1～2mm，然后再转水平向鼻侧走行，上下泪小管多先汇合成总泪管后进入泪囊，亦可分别注入泪囊（图 1-3）。

泪液经排泄管进入结膜囊，靠瞬目运动分布于眼球前表面，大部分被蒸发，多余部分通过泪小管虹吸作用进入泪道，排向鼻腔。

泪液为弱碱性透明液体，含有溶菌酶、免疫球蛋白 A（IgA）、补体系统、β 溶素和乳铁蛋白、电解质等成分。泪液除具有湿润眼球作用外，还具有清洁和杀菌作用。

（四）眼外肌

眼外肌（extra ocular muscles）是司眼球运动的横纹肌，每眼有上、下、内、外 4 条直肌和上、下 2 条斜肌（图 1-4）。4 条直肌和上斜肌均起自于眶尖部视神经孔周围的总腱环，分别止于距角膜缘不同距离的前部巩膜上。下斜肌则起源于眶壁的内下侧，止于眼球赤道部后外方巩膜上。除上斜肌受滑车神经支配、外直肌受展神经支配外，其余 4 条眼外肌均受动眼神经支配。各眼外肌相互配合与协调，共同完成正常眼位和眼球运动，以实现双眼单视功能。眼肌的功能障碍，可导致斜视或复视。

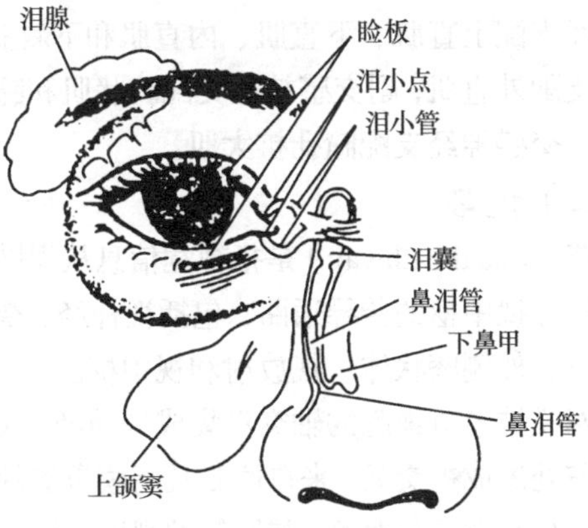

图 1-3　泪器结构示意图

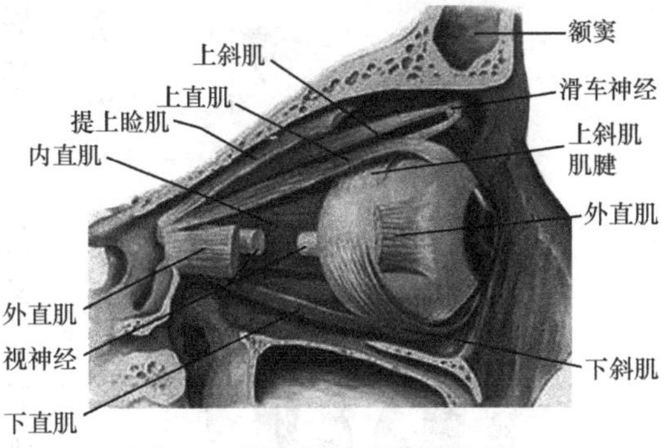

图 1-4　眼外肌（右眼外侧观）

（五）眼眶

眼眶（orbit）为四边锥形的骨性空腔，底朝前，尖向后，成人眶深为 40～50mm。眼眶除容纳眼球、视神经、眼外肌、泪腺外、血管、神经外，还有眶脂肪填充，对眼球起软垫样保护作用。

眼眶壁上的主要结构有两孔、两裂和两窝。

1. 视神经孔　位于眶尖部，内有视神经和眼动脉经过。

2. 眶上孔　位于眶上缘中内 1/3 交界处，内有眶上神经和眶上动脉穿行。临床上此处为眶上神经的压痛点。

3. 眶上裂　在眶上壁与眶外壁之间，与颅中窝相通。第Ⅲ、Ⅳ、Ⅵ脑神经和第Ⅴ脑神经第一支、眼上静脉及交感神经纤维等由此裂通过。此处受损则出现眶上裂综合征。

4. 眶下裂　位于眶外壁与眶下壁之间，有眶下神经、第Ⅴ脑神经第二支、眶下动脉及眶下静脉等通过。

5. 泪腺窝　位于眶外上方额骨颧突稍后的浅凹内。

6. 泪囊窝　在眶内侧壁的前方，由上颌骨额突与泪骨形成的卵圆形骨窝，容纳泪囊。

在眼眶深部，距眶尖约 1cm 处的视神经与外直肌之间，有一睫状神经节，该神经节由感觉根、运动根和交感根组成，眼球手术时常施行球后阻滞麻醉该神经节。该神经节有镇痛和略降眼压的作用。

三　眼的血管、神经与视路

（一）眼的血管

眼的血液供应来自眼动脉（ophthalmic artery）。眼动脉是颈内动脉在颅内的分支，经视神经管入眶，分支分布于眼球、泪器和眼球外肌等。眼动脉还发出视网膜中央动脉，穿入视神经内，至视神经盘处分为数支，分布于视网膜，视网膜中央动脉及其分支均有同名静脉并行。临床上，用检眼镜能直接观察这些结构，以协助某些疾病的诊断。眼的静脉血由眼静脉收集，向后注入颅内的海绵窦，向前与面部的内眦静脉相交通。

（二）眼的神经

分布于眼的神经有视神经、三叉神经、动眼神经、滑车神经、展神经和内脏运动神经。视神经传导视觉冲动。三叉神经的眼神经和上颌神经传导眼睑、结膜、角膜和泪腺的一般感觉，动眼神经支配上直肌、下直肌、内直肌和下斜肌，展神经支配外直肌，副交感神经支配睫状肌和瞳孔括约肌，交感神经支配瞳孔扩大肌。

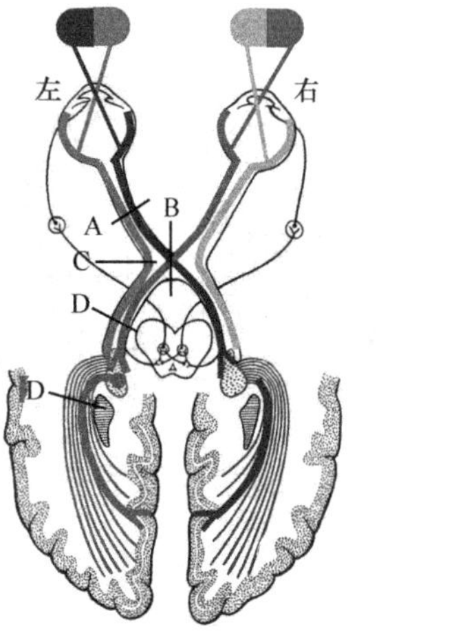

图 1-5　视路及其损害示意图

●○ A 视神经损伤：患侧单眼全盲

◐◑ B 视交叉中心受损：双眼颞侧视野缺损

◑○ C 视交叉周边受损：患侧眼对侧视野缺损

◑◑ D 视束及以上受损：双眼病灶对侧同向偏盲

（三）视路

视路（visual pathway）是指视觉信息从视网膜到大脑枕叶视中枢的传导通路，包括视神经、视交叉、视束、外侧膝状体、视放射和视中枢。

视网膜神经节细胞的轴突汇集成视神经，入颅后在蝶鞍处形成视交叉。来自两眼视网膜鼻侧的纤维在此处相互交叉到对侧，与同侧的视网膜颞侧的纤维合成视束，视束终止于外侧膝状体，更换神经元后发出的纤维形成视放射，再经过内囊、颞叶到达大脑枕叶皮质纹状区的视中枢（图 1-5）。

由于视网膜不同部位的纤维在视路各段排列不同，当视觉传导在某部位受损时，可出现特定的视野改变。临床上检查视野，有助于中枢神经系统病变的定位诊断。

第2节 眼科患者的护理评估

一 眼科疾病基本特征

（一）临床表现突出

眼部结构较为精细，易在微小损伤下造成重大眼部功能的缺失。同时，眼部个别结构存在丰富的神经末梢，故眼部疾病发生后患者往往具有明确的主诉，主要表现有明显的视力下降、眼痛、畏光、流泪等。

（二）心理症状明显

人类70%以上的外部信息是由视觉器官收集的，故眼部发生病变时，患者痛苦明显、视力障碍表现突出，会给个人、家庭甚至社会带来很大的影响，患者往往不易接受视觉不良的现实，从而发生心理活动变化。

（三）常伴全身疾病

有些眼科局部病变和全身疾病往往同时存在。例如，高血压和糖尿病发展到一定阶段时，可以出现高血压视网膜病变及糖尿病视网膜病变。而急性闭角型青光眼可引起头痛、恶心、呕吐等全身系统症状。

（四）局部用药为主

眼科局部病变在治疗时往往以眼局部用药为首选给药途径，可选用滴剂、膏剂，也可以眼局部注射（结膜下、球旁、球后等）的方式让药物有效成分在局部达到有效浓度并直达病灶。在病情严重时可采用局部用药结合全身给药的方式。

（五）治疗效果缓慢

眼部结构较为复杂，各个部位发生病变及发病机制不尽相同，眼表疾病治疗效果较为理想，眼内疾病则发病隐匿病机复杂，治疗效果往往不尽如人意，视力下降状况改善不理想，有些疾病如视网膜色素变性等疾病甚至至今没有特别有效的治疗方法。

二 眼科患者的护理评估

眼科患者是眼科护理工作的主要对象，现代护理学要求我们系统地、有计划地搜集患者的资料，全面地分析、统筹总结护理评估方法。对眼科患者，护理评估应着重关注眼部症状和体征资料的收集。

（一）视觉障碍

1. 视力下降　是眼科最主要的症状，其表现形式多样。①视力突然下降：一过性视力下降常在 24 小时之内恢复，多见于视网膜中央动脉痉挛、直立性低血压、癔症等；持久性视力下降则见于多种眼病，如糖尿病视网膜病变、视网膜中央动静脉阻塞、眼部炎症、外伤、视神经病变、全身疾病等。②视力逐渐下降：可见于屈光不正及各种器质性眼病，如角膜炎、巩膜炎、白内障、青光眼、玻璃体病变、视网膜病变、视神经病变、眼眶及颅内病变等。

2. 视野缺损　其形态对于病变的定位有着重要的意义。①暗点：中心暗点、旁中心暗点、哑铃形暗点、鼻侧阶梯、弓形暗点、环形暗点，以上暗点多见于青光眼发展过程中的不同时期。②偏盲：象限性偏盲病变多位于外膝状体及以后的视路；一半偏盲则多见于视交叉以后的视路病变。③向心性视野缩小：多见于青光眼、视网膜色素变性、视神经萎缩、球后视神经炎等。

④不规则视野缺损：常见于视网膜脱离、视网膜劈裂、缺血性视神经病变、视网膜脉络膜炎等。

3. 色觉异常　是指对颜色的分辨能力下降或消失。男女发病比例约为 8∶1。先天性色觉异常多与色觉基因缺陷有关，后天获得性色觉异常则由各种眼病所致，如白内障、黄斑病变、视神经病变等。根据对颜色分辨能力下降和消失不同，色觉异常分为色弱和色盲。

（二）感觉异常

眼部大部分组织结构布满了感觉神经，任何刺激如强光、粉尘、炎症、外伤等都会造成患者眼部痛苦感觉，如疼痛、烧灼感、痒感、异物感、畏光、流泪、眼疲劳等，常见于角结膜炎、急性虹膜睫状体炎、眼部外伤、青光眼发作期等。

（三）外观异常

眼部外观异常多为眼部疾病的体征表现，同时可伴有眼部不适或视觉障碍。常见眼部外观异常有以下几种。

1. 眼红　可以是眼睑和眼周或眼球的发红，多与眼部炎症有关。眼球发红多由于眼表或眼前段的充血、出血及新生血管形成。

（1）充血：结膜充血表现为结膜弥漫充血，发病部位位于结膜，常见于结膜炎、结膜受刺激性气体或液体刺激后的反应性充血等；睫状体充血多见于角膜炎、睫状体炎、青光眼、外伤等。二者合并存在则为混合充血。

（2）出血：表现为结膜下成片状或全周结膜下出血，2 周左右完全吸收，少数与血液疾病有关，多与高血压、剧烈呕吐、咳嗽等有关，临床上无病理意义。

（3）新生血管形成：角膜和虹膜表面在炎症等刺激下都可以出现新生血管形成，角膜周边部血管向角膜中央侵入，多见于角膜周边部角膜缘干细胞受损疾病，如眼部化学伤、沙眼等；虹膜表面布满新生血管见于糖尿病视网膜病变、眼底静脉阻塞等。

2. 异常分泌物　分泌物异常多存在量、性质及颜色的异常，主要见于眼表炎症。分泌物增多，呈黏稠黄脓性多见于急性细菌性结膜炎；若为浆液性则为病毒性结膜炎；呈黏丝状多为过敏性结膜炎。

3. 眼球位置异常　眼球突出见于眶内占位、甲状腺相关眼眶病、鼻窦炎症肿瘤等；眼球内陷多见于眼外伤、眼球萎缩等。

4. 流泪与溢泪　流泪是由于泪液分泌过多致睑裂部泪液存留，多见于眼表炎症、眼睑内外翻等；溢泪是由于泪液排出受阻所致，最常见于泪道阻塞、慢性泪囊炎等。

三　眼科常用检查方法

（一）普通视力检查

1. 远视力检查　是指 5m 或 5m 以外的视力状况。

检查方法：①可选用对数视力表、国标标准视力表。检查距离为 5m，视力表的 1.0 一行应与被检眼等高。视力表的照明应均匀，无眩光。②先查右眼，后查左眼。如受检查戴镜，应先查裸眼视力，再查戴镜视力。③下面以国际标准视力表为例叙述远视力检查方法。该表分 12 行，能看清第一行为 0.1，第 10 行为 1.0，第 12 行为 1.5。④如被检查者不能辨认视力表上最大视标，可移近视力表，直至看清第 1 行视标（0.1），记录视力为 0.1×被检查者与视力表的距离（m）/5，如在 2m 处能看清 0.1，视力为 0.1×2/5=0.4。⑤如在 1m 处不能辨认最大视标，则检查指数（counting finger，CF）。嘱受检者对光而坐，检查者背光而坐，检查者伸手指让被检者辨认手指数目，记录其能辨认指数的最远距离，如指数/30cm 或 CF/30cm。如果在眼前 5cm 处仍不能辨认指数，则检查者在受检者前摆手，记录能辨认手动（hand motions，HM）的最远距离，如手动/30cm 或 HM/30cm。⑥对只能辨认指数或手动的受检者，应在暗室中进一步检查光感及光定位。检查光感时，将患者一眼完全遮盖，检查者一手持烛光，放在受检者眼前 5m 处开始检查。若受检者看不见烛光，则将烛光向受检者移近，直至受检者能辨认为止。记录受检者能看见烛光的最远距离。检查光定位时将烛光置于患者前 1m 处，嘱受检者向正前方注视，不要转动眼球和头部，分别将烛光置于上、下、左、右、中、左上、左下、右上、右下九个方向，同时询问受检者是否能看见烛光。如应答正确记录为；"+"，应答错误记录为"–"。如患者全无光感，记录为"无光感"。

2. 近视力检查 通常指阅读视力。

检查方法：①两眼分别检查，先右后左。②充足照明，距眼睛 30cm 自上向下逐行检查，依次辨认视标的开口方向，能正确辨认的最小一行视标的数字即代表被检查眼的视力。③患者可以自己拿视力表前后移动，直到能看出最小视标的合适距离，但需记录实际距离（因为视角改变所得结果的意义与 30cm 处不同。）④每个字符的允许辨认时间为 2～3 秒。⑤戴镜者先查裸眼视力，后查戴镜矫正视力。

（二）泪器的检查

1. 泪道探通 是针对首次就诊的溢泪患者，经泪道冲洗不通或通而不畅（泪道狭窄），可确定泪道阻塞或狭窄部位、程度、病变性质，也可用于半岁以上的单纯性鼻泪管阻塞患儿，或经泪道冲洗、按摩等其他治疗无效的先天性鼻泪管阻塞患儿。

检查方法：① 结膜囊内滴表面麻醉药。②用泪小点扩张器扩大泪小点，力度以不造成泪小点撕裂为原则。③操作中，用手指固定泪小点颞下方睑皮肤，使泪小点稍外翻。④将前端涂有抗菌药物眼药膏的泪道探针垂直插入泪小点内 1～2mm，然后向颞侧拉动眼睑皮肤，使泪小管呈直线状，将探针转向水平位置与泪小管走向一致，用柔和的力量向前旋转进针。⑤若阻力很大，稍加大力将探针向前推动，如能通过再向前推动探针直到能触及泪囊窝骨壁，接着将探针尖端顶住骨壁，使探针从水平转向垂直向下，并稍倾向后外侧，向下推动探针直插入鼻泪管。治疗性的扩张泪道，一般探针在泪道内停留 20～30 分钟拔出。⑥探通后用抗菌药物溶液或生理盐水冲洗泪道。

2. 泪道冲洗 根据泪道冲洗过程中反流液反流情况，可以推测泪道狭窄或阻塞的部位。

检查方法：① 冲洗泪道前先挤压泪囊部，观察泪点有无黏液或脓性分泌物排出。②结膜囊内滴表面麻醉药。③将下睑近内眦部皮肤轻轻地向下外牵拉，暴露下泪点。④如泪小点较小或闭塞，先用泪点扩张器垂直插进泪小点 1～2mm，再向鼻侧转至水平方向，轻轻捻转，扩张泪小点。⑤注射器抽吸生理盐水并套上大小合适的泪道冲洗针头，垂直插入泪小点 1～2mm 后转向鼻侧，使针头呈水平位，继而顺沿下泪小管走行方向将针头推进 4～6mm，碰到骨壁后往后退一点，注入生理盐水。此时应询问被检者有无液体进入口咽部，或请被检者低头观察有无液体从鼻孔流出。检查者应注意注水时有无阻力及泪小点有无液体或脓液反流。⑥冲洗完毕，用消毒干棉球拭干眼周液体，用抗生素眼药水滴眼。

3. 泪液分泌试验 用于检测患者泪液分泌量。

检查方法：①用准备好的 5mm×35mm Schirmer 试纸一条，在首端 5mm 处反折，夹持于下睑中外 1/3 交界处的结膜囊内，另一端垂挂于睑外。嘱受检者轻闭双眼。②5 分钟后取出纸条，以毫米为单位测量滤纸条被泪液浸湿的长度（折叠端的 5mm 不记在内）。③如果不到 5 分钟内滤纸条全被泪液浸湿，应记录滤纸条全被浸湿所需的时间，以分钟为单位。④浸湿10～30mm为正常。如不到5分钟滤纸全湿，可能为高分泌；浸湿长度小于10mm，表示基础和反射分泌均减退。

4. 泪膜破裂时间　用于泪膜稳定性的检查。

检查方法：①嘱被检者在暗室内的裂隙灯显微镜旁坐下，头部放在裂隙灯显微镜的头架上，额部顶住额托。②裂隙灯采用弥散投照法，裂隙宽8～10mm，长度调至最大，角度调至30°～50°，亮度到最高，放大倍率低至中。调焦至角膜面清晰。加置弥散滤光镜。采用钴蓝光观察。③以生理盐水湿润荧光素钠试纸，轻轻涂布被测眼上方球结膜。④嘱被检者眨眼数次并闭眼3～5秒，使荧光素钠均匀分布于角膜上，然后睁眼凝视前方不得再眨眼。⑤从被检者睁眼凝视时起，检查者立即揿动秒表开始计时，同时在裂隙灯下持续观察被检者泪膜（角膜面呈均匀鲜绿色泪膜），直到角膜上出现第一个黑斑（泪膜缺损）时为止。⑥睁眼凝视至出现黑斑的时间为泪膜破裂时间。记录时间，以秒为单位。测量3次，取平均值。正常人泪膜破裂时间为15～50秒，小于10秒为泪膜不稳定。

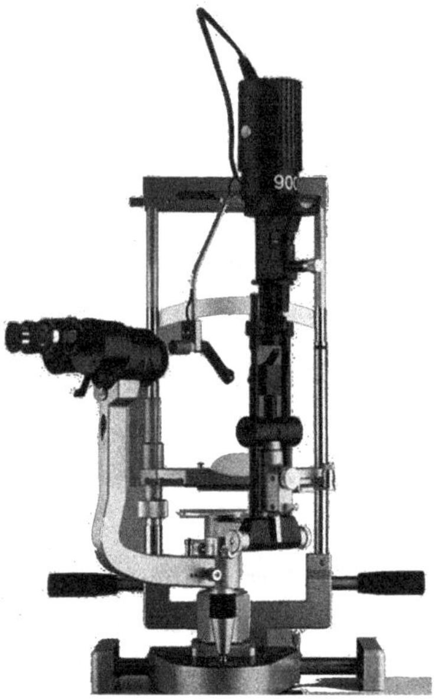

图1-6　裂隙灯显微镜

（三）裂隙灯的使用

裂隙灯显微镜主要由裂隙灯系统和双目显微镜两部分构成（图1-6），前者具有很强的照明电光源。显微镜用于观察眼球前段，结膜、角膜、前房、虹膜及晶状体等精细结构。

检查方法：使用裂隙灯显微镜，因光线照射的方式及被照组织的不同，共有6种检查方法。

1. 弥散光线照射法　利用弥散光线可检查结膜、角膜、前房、虹膜和晶状体的表面情况。

2. 直接焦点照射法　本法是显微镜焦点与裂隙焦点合一，最为常用，共有两种方式。①裂隙光照射：裂隙光束经过角膜、晶状体时，将角膜、晶状体切成一灰白色光学六面体，加大光线和显微镜夹角时，六面体层次更为清晰。可以观察角膜、晶状体的弯曲度；厚度、病变形态、层次及角膜后沉着物，房水中浮游物；对虹膜局部进行详细检查。②圆点光照射：当房水混浊时，其闪光亮度增强，称房水闪辉阳性或Tyndall现象阳性。

3. 角膜缘分光照射法　将裂隙光照在角巩膜缘，光线经角膜屈折、反射，在角膜缘形成一个明亮光环，将显微镜焦点对准角膜，其角膜中的云翳、水泡、瘢痕及角膜后沉着物就清晰可见。

4. 后部光照射法　将光线的焦点投照在后部不透明的组织上（如虹膜），将显微镜的焦点对准被检查的组织，借后部反回来的光线检查角膜内皮和上皮水肿、上皮小泡和角膜后沉着物等。

5. 镜面反光照射法　本法是使直接焦点照射法所产生的光学六面体与照射光线在角膜或晶状体表面形成的反光区相重合。

6. 间接照射法　将裂隙灯光线照在所要检查病变部位周围组织上，而显微镜的焦点对准病变部位，借间接照明观察病变部位。此法容易观察瞳孔括约肌、虹膜细小出血和新生血管、角膜上皮水肿等。

（四）直接检眼镜检查

直接检眼镜检查是用检眼镜通过瞳孔对眼后段，即玻璃体、脉络膜、视网膜、视盘及黄斑进行检查（图 1-7）。

图 1-7 检眼镜

检查方法：①侧照法检查眼屈光间质，由前逐次向后，角膜、晶状体、玻璃体。②检查视盘、视网膜和视网膜血管、黄斑区。③以眼底解剖结构来描述病变部位。④以视乳头和血管直径来描述病变的大小。⑤以屈光度描述病变高度。

（五）眼压测量

1. 指测法 只需粗略地了解眼压时用此法，但不能获取精确眼压值。

检查方法：①瞩受检者眼球向下注视。②双手示指放于睑板上缘皮肤面，交替向眼球中心轻压眼球。③眼压正常时记录为 T_n，以 T_{+1}、T_{+2} 和 T_{+3} 表示不同程度的眼压升高，以 T_{+3} 为最高；以 T_{-1}、T_{-2}、T_{-3} 表示不同程度的眼压降低，以 T_{-3} 为最低。

2. 非接触眼压计 检查方法：①以 X-Pert 非接触眼压计为例说明操作方法和程序。②受检者坐于非接触眼压计之前，嘱其将头部固定于眼压计头架上，向前注视，尽量睁开睑裂。③调节调焦手柄，将眼压计测压头对准待测眼角膜，此时眼压计监视屏上自动显示待测眼眼别。④在眼压计控制板上选择“auto”系统进行自动测压。嘱受检眼注视测压头内的绿色注视灯，调节焦点至适当时，监视屏上两个方框重叠，系统会自动放出一阵气体压平角膜，监视屏上自动显示出眼压值和几次测量的平均值。如果受检者欠合作，或测量方法有误，所显示的数值自动标上“*”号，或不显示数值。⑤也可在控制板上选择“man”，此时对焦后需手按调焦手柄上开关才能测量眼压。⑥测量完成后在控制板上按“print”，可将测量结果打印出来。

（六）视野检查

视野检查用于眼底、视神经、视中枢疾病的定位诊断、鉴别诊断，对青光眼的诊断及其程度、发展和治疗效果的评价。

1. 面对面视野检查法 这是一种简单易行粗略估计视野的方法，但检查者视野必须正常才能进行。对检查卧床不起的患者或对某种急需了解视野情况的患者可用此法。例如，偏盲、视网膜脱离及晚期青光眼等可发现大的视野缺损。

具体检查方法：受检者与医生相距 1m 对面而坐，受检者背光，分别查两眼。查右眼盖左眼，医生闭右眼，并嘱患者注视医生左眼不动。医生用一视标或手指按不同子午线由外向内移动，并嘱受检者看到视标或手指时立即告诉医生，医生将受检者与自己能看到的视标范围做比较，然后查另一眼。

2. 平面视野屏检查法 用于检查中央 30°视野，能发现中央 30°范围内近 90%的各种视野缺损。在中心视野里有一生理盲点，为视盘在视野屏上的投影，呈椭圆形位于注视点颞侧 15.5°水平线下 1.5°处，垂直径 7.5°±2°，横径 5.5°±2°。

具体检查法：受检者在距屏 1m 处，注视屏中心的注视点，遮盖另一眼。常规先用 2mm 直径视标，查出生理盲点的位置与形态，然后视标在各不同方位子午线上从周边向中央移动，如某处视标消失则用大头针插在屏上该点处。各方位查完后，再把屏上的结果描绘到视野表中，为放大暗点，可增加检查距离或缩小视标。

四 眼科常用护理诊断

1. 感知觉异常 视力障碍、眼部疼痛与眼部疾病有关，如与屈光间质混浊、视网膜病变、术后双眼遮盖、眼压升高、眼部炎症等有关。

2. 潜在并发症　术后感染、刀口裂开、出血等。

3. 精神状态改变　由于视力下降或眼疾给患者带来的不适感均可造成患者焦虑、恐惧、悲观失望甚至是失眠等精神状态的改变。

4. 自理缺陷　无法独立完成沐浴、进食、如厕等，与严重视力障碍、术后双眼包扎等有关。

第3节　眼科常用护理技术与护理管理

一　眼科常用护理技术

（一）滴眼药水法

1. 目的　用于眼部疾病的药物治疗、表面麻醉、缩放瞳孔等。

2. 物品准备　眼药水、棉签、治疗盘、快速手消毒剂。

3. 操作步骤　①评估患者眼部情况，向患者说明用药目的。②患者取坐位，头部后仰，双眼向上注视。③消毒双手，用左手示指或棉签拉开下眼睑，暴露下穹隆部结膜。④先废弃1～2滴眼药水，在距眼球1～2cm处向下穹隆滴入1～2滴眼药水，嘱患者轻轻闭眼并用双手按压泪囊部。⑤用棉签擦去多余眼药水。

4. 注意事项　①眼药水专人专用。②操作时动作轻柔，勿压迫眼球。③眼药水瓶口不与眼球直接接触，保持1～2cm的距离。④滴入眼药后压迫泪囊区1～2分钟。⑤滴用两种眼药水时，间隔5～10分钟后再滴入另一种眼药水。

（二）涂眼药膏法

1. 目的　用于眼部疾病的药物治疗、保护眼表、润滑等。

2. 物品准备　眼药膏、棉签、治疗盘、快速手消毒剂。

3. 操作步骤　①评估患者眼部情况，向患者说明用药目的。②患者取坐位，头部后仰，双眼向上注视。③消毒双手，用左手示指或棉签拉开下眼睑，暴露下穹隆部结膜。④先废弃1～2mm眼药膏，用右手持眼药膏将眼膏挤入下穹隆部，膏体与睑缘平行。⑤左手放开下眼睑，右手轻轻提拉上眼睑盖住药膏并包住下眼睑睑缘。⑥眼球转动，可用棉签或玻璃棒辅助使膏体固定在结膜囊内。

4. 注意事项　①避免使药膏管口与睫毛及睑缘接触。②使用玻璃棒之前确认光滑无破损。③涂眼膏时不要将睫毛卷入结膜囊内。④眼药膏在结膜囊内停留时间较长，故宜在睡前或术后使用，避免影响日间视力。

（三）结膜囊冲洗法

1. 目的　清除结膜囊内分泌物、异物、酸碱化学物或眼科手术前准备。

2. 物品准备　冲洗用吊瓶或洗眼壶、受水器、治疗巾、棉签、纱布、冲洗液。

3. 操作步骤　①评估患者眼部情况，向患者说明冲洗目的。②患者取坐位，头部后仰，颈部铺治疗巾，患者自持受水器紧贴于面颊部。③消毒双手，右手持洗眼壶或吊瓶冲洗头，左手拇指及示指辅助撑开上下眼睑。④先冲洗外眼眼睑皮肤，待其适应后再冲洗结膜囊，同时嘱患者转动眼球，再翻转眼睑，充分冲洗。⑤用棉签擦去多余冲洗液，滴入抗生素眼药水。

4. 注意事项　①冲洗时动作轻柔，避免挤压眼球。②告知患者受水器使用方法，避免冲洗液淋湿衣物。③冲洗压力不宜过大，冲洗头距离眼部3～4cm。④眼部有溃疡或穿通伤者，禁结膜囊冲洗。⑤冲洗液温度适宜，避免过冷或过热。

（四）泪道冲洗法

1. 目的　用于泪道疾病的诊断、治疗及内眼手术前的泪道清洁。

2. 物品准备　治疗盘、注射器、冲洗针头、泪点扩张器、受水器、表面麻醉剂、棉签、抗生素滴眼液、泪道探针。

3. 操作步骤　①评估患者眼部情况，向患者说明冲洗目的和注意事项。②患者取坐位或仰卧位，头部后仰，双眼向上注视，自持受水器，紧贴面颊部。③压迫泪囊区将其中的分泌物挤出，并用棉签拭去，滴表面麻醉药物作用于泪小点3分钟。④消毒双手，用左手示指或棉签拉开下眼睑，暴露下泪小点，右手持注射器，将泪小点针头垂直插入泪小点1～2mm，再将针头转向内眦方向，沿泪小管走行5～6mm，缓慢注入冲洗液2～3ml。⑤询问患者口咽部有无液体，并观察液体反流方向及脓液反流情况。

4. 注意事项　①动作轻柔，避免损伤角膜及结膜。②泪小点狭小者，可先行泪点扩张。③进针时若遇到阻力，不可强行进针，以免形成假道。④急性泪囊炎禁忌行泪道冲洗。

（五）眼部包扎法

1. 目的　保护患眼，使患眼充分休息；保持眼部清洁，避免感染；止血；局部加压包扎可以促使浅前房患者的前房形成。

2. 物品准备　绷带、无菌纱布、眼垫、胶布、眼药膏、棉签。

3. 操作步骤　①评估患者眼部情况，向患者说明包扎目的，患者取坐位。②单眼包扎法：在健眼处垂直置一条20cm长的纱布条，用绷带自患眼侧耳下至健眼侧耳上环绕数周，绷带头用胶布固定，同时预置的绷带条两端结扎，暴露健眼。双眼包扎法：绷带以“8”字形包扎双眼，绷带头端从左侧耳上开始，经前额向下包扎右侧眼，再经右耳下至枕部绕左耳上，再由左耳上经前额至右耳上，重复以上动作，缠绕数周后在前额固定。③需做加压包扎者，可在缠绕绷带前眼部加用眼垫。

4. 注意事项　①包扎时注意患者的感受，不宜过松过紧。②充分暴露鼻孔及耳郭等部位。③绷带固定部位应在前额部，避免由于仰卧或侧卧时造成松脱。④双眼包扎有发生视觉剥夺性精神病者应予以注意。

二 眼科护理管理

（一）门诊护理管理

1. 诊室护理管理　①卫生及物品准备：做到清洁、整齐、明亮、通风。每日开诊前准备好洗手消毒、洗手用水及擦手毛巾，同时准备好诊治患者用的物品，如手电筒、近视力表、荧光素钠、无菌棉签、前置镜、相关治疗眼药水、病历纸、处方、住院证、检查单、化验单及医疗电脑等。②就诊秩序维持：按挂号先后顺序及时做好分诊。对于眼外伤等急症应立即请进诊室进行诊疗。③协助相关检查：辅助医生做好视力检查，根据医嘱进行散瞳、测眼压、查视野等。同时帮助视力障碍、行动不便的患者到指定位置配合检查。④进行健康宣教：根据患者自身情况进行药物使用、生活注意事项、预防等健康指导。

2. 暗室护理管理　①暗室环境：室内保持黑暗状态，墙壁及窗帘颜色选取暗色，便于医生采集到精细病变；地面防滑处理；室内定期进行紫外线消毒，做到室内清洁、通风、干燥；下班前注意关闭电源、关窗、关门等。②仪器布置：合理摆放，同时注意精密仪器的保养、维护。③患者管理：指引患者到指定位置检查，避免由于光线黑暗导致的外伤、磕碰等意外。

（二）病房护理管理

1. 病房环境　病房内明亮、整洁、通风，禁止吸烟，保持安静，室内物品摆放合理，保证患者活动范围内无障碍物，以免引起磕碰等意外。

2. 人文关怀　对患者热情接待，耐心介绍病房情况、相关管理制度，根据患者病情安排病室，同时关注患者心理变化，消除患者内心恐惧、焦虑等精神变化。

3. 护理程序　按护理要求完成患者护理评估，确定护理诊断，进行专业护理操作，完成医生首次医嘱，做好相关检查准备工作，协助医生进行相关检查，同时在工作中不断提高护理水平。

目标检测

A_1 型题

1. 不构成眼球壁的组织是（　　）
A. 角膜　B. 结膜　C. 巩膜
D. 葡萄膜　E. 视网膜

2. 屈光系统不包括下列哪项（　　）
A. 角膜　B. 房水　C. 晶状体
D. 玻璃体　E. 虹膜

3. 角膜组织再生能力强，对细菌亦有较强抵抗力的是（　　）
A. 上皮细胞层　B. 前弹力层
C. 基质层　D. 后弹力层
E. 内皮细胞层

4. 晶状体的解剖生理特征哪项是错误的（　　）
A. 扁圆形双凸透明体　B. 屈光、调节
C. 无血管　D. 界于角膜与玻璃体之间
E. 界于虹膜与玻璃体之间

5. 司明视觉和色觉的细胞是（　　）
A. 色素上皮细胞　B. 双级细胞
C. 神经节细胞　D. 视锥细胞
E. 视杆细胞

6. 国际标准视力表远视力检查的距离是多少（　　）
A. 50m　B. 2.5m　C. 3m
D. 5m　E. 6m

7. 关于电脑静态视野检查错误的是（　　）
A. 检查速度快
B. 可重复性强
C. 初次检查的可靠性高
D. 能定量反映视网膜的敏感度或阈值
E. 以上不都正确

8. 色觉检查图表距眼位应为（　　）
A. 1 尺　B. 0.5m　C. 1m
D. 5m　E. 2m

9. 对青光眼术后出院患者进行健康指导时，下列不恰当的是（　　）
A. 避免黑暗中久留　B. 每天多饮水
C. 保证睡眠充足　D. 避免情绪激动
E. 定期检查

A_3/A_4 型题

患者，女性，47 岁，主诉双眼干涩半年余。

10. 下述哪种检查方法最有意义（　　）
A. X 线碘油造影　B. 泪膜破裂时间测定
C. 荧光素钠试验　D. 超声检查
E. 泪道冲洗

11. 点表面麻醉药后，临床诊断眼干燥症（干眼病）的 Schirmer 试验数值为（　　）
A. 5 分钟滤纸渗湿长度大于 10mm
B. 5 分钟滤纸渗湿长度大于 5mm
C. 5 秒钟滤纸渗湿长度小于 10mm
D. 5 秒钟滤纸渗湿长度小于 5mm
E. 5 分钟滤纸渗湿长度小于 5cm

X 型题

12. 影响视野检查结果的因素包括（　　）
A. 背景光亮度　B. 瞳孔直径
C. 屈光不正　D. 人为因素
E. 精神因素

13. 下列属于视功能客观检查的是（　　）
A. 视力　B. 视野　C. 眼电图
D. 视网膜电图　E. 视觉诱发电位

14. 眼科疾病的基本特征是什么（　　）
A. 临床表现突出　B. 心理症状明显
C. 常伴全身疾病　D. 局部用药为主
E. 治疗效果缓慢

（李国正　刘　莉）

第二章　眼附属器疾病患者的护理

眼附属器包括眼睑、结膜、泪器、眼外肌及眼眶，主要起保护、运动、支持眼球等作用。眼附属器疾病主要包括眼睑疾病、结膜疾病、泪器疾病及斜视等，必然会对患者的容貌、视功能等产生重要影响。

第 1 节　眼睑疾病患者的护理

一　睑缘炎患者的护理

（一）概述

睑缘炎（blepharitis）是指睑缘表面、睫毛毛囊及其腺体组织的亚急性或慢性炎症，可分为鳞屑性睑缘炎、溃疡性睑缘炎和眦部睑缘炎。

1. 鳞屑性睑缘炎　由能将脂类物质分解为有刺激性脂肪酸的皮屑芽胞菌感染所致。常见的诱因有屈光不正、视疲劳、营养不良和长期使用劣质化妆品等。

2. 溃疡性睑缘炎　主要由金黄色葡萄球菌感染引起，也可由鳞屑性睑缘炎转化而来。常见诱因同鳞屑性睑缘炎。

3. 眦部睑缘炎　多为莫-阿双杆菌感染；或与维生素 B_2 缺乏有关。

（二）护理评估

1. 健康史　了解患者有无屈光不正、视疲劳、营养不良等，并了解患者平时卫生习惯、近期有无文眼线等。

2. 身体状况　睑缘炎患者常觉眼部干痒、刺痛和烧灼感。

（1）鳞屑性睑缘炎：睑缘充血、潮红，睫毛和睑缘表面附着上皮鳞屑，睑缘表面的睫毛根部有点状皮脂溢出，聚集而成黄色蜡样分泌物，干燥后结痂。祛除鳞屑和痂皮后，暴露出充血的睑缘，但无溃疡或脓点。睫毛容易脱落，但可再生。如长期不愈，可使睑缘肥厚，后唇钝圆，泪小点肿胀、外翻而导致溢泪。

（2）溃疡性睑缘炎：与鳞屑性睑缘炎相似，但症状更严重。常在睑缘看到溃疡及脓点，感染破坏毛囊，睫毛会随痂皮脱落，不能再生。溃疡愈合后，睑缘瘢痕致睫毛方向改变形成倒睫。

（3）眦部睑缘炎：多为双侧，好发于外眦部。外眦部睑缘及皮肤充血、肿胀。

3. 心理-社会状况　患者因睑缘炎长期、反复发作而有焦虑、抑郁心理，评估疾病对工作、生活的影响，患者及家属对本病的认知程度。

4. 治疗要点

（1）鳞屑性睑缘炎：用生理盐水或 3%硼酸水清洁睑缘，拭去鳞屑后涂抗生素眼膏，每日 2～3 次；痊愈后改为每日 1 次，至少坚持 2 周，以防复发。

（2）溃疡性睑缘炎：用生理盐水清洁睑缘，清除脓液、脓痂及已经松脱的睫毛，再选用敏感抗生素眼膏外涂。炎症完全消退后，应持续治疗 2～3 周，以防复发。

（3）眦部睑缘炎：用 0.25%～0.5%硫酸锌滴眼，晚上涂抗生素眼膏，持续 7～10 天，适当口服维生素 B_2 或复合维生素。

（三）主要护理问题/医护合作性问题

1. 舒适改变　与睑缘炎症有关。

2. 潜在并发症：泪小点肿胀或阻塞、慢性结膜炎等。

3. 知识缺乏：患者及家属缺乏睑缘炎相关知识。

（四）护理措施

1. 用药护理

（1）生理盐水或 3%硼酸溶液清洁睑缘分泌物，拭去鳞屑，清除脓液及脓痂。

（2）根据医嘱选择敏感抗生素眼药，教会患者及家属眼药水及眼药膏的用法。炎症消退后，通常继续用药 2 周。

2. 协助医生查找病因，积极治疗屈光不正、慢性结膜炎等。

3. 健康教育　平素注意锻炼身体，增加机体抗病能力；注意个人卫生，不用脏手或脏手帕擦眼；保持大便通畅，减少烟酒刺激；保持良好用眼习惯，避免视疲劳；告知长期用药的必要性，以防复发。

二　睑腺炎患者的护理

● 案例 2-1

患儿，男，喜欢用手揉眼睛。2 天前发现左眼上睑缘处长出一个红色小疙瘩，今晨起床发现小疙瘩变大，并且感觉很疼痛。

问题： 1. 此患儿目前最突出的护理问题有哪些？

2. 急性睑腺炎治疗原则和护理要点有哪些？

3. 护士应提供哪些健康教育？

（一）概述

睑腺炎（hordeolum）是眼睑腺体的急性化脓性炎症，又称为“麦粒肿”，多发生在儿童及青年人。睑腺炎常由金黄色葡萄球菌侵入眼睑腺体感染引起，为常见的眼睑炎症。根据感染的腺体不同，睑腺炎可分为内睑腺炎和外睑腺炎。内睑腺炎为睑板腺的急性化脓性炎症，外睑腺炎为睫毛毛囊或其附属的皮脂腺、变态汗腺的感染。

（二）护理评估

1. 健康史　了解患者的卫生习惯、生活及饮食习惯；有无营养不良、挑食、偏食、糖尿病、沙眼、屈光不正等全身及局部病变；评估患者眼睑肿痛时间、程度，有无体温增高、挤压或针挑等情况。

2. 身体状况　眼睑局部红、肿、热、痛等急性炎症症状，常伴有同侧耳前淋巴结肿大。如并发眼睑蜂窝织炎，出现发热、寒战、头痛等全身中毒症状。

（1）外睑腺炎：炎症反应主要集中在睫毛根部的睑缘处，红肿范围较弥散，可出现明显的压痛性硬节（图 2-1，彩图 1）；如邻近外眦角，可引起反应性球结膜水肿，脓点常破溃于皮肤面。

（2）内睑腺炎：炎症的浸润受睑板腺限制，常局限于睑板腺内，红肿较外睑腺炎轻（图 2-2，彩图 2），疼痛和压痛则较外睑腺炎剧烈，脓点常破溃于睑结膜面。

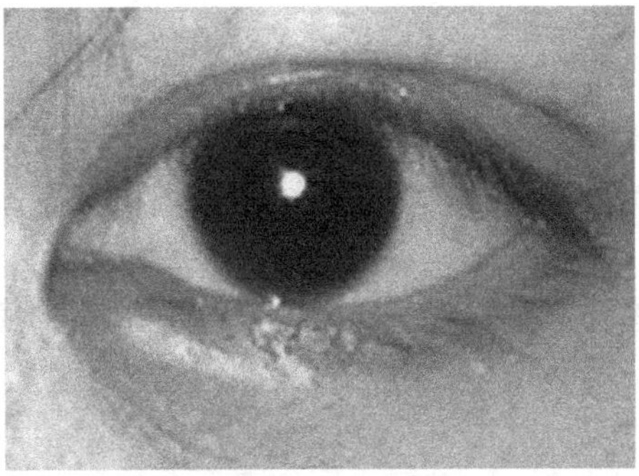

图 2-1　外睑腺炎

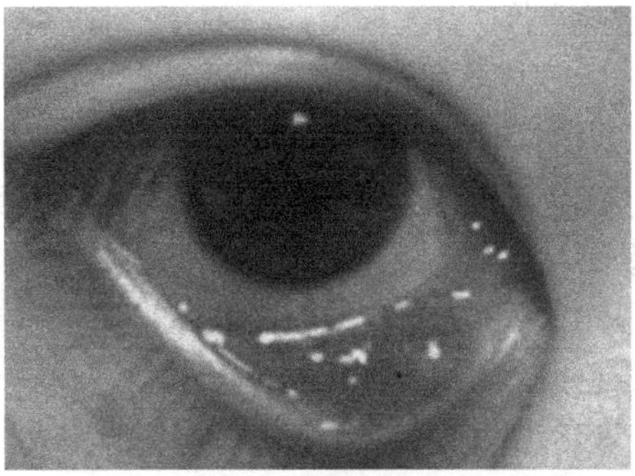

图 2-2　内睑腺炎

3. 心理-社会状况　睑腺炎因出现急性炎症的红、肿、热、痛等症状，且可影响美观，患者常较痛苦，护士应注意评估患者心理状况。

4. 辅助检查　进行分泌物细菌培养及药敏试验，一般临床较少应用。

5. 治疗要点　早期局部热敷，应用抗生素眼药水或眼药膏，重症及全身表现重者，可根据细菌培养及药敏试验，全身使用敏感抗生素，脓肿形成后切开引流，积极治疗原发病。

（三）主要护理问题/医护合作性问题

1. 疼痛：眼痛　与眼睑局部炎症刺激有关。

2. 潜在并发症：眼睑蜂窝织炎、海绵窦脓毒血症、败血症等。

3. 知识缺乏：患者及家属缺乏睑腺炎相关治疗护理知识。

（四）护理措施

1. 局部热敷　指导患者局部热敷：早期热敷可促进血液循环，有利于炎症的消散和吸收，并减轻疼痛；热敷也可促进脓肿形成。常用的热敷有气热敷、干热敷和湿热敷。热敷一般每日 3 次，每次 15～20 分钟。热敷时应注意温度，防止烫伤。

2. 用药护理　指导患者正确使用抗生素眼药水，每日 4～6 次，局部涂抗生素眼药膏，每日 2 次。重症或合并全身重度症状者，可根据细菌培养及药敏试验结果，选择敏感抗生素口服或肌内注射。

3. 脓肿形成后应切开排脓　脓肿未形成时不宜切开，切忌挤压排脓，以免炎症扩散或引起海绵窦血栓。

4. 休息与饮食　消除疾病诱因，嘱患者少食辛辣刺激食物及甜食，避免精神过度紧张、过劳等，矫正屈光不正、眼睑及结膜慢性炎症者，应注意营养和加强锻炼，彻底治疗原发病。

5. 健康教育　养成良好卫生习惯，不用脏手或不洁手帕揉眼；脓肿未成熟前，切忌挤压或针挑，避免引起全身及颅内感染等并发症。

三　睑板腺囊肿患者的护理

（一）概述

睑板腺囊肿（chalazion）又称为霰粒肿，是睑板腺特发性无菌性慢性肉芽肿性炎症。多因睑板腺体分泌旺盛、结膜或睑缘慢性炎症，致睑板腺排出口阻塞，分泌物潴留在睑板腺内，对周围组织产生慢性刺激而引起。多见于青少年或中年人，其病程缓慢、易复发，以上眼睑多见。

（二）护理评估

1. 健康史　了解患者的年龄，肿块发生的时间、部位和大小，是否反复发作，是否做过病理学检查等。

2. 身体状况

（1）较小的囊肿可无明显自觉症状，常因异物感或无痛性肿块而就诊。

（2）较大的囊肿可使眼睑局部皮肤隆起，表现为皮下圆形肿块，大小不一，触之不痛，与皮肤不粘连，睑结膜面略呈紫红色隆起。

（3）囊肿偶可自结膜面自行破溃，排出胶样内容物，在结膜面形成肉芽肿或在皮下形成暗紫红色肉芽组织，加重摩擦感。

（4）如继发感染时，表现同内睑腺炎。

3. 心理-社会状况　了解患者及家属对疾病的认知状况；反复发作患者，往往有焦虑等，应注意评估其情绪变化。

4. 辅助检查　对于反复发作或老年患者，应将切除标本送病理检查，以排除睑板腺癌的可能。

5. 治疗要点　小而无症状者，无需治疗；较大的睑板腺囊肿可行热敷，以促进消退；无效者可行手术切除，注意切口位于睑结膜面，与睑缘垂直，应刮净囊内容物，并将囊壁一并切除。

（三）主要护理问题/医护合作性问题

1. 潜在并发症：睑腺炎等。

2. 知识缺乏：缺乏睑板腺囊肿的防治知识。

（四）护理措施

1. 治疗及用药护理　注意囊肿的变化，较大的囊肿可进行热敷，或向囊肿腔内注射抗生素和糖皮质激素以促进吸收。

2. 指导早期热敷，同睑腺炎。

3. 手术护理　经上述治疗无效者，可在局麻下手术切除，术后局部用手掌根部压迫止血10～15分钟，观察局部有无出血，伤口无需缝合，涂抗生素眼膏后包扎，24小时后拆除敷料，滴抗生素眼药水，每日4～6次。注意老年患者或反复发作者，将标本送病理检查。

4. 健康教育　养成良好卫生习惯，不用脏手或脏手帕揉眼；遵医嘱用药，定期复诊，一般术后次日眼部换药，涂抗生素眼膏，并用眼垫遮盖。

四　睑内翻患者的护理

（一）概述

睑内翻（entropion）是指睑缘向眼球方向卷曲，部分或全部睫毛倒向眼球的一种位置异常。当睑内翻达到一定程度时，睫毛倒向眼球，刺激角膜和球结膜，称倒睫。睑内翻常伴有倒睫。

根据睑内翻的原因，大致可分为三类。

1. 瘢痕性睑内翻　由睑结膜与睑板瘢痕收缩所致，常见于沙眼患者。

2. 痉挛性睑内翻　多发生于下睑，常见于老年人，多由于老年人眼睑皮肤和皮下组织收缩，老年人皮肤松弛，下睑收缩肌无力，失去牵制眼轮匝肌的收缩所致。

3. 先天性睑内翻 因内眦赘皮牵拉，眼轮匝肌过度发育或睑板发育不良所致。

（二）护理评估

1. 健康史 了解患者年龄，有无沙眼、眼化学伤及结膜炎等病史，婴幼儿出生时注意有无睑内翻等。

2. 身体状况 患者常有异物感、畏光、流泪、刺痛、眼睑痉挛等症状。检查可见睑缘向眼球方向卷曲，睫毛内翻，倒向眼球，刺激球结膜及角膜，致结膜充血，角膜上皮细胞脱落、溃疡、角膜新生血管形成及角膜瘢痕，可伴有不同程度的视力障碍。

3. 心理-社会状况 评估患者有无焦虑、恐惧等情绪；了解疾病对患者工作、学习的影响程度。评估患者对疾病的认知程度。

4. 治疗要点 只有少量倒睫，可用镊子拔除或电解破坏毛囊，瘢痕性睑内翻则需手术治疗，包括睑板部分切除术、睑板切断术、缝线术等。

（三）主要护理问题/医护合作性问题

1. 疼痛：眼痛 与倒睫刺激角膜有关。

2. 潜在并发症：角膜炎症、角膜瘢痕形成等。

（四）护理措施

1. 非手术治疗

（1）及时去除疼痛原因，如仅有少量倒睫，可用镊子拔除或电解毛囊，减少倒睫再生的机会。大量倒睫则需手术治疗。

（2）内翻症状明显者，可暂时用胶布法或缝线法在眼睑皮肤面牵引，使睑缘向外复位。

（3）先天性睑内翻随年龄增长，鼻梁发育，可自行消失，一般无需手术。如果 5～6 岁后仍有睑内翻，则需手术矫正。

（4）为防治角膜炎等并发症，可用抗生素滴眼液滴眼，每日 4～6 次。

（5）老年性睑内翻可用肉毒杆菌毒素局部注射，若无效，则需手术矫正。

2. 手术治疗

（1）手术目的：矫正睑缘内翻，避免对角膜的伤害。瘢痕性睑外翻、老年性睑内翻注射治疗无效、严重的先天性睑内翻需手术治疗。

（2）手术方法：睑板部分切除术、睑板切断术、缝线术等。

（3）遵医嘱做好手术矫正准备，术前 3 天滴抗生素眼药水，冲洗结膜囊、泪道，防止交叉感染，术后按照外眼手术常规护理。

3. 健康教育

（1）讲解本病相关知识，遵医嘱使用抗生素眼药水滴眼，注意用药方法及注意事项。

（2）告知患者如发现角膜混浊、溃疡，及时就医，减少并发症的发生。

（3）注意眼部卫生，避免辛辣刺激食物。

五 睑外翻患者的护理

（一）概述

睑外翻（ectropion）是指睑缘离开眼球表面向外翻转，睑结膜不同程度暴露在外，常合并睑裂闭合不全。

睑外翻根据发病原因不同，可以分为三类。

1. 瘢痕性睑外翻　多因眼睑皮肤面的创伤、挫伤、化学伤、溃疡等引起皮肤瘢痕收缩所致。

2. 老年性睑外翻　老年人眼轮匝肌功能减弱，眼睑皮肤及外眦韧带松弛，使下眼睑不能紧贴眼球表面，并因下睑重量使其下垂所致。

3. 麻痹性睑外翻　仅限下睑。由于面神经麻痹，眼轮匝肌收缩功能丧失，下睑因重量使其下垂所致。

（二）护理评估

1. 健康史　了解患者眼部有无外伤及手术史、有无面瘫等神经系统疾病。了解老年人有无向下拭泪等习惯。

2. 身体状况　有溢泪、畏光、疼痛等症状，检查可见球结膜不同程度暴露在外，结膜充血、干燥、粗糙、肥厚及角化，严重时，睑外翻常有睑裂闭合不全，使角膜失去保护，导致角膜上皮干燥脱落，引起暴露性角膜炎或溃疡。

3. 心理-社会状况　因为容貌受到影响，患者容易产生自卑、恐惧、甚至绝望，不愿与人交往，在评估时应注意患者的心理状况，了解其对本病的认知程度。

4. 辅助检查　X 线、B 超、CT 等检查有助于判断有无眼眶肿瘤。

5. 治疗要点　瘢痕性睑外翻、老年性睑外翻均需手术治疗，麻痹性睑外翻关键在于治疗面瘫。

（三）主要护理问题/医护合作性问题

1. 舒适改变　与畏光、流泪、疼痛、睑外翻有关。

2. 潜在并发症：暴露性角膜炎、角膜溃疡等。

3. 自我形象紊乱　与睑外翻容貌受损有关。

（四）护理措施

1. 用药护理　遵医嘱滴抗生素滴眼液，防止角膜炎症。

2. 保持角膜湿润　睑外翻合并睑裂闭合不全者，结膜囊内涂大量抗生素眼膏或用“湿房”保护角膜，常用不透气的透明眼罩覆盖于患眼上方，周围用透明胶布或黏膏固定密封，利用泪液蒸发保持角膜表面湿润，也可佩戴软性角膜接触镜或暂时睑缘缝合，以保护角膜，防止干燥、角化而引起暴露性角膜炎。

3. 心理护理　患者常有自卑、焦虑等心理，应多与患者沟通，讲解治疗方法及预后，进行心理疏导。

4. 健康教育　指导患者正确的拭泪方法，用清洁手帕由下睑向外上方擦拭，避免加重睑外翻。

六　上睑下垂患者的护理

（一）概述

上睑下垂（ptosis）是指上睑提肌和 Muller 平滑肌功能不全或丧失，导致上睑部分或全部下垂，即在向前方注视时上睑缘遮盖部分或全部瞳孔，影响视功能。

上睑下垂可分为先天性上睑下垂和获得性上睑下垂。先天性上睑下垂是一种常染色体显性遗传疾病或隐性遗传病，主要是由于上睑提肌本身或动眼神经核发育不良所致。获得性上睑下垂原因较多，如动眼神经麻痹、上睑提肌损伤、交感神经疾病、重症肌无力、机械性开睑运动障碍等。

（二）护理评估

1. 健康史　了解患者有无神经系统或其他疾病症状，有无眼外伤史、上睑肿瘤等；婴幼儿出生时注意有无上睑下垂。

2. 身体状况

（1）先天性上睑下垂：可伴有睑裂狭小、鼻梁低平、眼球震颤等眼部发育异常。因上睑下垂遮盖瞳孔而影响视物，常有抬头仰视、皱眉、耸肩等现象。

（2）获得性上睑下垂：多伴有神经系统或其他系统疾病史。

（3）重症肌无力所致上睑下垂：表现为晨轻夜重，频繁眨眼后上睑下垂加重，注射新斯的明后症状明显减轻。

3. 心理-社会状况　患者睁眼困难、双睑裂大小不等导致容貌受损，患者往往有自卑、社交障碍、社交孤立等心理状况，护士在评估时应注意其心理状况。

4. 辅助检查　X 线、CT 检查有助于判断有无颅内占位性病变。注射新斯的明后，上睑下垂得到改善者为重症肌无力。

5. 治疗要点　先天性上睑下垂者，手术治疗为主；获得性上睑下垂先病因治疗，系统治疗半年后无效者手术矫正。常用手术方法有额肌悬吊术、上睑提肌缩短术等。

（三）主要护理问题/医护合作性问题

1. 自我形象紊乱　与上睑下垂影响容貌有关。

2. 潜在并发症：术后可致睑裂闭合不全、结膜脱垂等。

3. 功能障碍性悲哀　与上睑提肌功能障碍致上睑抬起障碍引起心理紊乱有关。

（四）护理措施

1. 术前护理　术前可不剪短睫毛，如果要进行额肌悬吊术，则需剃眉毛。

2. 术后护理　应注意观察有无角膜暴露、睑裂闭合不全、结膜脱垂等，保持局部伤口干燥，术后一般加压包扎 24 小时，术后 7 天拆线。

3. 心理护理　多与患者沟通、交谈，进行心理疏导，使患者正确对待疾病，积极配合治疗。

4. 健康教育

（1）指导患者注意安全、注意休息，避免外伤，保持情绪稳定。

（2）避免辛辣刺激饮食，注意营养均衡。

第 2 节　泪器疾病患者的护理

泪囊炎

泪器包括泪液分泌系统和泪液排出系统，临床上常见的为泪液排出系统疾病，泪囊炎为常见泪液排出系统疾病。

（一）概述

泪囊炎是泪囊黏膜的卡他性或化脓性炎症，可分为慢性泪囊炎、急性泪囊炎和新生儿泪囊炎。临床上以慢性泪囊炎最为常见，多见于中老年女性。急性泪囊炎是在慢性泪囊炎基础上发病。

慢性泪囊炎指鼻泪管狭窄或阻塞，使泪液滞留于泪囊内，致使细菌大量繁殖并刺激泪囊内壁黏膜导致感染。致病菌多为肺炎链球菌、白色念珠菌、葡萄球菌等。新生儿泪囊炎是由于鼻泪管下端胚胎性残膜未退化，致使鼻泪管不通，泪液滞留，继发感染所致。

（二）护理评估

1. 健康史　了解患者的发病史、治疗经过及治疗效果，有无溢泪、泪囊区有无隆起、压痛，挤压泪点有无脓性分泌物溢出。了解患者有无沙眼、慢性鼻炎、鼻中隔偏曲、泪道外伤等病史。

2. 身体状况

（1）慢性泪囊炎：主要症状是溢泪。检查可见结膜充血，泪囊区囊样隆起，下睑皮肤出现湿疹，挤压泪囊区有黏液或脓性分泌物自泪点溢出，冲洗泪道时，可有冲洗液反流。

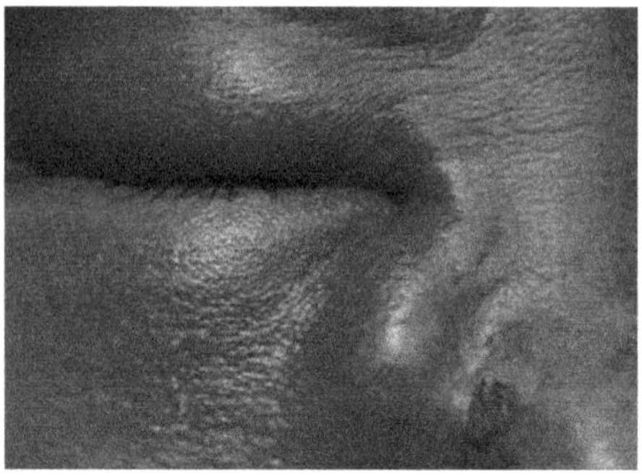
图 2-3　急性泪囊炎

（2）急性泪囊炎：患眼充血、流泪、有脓性分泌物，泪囊区皮肤红肿、坚硬、压痛明显，如治疗不及时，炎症可扩散至眼睑、鼻根和面颊部（图 2-3），甚至引起眶蜂窝织炎，严重时出现高热、畏寒等全身症状。

（3）新生儿泪囊炎：出生 6 周出现溢泪和眼分泌物增多，挤压泪囊区有明显黏液或黄白色脓性分泌物自泪点溢出，可伴有结膜充血。

3. 心理-社会状况　因对慢性泪囊炎危害认识不足，部分患者不够重视。溢泪、分泌物增多、眼部不适可引起患者产生焦虑、急躁的心理。

4. 辅助检查　X 线碘油造影有助于判断泪囊大小及阻塞部位；分泌物细菌培养可找到致病病原体。

5. 治疗要点　急、慢性泪囊炎局部或全身应用足量有效抗生素，待炎症控制后选择鼻泪管吻合术、鼻内镜下鼻腔泪囊造口术或泪囊摘除术等手术治疗；新生儿泪囊炎应先行泪囊局部按摩，无效者可行泪道冲洗或泪道探通。

（三）主要护理问题/医护合作性问题

1. 舒适改变　与鼻泪管阻塞引起溢泪有关。

2. 疼痛：眼痛　与急性炎症肿胀有关。

3. 潜在并发症：角膜溃疡、眼内炎、眶蜂窝织炎等。

4. 知识缺乏：缺乏泪囊炎相关治疗护理知识。

（四）护理措施

1. 一般护理　保持眼部清洁卫生，不用脏手或脏手帕擦眼。

2. 用药护理

（1）急性泪囊炎：早期可局部热敷，局部或全身应用抗生素，注意观察药物疗效及不良反应；急性期忌挤压、探通或泪道冲洗，避免炎症扩散，引起蜂窝织炎；脓肿形成后切开排脓，切忌挤压以保持泪囊壁的完整，待伤口愈合，炎症完全消退后行泪囊鼻泪管吻合术。

（2）慢性泪囊炎：①指导正确滴眼药，每次滴药前，先用手指按压泪囊区挤出分泌物或泪道冲洗，再滴抗生素眼药水，利于眼药水吸收，每日 4～6 次。②冲洗泪道，选用生理盐水或呋喃西林溶液行泪道冲洗，每周 1～2 次。

（3）新生儿泪囊炎：指导患儿母亲局部按摩方法。置患儿立位或侧卧位，用一手拇指压迫患儿内眦部，另一手示指压迫泪囊处，沿鼻泪管方向，自上而下按摩，以使残膜破裂。按摩后再滴用抗生素眼药水，每日进行 2 次。若泪囊局部隆起消失，表示残膜已破。

3. 手术护理

（1）向患者及家属解释手术目的、方式、术中与术后注意事项，消除患者及家属焦虑和紧张情绪。

（2）术前 3 天滴抗生素眼药水，行泪道冲洗术；术前 1 天用 1%麻黄碱滴鼻，收缩鼻腔黏膜，以利术后引流。

（3）术后半卧位，利于伤口引流，减少出血。注意鼻腔填塞物的正确位置，以达到压迫伤口止血的目的。

（4）鼻腔填塞物，一般术后 3 日取出。予以 1%麻黄碱滴鼻，利于引流。术后当日勿进食过热、刺激性食物。术后第 3 天开始进行泪道冲洗，保持泪道通畅。

4. 健康教育　指导患儿家属泪囊正确按摩方法，每天向下挤压患儿泪囊区，促使残膜早日冲破；若保守治疗无效，半岁后可考虑行泪道探通。

第 3 节　结膜疾病患者的护理

结膜大部分暴露于外界，易受细菌侵袭。正常情况下结膜组织具有一定的预防感染和使感染局限的能力，当全身和局部的防御能力减弱或致病菌毒力过强，则可导致结膜组织发生急性或慢性炎症，统称为结膜炎（conjunctivitis）。结膜炎为最常见眼病之一。

案例 2-2

患者，女，15 岁，初中生。因“双眼红肿，分泌物多、睁眼困难、怕光、流泪 2 小时”前来就诊。询问后得知患者 2 天前曾与同学去游泳馆游泳。检查：双眼远视力 1.2（矫正），结膜充血、水肿，可见大量黄色黏脓样分泌物，上、下睫毛被粘住。

问题： 1. 此患者目前护理问题有哪些？

2. 为明确诊断，还需做哪些辅助检查，治疗要点有哪些？

3. 护士应提供哪些护理措施？

一　急性细菌性结膜炎患者的护理

（一）概述

急性细菌性结膜炎（acute bacterial conjunctivitis）是指由细菌所致的急性结膜炎的总称，具有传染性及流行性，通常有自限性，自然病程 2 周左右，一般不引起角膜并发症，预后良好。临床上可分为超急性细菌性结膜炎、急性或亚急性结膜炎。

1. 超急性细菌性结膜炎　由奈瑟菌属细菌包括淋球菌和脑膜炎球菌引起。主要是通过生殖器-手-眼或生殖器-眼接触而感染；成人多为自身感染，新生儿主要是出生时经患有淋球菌性阴道炎的母体产道而感染，多双眼同时受累。脑膜炎球菌性结膜炎传播途径多为血源性感染，也可通过呼吸道分泌物传播。两种细菌均可引起全身扩散，导致败血症。

2. 急性或亚急性细菌性结膜炎　以革兰染色阳性球菌感染为主的急性结膜炎，俗称“红眼病”。最常见的致病菌是肺炎双球菌、Koch-Weeks 杆菌、金黄色葡萄球菌和流感嗜血杆菌等。

（二）护理评估

1. 健康史　了解患者有无传染性眼病接触史、生活、工作环境和卫生习惯。自身和患儿母亲有无尿路感染史。

2. 身体状况

（1）超急性细菌性结膜炎：具有潜伏期短（数小时至 2～3 天不等）、病程进展快、传染性极强的特点。

1）淋球菌性结膜炎：新生儿在出生后2～5天发病者多为产道感染，出生后7天发病者多为产后感染。双眼同时受累。有畏光、流泪、结膜高度水肿和充血等表现。严重者球结膜可突出睑裂外，并有假膜形成。分泌物由初期的浆液性很快转化为脓性分泌物，量多且不断溢出，又称“脓漏眼”。严重者可引起角膜溃疡穿孔和眼内炎，常伴有耳前淋巴结肿大和压痛。成人症状较小而轻。

2）脑膜炎球菌性角膜炎：潜伏期为数小时至1天。多见于儿童，常为双眼，其症状与淋球菌性结膜炎相似，严重者可引起化脓性脑膜炎，危及生命。

（2）急性或亚急性细菌性结膜炎：又称为“急性卡他性结膜炎”，俗称“红眼病”。传染性强，多见于春、秋季节，可散发感染，也可流行于学校、幼儿园、工厂等集体生活场所。发病急，潜伏期1～3天。常累及双眼，主要表现为结膜充血、水肿，严重者可有球结膜下出血，眼部有较多的脓性分泌物，晨起时睁眼困难，上、下睫毛常被黏住。患者自觉有异物感、烧灼感、发痒、畏光、流泪等，严重者可伴有发热和全身中毒症状。

3. 心理-社会状况　急性结膜炎起病急，多数患者因结膜高度充血、水肿和分泌物多影响形象而致焦虑。因隔离治疗易产生孤独、自卑心理；护士在评估时应了解患者的心理状况。

4. 辅助检查

（1）结膜分泌物涂片和结膜刮片可见大量多形核白细胞及细菌。

（2）细菌培养及药敏实验，以明确致病菌和选择敏感抗生素。

（3）分泌物细菌培养和糖发酵实验是脑膜炎球菌性结膜炎的特异性诊断。

5. 治疗要点　去除病因，抗感染治疗。

（三）主要护理问题/医护合作性问题

1. 疼痛：眼痛　与炎症累及角膜有关。

2. 潜在并发症：角膜炎症、角膜溃疡穿孔、眼内炎等。

3. 舒适改变　与炎症致分泌物增多有关。

4. 知识缺乏：缺乏细菌性结膜炎相关防治知识。

（四）护理措施

1. 用药护理

（1）去除病因，抗感染治疗：遵医嘱选用敏感抗生素滴眼液，如0.5%妥布霉素滴眼液、0.3%氧氟沙星滴眼液、0.3%～0.5%左氧氟沙星滴眼液或眼药膏，急性期每1～2小时用药1次，夜间涂眼药膏。分泌物多时，应去除分泌物后再给药。淋球菌感染则局部和全身同时用药。

（2）生理盐水或3%硼砂溶液冲洗结膜囊，淋球菌感染时选用1000～5000U/ml青霉素溶液冲洗结膜囊。冲洗时取患侧卧位，以免冲洗液流入健眼。如双眼发病，先冲洗症状较轻一侧。冲洗时动作宜轻柔，避免损伤角膜。如有假膜形成，先去除假膜再冲洗。

2. 保护健眼　用透明眼罩保护健眼，患眼禁止包盖，可佩戴太阳镜减少光刺激。

3. 消毒隔离措施　①患者单人单间，避免交叉感染；②接触过眼分泌物和病眼的仪器、用具要及时消毒隔离，用过的敷料要焚烧；③双眼患病者施行一人一瓶眼药，单眼患病者一眼一瓶眼药；④眼部检查时，先查健眼，后查患眼。

4. 健康教育

（1）向患者及家属讲解相关防治知识，提倡家中一人一盆一巾，严格消毒原则。

（2）告诉患者注意洗手和个人卫生，勿用手擦眼，勿进入公共场所和游泳池，以免交叉感染。

（3）急性淋菌性尿道炎患者，注意便后立即洗手。

（4）患有淋菌性尿道炎的孕妇需在产前治愈。未愈者，新生儿出生后，立即用 1%硝酸银液、青霉素液滴眼，5%四环素或红霉素眼膏涂眼，以防发生新生儿淋球菌性结膜炎。

（5）患病期间注意休息，饮食清淡，忌食辛辣刺激食物，多饮水。

二 病毒性结膜炎患者的护理

（一）概述

病毒性结膜炎（viral conjunctivitis）是一种常见感染，可由多种病毒引起，具自限性。临床依据病程可分为急性和慢性两组。急性病毒性结膜炎包括流行性角结膜炎、流行性出血性结膜炎、单纯疱疹病毒性结膜炎、水痘-带状疱疹病毒性结膜炎、麻疹病毒性角结膜炎等。临床上以流行性角结膜炎、流行性出血性结膜炎多见。

流行性角结膜炎，由腺病毒 8、19、29 和 37 型引起，是一种强传染性的接触性传染病。流行性出血性结膜炎是由 70 型肠道病毒引起，偶由 A24 型柯萨奇病毒引起。

（二）护理评估

1. 健康史　了解患者有无病毒性结膜炎接触史；或在工作、生活环境中有无病毒性结膜炎流行史；有无不良生活、卫生习惯。

2. 身体状况

（1）潜伏期：流行性出血性结膜炎潜伏期短，为 18～48 小时，病程为 5～7 天。流行性角结膜炎潜伏期 5～7 天，起病急、症状重，双眼发病。

（2）主要症状：有异物感、眼痛、畏光、流泪，分泌物多，为水样，常双眼发病。

（3）体征：眼睑水肿、结膜充血，睑结膜滤泡增生，常侵犯角膜，荧光素钠染色可见角膜上点状上皮脱落。流行性出血性结膜炎球结膜上有点、片状出血。

3. 心理-社会状况　评估患者被隔离后心理状态、对疾病的认知状况；疾病对工作、生活的影响等。

4. 辅助检查　结膜刮片可见大量单核细胞，培养无细菌生长。

5. 治疗要点　局部抗病毒药物及对症治疗。

（三）主要护理问题/医护合作性问题

1. 疼痛：眼痛　与炎症侵及角膜有关。

2. 舒适改变：畏光、流泪、分泌物增多　与病毒感染有关。

3. 知识缺乏：缺乏结膜炎相关防护知识。

（四）护理措施

1. 治疗护理　无特殊治疗方法。可用生理盐水冲洗结膜囊，局部冷敷、使用血管收缩剂减轻充血症状，切断传播途径，减少感染传播。用药过程中不可突然停药，应逐渐减量。

2. 用药护理　急性期使用抗病毒药抑制病毒复制，如干扰素、0.15%更昔洛韦滴眼液等，每小时 1 次。合并细菌感染时加用抗生素滴眼液，角膜基质浸润者可酌情使用糖皮质激素，如 0.02%氟米龙滴眼液。此外，可选择促进角膜上皮修复的药物，如小牛血蛋白提取物眼用凝胶等。

3. 隔离上报制度　发现本病，应按照丙类传染病上报制度向当地疾控中心报告。做好患者消毒隔离措施。禁止患者进入公共浴池、游泳池等公共场所，其他同细菌性结膜炎的护理。

4. 健康教育　急性期注意休息，清淡饮食为主，避免辛辣刺激，多饮水。

三 沙眼患者的护理

（一）概述

沙眼（trachoma）是由沙眼衣原体引起的一种慢性传染性结膜角膜炎，因其睑结膜面粗糙不平，形似沙粒，故名沙眼。沙眼是致盲眼病之一。

沙眼是由 A、B、C 或 Ba 抗原型沙眼衣原体感染结膜、角膜所致。沙眼衣原体寄生于细胞内，形成包涵体，或附于分泌物中，人通过直接接触眼分泌物或污染物传播，节肢昆虫也是传播媒介。生活居住环境恶劣，如酷热、沙尘气候，卫生条件差、营养不良等为易感因素。

（二）护理评估

1. 健康史　了解患者的生活环境及居住条件、有无沙眼接触史、个人卫生习惯、有无营养不良等。

2. 身体状况　急性沙眼多发生于学前及低学龄儿童，常双眼发病，潜伏期 5～14 天，经过 1～2 个月后进入慢性期。慢性沙眼可反复感染，病程迁延数年至数十年。

（1）症状：急性期有异物感、刺痒感、畏光、流泪、较多黏液或黏液性分泌物。慢性期症状不典型，可有眼干、涩、磨、痒及烧灼感。并发感染时，刺激症状加重，出现不同程度的视力障碍及角膜炎症表现。

（2）体征

1）结膜病变：①上穹隆和上睑结膜充血、水肿、血管模糊；②乳头增生：炎症刺激所致结膜上皮增生；③滤泡形成：结膜上皮下淋巴细胞浸润、聚集，形成大小不等的黄白色半透明隆起，内有胶样内容物，称为滤泡形成。

2）角膜病变：角膜血管翳，由于角巩膜缘血管扩张并进入引起。

结膜病变在慢性期逐渐被瘢痕组织所取代，形成瘢痕。角膜缘滤泡发生瘢痕化改变称 Herbet 小凹。晚期沙眼可发生睑内翻及倒睫、上睑下垂、睑球粘连、慢性泪囊炎、眼干燥症等并发症。

（3）沙眼的临床分期：我国于 1979 年制定的沙眼分期方法如下。

一期（活动期）：上睑结膜乳头与滤泡并存，上穹隆结膜血管模糊不清，有角膜血管翳。

二期（退行期）：除少数活动病变外，有瘢痕形成。

三期（完全瘢痕期）：活动性病变完全消失，代之以瘢痕，此期无传染性。

沙眼的临床诊断至少具备下列两项：①上睑结膜滤泡有 5 个以上；②角膜缘滤泡或 Herbet 小凹；③典型的睑结膜瘢痕；④广泛的角膜血管翳。

3. 心理-社会状况　患者早期往往无明显心理状况，症状明显时，有焦虑等心理状况；因容易复发，又会使患者对治疗失去信心。

4. 辅助检查　结膜刮片行 Giemsa 染色可找到包涵体。

5. 治疗要点　依据 WHO1987 年提出的 SAFE 战略：手术矫正沙眼性睑内翻、抗生素治疗活动性沙眼感染人群、改善环境，通过改善水的供应、卫生和居住环境预防沙眼。

（1）局部治疗：0.1%利福平滴眼液、0.25%氯霉素滴眼液、0.3%氧氟沙星滴眼液，每日 4～6 次，晚上涂红霉素、四环素眼膏，坚持用药 1～3 个月，重症坚持用药半年以上。

（2）全身用药：急性沙眼或严重沙眼，口服阿奇霉素、多四环素、红霉素和螺旋霉素等。

（3）并发症及后遗症治疗：如倒睫可选用电解术、睑内翻可选用矫正术、角膜血管翳可选用角膜移植术等。

（三）主要护理问题/医护合作性问题

1. 潜在并发症：倒睫、睑内翻、上睑下垂、睑球粘连、慢性泪囊炎等。

2. 有传播感染的危险　与沙眼的传染性有关。

3. 知识缺乏：缺乏沙眼的防护知识。

（四）护理措施

1. 用药护理　指导并教会患者及家属滴眼药、涂眼膏等操作。全身用药时，注意胃肠道反应。

2. 滤泡较多者，应先进行滤泡摩擦或压榨术再应用滴眼液。

3. 多食富含维生素、清淡饮食，加强营养，勿食辛辣刺激饮食。

4. 健康教育

（1）指导患者及家属做好消毒隔离措施，急性期避免到公共场所活动，接触患者分泌物或物品后应用 75%乙醇消毒，患者用过的毛巾、手帕、接触过的物品应煮沸消毒。养成良好的个人卫生习惯，不与他人共用毛巾、脸盆，不用手揉眼，提倡流水洗漱，毛巾挂在通风处或晒干。

（2）防治沙眼应做到早发现、早诊断、早治疗，最好在疾病早期治愈，坚持用药并积极治疗并发症。

四　免疫性结膜炎患者的护理

（一）概述

免疫性结膜炎（immunologic conjunctivitis）是结膜对外界过敏原的一种超敏性免疫反应，又称变态反应性结膜炎。多在春秋季节发病。临床上常见春季角结膜炎和泡性角结膜炎两种。

春季角结膜炎，又名春季卡他性结膜炎，病因不明，是一种反复发作、季节性、速发型过敏性角结膜病，可持续 5～10 年，有自限性，好发于儿童、青少年。过敏原可能是花粉、微生物等。

泡性角结膜炎是由微生物蛋白质引起的，以结膜角膜疱疹结节为特征的迟发性过敏反应。一般认为是对结核杆菌、葡萄球菌、白色念珠菌、球孢子菌属及沙眼衣原体等微生物蛋白的变态反应。易复发，多发生于女性、儿童及青少年。

（二）护理评估

1. 健康史　了解疾病反复发作和季节性特点，特别是花粉、烟尘等变应原的接触史，或在户外活动后症状加重等特点。

2. 身体状况

（1）春季角结膜炎：眼部奇痒、畏光、疼痛、流泪、异物感，可有大量黏液性分泌物，夜间加重，可有家族过敏史。依病变部位不同，本病可分 3 型。①睑结膜型：上睑结膜呈硬而扁平的肥大乳头，呈铺路石样，乳头形状不一，包含有毛细血管丛。睑结膜呈典型的暗红色。②角结膜缘型：上下睑结膜均出现小乳头，角膜缘充血、结节，外观呈黄褐色或污红色增厚的胶状物，以上方角膜明显。多见于黑色人种。③混合型：上述两种表现同时存在。

（2）泡性角结膜炎：一般有轻微异物感。如侵犯角膜，有明显角膜刺激征：刺痛、畏光、流泪及眼睑痉挛。根据病变部位不同，本病可分为 3 型。①泡性结膜炎：睑裂部球结膜上可出现灰红色微小结节隆起，其周围结膜局限性充血，结节顶部易破溃形成浅表溃疡，愈合后不留瘢痕。②泡性角膜炎：角膜上有灰白色点状浸润，角膜基质层受累，愈合后可遗留角膜薄翳。③泡性角结膜炎：在角膜缘及附近球结膜可见单个或多个灰白色小结节，周围结膜充血。如有溃疡形成，愈合后可遗留浅淡瘢痕。

3. 心理-社会状况　了解疾病反复发作对患者工作、学习的影响状况，以评估患者心理状态。

4. 辅助检查　春季角结膜炎结膜刮片示每高倍视野嗜酸粒细胞大于 2 个。

5. 治疗要点

（1）春季角结膜炎：具自限性，以短期对症治疗为主。可选择局部应用抗组胺药和肥大细胞稳定剂；严重者可结合应用糖皮质激素或 2%环孢素 A 滴眼液或 FK506（他克莫司）；顽固性春季角结膜炎可选用地塞米松（4mg/ml）或长效激素曲安西龙奈德（40mg/ml）于睑板上方注射，可以提高疗效。

（2）泡性角结膜炎：积极消除诱发因素，局部滴用糖皮质激素眼药水，严重者可进行球结膜下注射地塞米松。如合并感染要选用抗生素药物治疗。

（三）主要护理问题/医护合作性问题

1. 舒适改变：痒、异物感　与变态反应有关。

2. 潜在并发症：角膜炎等。

（四）护理措施

1. 用药护理

（1）正确使用滴眼液：①激素间歇治疗，如 0.1%地塞米松、0.5%可的松眼药水，一般 24 小时可缓解症状，48 小时病灶可以消失。急性期患者开始时眼部滴药每 2 小时 1 次，症状减轻后降低滴药频率，提醒患者家属不能随意停药。②对于有强烈畏光患者，经抗组胺药物如色甘酸钠、奈多罗米等和缩血管药使用后，仍然无法正常生活者，根据医嘱局部应用 2%环孢素或 0.05%FK506。③对顽固性春季角结膜炎症状明显改善后，应根据医嘱减少糖皮质激素的使用。

（2）观察药物不良反应：①长期应用糖皮质激素的患者严密观察眼痛、头疼、眼压及视力变化，警惕青光眼和白内障等并发症的发生。②局部应用抗组胺药和肥大细胞稳定剂，要观察眼部痒、结膜充血、流泪等症状和体征的改善情况。

（3）预防性用药：根据春季角结膜炎发病的季节性和规律性，在发病前 1 个月提早应用抗组胺药和肥大细胞稳定剂如色甘酸钠、奈多罗米，可以预防疾病发作或减轻症状。

（4）使用不含防腐剂的人工泪液可以稀释炎症介质，改善因角膜缺损引起的异物感。

2. 病情观察　密切观察畏光、眼痛、流泪、异物感等症状，注意眼部分泌物的量及性质，并告诉患者按时门诊随访。

3. 健康教育

（1）避免诱发因素：讲解疾病发作的诱因，避免接触致敏原，保持空气流通，外出戴有色眼镜，减少与光线、花粉的接触及刺激等。

（2）选择清淡、易消化饮食，多补充维生素，加强营养，改善体质。不宜食用鱼、虾、蟹、蛋等过敏食物及辛辣、酒类食品。

五　翼状胬肉患者的护理

（一）概述

翼状胬肉（pterygium）是一种向角膜表面生长的与结膜相连的纤维血管样组织，呈三角形，形似翼状。通常双眼患病，发生于鼻侧的睑裂区。翼状胬肉不仅会影响外观，还会引起角膜散光导致视力下降，如果胬肉遮盖瞳孔区，会严重影响视力。

翼状胬肉病因不是很明确，流行病学显示，其发生与所居住的地理环境及暴露于日光、粉尘、风沙下的时间有关。另外，遗传也是其发病中一个不可忽视的因素。

（二）护理评估

1. 健康史 了解患者所居住的环境，是否长期从事户外工作，是否有慢性结膜炎病史，有无长期恶劣环境，如风沙、粉尘等暴露史，了解家庭成员有无相同疾病。

2. 身体状况

（1）多数患者无自觉症状或仅有轻微异物感。

（2）病变接近瞳孔区时，引起角膜散光或直接遮挡瞳孔区而引起视力下降。

（3）典型翼状胬肉分头、颈、体三部分（图2-4，彩图3）。三角形翼状胬肉的尖端为头部；角膜缘处为颈部，球结膜处为体部。胬肉在静止期薄而不充血，进行期胬肉充血、肥厚，头部前端角膜灰色浸润。

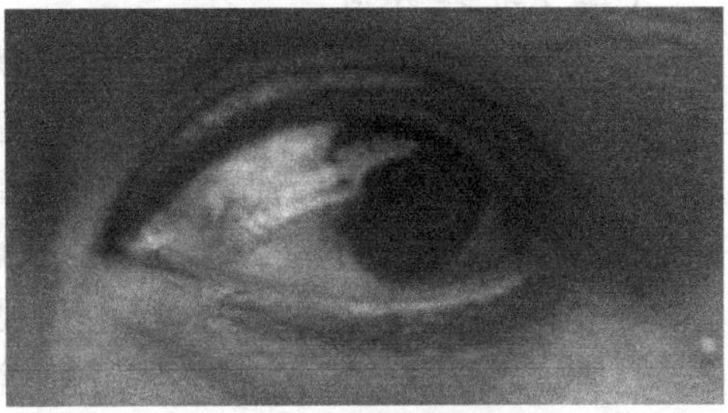

图 2-4 翼状胬肉

3. 心理-社会状况 疾病反复发作、影响容貌会导致患者产生焦虑情绪，视力下降还会影响工作、学习和生活，护士在工作时应注意评估。

4. 治疗要点 小而静止的胬肉无需治疗；如胬肉进行性发展，侵及瞳孔区影响视力，则需手术治疗。

（三）主要护理问题/医护合作性问题

1. 感知改变 与病变遮挡瞳孔区影响视力有关。

2. 知识缺乏：缺乏翼状胬肉相关防护知识。

（四）护理措施

1. 避免接触刺激性因素 户外活动时佩戴防风沙及防紫外线眼镜；避免风沙、阳光、沙尘刺激，积极防治慢性结膜炎。

2. 手术护理

（1）手术方式：胬肉单纯切除术、胬肉切除联合球结膜瓣转移术、胬肉切除联合角膜缘干细胞移植术或羊膜移植术、板层角膜移植联合角膜缘干细胞移植或羊膜移植术。局部使用丝裂霉素，可减少胬肉复发率。

（2）术前护理：参照外眼手术的护理，术前3天抗生素滴眼液滴眼，介绍手术方法及配合要点。消除患者紧张情绪。

（3）术后注意眼部卫生，保持敷料清洁，一般7～10天后拆线。定期复查，观察有无胬肉复发。

3. 健康教育

（1）小而无症状胬肉无需治疗者，应做好解释，定期门诊复查。

（2）饮食宜清淡，忌食辛辣刺激饮食。

（3）户外活动注意防护，避免风沙、紫外线等刺激，积极治疗慢性结膜炎。

六 眼干燥症患者的护理

（一）概述

眼干燥症（dry eye syndrome）是指任何原因造成的泪液质或量异常或动力学异常，导致泪膜稳定性下降，并伴有眼部不适和（或）眼表组织病变特征的多种疾病的总称。本病又称角结膜干燥症，多见于40岁以上人群。

临床上本病通常分为以下两型。①泪液生成不足型：为水样液缺乏性眼干燥症，因泪腺疾病致泪液分泌不足；②蒸发过强型：泪液分泌正常，因泪液蒸发过强引起，如睑板腺功能障碍，暴露过久、长期佩戴角膜接触镜等。眼干燥症常见病理学表现为炎症反应、表面上皮化和细胞凋亡等。

（二）护理评估

1. 健康史　了解患者年龄，有无沙眼病史或佩戴角膜接触镜等。

2. 身体状况　常见症状包括眼干涩、容易视疲劳、眼痒、有异物感、痛灼热感、分泌物黏稠、畏光等；较严重者出现眼睑红肿、充血、角质化、角膜上皮损伤等，长时间则可造成角结膜病变，并会影响视力。严重眼干燥症多见于Sjogren综合征，常伴口干、关节痛等。

3. 心理-社会状况　患者因眼干产生视疲劳，影响工作、生活及学习，且慢性发作，使患者产生焦虑、抑郁等心理状况。护士应注意评估其年龄、职业、用眼习惯等，以评估患者有无焦虑、抑郁等心理。

4. 辅助检查　泪液分泌试验、泪膜破裂时间、角膜荧光素钠染色、泪液溶菌酶含量测定等。

5. 治疗要点　对症处理，常用人工泪液、泪小点封闭等治疗。

（三）主要护理问题/医护合作性问题

舒适改变：干涩、异物感等　与泪液质和量减少有关。

（四）护理措施

1. 用药护理

（1）滴用不含防腐剂的人工泪液，刺激泪液分泌。每支药液打开后要在24小时内使用，超时不再继续使用。

（2）重度眼干燥症选用0.05%环孢素A滴眼液或0.05%FK506滴眼液时，注意观察药物不良反应。

（3）口服多西环素50mg，每天2次，坚持数月，注意观察毒副作用，如对光敏感、牙釉质异常等；8岁以下儿童、孕妇、哺乳期妇女慎用。

2. 保留泪液　戴硅胶眼罩、湿房镜等治疗。

3. 健康教育

（1）长期使用电脑者，注意合理饮食，多吃豆类制品、鱼、牛奶、核桃及水果等。每次看电视、电脑、手机时间不宜过长。

（2）屈光不正佩戴角膜接触镜者，要验光准确、度数适合，避免使用质量低劣的护理液。

第4节　斜视患者的护理

斜视是指两眼不能同时注视目标。发病率约为3%，属眼外肌疾病。正常人的眼球运动系统处于完全平衡状态，即便融合功能受到干扰，其双眼仍能维持正常位置关系，不发生偏斜，称为正视眼。①依据融合功能状态可分为隐性斜视、显性斜视等。如果两眼有偏斜倾向而又能被融合功能所控制，使斜视不显，并保持双眼单视，称隐性斜视。如果融合功能失去控制，两眼处于间歇性或经常性偏斜状态，称显性斜视。②依据眼球运动及斜视角有无显著性变化，分为共同性斜视和非共同性斜视。儿童斜视可通过早期筛查、早期发现、早期干预而获得早期治疗。

案例 2-3

患儿，2 岁半，父母发现最近患儿左眼经常出现“对眼”，有时还有闭起左眼，单用右眼看东西的习惯，日常活动也不如同龄儿灵活，跑步时容易摔倒，因担心视力有问题前来就诊。检查：右眼裸视力 1.0，左眼裸视力 0.4；黄斑 OCT（–）。散瞳眼底检查未见明显异常。验光左眼视力无提高。

问题： 1. 此患儿目前护理问题有哪些？

2. 针对此斜视患儿治疗要点有哪些？

3. 护士应采取哪些护理措施？

一 共同性斜视患者的护理

（一）概述

共同性斜视（concomitant strabismus）是指双眼轴分离并且在各个方向注视时，偏斜度均相同的一类斜视。眼外肌本身及其支配神经均无器质性病变，眼球运动无障碍。注视任何方向其偏斜度不变，无复视及代偿头位。

引起斜视的病因复杂，可能与眼外肌的发育及解剖异常、屈光不正、神经支配异常、屈光参差、融合功能不全、家族遗传等因素有关。

（二）护理评估

1. 健康史　了解斜视发生的时间，有无屈光不正，是否早产儿或低体重儿，有无家族遗传史等。

2. 身体状况

（1）眼轴不平行，一眼偏斜，遮盖健眼，双眼运动基本正常。无复视，无代偿头位。

（2）向各方向注视时斜视角相等，即第一斜视角（健眼固视时，斜视眼的偏斜角度）与第二斜视角（斜视眼固视时，健眼的偏斜角）相等。

（3）散瞳下屈光检查时，常发现有屈光不正和弱视。

（4）斜视角测量和双眼视功能检查时，部分患者有异常视网膜对应。

3. 心理-社会状况　部分患者因眼位偏斜影响容貌而有焦虑、自卑等心理问题。

4. 辅助检查　较常用的检查有遮盖试验、角膜映光法、三棱镜法、同视机检查等。遮盖试验可判断有无斜视及鉴别隐性斜视和显性斜视；角膜映光法最简单、常用，根据角膜反光点偏离瞳孔中心的位置判断斜视角；三棱镜法判断斜视的角度；同视机不仅能精确测量斜视的度数，也可进行双眼视功能训练。

5. 治疗要点　治疗目标是恢复双眼同视功能，并具有美容作用。儿童确诊后要立即开始治疗，治疗越早，效果越好，5 岁后治疗则较难恢复双眼正常视觉。重点是矫正屈光不正、治疗弱视，进行正位视训练。非手术治疗半年无效后，可行手术矫正眼位。

（三）主要护理问题/医护合作性问题

1. 自我形象紊乱　与眼位偏斜影响容貌有关。

2. 知识缺乏：缺乏共同性斜视的治疗及康复知识。

（四）护理措施

1. 心理护理

（1）介绍视功能训练的目的和方法，鼓励患者及家属配合训练，争取早日取得双眼视功能。

（2）介绍手术的目的、方法及预后，增强其治疗的信心，解除其焦虑、自卑的心理。

2. 手术护理

（1）依据外眼手术常规护理。成人手术只能改善外观，要耐心细致地做好解释工作。

（2）术前需做三棱镜耐受试验和角膜牵引缝线试验，如可能发生融合无力性复视者，则不宜手术。

（3）术后双眼包盖，使术眼充分休息，防止肌肉缝线因眼球运动而撕脱，嘱患儿及家长不要自行去除敷料或自行观察矫正情况。

（4）密切观察术后感染症状，如出现分泌物增多，应报告医生，并去除敷料，戴针孔镜，并嘱患者不可自行转动眼球，避免缝线撕脱。

（5）由于手术缝线牵拉，患者可有恶心、呕吐现象，指导其用舌尖抵着硬腭，以缓解恶心感。

（6）术后根据医嘱继续进行弱视及正位视训练，以巩固和提高视功能。

3. 健康教育

（1）向患儿家属介绍斜视知识，斜视的治疗效果和治疗年龄直接相关，手术时机应不晚于6～7岁。

（2）指导患儿及其家长配合训练，争取早日恢复双眼视功能。

（3）做好散瞳检查解释和护理。如使用阿托品散瞳，患者用药后会有畏光、视近物模糊，需2～3周视力恢复。

二 麻痹性斜视患者的护理

（一）概述

麻痹性斜视（paralytic strabismus）是由于病变累及眼外肌运动神经核、神经或肌肉等结构而致的眼位偏斜，又称非共同性斜视。

先天性眼外肌发育异常、支配眼外肌的神经因炎症、外伤、肿瘤压迫而引起麻痹、重症肌无力或眼外肌受损、糖尿病、动脉硬化、多发硬化等代谢性、血管性因素是引起麻痹性斜视的常见原因。

（二）护理评估

1. 健康史　了解斜视发生的时间，有无复视和代偿头位，有无感染、外伤、肿瘤病史，家人有无发病，以及诊疗经过等。

2. 身体状况

（1）复视：病程短者常出现复视，可伴有头晕、恶心、呕吐等症状，遮盖一眼后症状可消失；先天性者，已适应者可无复视症状。

（2）眼球运动受限：眼球向麻痹肌正常作用方向运动明显受限，眼球斜向麻痹肌作用方向的对侧。第二斜视角大于第一斜视角。

（3）代偿头位（眼性斜颈）：为减轻复视的干扰，尽量不使用麻痹肌，头向麻痹肌作用方向偏斜，使之直视时在尽可能大的视野范围内不发生复视。遮盖一眼则代偿头位消失。

3. 心理-社会状况　评估患者的年龄、受教育水平，患者及家属的心理状态，对相关知识的认知，对工作、生活的影响等。

4. 辅助检查 红镜片试验或Hess屏方法等检查，有助于确定麻痹的眼外肌。

5. 治疗要点 先天性麻痹性斜视如有代偿头位和斜视角较大者考虑手术治疗；后天性者主要是病因治疗和对症处理，病因消除后药物治疗半年以上无效者，可考虑手术治疗。

（三）主要护理问题/医护合作性问题

1. 感知改变 与眼外肌麻痹引起的复视、眩晕有关。

2. 知识缺乏：患者及家属缺乏斜视相关治疗护理知识。

（四）护理措施

1. 药物治疗 遵医嘱肌内注射维生素 B_1、维生素 B_{12} 和能量合剂，针灸及理疗，以促进麻痹肌的恢复。类固醇激素和抗生素，用于神经炎和肌炎引起的麻痹性斜视。

2. 遮盖疗法时，说服患者遮盖一眼（最好健眼）以消除复视带来的不适，预防拮抗肌痉挛。

3. 手术护理 同共同性斜视的护理。

4. 健康教育

（1）对于有弱视者，向患者及家属讲解弱视治疗的措施和注意事项，鼓励其规范训练。

（2）保持身心愉快，鼓励患者正确对待，积极配合治疗，定期复查。

目标检测

A_1 型题

1. 麦粒肿是指（ ）
   A. 慢性增生性炎症 B. 急性增生性炎症
   C. 急性化脓性炎症 D. 慢性化脓性炎症
   E. 急性渗出性炎症

2. 导致慢性泪囊炎的主要病因是（ ）
   A. 泪小管狭窄或阻塞
   B. 泪总管狭窄或阻塞
   C. 鼻泪管阻塞
   D. 泪小点阻塞
   E. 鼻泪管狭窄或阻塞

3. 麻痹性斜视首先要考虑的治疗方法是（ ）
   A. 理疗及针刺疗法 B. 激素及维生素
   C. 血管扩张法 D. 病因治疗
   E. 手术治疗

4. 以下不属于沙眼体征的是（ ）
   A. 条索状瘢痕 B. 结膜面滤泡
   C. 垂帘状血管翳 D. 结膜面乳头
   E. 结膜结石

5. 以下选项中对于翼状胬肉描述错误的是（ ）
   A. 通常单眼发病 B. 呈三角形
   C. 多见于鼻侧 D. 与紫外线照射有关
   E. 与风沙、粉尘和刺激有关

A_3/A_4 型题

患者，女性，35岁，主因“眼干涩，不舒适，视物模糊，易疲劳半年余”就诊。现病史：患者有戴角膜接触镜病史10年，常觉眼部干涩不适、易疲劳。检查：双眼角膜表面有点状荧光素染色。

6. 该患者最可能的诊断是（ ）
   A. 细菌性角膜炎 B. 病毒性角膜炎
   C. 结膜干燥症 D. 角膜上皮营养不良
   E. 真菌性角膜炎

7. 在护理该患者时，应采用下列哪项措施（ ）
   A. 滴0.25%氯霉素滴眼液
   B. 0.3%氧氟沙星滴眼液
   C. 给患者戴湿房镜
   D. 戴有色眼镜
   E. 经常自我按摩眼球

（王志英）

第三章 眼球壁疾病患者的护理

第1节 角膜疾病患者的护理

角膜疾病是我国主要的致盲性眼病之一，主要有炎症、外伤、先天性异常、变性、营养不良和肿瘤等。其中感染性角膜炎最为常见，其致病病原体包括细菌、病毒、真菌、衣原体等。角膜炎病理变化过程可分为以下四期。①浸润期：病原体侵袭角膜，引起角膜缘血管充血，随即炎性渗出液及炎症细胞进入，导致病变角膜出现水肿和局限性灰白色浸润灶，如炎症及时被控制，则角膜恢复透明。②溃疡形成期：炎症向周围和深层扩张，可致角膜上皮和基质坏死、脱落形成角膜溃疡，甚至角膜穿孔，房水从角膜破孔处涌出。导致虹膜脱出、角膜瘘、眼内炎、眼球萎缩等严重并发症。③溃疡消退期：炎症控制，患者自身免疫力增强，阻止致病因子对角膜损害，溃疡边缘浸润减轻。④愈合期：溃疡区上皮再生，由成纤维细胞产生的瘢痕组织修复，留有角膜薄翳、角膜瘢翳、角膜白斑。

一 细菌性角膜炎患者的护理

（一）概述

细菌性角膜炎（bacterial keratitis）是常见的角膜炎之一。引起细菌性角膜炎常见的细菌有表皮葡萄球菌、金黄色葡萄球菌、肺炎链球菌、肠道杆菌、铜绿假单胞菌等。其诱发因素有眼局部因素和全身因素。多是角膜外伤或剔除角膜异物后感染所致，与无菌操作不严格、使用污染的表面麻醉药物有关。此外，眼干燥症、慢性泪囊炎、佩戴角膜接触镜、糖尿病、免疫缺陷、营养不良、全身长期使用免疫抑制剂、酗酒等，可降低机体抵抗力导致发病。

（二）护理评估

1. 健康史　了解患者有无角膜外伤史、眼干燥症、慢性泪囊炎、角膜异物剔除术，有无长期佩戴角膜接触镜、长期使用免疫抑制药物等病史及用药情况。

2. 身体状况

（1）症状：起病急，常在角膜外伤后 24～48 小时内发病。有明显的眼痛、畏光、流泪、眼睑痉挛、异物感、视力下降等症状，伴较多的脓性分泌物。

（2）体征：眼睑肿胀、痉挛，睫状充血或混合充血，球结膜水肿。角膜上有黄白色浸润灶，周围组织水肿，很快形成溃疡。毒素渗入前房导致虹膜睫状体炎时，表现为角膜后沉着物、瞳孔缩小、虹膜后粘连及前房积脓。

（3）不同致病菌引起的角膜炎具有不同特征

1）革兰阳性球菌角膜炎：圆形或椭圆形局灶性脓肿、边界清楚。金黄色葡萄球菌、肺炎球菌所致的匍行性角膜溃疡是典型的细菌性角膜溃疡，常伴有前房积脓。

2）革兰阴性球菌角膜炎：以铜绿假单胞菌引起的感染具有特征性。发病急重，角膜溃疡浸润灶及分泌物呈黄绿色，前房积脓严重。感染如未控制，往往在24小时内波及全角膜，甚至发生角膜穿孔、眼内炎。

3. 心理-社会状况　了解患者有无因症状严重、视力下降、对预后不了解等造成的焦虑、恐惧及悲哀等心理状况，了解家属支持状况等。

4. 辅助检查　角膜溃疡刮片镜检和细胞培养有助于进一步诊断。

5. 治疗要点

（1）药物治疗：局部使用敏感抗生素是治疗急性细菌性结膜炎最有效的途径。用药前先行角膜溃疡刮片、细菌培养、药物敏感试验明确敏感抗生素。在无试验报告前，常选用0.3%氧氟沙星、0.3%妥布霉素滴眼液等治疗；必要时全身应用抗生素，革兰阳性球菌常选用头孢唑林钠、万古霉素，革兰阴性杆菌常选用妥布霉素、头孢他啶、多黏菌素、喹诺酮类等。

（2）手术治疗：药物治疗无效，即将或已经出现角膜溃疡穿孔，以及眼内容物脱出者，可考虑进行角膜移植术。

（三）主要护理问题/医护合作性问题

1. 舒适改变：眼痛、畏光、流泪、分泌物等　与角膜炎症有关。

2. 潜在并发症：角膜溃疡、角膜穿孔、眼内炎等。

3. 感知改变：视力障碍　与角膜炎症有关。

（四）护理措施

1. 用药护理　用药后密切观察视力、角膜刺激症状、分泌物变化等，滴药时动作宜轻柔，勿压迫眼球，避免角膜溃疡穿孔；用药前先清除分泌物。

2. 病情观察　密切观察视力、角膜刺激征、分泌物变化、角膜病灶等，注意有无角膜穿孔。如发生角膜穿孔，房水即会从穿孔处急剧涌出，虹膜随之达穿孔处，可出现眼压降低、前房变浅或消失、疼痛减轻等。

3. 预防角膜穿孔的护理　①滴药时动作宜轻柔，勿压迫眼球。②多食营养丰富、易消化、清淡饮食，保持大便通畅，避免腹压增高引起角膜穿孔。③避免用力咳嗽、打喷嚏，不用手揉眼。④球结膜下注射时，避免同一部位反复穿刺，尽量避开溃疡面。⑤深部角膜溃疡，后弹力层膨出者，可加压包扎，配合局部及全身应用降眼压药。⑥遵医嘱使用散瞳剂，防止虹膜后粘连而导致眼压升高。⑦患眼戴眼罩，避免外物撞击，外出戴有色眼镜。

4. 手术护理　参见内眼手术的护理。

5. 消毒隔离　指导患者做好手卫生及床旁隔离措施；检查、换药、滴眼药时应严格遵循消毒隔离措施，避免交叉传染。接触患者的器械、药物要专人专用。

6. 健康教育

（1）勿食辛辣刺激食物，忌烟酒，保证充分休息与睡眠。

（2）积极预防角膜外伤，积极治疗慢性泪囊炎、睑内翻、倒睫等原发疾病。

（3）长期佩戴角膜接触镜者，严格按照要求佩戴，如出现角膜刺激征，应立即就医。

二 真菌性角膜炎患者的护理

（一）概述

真菌性角膜炎（fungal keratitis）是由致病真菌引起的感染性角膜病。由于近年来广谱抗生素和糖皮质激素的广泛应用，其发病率有升高趋势，致盲率极高。

真菌性角膜炎常发生于植物引起的角膜外伤，尤其是农作物，也与长期使用广谱抗生素、糖皮质激素有关。常见致病菌为曲霉菌。

（二）护理评估

1. 健康史　了解患者有无农作物（如树枝、稻麦、麦芒等）划伤角膜史和长期应用广谱抗菌药物、糖皮质激素药物史。

2. 身体状况

（1）症状：轻度畏光、流泪、视力下降，病程进展相对缓慢，呈亚急性，自觉症状较轻。

（2）体征：体征较重，眼部充血明显，角膜病灶呈白色或灰白色，表面微隆起，外观干燥而欠光滑，似牙膏样或苔垢样。溃疡周围抗体与真菌作用，形成灰白色环形浸润即“免疫环”。有时在角膜病灶旁可见“伪足”“卫星状”浸润病灶，角膜后可有纤维脓性沉着物。前房积脓为灰白色的黏稠脓液。由于真菌穿透力强，易发生眼内炎。

3. 心理-社会状况　真菌性角膜炎病程长，患者容易产生焦虑、抑郁、悲观心理，护士应评估患者的心理状况，了解其对本病的认知程度。

4. 辅助检查　角膜溃疡刮片、培养检查找到真菌菌丝可确诊。角膜共焦显微镜检查，可直接发现病灶内的真菌病原体。

5. 治疗要点　抗真菌药物治疗。药物治疗无效，即将或已经出现角膜溃疡穿孔可行病变部位烧灼，也可考虑进行角膜移植术。

（三）主要护理问题/医护合作性问题

1. 疼痛：眼痛　与眼睑局部炎症有关。

2. 潜在并发症：眼睑蜂窝织炎、海绵窦脓毒血症、败血症等。

3. 知识缺乏：患者及家属缺乏睑腺炎相关治疗护理知识。

（四）护理措施

1. 用药护理

（1）常用抗真菌药：0.25%两性霉素 B、0.5%咪康唑、2.5%那他霉素、0.5%～1%氟康唑。指导正确给药方法：每 0.5～1 小时滴眼一次，白天用眼药水滴眼，睡前用眼药膏。症状严重者，可结膜下注射咪康唑或两性霉素 B。临床治愈后仍要坚持用药一段时间，以防复发。

（2）病情严重者可口服伊曲康唑或静脉滴注咪康唑或氟康唑，同时要观察药物的不良反应。禁用皮质类固醇激素。

（3）有虹膜睫状体炎时，可应用散瞳剂，如复方托吡卡胺滴眼液、1%阿托品滴眼液。

2. 病情观察　密切观察病情，注意视力、角膜刺激征、结膜充血、分泌物变化等。做好预防角膜穿通的护理，见细菌性角膜炎的护理。

3. 饮食护理　清淡易消化的饮食，避免饮酒及刺激性饮食。

4. 健康教育　告诉患者坚持用药的重要性和必要性，指导正确用药；定期门诊复查；长期局部应用糖皮质激素或抗生素者应注意眼部病情变化，避免发生真菌性角膜炎。

链接

角膜接触镜及其并发症

角膜接触镜又称隐形眼镜，包括硬性角膜接触镜、半硬性角膜接触镜、软性角膜接触镜3种，是一种戴在角膜上达到矫正屈光不正或者保护角膜的镜片。

伴随临床上角膜接触镜的普遍应用，角膜接触镜所引起的并发症也日益增多，主要有以下2类。

1. 角膜接触镜本身引起的并发症　镜片缺损损伤角膜上皮、过敏反应、镜片沉积、粘连等。

2. 角膜接触镜佩戴、保管不当引起的并发症　中毒性结膜炎、巨乳头性结膜炎、角膜上皮损伤、角膜基质浸润、感染性角膜炎、角膜内皮变化等。

因此，在佩戴角膜接触镜前一定要严格检查确定是否适合佩戴，如有结膜炎症、角膜炎症，则不宜佩戴。在佩戴过程中要选择合格的浸泡液、戴前严格检查有无破损、注意手卫生及眼部卫生，如有不适，立即停止佩戴，及时就医。

三 单纯疱疹病毒性角膜炎患者的护理

（一）概述

单纯疱疹病毒性角膜炎（herpes simplex keratitis，HSK）是由单纯疱疹病毒所致的、严重的感染性角膜病，居角膜病致盲首位。

大多数角膜病变由Ⅰ型疱疹病毒引起，少数由Ⅱ型疱疹病毒引起。当机体抵抗力下降时，潜伏的病毒激活，可沿三叉神经至角膜组织，引起单纯疱疹病毒性角膜炎。

（二）护理评估

1. 健康史　了解患者发病前有无上呼吸道感染或其他病史或特定诱因。

2. 身体状况

（1）症状：有轻微眼痛、畏光、流泪、眼痉挛。原发感染常见于幼儿。

（2）可有典型的角膜浸润灶形态：①树枝状和地图状角膜炎：是最常见类型。初起时患眼角膜上皮呈小点状浸润，排列成行或成簇，继而形成小水疱，水疱破裂互相融合，形成树枝状浅表溃疡，称树枝状角膜炎。随病情进展，炎症逐渐向角膜病灶周围及基层扩展，可形成不规则的地图状角膜溃疡，称地图状角膜炎。②盘状角膜炎，炎症浸润角膜基质层，呈盘状水肿、增厚、边界清楚，后弹力层皱褶。③坏死性角膜基质炎，角膜基质层内出现单个或多个黄白色浸润灶、溃疡甚至穿孔。

3. 心理-社会状况　角膜炎反复发作，病程持续时间长，患者易产生焦虑、抑郁情绪。

4. 辅助检查　分子生物学方法，如PCR查到角膜中病毒核酸，有助于病原学诊断。

5. 治疗要点　抗真菌药物治疗为主，如有角膜溃疡穿孔危险或已穿孔者，可考虑治疗性角膜移植术。

（三）主要护理问题/医护合作性问题

1. 舒适改变：眼痛、畏光、流泪　与角膜炎症刺激有关。

2. 潜在并发症：角膜溃疡、穿孔、眼内炎等。

3. 感知改变　与角膜溃疡致视力下降有关。

（四）护理措施

1. 用药护理　局部用抗病毒滴眼液和眼药膏，常用的有0.15%更昔洛韦眼用凝胶、0.1%阿昔洛韦滴眼液、3%阿昔洛韦眼膏、1%三氟胸腺嘧啶核苷等。急性期每1～2小时滴一次，晚上涂眼药膏。注意用药时勿用力按压眼球，以防角膜穿孔；病情严重、多次反复的患者需口服阿昔洛韦、更昔洛韦等抗病毒药，一般不少于2周。用药时注意监测肝、肾功能。出现虹膜睫状体炎时要及时散瞳，外出戴有色眼镜，以减少光线刺激。已穿孔者可行穿透性角膜移植术。

2. 休息与饮食　保证充足睡眠，多食营养丰富饮食，勿食辛辣刺激饮食。

3. 健康教育

（1）鼓励患者积极参加体育锻炼，增强体质，降低复发。

（2）稳定期抗复发的治疗，口服阿昔洛韦片1～2年。

第2节　葡萄膜疾病患者的护理

虹膜睫状体炎

（一）概述

葡萄膜炎（uveitis）是一种由多种原因引起的发生在葡萄膜、视网膜、视网膜血管和玻璃体的炎症，为眼科常见疾病，多发生在青壮年，常反复发作，是一类常见且重要的致盲性眼病。葡萄膜炎按其发病部位不同可分为前葡萄膜炎（包括虹膜炎、睫状体炎和前部睫状体炎）、中间葡萄膜炎、后葡萄膜炎和全葡萄膜炎。本节重点阐述虹膜睫状体炎。

虹膜睫状体炎病因复杂，通常分为感染性因素和非感染性因素。

1. 感染性因素　细菌、病毒、真菌、寄生虫、立克次体等感染所致。

2. 自身免疫性因素　当机体免疫紊乱时，正常眼组织中的抗原被免疫系统所识别，引起免疫反应。

3. 创伤及理化因素　主要通过激活花生四烯酸代谢产物而引起葡萄膜炎。

4. 免疫遗传机制　已发现多种类型的葡萄膜炎与特定的HLA抗原相关。

（二）护理评估

1. 健康史　了解患者的发病时间，有无反复发作和全身相关性疾病，如风湿性疾病、结核病、强直性脊柱炎、溃疡性结肠炎等。

2. 身体状况　急性虹膜睫状体炎常见症状有眼痛、畏光、流泪和视力下降。体征：①睫状充血或混合性充血。②角膜后沉着物（KP）：指炎症细胞或色素沉积于角膜后表面。③前房闪辉：由于血-房水屏障功能破坏，蛋白进入房水所致，裂隙灯检查时表现为前房内白色光束。④虹膜水肿，纹理不清，并有虹膜粘连、虹膜膨隆等改变。⑤瞳孔缩小，光反射迟钝或消失，散瞳后，虹膜后粘连不能完全拉开，出现多种形状的瞳孔外观。⑥可出现并发性白内障、继发性青光眼、低眼压及眼球萎缩等并发症。

3. 心理-社会状况　葡萄膜炎反复发作，易引起患者焦虑、抑郁等情绪。

4. 辅助检查

（1）血常规、红细胞沉降率、HLA-B27抗原分型等。

（2）对怀疑病原体感染者，进行相应病原学检查。

5. 治疗要点　应用散瞳、糖皮质激素、非甾体类抗炎药和抗感染药物，以达到扩瞳、抗炎、防止并发症的作用。

（三）主要护理问题/医护合作性问题

1. 疼痛：眼痛　与睫状神经受到刺激有关。

2. 感知改变：视力下降　与角膜后沉着物、视网膜渗出及并发性白内障、继发性青光眼等有关。

3. 焦虑　与疾病反复发生、双眼视功能障碍有关。

4. 潜在并发症：并发性白内障、继发性青光眼、低眼压和眼球萎缩等。

5. 舒适改变：畏光、流泪　与急性炎症有关。

（四）护理措施

1. 散瞳　是治疗急性虹膜睫状体炎的首要措施。

（1）散瞳的目的：①立即散瞳以防止虹膜后粘连。②解除睫状肌和瞳孔括约肌的痉挛以减轻充血、水肿及疼痛，促进炎症消退。③迅速抗感染以防止眼内组织破坏和并发症发生。局部涂阿托品眼用凝胶，效果不理想者可结膜下注射阿托品注射液。炎症恢复期可滴 0.5%～1%托吡卡胺滴眼液。

（2）注意事项：①滴散瞳药后，压迫内眦 3～5 分钟，以减少药物经鼻腔黏膜吸收而引起中毒反应。②球结膜下注射时选择瞳孔未散开的部位，并告诉患者可能会有心跳加速、面红、口干等药物反应，为正常现象。③注意用药浓度，如出现阿托品中毒症状，应立即告诉医生，立即停药。嘱患者多喝水，卧床休息，注意保暖，遵医嘱静脉滴注葡萄糖。

2. 糖皮质激素　具有抗炎、抗过敏的作用，同时还能抑制炎性介质的释放。局部用药可采用眼药水滴眼、眼药膏涂眼及球结膜下注射等方式。常用醋酸氢化可的松（0.2%、2.5%）、醋酸地塞米松（0.1%）、醋酸泼尼松龙（0.12%、0.125%、0.5%、1%）等。病情严重者可口服或静脉使用糖皮质激素。

3. 非甾体类抗炎药和抗感染药　非甾体类抗炎药有吲哚美辛和双氯芬酸钠。根据感染的病原体，选择敏感抗生素。

4. 热敷　局部热敷能扩张血管促进血液循环，消除毒素和炎症产物，从而减轻炎症反应。

5. 积极治疗原发病。

6. 健康教育

（1）本病易复发，应告知患者戒烟、注意保暖、预防感冒、避免劳累、勿食辛辣刺激食物。

（2）适当锻炼身体，增强体质。

（3）散瞳后 10～15 天瞳孔方可恢复，外出期间注意戴有色眼镜，避免强光刺激。

第 3 节　视网膜疾病患者的护理

一　视网膜动脉阻塞患者的护理

（一）概述

视网膜动脉阻塞（retinal artery occlusion，RAO）是指视网膜中央动脉或其分支阻塞。视网膜中央血管为终末血管，当动脉阻塞后，该血管供应的视网膜营养中断，引起视网膜功能障碍。本病是严重损害视力的急性发作的眼病。

视网膜动脉阻塞是由于动脉硬化、血管痉挛、动脉周围炎、栓子栓塞、血管外部的压迫所致。多发生于高血压、糖尿病、心脏病、动脉粥样硬化等的老年人。

（二）护理评估

1. 健康史　了解患者的年龄，有无高血压、糖尿病、心脏病、颈动脉粥样硬化等病史，有无黑蒙史；了解其发病时间、起病急缓、发病诱因及治疗经过等。

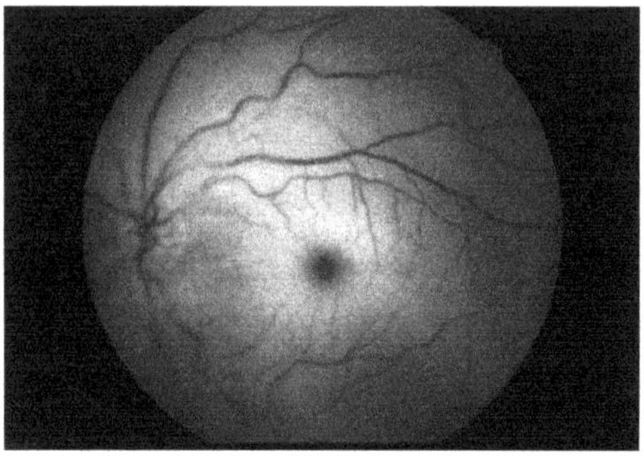

图 3-1　视网膜中央动脉阻塞

2. 身体状况　中央动脉干阻塞者表现为突然一眼视力无痛性完全丧失。分支阻塞者视野某一区域突然出现遮挡。部分患者发病前有阵发性黑蒙。外眼检查正常，主干阻塞的患眼瞳孔直接对光反射消失或极度迟缓，而间接对光反射存在。眼底检查可见：视网膜弥漫性混浊、水肿，后极部尤为明显，呈苍白色或乳白色，黄斑区可透见其深面的脉络膜红色背景，中心凹呈樱桃红点（图 3-1），视网膜动、静脉纤细，严重者可见视网膜动脉和静脉阶段性血栓。

3. 心理-社会状况　起病急、视力突然丧失或视野缺损，尤其短时间内视力恢复不明显者，会出现严重焦虑、恐惧心理。在评估时应注意了解患者的心理状况、文化和对疾病的认知状况，评估患者的承受能力。

4. 辅助检查　眼底荧光素血管造影可显示视网膜阻塞支动脉充盈时间明显延迟，视网膜循环时间延长，动、静脉血流变细。视野检查提示病变范围及程度。

5. 治疗要点　尽可能在短时间内急诊处理，迅速吸氧，降低眼压，扩张血管，溶解栓子，务求视力恢复到最大限度，同时积极治疗原发病。

（三）主要护理问题/医护合作性问题

1. 恐惧　与视力突然丧失有关。

2. 感知改变：视力丧失　与视网膜动脉阻塞有关。

3. 自理缺陷　与视力突然丧失生活不能自理有关。

（四）护理措施

1. 抢救视力　前房穿刺、眼球按摩等以降低眼压。嘱患者闭眼后用手指压迫眼球数秒，然后松开手指数秒，重复数次。

2. 吸氧　吸入 95%氧气及 5%二氧化碳的混合气体，每小时吸 10 分钟，晚上每 4 小时吸入 1 次，以增加脉络膜毛细血管血液的氧含量。

3. 药物治疗护理

（1）血管扩张剂：全身应用血管扩张剂，立即吸入亚硝酸异戊酯或舌下含化硝酸甘油片。

（2）纤溶制剂：对疑有血栓形成或纤维蛋白原增高的患者可应用纤溶剂如静脉滴注尿激酶。

（3）抗凝剂：全身应用抗凝药，如口服阿司匹林等。

4. 积极查找病因，治疗全身疾病，预防另一眼发病。

5. 心理护理　做好心理疏导，讲解本病相关知识，消除恐惧心理，积极配合治疗。

6. 健康教育　指导患者积极治疗动脉粥样硬化、高血压、糖尿病等慢性疾病。避免劳累、情绪紧张等。保持充足睡眠，勿食刺激性食物。讲解本病特点，教会患者预防和自救知识。

二 视网膜静脉阻塞患者的护理

（一）概述

视网膜静脉阻塞（retinal vein occlusion，RVO）是指视网膜中央静脉或其分支阻塞，是比较常见的眼底血管病。临床上根据阻塞部位不同，本病可分为视网膜中央静脉阻塞和视网膜分支静脉阻塞两种。多为单眼发病，左右眼发病无差别。

本病常为多因素共同致病，与高血压、血液黏稠度和血流动力学异常有密切关系。

（二）护理评估

1. 健康史　了解患者的年龄，有无高血压、高血脂、动脉粥样硬化等病史，血液黏稠度与血流动力学检查结果是否正常。有无劳累、情绪激动、嗜酒等发病诱因。

2. 身体状况

（1）视网膜中央静脉阻塞：可分为轻型（非缺血型）和重型（缺血型）两种类型。视力损害的程度依据黄斑区出血及囊样水肿的程度而不同。一般视力损害较严重，主要表现为突然不同程度的视力减退，眼底表现为视网膜水肿，并有火焰状出血（图 3-2），视网膜静脉管壁的渗漏引起视网膜水肿，病程久者可见一些黄白色硬性脂质渗出及黄斑囊样水肿。

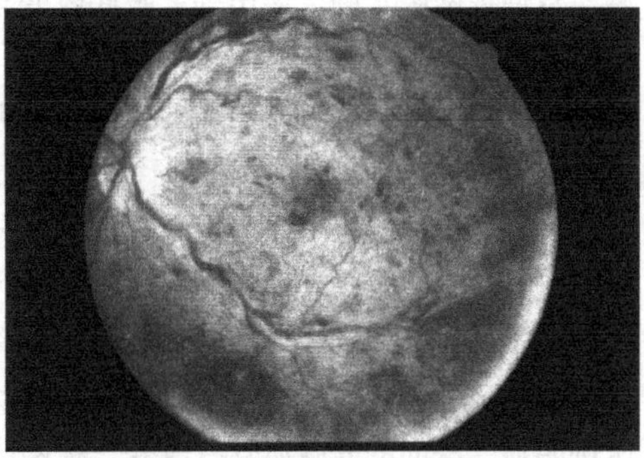

图 3-2　视网膜中央静脉阻塞

（2）视网膜分支静脉阻塞：主要表现为视力不同程度下降。阻塞点远端视网膜静脉扩张、迂曲，出现视网膜水肿，并有火焰状出血。阻塞严重者，有时可见棉绒斑；黄斑区常发生管壁渗漏，引起阻塞侧的黄斑囊样水肿，中心视力依据黄斑区水肿及出血的程度而异。一般较总干阻塞者稍好。

3. 心理-社会状况　本病起病急，病程长，视力多明显下降，患者易产生焦虑、恐惧心理，应注意评估患者对本病的认知程度。

4. 辅助检查　眼底荧光素血管造影显示静脉充盈时间延长，管壁渗漏，毛细血管迂曲扩张，缺血型可出现大量毛细血管无灌注区。

5. 治疗要点　目前尚无有效治疗药物。不宜用止血剂、抗凝剂及血管扩张剂。积极治疗原发病。眼部治疗主要在于预防和治疗并发症。对于黄斑水肿存在血管炎时，可口服糖皮质激素；对于缺血型视网膜静脉阻塞，应行全视网膜光凝，防治新生血管性青光眼。玻璃体积血者可行玻璃体切割术。

（三）主要护理问题/医护合作性问题

1. 感知改变：视力丧失　与视网膜出血、渗出有关。

2. 焦虑　与视力下降、预后不良有关。

3. 潜在并发症：玻璃体积血、增殖性玻璃体视网膜病变、视网膜脱离、新生血管性青光眼等。

（四）护理措施

1. 监测视力恢复情况，注意溶栓抗凝治疗，如尿激酶、链激酶的不良反应，监测血纤维蛋白酶原的时间。同时做好视力下降患者的照护。

2. 心理护理　做好心理疏导，增强战胜疾病信心。

3. 饮食护理　宜食低脂肪、低胆固醇、清淡、易消化饮食。

4. 健康教育

（1）嘱患者遵医嘱用药，定期复查，及早发现视网膜缺血和新生血管，以便早期治疗。

（2）保持情绪稳定，避免劳累，睡眠充足。

（3）多食蔬菜、水果，保持大便通畅。

三　高血压性视网膜病变患者的护理

（一）概述

高血压性视网膜病变（hypertensive retinopathy，HRP）是指由于高血压导致视网膜血管内壁损害的总称，可以发生在任何原发性或继发性高血压患者。

本病发生机制是因长期高血压作用使得视网膜动脉管壁硬化、管径狭窄，血管管壁开始渗漏，致使视网膜水肿、渗出等。眼底改变与患者年龄、血压升高程度、病程长短有关。

（二）护理评估

1. 健康史　了解患者高血压病史、血压控制情况及是否合并其他并发症。

2. 身体状况　视网膜血管损害的程度、部位不同，则视力下降的程度不同。临床上根据病变进展和严重程度将高血压性视网膜病变分为四级。

Ⅰ级：主要是血管的收缩、变窄。视网膜小动脉反光带加宽，管径不规则，动静脉交叉处压迹虽不明显，但透过动脉管壁见不到其深面的静脉血柱。

Ⅱ级：主要表现为动脉硬化。视网膜动脉光带加宽，呈铜丝或银丝状外观，动静脉交叉处压迹明显，深面的静脉血管有改变，视网膜可见硬性渗出或线状小出血。

Ⅲ级：主要表现为渗出，可出现棉绒斑、线性出血等。

Ⅳ级：在Ⅲ级眼底改变的基础上，伴有视盘水肿、动脉硬化等并发症。

3. 心理-社会状况　晚期出现视力障碍时，会有焦虑心理。评估患者的饮食习惯、生活方式、有无不良嗜好等及对本病的认知程度。

4. 治疗要点　积极治疗高血压，将血压控制在正常范围内；应用药物促进视网膜水肿、渗出、出血吸收，如维生素 E、维生素 C、路丁及血管扩张剂等。

（三）主要护理问题/医护合作性问题

1. 感知改变：视力下降　与视网膜损害有关。

2. 焦虑　与视力下降、预后不良有关。

3. 自理缺陷　与视力下降有关。

（四）护理措施

1. 遵医嘱用药　遵医嘱服用抗高血压药物，以及促进视网膜水肿、渗出、出血吸收的药物。

2. 饮食护理　指导患者进食低盐、低脂、低胆固醇饮食。改变不良生活方式，保证睡眠充足，情绪稳定，戒烟酒。

3. 健康教育　遵医嘱服用降压药，定期复查，定期测量血压、检查眼底，注意药物不良反应。

四 糖尿病性视网膜病变患者的护理

（一）概述

糖尿病性视网膜病（diabetic retinopathy，DR）是指在糖尿病的病程中引起的视网膜微循环障碍，造成毛细血管无灌注区的局限性视网膜缺氧症。糖尿病性视网膜病变是最常见的视网膜血管病，是50岁以上人群的主要致盲眼病之一。

糖尿病主要损害视网膜微小血管，使视网膜毛细血管内皮细胞受损，微血管扩张，形成微动脉瘤，发生渗漏，出现视网膜水肿及视网膜小点状出血。进一步损害，可发生毛细血管闭塞形成无灌注区，从而造成局部视网膜缺血、缺氧，出现新生血管。

（二）护理评估

1. 健康史　评估患者糖尿病的发病时间、用药情况、血糖控制情况，是否合并糖尿病其他并发症。

2. 身体状况　多数患者除有多饮、多食、多尿和体重下降外，还表现为不同程度的视力障碍、视物变形、眼前黑影飘动及视野缺损，最终导致失明。视网膜病变表现为微动脉瘤、视网膜出血、新生血管、增生性玻璃体视网膜病变及牵拉性视网膜脱离。

DR按照发展阶段和严重程度不同，临床上可分为非增殖型和增殖型。DR临床分期见表3-1。

表3-1　糖尿病视网膜病变临床分期

病变严重程度	眼底表现
非增殖型Ⅰ	以后极部为中心，出现微小动脉瘤和小出血点
Ⅱ	出现黄白色硬性渗出及出血点
Ⅲ	出现白色棉絮斑和出血斑
增殖型Ⅳ	眼底有新生血管或有玻璃体积血
Ⅴ	眼底有新生血管和纤维增生
Ⅵ	眼底有新生血管和纤维增生，并发牵拉性视网膜脱离

3. 心理-社会状况　DR晚期严重影响视力，甚至失明，患者可能产生恐惧、悲观甚至厌世心理，应着重评估其心理状况；了解疾病对患者生活、工作的影响，评估患者生活、饮食习惯、遵医行为、经济状况及对疾病认知程度。

4. 辅助检查　荧光素眼底血管造影有助于诊断和判断眼底病变的严重程度。

5. 治疗要点

（1）积极治疗原发病，严格控制血糖，定期检查眼底。

（2）应用药物治疗改善微循环。

（3）严重者行全视网膜光凝、玻璃体腔内注射及玻璃体切割术。

（三）主要护理问题/医护合作性问题

1. 感知改变：视力下降　与视网膜循环障碍有关。

2. 自理缺陷　与视力下降甚至失明有关。

3. 知识缺乏：患者及家属缺乏本病防护知识。

（四）护理措施

1. 视力障碍护理　视力严重障碍者，应指导在家庭及其他活动环境中如何保护患者，注意患者安全，防止意外摔伤；每年定期检查眼底，便于早期发现、早期治疗；告知控制血糖的重要性。

2. 饮食护理　进食低盐、低脂、低胆固醇饮食，禁烟酒，勿食辛辣刺激食物，保持大便通畅。

3. 健康教育

（1）指导患者遵医嘱用药，定期复查，定期测眼压。

（2）如出现眼痛、头痛、虹视、视力突然下降，可能发生新生血管性青光眼，应及时就诊。

（3）勿剧烈运动，保持充足睡眠，保持情绪稳定。

五　视网膜脱离患者的护理

（一）概述

视网膜脱离（retinal detachment，RD）是指视网膜神经上皮层与色素上皮层之间发生分离，可分为孔源性（原发性）、牵拉性和渗出性（继发性）。多见于高度近视眼、眼外伤、老年人、无晶状体眼者及视网膜脉络膜炎患者。

（1）孔源性视网膜脱离：发生在视网膜裂孔形成的基础上，液化的玻璃体经此裂孔进入视网膜神经上皮层与色素上皮层之间，从而导致视网膜脱离。

（2）牵拉性视网膜脱离：是因增生性玻璃体视网膜病变的增生条带牵拉而引起的没有裂孔的视网膜脱离。

（3）渗出性视网膜脱离：是由于脉络膜渗出所致的视网膜脱离。

（二）护理评估

1. 健康史　评估患者的年龄，是否高度近视眼、无晶状体眼、人工晶状体眼；询问有无眼部外伤史，有无全身疾病，如妊娠高血压综合征、恶性高血压、肾炎、糖尿病等；了解患者有无葡萄膜炎、巩膜炎、原田病等。

2. 身体状况

（1）症状：有漂浮物、闪光感及黑影遮挡，并逐渐变大，如黄斑受累则视力明显减退。

（2）体征：散瞳检查时，眼底可见脱离部分的视网膜失去正常红色反光而呈灰白色隆起，脱离范围可有局限性脱离至视网膜全脱离，大范围的视网膜脱离区呈波浪状起伏不平，孔源性视网膜脱离可在脱离区发现红色马蹄形或圆形裂孔（图 3-3）。

3. 心理-社会状况　因视网膜脱离症状重、预后不确定，患者易有焦虑、抑郁的心理状态。应注意评估其心理状况、受教育程度、年龄、经济状况及对疾病认知程度。

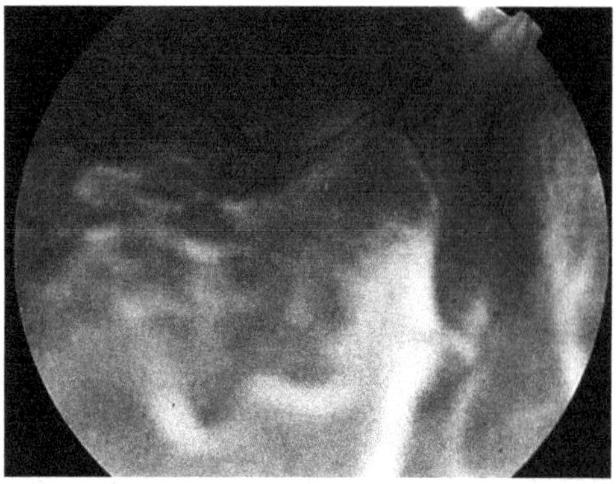

图 3-3　视网膜脱离

4. 辅助检查　荧光素眼底血管造影和眼科 B 超有助于协助诊断；散瞳后间接检眼镜或三面镜检查，常可发现裂孔。

5. 治疗要点　手术封闭裂孔。手术方法有巩膜外垫压术、巩膜环扎术、玻璃体切割术等。封闭裂孔可用激光光凝、冷凝、电凝等方法。

（三）主要护理问题/医护合作性问题

1. 感知改变：视力下降　与视网膜脱离有关。

2. 自理缺陷　与视力下降、卧床、双眼包盖有关。

3. 知识缺乏：患者及家属缺乏本病相关知识。

4. 焦虑　与视力下降担心治疗效果有关。

（四）护理措施

1. 手术护理

（1）术前护理：术眼充分散瞳，详查脱离区及裂孔大小、范围；按照内眼手术常规护理；患者安静卧床休息，使裂孔位于最低位，避免视网膜脱离区扩大；加强心理护理，使患者消除紧张焦虑情绪。

（2）术后护理：严格按照内眼手术护理常规；双眼包盖，安静卧床休息 1 周；玻璃体腔内注气或填充硅油者，应保持低头位或俯卧位，待气体吸收后可取正常卧位。嘱患者勿高声谈笑，勿过度晃动头部。

2. 术后继续散瞳至少 1 个月。如术后出现眼痛、恶心、呕吐，可能为眼压升高所致，应报告医师并查明原因，对症处理。

3. 协助患者取正确卧位，指导俯卧位的患者正确变换体位的方法。给予按摩肢体、颈部及肩部。睡前用热水泡脚，以减轻不适感。

4. 监测患眼视力、眼压，观察患眼敷料是否干燥，有无渗液。

5. 健康教育

（1）指导患者正确卧位，并告知正确卧位的重要性，出院后嘱患者保持正确卧位。

（2）术后半年内避免用力咳嗽、打喷嚏、排便、剧烈活动等，防止视网膜再脱离。

（3）玻璃体腔注气者，禁止坐飞机，术后不得到高海拔地区，以免眼压升高。术后 3～6 个月行硅油取出术。

（4）教会患者正确滴眼药的方法。定期复查，如有异常，随时就诊。

第 4 节　弱视患者的护理

案例 3-1

患儿，2 岁半，父母发现最近患儿左眼经常出现“对眼”，有时还有闭起左眼，单用右眼看东西的习惯，日常活动也不如同龄儿灵活，跑步时容易摔倒，因担心视力有问题前来就诊。检查：右眼裸视力 1.0，左眼裸视力 0.4；黄斑 OCT（－）。散瞳眼底检查未见明显异常。验光左眼视力无提高。

问题： 1. 请针对此患儿制定护理措施。

2. 护士应对其实施哪些健康教育？

（一）概述

弱视是指在视觉发育期间，由于各种原因引起的视觉细胞有效刺激不足，眼部无器质性病变、单眼或双眼最佳矫正视力低于其年龄段正常值的视觉状态。弱视是眼科临床常见的儿童眼病，通常单侧发病，也可见于双侧。弱视早期发现，早期治疗，则预后越好。

弱视的发病机制不同，可归结为以下几类。

1. 斜视性弱视　斜视患者因双眼不能同时对同一侧物体协同聚焦，为消除及克服斜视引起的复视和视觉紊乱，大脑皮质抑制由斜视眼传入的视觉冲动，患者黄斑功能长期抑制而形成弱视。

2. 屈光参差性弱视　屈光参差未加矫正时，双眼的视觉刺激不均衡，视物模糊而容易形成弱视。

3. 形觉剥脱性弱视和遮盖性弱视　由于屈光间质混浊、完全性上睑下垂、不恰当的遮盖等，限制了视觉感知的充分输入，干扰视觉正常发育。

4. 屈光不正性弱视　为双眼弱视，多发生于未戴过屈光矫正眼镜的高度屈光不正患者，主要见于高度远视或散光，常为双侧，两眼最佳矫正视力相等或相近。例如，远视≥5.0DS，散光≥2.0DC，近视≥10DS 会增加产生弱视的危险性。

（二）护理评估

1. 健康史　了解患儿出生时的情况，有无眼部疾病，有无遮挡眼部，有无复视、斜视，有无家族史，治疗经过等。

2. 身体状况

（1）视力不良：是最主要的临床表现，最佳矫正视力低于正常，经治疗可恢复或部分恢复。弱视诊断时，要注意年龄和正常视力下限的关系：3 岁儿童正常视力参考值为 0.5，4～5 岁为 0.6，6～7 岁为 0.7，7 岁以上为 0.8。两眼最佳矫正视力相差两行或更多，较差的一眼为弱视。

（2）拥挤现象：分辨排列成行视标的能力较分辨单个视标的能力差。此现象称拥挤现象，是注视点与临近视标之间相互影响所致。

（3）旁中心注视：部分程度较重的弱视由于视力下降显著，导致中心凹失去注视能力，形成旁中心注视。检查注视性质对估计预后及指导治疗有重要临床意义。

（4）视觉诱发电位：图形视觉诱发电位（P-VEP）潜伏期延长，振幅下降。

3. 心理-社会状况　评估患儿的年龄、家长受教育水平、生活环境；患儿及家长的心理状态，对弱视长期治疗的支持程度。

4. 辅助检查

（1）屈光检查：在睫状肌麻痹下进行检影验光。

（2）眼底检查：极为重要，首先要除外引起视力低下的眼底疾患，如果眼底正常，患者又有病史或临床所见（如斜视），则诊断发育性弱视很可能是正确的。

（3）注视性质检查：直接检眼镜下检查中心凹反射点。

（4）电生理检查：弱视表现为图形视觉诱发电位 P100 潜伏期延长、振幅下降。

5. 治疗要点　一旦确诊为弱视，应立即治疗，以提高视力及双眼立体觉，弱视的治疗效果与年龄及固视性质有关，年龄越小，治疗效果越好；中心固视较佳，旁中心固视较差。

（三）主要护理问题/医护合作性问题

1. 感知改变　与弱视引起视力低下有关。

2. 知识缺乏：缺乏对弱视的防护知识。

3. 潜在并发症：遮盖性弱视等。

（四）护理措施

1. 遮盖法　是治疗弱视的主要和最有效的方法。常规遮盖治疗即遮盖优势眼，强迫使用弱视眼。全天遮盖占非睡眠时间的 70%～80%，每天 10～14 小时；如每天遮盖时间＜70%非睡眠时间，但>2 小时为部分遮盖。遮盖的时间与治疗年龄有关，一般一周复诊一次，复诊时要查双眼视力，避免遮盖性弱视。

2. 后像疗法　平时遮盖弱视眼，治疗时遮盖健眼，用强光炫耀弱视眼（黄斑中心凹 3°～5°用黑影遮盖保护），再在闪烁的灯光下，注视某一视标，此时被保护区可见视标，而被炫耀部分则看不到视标。每天 2～3 次，每次 15～20 分钟。

3. 其他治疗方法　压抑疗法：是利用过矫或欠矫镜片或睫状肌麻痹抑制剂抑制健眼看远和（或）看近的视力；红色滤光胶片：治疗旁中心注视性弱视；海丁格刷等治疗方法，可作为遮盖疗法的辅助治疗。

4. 综合治疗　调节性内斜视经镜片全矫后，应每半年至 1 年检眼 1 次，避免长期戴足远视镜片而引起调节麻痹。

5. 健康教育

（1）向患儿及家长解释弱视的危害性、可逆性、治疗方法及可能发生的情况、治疗时的注意事项，取得他们的信任与配合。一般 6 岁内治疗效果佳，12 岁后治疗效果差。

（2）随着弱视眼视力的提高，原来受抑制的黄斑中心凹开始注视，但由于双眼视轴不平行，打开双眼后可出现复视，这是治疗有效的表现，应向家长解释清楚，只要健眼视力不下降，可继续遮盖治疗。

（3）矫正斜视和加强双眼视功能训练，复视能自行消失，同时注意发生遮盖性弱视。

（4）提高弱视眼的固视能力和视力，鼓励患儿用弱视眼做描画、写字、编织、串珠子等精细目力训练。在医师指导下佩戴合适的眼镜，定期复查，复查时间一般为 3 年。

目标检测

A_1 型题

1. 下列疾病中最易引起前房积脓的是（　　）
   A. 慢性泪囊炎　B. 病毒性角膜炎
   C. 细菌性角膜炎　D. 淋菌性角膜炎
   E. 基质性角膜炎
2. 孔源性视网膜脱离时裂孔最多见的部位是（　　）
   A. 黄斑区　B. 颞上方　C. 颞下方
   D. 鼻上方　E. 鼻下方
3. 视网膜中央动脉干阻塞的症状为（　　）
   A. 突然发生一眼完全性失明伴眼痛
   B. 突然发生一眼无痛性完全失明
   C. 渐进行视力下降伴眼痛
   D. 无痛性渐进性视力下降
   E. 视野某一区域视力丧失
4. 弱视治疗的最佳时机为（　　）
   A. 8 岁　B. 6 岁前　C. 10 岁
   D. 12 岁　E. 青春发育期前
5. 诊断弱视以下哪项是错误的（　　）
   A. 视力不能纠正到正常
   B. 单个视标分辨较成行视标好
   C. 可伴有异常视网膜对应
   D. 可伴有眼位不正
   E. 可发现眼球器质性病变

A_3/A_4 型题

患者，女，35 岁，因外伤引起左眼视网膜脱离，眼底检查在左眼鼻侧锯齿缘发现一马蹄形裂孔，拟行玻璃体注气手术。

6. 该患者术前应采取的体位为（　　）
   A. 仰卧位　B. 俯卧位　C. 半卧位
   D. 左侧卧位　E. 右侧卧位
7. 行玻璃体注气手术后，应采取的体位是（　　）
   A. 半卧位　B. 仰卧位
   C. 自由体位　D. 低头位或俯卧位
   E. 头低足高位

（王志英）

第四章　眼球内容物疾病患者的护理

眼球内容物疾病包括因房水循环障碍、晶状体及玻璃体病变等引起的各种类型青光眼、白内障、屈光不正等，可造成房水循环障碍、晶状体及玻璃体病变，引起眼部疼痛不适、视力障碍乃至失明。护士应该了解眼球内容物疾病的病因和发病机制及临床症状，采取针对性的护理措施，重视对患者的健康指导安全问题。

第1节　青光眼患者的护理

案例 4-1

患者，女，51 岁，下午 4 点因家庭矛盾，自觉一过性头眼胀痛，稍后自行缓解。夜间辗转不眠，夜 11 点右眼剧烈胀痛，伴同侧头痛，呕吐 1 次，次日起床后发现右眼胀痛明显，视物模糊，遂入院急诊。查见：右眼视力光感，角膜水肿，前房变浅，瞳孔 6mm，眼压 T_{+2}，初诊：右眼急性闭角型青光眼急性发作期。

问题： 1. 能诱发急性闭角型青光眼发作的诱因有哪些？

2. 青光眼有几种类型？临床表现有哪些共同特点？

3. 青光眼的治疗原则和护理要点有哪些？

4. 青光眼的严重后果是什么？

青光眼（glaucoma）是一组以视神经萎缩和视野缺损为共同特征的疾病，病理性眼压增高是其主要的危险因素。青光眼是主要致盲眼病之一，有一定的遗传性和家族史。

眼压是眼球内容物作用于眼球内壁的压力。正常人眼压平均值为 16mmHg（1mmHg=0.133kPa），标准差 3mmHg。从统计学概念来看，将正常眼压定义在 10～21mmHg 范围，24 小时眼压波动范围≤8mmHg（1.06kPa），双眼眼压差≤5mmHg（0.66kPa）。一般来说，眼压升高是引起视神经及视野损害的重要因素，但视神经对眼压的耐受程度有很大的个体差异。生理性眼压的稳定性，有赖于房水生成量与排出量的动态平衡。眼压的高低主要取决于房水循环中的 3 个因素：房水的生成率、房水通过小梁网流出的阻力和上巩膜静脉压力。

根据前房角形态、病因、发病机制、年龄等因素，青光眼可分为三大类：原发性青光眼、继发性青光眼和先天性青光眼。原发性青光眼又分为闭角型青光眼和开角型青光眼。

一 急性闭角型青光眼患者的护理

（一）概述

急性闭角型青光眼（acute angle-closure glaucoma，ACG）是一种以眼压急剧升高并伴有相应症状和眼前段组织病理改变为特征的眼病。多见于 50 岁以上的中老年女性，男女之比约为 1：2，具有家族遗传性，双眼同时或先后发病。病因尚未充分阐明。目前认为眼球局部的解剖结构异常是本病的主要因素。

1. 解剖因素　具有遗传倾向的眼球解剖结构异常包括眼轴短，角膜小，前房浅，房角窄及晶状体较厚、位置相对靠前等（图 4-1）。发病机制主要是周边部虹膜异常肥厚堆积堵塞了房角，阻断了房水的排出途径而致眼压急剧升高。

2. 诱发因素　情绪激动、暗室久留，局部或全身应用抗胆碱类药物等，均可致瞳孔散大，周边虹膜肥厚，引起房角关闭，诱发急性闭角型青光眼的急性发作。另外，一次性大量饮水、长时间阅读、疲劳和疼痛等也是本病的常见诱因。

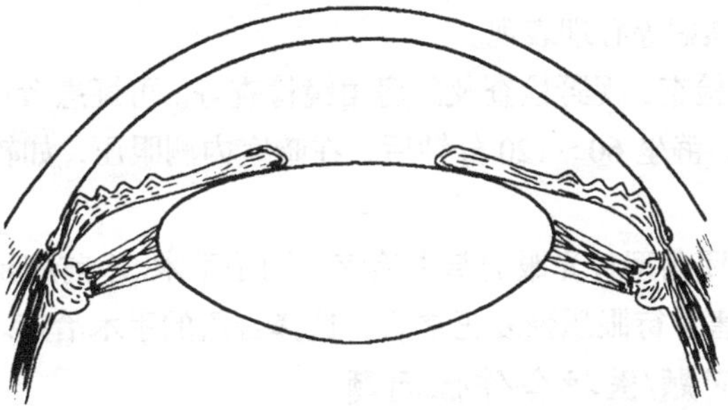

图 4-1　急性闭角型青光眼的瞳孔阻滞及虹膜膨隆状态

（二）护理评估

1. 健康史　有遗传史及家族史；发病前多有与上述有关的诱发因素发生。

2. 身体状况

（1）临床前期：无自觉症状，但具有特征性的眼球解剖结构或有青光眼家族史，暗室或散瞳实验后眼压明显升高者。一眼急性发作被确诊后，另眼只要具有前房浅、虹膜膨隆、房角狭窄，即使没有任何自觉症状也可诊断为临床前期。

（2）先兆期：一过性或反复多次的小发作。突感虹视、雾视，轻度眼胀痛、鼻根部酸胀，眼压升高，休息后可自行缓解，一般不留永久性的组织损害。

（3）急性发作期：表现为剧烈的头痛、眼痛，畏光，流泪，视力严重减退，常伴有恶心、呕吐等全身症状。体征有眼睑水肿、混合性充血；角膜上皮水肿，呈雾状；前房极浅，房角关闭；瞳孔中等散大，常呈竖椭圆形，光反射消失；眼压多在 50mmHg 以上。高眼压缓解后，眼前段常留下永久性组织损伤，如角膜后色素沉着、虹膜节段性萎缩及色素脱落和晶状体前囊下点片状灰白色混浊（青光眼斑），统称为青光眼三联症 （图 4-2，彩图 4；图 4-3，彩图 5）。

（4）间歇期：指小发作缓解后，房角重新开放或大部分开放，小梁网功能未遭受严重损害，不用药或仅用少量缩瞳剂就能将眼压维持在正常范围内。但瞳孔阻滞的病理基础尚未解除，随时有再次发作的可能。

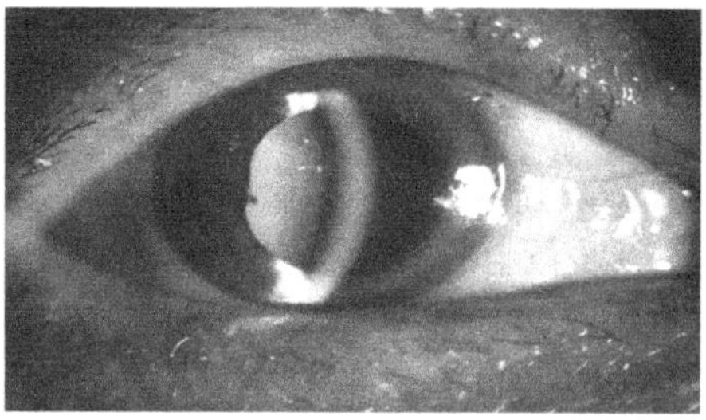

图 4-2　虹膜节段性萎缩 A

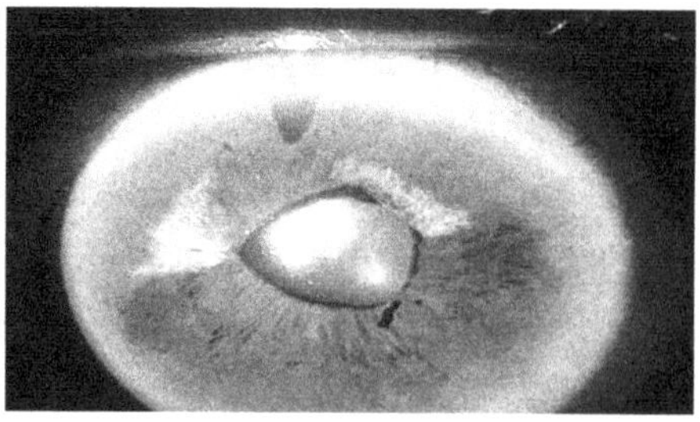

图 4-3　虹膜节段性萎缩 B

（5）慢性期：急性大发作或反复小发作后，房角广泛粘连，小梁网功能遭受严重损害，眼压中度升高，视力进行性下降，眼底可见青光眼性视盘凹陷，并有相应的视野缺损。

（6）绝对期：高眼压持续过久，眼组织特别是视神经遭到严重损害，视力已降至无光感，偶尔可因眼压过高或角膜变性而出现剧烈眼痛。

3. 心理-社会状况　评估患者的性别、年龄、性格特征和对本病的认知程度；评估患者的情绪状况，有无紧张、焦虑等心理表现。

4. 辅助检查　眼压检查、视野检查及前房角镜检查等。可疑患者可进行暗室试验，即在暗室内，患者清醒状态下，静坐 60～120 分钟后，在暗室内测眼压，如较实验前明显升高，超过 8mmHg 则为阳性。

5. 治疗要点　急性闭角型青光眼的基本治疗原则是手术。术前应积极采用综合治疗迅速降低眼压，减少眼组织损害。待眼压恢复正常后，选择合适的手术治疗。

（三）主要护理问题/医护合作性问题

1. 疼痛：眼痛伴偏头痛　与眼压升高有关。

2. 感知紊乱：视力障碍　与眼压升高导致角膜水肿、视网膜及视神经损害有关。

3. 焦虑　与对青光眼的预后缺乏信心有关。

4. 知识缺乏：缺乏相关的防治知识。

（四）护理措施

1. 用药护理　药物遵医嘱及时给予降眼压药物，并密切观察用药反应。

（1）拟副交感神经药（缩瞳剂）：缩瞳后可使房角重新开放，从而降低眼压。常用 1%～4% 毛果芸香碱滴眼剂，每日 3～4 次，或 4%毛果芸香碱凝胶剂，每晚 1 次滴眼。每次滴药后要按压泪囊区数分钟，减少经鼻黏膜吸收中毒。

（2）β 肾上腺能受体阻断药：能抑制房水生成从而降低眼压。常用 0.25%～0.5%噻吗洛尔滴眼液，每日 1～2 次。注意心率，有房室传导阻滞、窦性心率过缓和支气管哮喘者禁用。

（3）碳酸酐酶抑制药：减少房水生成。常用乙酰唑胺口服，每日 2～3 次，首次剂量加倍。久用可出现口周和四肢麻木、全身不适、尿路结石、肾绞痛、血尿等不良反应，不宜长期服用。如发生上述症状，应停药，并多次少量饮水。

（4）高渗剂：迅速提高血浆渗透压，使眼组织特别是玻璃体中水分进入血液，从而减少眼内容量、降低眼压。常用 20%甘露醇快速静脉滴注。对年老体弱或有心血管疾病者，应注意其呼吸及脉搏情况，以防意外发生。部分患者可出现头痛、恶心等症状，用药后宜平卧休息。甘油参与体内糖代谢，糖尿病患者慎用。

（5）其他药物：如前列腺素衍生物、肾上腺能受体激动药、视神经保护药物等。必要时辅以镇静、安眠药。

2. 手术护理　急性闭角型青光眼以手术治疗为主，根据房角开放情况选择周边虹膜切除术（图 4-4）、激光虹膜切开术，或滤过性手术如小梁切除术等。按内眼手术护理常规做好术前准备。术后第 1 天开始换药，注意询问患者有无眼痛，观察术眼切口、滤过泡形成和前房形成等情况。对于前房形成迟缓合并低眼压者应加压包扎。为预防炎症反应和促进前房形成，遵医嘱使用散瞳剂。

3. 心理护理　做好耐心细致的心理疏导工作，教会患者控制情绪的方法，消除紧张、焦虑心理，积极配合治疗与护理。

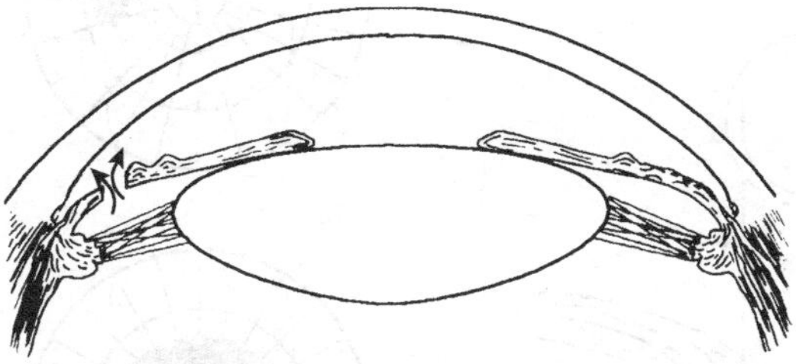

图 4-4　周边虹膜切除后，膜膨消除，房角增宽

4. 健康指导

（1）向患者及家属讲解青光眼的相关知识，尤其是发病诱因，如情绪激动、暗室停留过久或使用散瞳剂、一次大量饮水（一次饮水量以不超过 300ml 为宜）、过度劳累等。

（2）指导患者遵医嘱用药并定期复查，规律用药对控制眼压十分重要。

（3）保持大便通畅，睡眠充足，清淡饮食。严重视功能障碍的患者应熟悉周围环境，外出有家人陪同，防止外伤等意外发生。

（4）有急性闭角型青光眼家族史者，应定期检查，以便早期诊断与治疗。

二 开角型青光眼患者的护理

（一）概述

开角型青光眼（open-angle glaucoma，OAG）也称慢性单纯性青光眼，该病发病隐匿，进展缓慢，发作时眼压虽然升高，但房角始终是开放的，伴有特征性的视盘变化和视野缺损。

病因尚不完全明了，一般认为由于房水排出通道变性所致。主要是由于小梁网内皮增生水肿、间隙变窄或消失，以及 Schlemm 系统变性，阻滞房水外流，导致眼压升高。

（二）护理评估

1. 健康史　询问患者起病时间、起病缓急；疾病发作次数、有无规律性；发病时有无伴随症状；有无上述促发因素存在；有无青光眼家族史。

2. 身体状况

（1）多数患者无明显自觉症状，少数患者可因眼压升高出现虹视、眼胀等症状。单眼发病者，病变多发展到晚期，视功能遭受严重损害才发现。

（2）早期眼压波动大，测定 24 小时眼压易发现眼压高峰和较大的波动值。一般不出现眼压突然增高的急性发作。

（3）视盘损害：视盘凹陷进行性扩大和加深（图 4-5），C/D 值（杯盘比，即视神经凹陷与视盘直径的比值）>0.6 或双眼 C/D 差值>0.2，盘沿宽窄不一，视盘出血和视网膜神经纤维层缺损等。

（4）视野改变：视野缺损是开角型青光眼诊断和病情评估的重要指标。早期多表现为旁中心暗心，弓形暗点，随病情进展形成环形暗点，视野向心形缩小晚期仅存颞侧视岛和管状视野（图 4-6）。

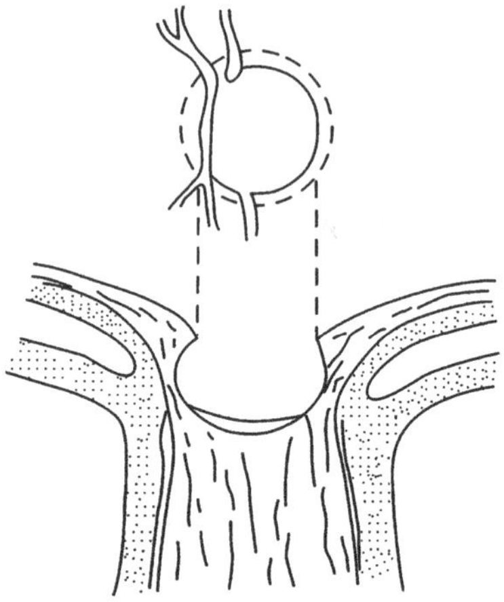

图 4-5　青光眼视盘凹陷

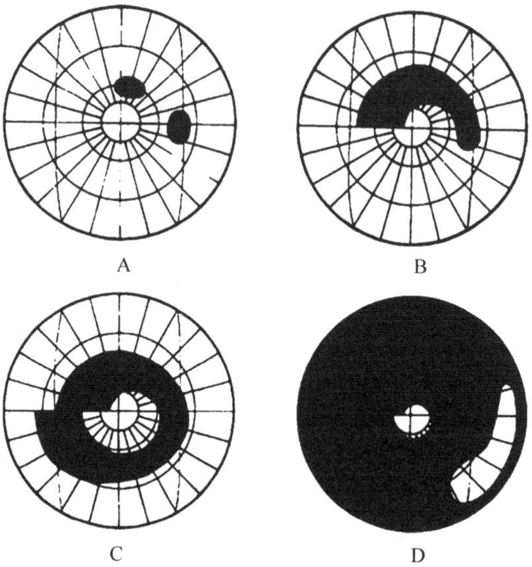

图 4-6　开角型青光眼视野改变

A. 旁中心暗心；B. 弓形暗点；C. 环形暗点；D. 管状视野及颞侧视岛

3. 心理-社会状况　开角型青光眼发病隐蔽，不易早期发现。晚期视功能受损严重，且恢复困难，影响患者的工作和生活，患者常表现出焦虑、悲观心理。

4. 辅助检查　24 小时眼压测定、饮水试验、计算机自动视野计阈值定量检查、眼底照相、对比敏感度检查、视觉电生理检查等。

5. 治疗要点　控制眼压，防止或延缓视功能进一步损害。以药物治疗为主，无效时再进行滤过性手术。

（三）主要护理问题/医护合作性问题

1. 感知紊乱：视野改变　与眼压升高、视神经纤维受损有关。

2. 焦虑　与担心疾病预后不良有关。

3. 知识缺乏：缺乏开角型青光眼相关的防治知识。

（四）护理措施

1. 用药护理　遵医嘱滴用β肾上腺能受体阻断药、缩瞳剂、前列腺素衍生物等滴眼药控制眼压，必要时可联合用药。

2. 手术护理　如药物治疗不理想，可选用氩激光小梁成形术、小梁切除术等。其手术前后护理和其他护理参考急性闭角型青光眼。

3. 健康指导

（1）对有开角型青光眼家族史者，嘱患者定期检查，做到早发现，早诊断，早治疗，以减少青光眼盲的发生。

（2）开角型青光眼经治疗后，即使眼压得以控制，仍应指导患者每 3～6 个月按时进行复查，包括眼压、眼底、视野和视力。

三 先天性青光眼患者的护理

（一）概述

先天性青光眼（congenital glaucoma）系胎儿发育过程中，前房角发育异常，影响了小梁网及 Schlemm 管系统不能发挥有效的房水引流功能而使眼压升高的一类青光眼。根据发病年龄早晚分为婴幼儿型青光眼和青少年型青光眼。

病因尚不完全清楚。一般认为，先天性青光眼属常染色体显性、隐性或多因素遗传病，常伴有其他先天异常如虹膜缺损、白内障及心脏病等。青少年型青光眼为房角结构发育不全或未发育，或中胚叶组织残留，阻塞了房水排出通道，导致眼压升高而发病。多见双眼发病。

（二）护理评估

1. 健康史　询问患者发病时间，有无伴随状况，治疗经过，父母妊娠情况，有无青光眼家族史。

2. 身体状况

（1）婴幼儿型：见于新生儿或婴幼儿时期。50%的患儿出生时就有表现，80%在 1 岁内得到确诊。常出现畏光、流泪、眼睑痉挛等症状。检查发现：①眼球增大，前房加深；②角膜上皮水肿，外观呈雾状混浊，有时可发生后弹力层破裂及条状基质混浊，角膜横径常＞12mm；③眼压升高，眼底可见青光眼性视盘凹陷，且出现早而进展快。

（2）青少年型青光眼：6～30 岁发病，眼压增高通常不引起畏光、流泪、角膜增大等症状和体征。除眼压有较大波动外，视野、眼底表现同开角型青光眼。可有轴性近视。

3. 心理-社会状况　评估患者的年龄、性别、家庭状况，父母对疾病的认知程度。年龄较大患儿会出现恐惧、孤单的心理表现。

4. 辅助检查　超声波测量和随访眼轴长度变化，在全麻下可进行眼压测量、前房角镜检查等。

5. 治疗要点　治疗以手术为主，一旦确诊应及早手术治疗。

（三）主要护理问题/医护合作性问题

1. 感知紊乱：视力障碍　与眼压升高、视神经受损等有关。

2. 知识缺乏　与患者或家属缺乏对该病的防治知识有关。

3. 潜在并发症：前房积血、眼球破裂等。

（四）护理措施

1. 用药护理　按照医嘱使用降压药物，并教会患者正确使用眼药水、眼药膏。

2. 心理护理　对于年龄较大的患儿要正确引导，做好心理护理工作，消除自卑情绪，恢复小朋友间的正常交往。

3. 手术护理　参照内眼手术和全麻护理常规进行。

4. 健康指导　向患儿家属介绍本病的有关防治知识，婴幼儿如出现畏光、流泪及不肯睁眼者，应及时到医院检查；若发现患儿眼球明显增大，要特别注意保护患儿眼球，以免眼球破裂；确诊后应及早手术治疗。

链接

高眼压症

眼压高于统计学正常上限值，但长期随访并不出现视神经、视野损害，房角开放，临床上称高眼压症。在40岁以上的人群中，约有7%的个体眼压超过21mmHg，其中大多数高眼压症经长期随访观察并不出现视盘和视乳头损害，仅有大约10%的个体可能发展为青光眼。

第2节 白内障患者的护理

案例4-2

患者，女，63岁，因右眼流泪且伴有视物不清12年，近半年加重而入院。眼科检查视力示右眼手动，左眼1.2。挤压右眼泪囊区可见黏脓性分泌物自上下泪点流出，内眦部结膜稍充血，角膜透明，前房清亮，虹膜纹理清晰，瞳孔对光反应灵敏，晶状体呈白色均匀混浊，虹膜投影(–)，眼底窥不进，指测眼压正常。左眼未见异常。

问题： 1. 疾病诊断是什么？

2. 应该先治疗何病？为什么？

一 年龄相关性白内障

（一）概述

晶状体混浊称为白内障（cataract）。目前，白内障已成为主要致盲性眼病之一。根据发病原因，白内障可分为年龄相关性、外伤性、并发性、代谢性、先天性、辐射性及药物中毒性白内障等。本节重点介绍年龄相关性白内障和先天性白内障。

年龄相关性白内障（age-related cataract）又称老年性白内障，为最常见的一类，是在中老年开始发生的晶状体混浊。其主要表现为逐渐发生的、无痛性视力减退。可能与年龄，紫外线，全身性疾病如糖尿病、高血压、动脉硬化等，外伤，遗传等多种因素有关。发病机制较复杂，多认为由氧化损伤引起。

（二）护理评估

1. 健康史　询问患者起病时间、起病的缓急、发展的速度和治疗经过等。了解有无糖尿病、高血压、心血管疾病和家族史等。

2. 身体状况　其主要症状呈渐进性无痛性视力下降，也可出现单眼复视或视物显多症。按其混浊形成部位，年龄相关性白内障分为皮质性、核性和后囊下3种类型，以皮质性白内障最常见。

1）皮质性白内障：按发展过程分为4期。①初发期（图4-7）：晶状体前后皮质周边部出现楔形混浊，尖端指向晶状体中央，常于白内障普查或其他眼科疾病检查散瞳时才能发现，视力多正常。②膨胀期：又称未熟期，初发期数年后，混浊逐渐向中央发展，并伸入瞳孔区，视力明显下降。晶状体皮质吸收水分体积膨胀，推虹膜前移，使前房变浅易诱发闭角型青光眼。用斜照法检查时，投照侧的虹膜在该侧瞳孔区出现新月形阴影称虹膜投影（图4-8）。③成熟期：晶状体呈均匀乳白色混浊，皮质水肿消退，体积和前房深度恢复正常，虹膜投影消失，眼底无法窥清，视力降至手动或光感。④过熟期：持续数年的成熟期晶状体可发生水分丢失，体积变小，囊膜皱缩，晶体核下沉，上方前房变深，虹膜失去支撑，出现虹膜震颤。晶状体皮质分解液化呈乳状物，液化的皮质渗漏到囊膜外时，可引起晶状体过敏性葡萄膜炎和晶状体溶解性青光眼。

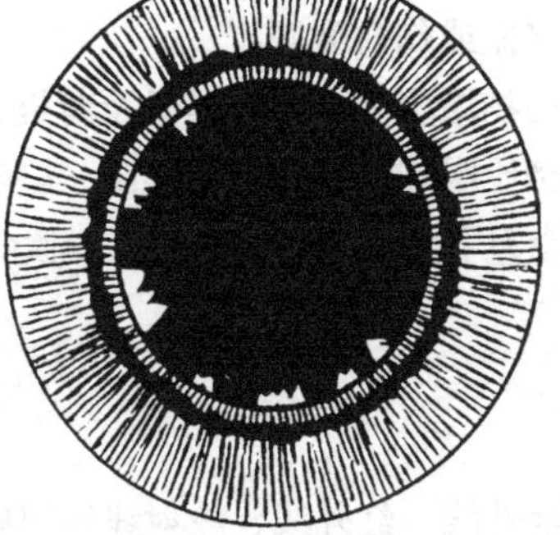
图 4-7 年龄相关性白内障初发期

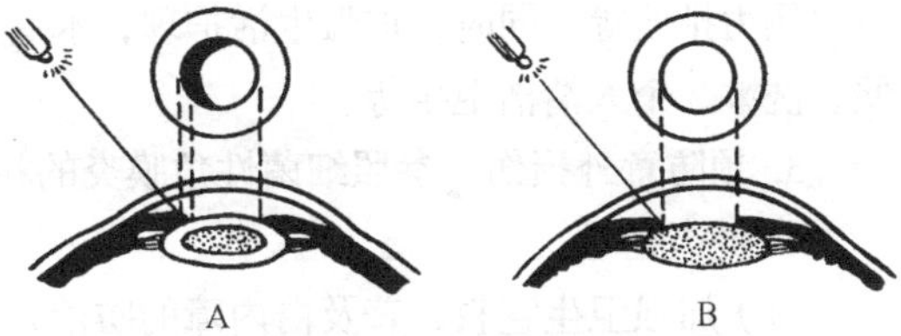

图 4-8 半月状虹膜投影

A. 未熟期出现虹膜投影；B. 成熟期虹膜投影消失

2）核性白内障：较皮质性白内障少见，发病年龄较早，进展缓慢。混浊始于胚胎核或成人核，直至到成人核完全混浊。早期晶状体核呈黄色，周边部透明，视力无明显影响。随着晶状体核密度增加，逐渐变成棕黄或棕黑色，视力明显下降。

3）后囊下白内障：是在晶状体后囊下的皮质浅层出现的黄色混浊，其间夹杂着小空疱和金黄色或白色结晶样颗粒。由于混浊位于视轴区，早期即可出现视力障碍。

3. 心理-社会状况　患者因视力障碍，行动不便，影响外出活动和社交，易产生孤独感，出现社交障碍。

4. 辅助检查　散瞳后进行检眼镜或裂隙灯显微镜检查，可确定晶状体混浊程度；眼电生理及光定位检查，可排除视网膜及视神经疾病；角膜曲率及眼轴长度检查，以计算植入人工晶状体的度数。

5. 治疗要点　因尚无疗效肯定的药物，故仍以手术治疗为主。通常采用的手术有白内障囊外摘出（包括白内障超声乳化吸出）联合人工晶状体植入术，无条件者也可行白内障囊内摘出术，术后配镜矫正视力。

（三）主要护理问题/医护合作性问题

1. 感知紊乱：视力下降　与晶状体混浊有关。

2. 潜在并发症：继发性闭角型青光眼、晶状体过敏性葡萄膜炎、晶状体溶解性青光眼等、术后感染等。

3. 自理缺陷　与视力下降及手术有关。

（四）护理措施

1. 用药护理

（1）遵医嘱用药：白内障早期，可滴用谷胱甘肽、吡诺克辛等滴眼液，口服维生素 C、维生素 E 等药物，以延缓白内障的进展。

（2）慎用散瞳剂如阿托品，尤其在膨胀期，避免诱发青光眼。

2. 手术护理

（1）向患者讲明手术目的、方式及复明效果，解释术中、术后可能出现的问题、注意事项及采取的应对措施，减轻患者的思想顾虑，使其积极配合治疗。

（2）术前眼部准备：术前3天滴抗生素眼药水、冲洗结膜囊及泪道，检查视功能、眼压、角膜曲率半径和眼轴长度，术前尽量散大瞳孔。

（3）术前全身检查：包括血压、血糖、心电图、胸透、肝功能、血尿常规、凝血功能等。

（4）教会患者如何配合术中及术后的治疗和护理，如学会转动眼球，用舌尖顶压上腭或用手指按压人中穴的方法来抑制咳嗽和打喷嚏，防止术后出血或伤口裂开。

（5）术后注意观察有无眼痛、充血、视力下降、分泌物增多等，如有异常及时报告医生。换药、点药时要求严格执行无菌操作、动作轻巧，不要挤压眼球。嘱患者勿揉眼、剧烈活动，不要用力排便等。同时，加强生活护理，术后生活自理能力下降，应协助患者完成饮食、大小便、洗漱、个人清洁卫生等。

3. 预防意外损伤　参照细菌性角膜炎的相关护理。

4. 健康指导

（1）加强卫生宣教，普及白内障的防治知识，避免紫外线、红外线、放射线等照射眼部，外出时佩戴防护眼镜，适量补充维生素E、维生素C。

（2）早期白内障患者应定期门诊随访，如出现虹视、眼疼、头痛、恶心、呕吐等，提示可能发生急性青光眼，应及时到医院就诊。

（3）指导患者掌握人工晶状体植入术后的护理要点，提高自我保健能力，减少和避免意外发生。术中未植入人工晶状体者，可于术后3个月佩戴普通框架眼镜或角膜接触镜矫正视力。

二 先天性白内障

（一）概述

先天性白内障（congenital cataract）是儿童常见眼病，指出生时或出生后第一年内发生的晶状体混浊。根据晶状体混浊的部位和形态不同分为前极性白内障、后极性白内障、花冠状白内障、绕核性白内障、核性白内障和全白内障等。

先天性白内障分为内源性和外源性两种。内源性与染色体基因有关，常为常染色体显性遗传，约占患儿的1/3。外源性与母亲怀孕3个月内受病毒感染，药物、放射线、营养缺乏及全身病变等因素有关。

（二）护理评估

1. 健康史　询问患者或家属起病时间、起病的缓急；疾病发作次数、有无规律；发病时有无伴随症状；有无上述促发因素存在；有无青光眼家族史。

2. 身体状况　多为双侧发生，多数为静止性的，少数出生后继续发展。患儿可有不同程度视力障碍，轻者视力不受影响，重者出生后仅有光感。检查时，晶状体可出现不同形态的混浊，常合并斜视、弱视、眼球震颤、先天性小眼球等眼部疾病。

3. 心理-社会状况　父母对患儿的视力障碍非常担心，缺乏相关疾病防治知识。

4. 辅助检查　实验室检查如染色体、血糖、尿糖和酮体检查等，可以帮助了解病因。

5. 治疗要点　对明显影响视力者应及早手术治疗，年龄最迟不超过2岁，以减少弱视和盲的发生。术后无晶状体眼者需进行屈光矫正和视功能训练。

（三）主要护理问题/医护合作性问题

1. 感知紊乱：视力下降　与晶状体混浊有关。

2. 潜在并发症：形觉剥夺性弱视、斜视及眼球震颤。

（四）护理措施

1. 非手术护理

（1）对暂时不影响视力者不需要行手术治疗，但需观察视力变化。

（2）明显影响视力需要手术治疗者按内眼手术和全麻手术护理常规进行。

（3）帮助家属制定患儿生活自理计划，指导并协助有效实施。

（4）对弱视患儿，应指导家长对其进行正确的弱视训练，如遮盖疗法、精细动作训练等。

2. 健康指导

（1）加强社区卫生宣教，注意优生优育，做好孕妇早期尤其是怀孕3个月内的保健护理，防止先天性白内障的发生。

（2）对于视力极差或手术效果不佳者，应进行低视力健康教育及治疗。

第3节　玻璃体疾病患者的护理

玻璃体混沌患者的护理

（一）概述

玻璃体是一种特殊的黏液性胶样组织，正常情况下呈透明的凝胶状态，主要由胶原纤维和交织在其中的透明质酸组成。玻璃体本身无血管，原发病较少，其疾病主要继发于周围组织的病变。其基本病理改变是玻璃体由凝胶状态变为溶胶状态（液化）及透明度发生改变（混浊）。

1. 玻璃体液化（synchysis）　是指玻璃体由凝胶状态变为溶胶状态，玻璃体腔内出现含水的腔隙。随着年龄的逐渐增大，原来呈凝胶状态的玻璃体逐渐脱水、收缩，发生凝缩变性而成为溶胶状态。玻璃体液化除常见于老年人、高度近视眼外，也可发生于长期眼内炎、玻璃体积血、眼球外伤及眼球内异物等。

2. 玻璃体后脱离（posterior vitreous detachment）　是指玻璃体皮质与视网膜的分离，通常在老年玻璃体液化的基础上发生。常发于老年人、近视眼或眼外伤，因玻璃体退缩而形成。

最初是玻璃体中央部液化，形成一些小的含水腔隙，以后，液化范围慢慢扩大，使小腔逐渐融合成一个较大的空隙。因囊腔外周的玻璃体皮质逐渐向中心塌陷，或因囊腔外周变薄的皮质穿破，液化的玻璃体进入玻璃体下腔，而使玻璃体与视网膜发生分离。

3. 玻璃体积血（vitreous hemorrhage）　是指由眼外伤及视网膜血管性疾病引起的血液直接流入玻璃体，积于玻璃体中。其发病原因有以下几种。

（1）眼外伤及内眼手术后。

（2）全身病引起，如血液病、糖尿病、原发性高血压及蛛网膜下腔出血。

（3）眼病引起，如视网膜静脉周围炎、视网膜中央静脉阻塞、视网膜裂孔、老年性黄斑变性、渗出性视网膜病、眼内肿瘤、早产儿玻璃体视网膜病变。

（二）护理评估

1. 健康史　询问患者有无高度近视、眼外伤、葡萄膜炎、出血等病史。

2. 身体状况　玻璃体病的常见症状为眼前有漂浮物，明显的玻璃体混浊可引起视力下降。散瞳后裂隙灯或检眼镜检查。

玻璃体液化患者可见玻璃体腔内有光学空隙，附近有点片状白色混浊或膜状物漂浮。玻璃体后脱离患者可见玻璃体后界面呈破碎漂浮的云絮状。由于玻璃体与视乳头边缘紧密粘连，分离后在视网膜前出现一个如视乳头大小的环形混浊物。玻璃体混浊患者可见瞳孔区橘红色背景出现形状各异、大小不一的黑影，严重者，眼底朦胧不清，甚至只见或不见红色反射。

3. 心理-社会状况　轻度的玻璃体液化或后脱离患者，由于对视力影响不大，心理问题不突出。如果病情较重或出现视网膜脱离者，会产生紧张或焦虑的心理。

4. 辅助检查　眼部B超检查，可了解玻璃体液化、后脱离及混浊的程度。

5. 治疗要点　玻璃体病的治疗原则是认真查找原因，积极治疗原发眼病。玻璃体液化及后脱离均无特殊治疗措施。如出现视网膜裂孔或脱离应尽早手术治疗。单纯玻璃体内积血经3～6个月药物治疗仍未吸收者，或合并视网膜脱离者应尽早行玻璃体切割术。

（三）主要护理问题/医护合作性问题

潜在并发症：视网膜裂孔、视网膜脱离。

（四）护理措施

1. 心理护理

（1）告知患者不要进行剧烈的运动，不做重体力劳动，减少活动，特别是减少头部大幅度、快速的运动，以免过度地牵拉视网膜导致视网膜裂孔及脱离。

（2）观察视力情况，定期门诊随访。

2. 健康指导

（1）避免日光照射，晴天外出时应戴遮阳帽或打伞，并戴太阳镜保护眼睛。

（2）告知患者眼前黑影飘过的原因，缓解患者紧张心理。

（3）向患者讲述玻璃体病的相关知识和预后，使患者树立战胜疾病的自信心。

第4节　屈光不正患者及老视的护理

● 案例 4-3

患者，16岁，因视力逐渐下降而就诊，查视力：左眼0.3，右眼0.2，诊断为“双眼近视”。

问题： 1. 该患者治疗原则如何？

2. 试为其制订护理计划。

眼是以光作为适宜刺激的视觉生物器官，因此从光学角度可将眼看作一种光学器具，即一个复合光学系统，眼球光学系统的主要成分由外向内为角膜、房水、晶状体和玻璃体。

当外界光线通过眼的屈光系统曲折后，在视网膜上形成清晰的倒像，这种生理功能称为眼的屈光。眼屈光作用的大小称为屈光力，单位是屈光度，简写为D。

当眼调节静止时，外界的平行光线（一般认为来自5m以外）经眼的屈光系统屈折后恰好在视网膜黄斑中心凹聚焦，这种屈光状态称为正视（emmetropia）。若不能在视网膜黄斑中心凹聚焦，将不能产生清晰像，称为非正视（ametropia）或屈光不正（refractive error），包括近视、远视和散光。

一 近视患者的护理

（一）概述

近视（myopia）指眼在调节静止时，平行光线经眼的屈光系统屈折后，聚焦在视网膜之前的一种屈光状态，近视患者远点移近（图 4-9）。

近视的病因比较复杂，目前确切的发病机制仍在探索中。主要与以下因素有关。

1. 遗传因素　近视有一定的遗传性，病理性近视可能为常染色体隐性遗传，单纯性近视可能属多因子遗传。

2. 发育因素　婴幼儿常为生理远视，随着年龄增长，眼轴逐渐加长而趋向正视，如发育过度则形成近视。

3. 环境因素　近视的发生发展与近距离工作有密切关系，尤其是照明不足、长时间近距离阅读、字迹模糊不清或字体过小及姿势不良等均可导致近视的发生。

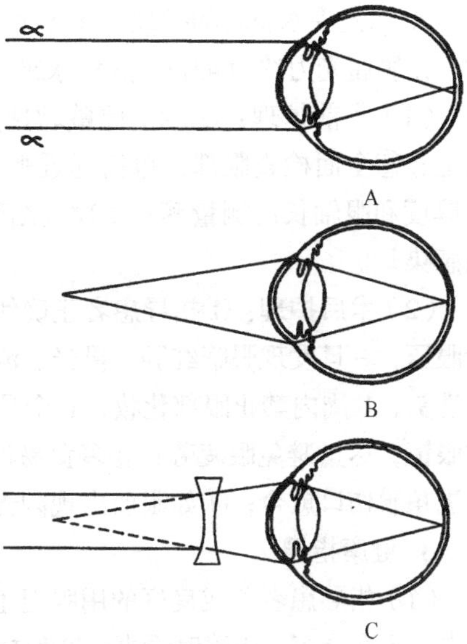

图 4-9　近视的屈光与矫正

A. 近视；B. 近视的远点；C. 近视用凹镜片矫正

（二）护理评估

1. 健康史　注意询问有无视疲劳、眼外斜视及遗传史等。

2. 身体状况

（1）视力：远视力下降，近视力正常，高度近视远、近视力均下降。

（2）视力疲劳：过度用眼、屈光参差或全身不适者常出现眼干、异物感、眼睑沉重、眼胀、头痛等视疲劳表现。

（3）眼位偏斜：高度近视由于调节与集合功能平衡失调易出现外隐斜视或外斜视。

（4）眼球突出：眼球前后径增长，使眼球向前突出，多见于高度近视。

（5）眼底改变：高度近视可出现眼底退行性变，如玻璃体混浊、液化；豹纹状眼底、近视弧形斑；黄斑部色素紊乱、变性、萎缩、出血；后巩膜葡萄肿；周边视网膜可出现格子样变性、囊样变性以及视网膜脱离。

3. 心理-社会状况　注意了解患者的年龄、学习、生活和工作环境，对近视的认知程度，家庭经济状况等。

4. 辅助检查　主要是验光，包括客观验光法和主观验光法。

5. 治疗要点　验光佩戴合适的凹透镜，可选用框架眼镜或角膜接触镜，也可选择屈光手术。

（三）主要护理问题/医护合作性问题

1. 舒适改变：眼胀、异物感、头痛　与近视引起的视疲劳有关。

2. 知识缺乏：缺乏近视预防和治疗的有关知识。

3. 潜在并发症：视网膜脱离、青光眼、白内障等。

（四）护理措施

1. 用药护理

（1）对假性近视的患者可使用睫状肌麻痹剂松弛调节，常用 1%阿托品滴眼液和 0.5%托品卡胺滴眼液，滴药后压迫泪囊 2～3 分钟，教会患者或家属正确用药。

（2）真性近视患者应在散瞳验光后佩戴合适凹球镜片进行矫正：①框架眼镜是最常用和最好的方法，镜片佩戴的原则是获得最佳视力的最低度数的凹球镜片；②角膜接触镜可以增加视野，减少两眼像差，而且不影响眼的外观。教会患者护理和佩戴方法。

2. 屈光手术患者的护理　屈光手术包括角膜屈光手术、晶状体屈光手术和巩膜屈光手术三种。角膜屈光力约为 43D，占眼球屈光力的 2/3，近视屈光手术主要针对角膜进行矫治。

（1）术前护理：①术前停戴软性角膜接触镜 1～2 周，停戴硬性透氧性角膜接触镜 4 周以上；②全面检查眼部，包括远近视力、屈光度、瞳孔直径、眼底、眼压、角膜地形图、角膜厚度和眼轴长度测量等；③冲洗结膜囊和泪道，术前 3 天眼部停用化妆品和香水，充分消除感染灶。

（2）术后护理：①指导患者正确使用滴眼药，定期复查，使用激素滴眼药的患者应定期测量眼压，一旦发现眼睛红肿、畏光、流泪、分泌物增多时，立即到医院诊治；②术后 3 天内避免洗头，1 周内禁止眼部化妆，1 个月内严禁揉眼睛，避免剧烈活动及碰撞眼部，外出时戴防护眼镜，尽量避免眼疲劳；③多食易消化、清淡、富含维生素 A 的食物，以利于角膜营养，促进角膜伤口愈合；④如眼前出现闪光或有黑影飘动等，立即到医院就诊。

3. 健康指导

（1）指导患者养成良好的用眼卫生习惯：①读书写字姿势端正，眼与读物距离保持 30cm 左右，不在乘车、走路时看书；②保持视觉环境中光线充足，无眩光或闪烁，黑板无反光，桌椅高度要合适，不在阳光直射或暗光下看书；③避免长时间近距离阅读，1 小时后应休息 5～10 分钟，做眼保健操或向远处眺望，以松弛调节。

（2）配镜前要充分散瞳，尤其是学龄期儿童，应指导患者正确应用散瞳剂。

（3）定期检查视力，青少年应每半年检查一次，如有异常及时矫正。

（4）高度近视患者应定期检查视力和眼底，避免剧烈运动，防止视网膜脱离。

（5）保持身心健康，注意合理饮食，多食富含蛋白、维生素的食物，保证充足的睡眠时间，锻炼身体，增强体质。

二 远视患者的护理

（一）概述

远视（hyperopia）指眼在调节静止时，平行光线经眼的屈光系统屈折后，聚焦于视网膜之后的一种屈光状态。远视患者远点位于视网膜之后（图 4-10）。远视按屈光度数：低于+3.00D 者为轻度远视；+3.00D～+5.00D 者为中度远视；+5.00D 以上者为高度远视。

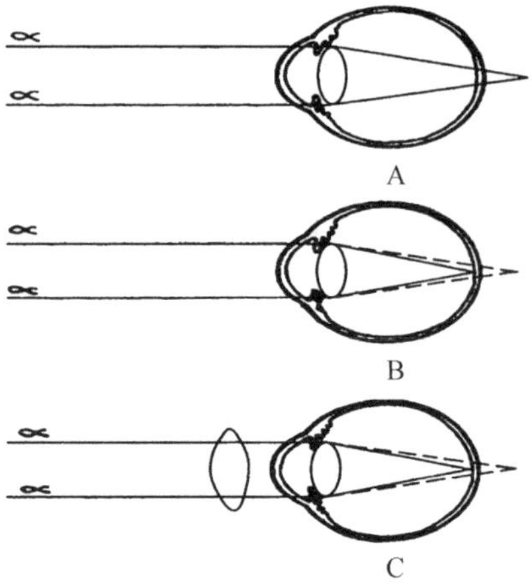

图 4-10　远视的屈光与矫正

A. 远视；B. 远视用调节矫正；C. 远视用凸镜片矫正

1. 轴性远视　指眼的屈光力正常，眼轴较正常人短，是形成远视的主要原因。婴幼儿眼球小，眼轴短，呈生理性远视状态，随着年龄增长，眼轴逐渐延长，到学龄前基本达到正视。如果发育受到影响，眼轴不能达到正常长度，即成为轴性远视。

2. 屈光性远视　指眼球前后径正常，由于眼的屈光力较弱所致，如扁平角膜、晶状体全脱位或无晶状体眼等。

（二）护理评估

1. 健康史　询问患者视觉症状、有无家族遗传病史。

2. 身体状况

（1）视力下降：轻度远视，在青少年通过调节视力可达到正常；中度远视者，远视力正常，近视力下降；高度远视者远近视力均下降，常伴有弱视。

（2）视疲劳：是远视患者的主要症状，表现为眼球、眼眶及眉弓部胀痛，甚至恶心、呕吐，休息后症状缓解或消失。

（3）眼位偏斜：幼儿高度远视者因使用过多的调节，伴随过度的集合，常易发生调节性内斜视。

（4）眼底改变：高度远视患者眼球小，前房浅，眼底视乳头小，颜色发红，边界微模糊稍隆起，但矫正视力正常，视野无改变，长期观察眼底情况无变化，称为假性视乳头炎。

3. 心理-社会状况　评估患者的年龄、学习、生活和工作环境，对远视的认知程度等。

4. 辅助检查　进行验光、眼底、角膜曲率计等检查以确定远视及度数。

5. 治疗要点　验光佩戴合适的凸球镜片进行矫正，亦可手术治疗。

（三）主要护理问题/医护合作性问题

1. 舒适改变：眼酸胀、头痛等　与远视引起的视疲劳有关。

2. 知识缺乏：缺乏远视的相关防治知识。

（四）护理措施

健康指导

（1）指导患者及其家属掌握远视的相关防护知识，能主动配合远视治疗，正确佩戴合适的凸球镜片。轻度远视如无症状不需要矫正，如有视疲劳和斜视，即使远视度数低也应戴镜。中度远视或中年以上远视者应戴镜矫正视力，消除疲劳及避免发生内斜视。

（2）注意观察患者视力和屈光度的改变，观察有无眼位偏斜等。如发现视力和屈光度改变，及时调整眼镜度数。

（3）远视患者如伴有弱视，在治疗远视的同时还应进行弱视的治疗。

三　散光患者的护理

（一）概述

散光（astigmatism）是指由于眼球屈光系统各子午线的屈光力不同，平行光线进入眼内不能形成焦点的一种屈光状态。

散光最常见的原因是角膜各径线的曲率半径大小不一致，通常以水平及垂直两个主径线的曲率半径差别最大。晶状体虽也可产生散光，但不是主要原因。临床上常将散光分为规则散光和不规则散光两类。

1. 规则散光　系最大屈光力和最小屈光力主子午线相互垂直。又可分为单纯近视散光、单纯远视散光、复合近视散光、复合远视散光及混合散光。

2. 不规则性散光　指最大屈光力和最小屈光力主子午线不相互垂直。常见原因是圆锥角膜、角膜薄翳或晶状体疾病等导致的角膜或晶状体屈光面凹凸不平。

（二）护理评估

1. 健康史　了解患者用眼习惯及视物的表现，有无视物时头部偏斜等表现，了解有无家族眼病史。

2. 身体状况

（1）视力下降：低度数散光对视力影响不大；高度数散光，视近视远均模糊不清，多伴弱视，视力差，且难以矫正获得良好视力。

（2）视疲劳：表现为眼球沉重、酸胀感、眉弓部胀痛，甚至恶心、呕吐等。高度散光眼因主观努力无法提高视力，无此症状或症状不明显；轻度散光眼持续地利用改变调节、眯眼等方法进行视力改善，视疲劳较明显。

3. 心理-社会状况　高度散光者，看远、看近都不清楚，对学习、工作、生活造成较大影响，易产生紧张、焦虑心理。

4. 辅助检查　进行验光、角膜曲率计、角膜地形图等项检查以确定散光类型、度数及轴向。

5. 治疗要点　规则散光用柱镜矫正，不规则散光可用角膜接触镜矫正，必要时进行屈光手术治疗。

（三）主要护理问题/医护合作性问题

1. 舒适改变：眼酸胀、头痛等　与过度调节引起的视疲劳有关。

2. 知识缺乏：缺乏散光的相关防治知识。

（四）护理措施

1. 一般护理

（1）轻度散光，如果不出现视疲劳和视力下降，不需矫正，但出现相应症状应予以矫正；高度散光常伴弱视，在矫正散光时还应进行弱视治疗。

（2）准分子激光屈光性角膜手术可以矫正 6.00D 以内的规则性散光。

（3）不规则散光可试用硬性透氧性角膜接触镜（RGP）矫正。

2. 健康指导

（1）向患者及家属阐明散光相关知识，让其积极配合进行矫治。

（2）指导患者正确地佩戴眼镜或角膜接触镜的方法和养护知识。

（3）避免用眼过度，定期检查视力，青少年每半年复查 1 次，发现视力和屈光度有改变，应及时调整眼镜度数。

四　老视患者的护理

（一）概述

老视（presbyopia）是指由于年龄所致的生理性调节功能减弱，俗称老花眼，多从 40～45 岁开始。远视患者老视出现较早，近视患者老视出现较晚或不发生。

随着年龄增长，晶状体逐渐硬化，弹性降低，睫状肌的功能也逐渐减弱，从而引起眼的调节功能减弱，近视力减退，近距离工作或阅读发生困难。

（二）护理评估

1. 健康史　注意询问有无视疲劳、眼外斜视及遗传史等。

2. 身体状况

（1）视近困难：老视初期，常将注视目标放远才能看清，光线不足时更明显。随年龄的增加，症状加重。

（2）视疲劳：近距离阅读或工作时为了看清楚，需要增加调节，因睫状肌过度收缩及过度集合，易出现头痛、眉弓部胀痛，甚至恶心呕吐等视疲劳症状。

3. 心理-社会状况　老视的出现为生理现象，护理应评估患者的心理状况，了解患者及家属对老视的认知程度。

4. 辅助检查　验光可确定老视的度数。

5. 治疗要点　应进行远视力检查和验光，矫正屈光不正，选择合适的凸球镜片进行矫正。

（三）主要护理问题/医护合作性问题

1. 舒适改变：头痛、眼胀等　与老视有关。

2. 知识缺乏：缺乏老视配镜知识。

（四）护理措施

1. 向患者解释老视相关知识，使其能正确进行老视矫治。

2. 指导患者随年龄改变调整老视眼镜，一般45岁左右约需+1.50D，50岁左右约需+2.00D，60岁左右约需+3.00D。原有屈光不正者，看远仍用原镜，看近相应加减。为避免远近两幅眼镜频繁取戴的麻烦，可配双焦镜或渐变多焦镜。

3. 避免长时间近距离工作或阅读。

目标检测

一、选择题

A_1型题

1. 急性闭角型青光眼，解剖变异是（　　）
   A. 眼球大　B. 角膜大
   C. 前房浅，房角窄　D. 晶状体小
   E. 瞳孔小
2. 我国正常人眼压范围为（　　）
   A. ≥21mmHg　B. 10～21 mmHg
   C. ＞10 mmHg　D. 10～24 mmHg
   E. ≤24 mmHg
3. 下列哪项不是青光眼急性发作期的临床表现（　　）
   A. 眼球胀痛　B. 虹视
   C. 视力急剧下降　D. 角膜水肿
   E. 瞳孔缩小
4. 眼的屈光系统不包括（　　）
   A. 瞳孔　B. 晶状体　C. 角膜
   D. 玻璃体　E. 房水
5. 眼是视觉系统，包括（　　）
   A. 眼球、视路、眼附属器
   B. 眼球、视网膜、眼附属器
   C. 眼球、视路、眼睑
   D. 眼角膜、视路、眼附属器
   E. 以上都不是
6. 面神经麻痹可引起（　　）
   A. 上睑下垂　B. 睑裂增宽
   C. 下睑外翻　D. 睑裂闭合不全
   E. 以上都不是
7. 正常的玻璃体（　　）
   A. 中央混浊　B. 半透明
   C. 全部透明　D. 四周混浊
   E. 以上都不是
8. 眼屈光系统中，屈光力最大的是（　　）
   A. 角膜　B. 晶状体　C. 房水
   D. 玻璃体　E. 视网膜
9. 正常情况下，婴儿为生理性的（　　）
   A. 近视眼　B. 远视眼　C. 散光眼
   D. 正视眼　E. 以上均不是

10. 调节静止时，平行光线经眼的屈光焦点落在视网膜之前，其屈光状态为（　　）
A. 正视　B. 远视　C. 近视
D. 散光　E. 弱视

11. 调节静止时，平行光线经眼的屈光焦点落在视网膜之后，其屈光状态为（　　）
A. 正视　B. 远视　C. 近视
D. 散光　E. 弱视

12. 调节静止时，平行光线经眼的屈光不能形成一个焦点，其屈光状态为（　　）
A. 正视　B. 远视　C. 近视
D. 散光　E. 弱视

13. 下列哪项措施，不能降低青光眼急性期的眼压（　　）
A. 缩瞳药滴眼　B. 大量抗生素滴眼
C. 口服乙酰唑胺　D. 0.5%噻吗洛尔滴眼
E. 高渗剂静脉快滴

14. 对青光眼患者，进行生活指导时，错误的是（　　）
A. 保持愉快心情
B. 尽量多休息
C. 尽量少看书
D. 术后不复发时，不需复查
E. 术后经常自我按摩眼球

15. 近期研究表明翼状胬肉与下列哪项有关（　　）
A. 紫外线照射　B. 角膜缘干细胞损害
C. 气候干燥　D. 风尘
E. 以上都不是

16. 正视眼摘除晶状体后，其屈光状态变成（　　）
A. 高度远视　B. 轻度远视
C. 高度近视　D. 轻度近视
E. 以上都不是

17. 老年性白内障中最常见的是（　　）
A. 皮质性白内障
B. 核性白内障
C. 后囊下白内障
D. 以上全是
E. 以上都不是

18. 近视患者的眼球状态是（　　）
A. 眼轴过长　B. 眼轴过短
C. 眼球突出　D. 眼球凹陷
E. 眼轴正常

19. 远视眼患者（　　）
A. 仅看近需要调节
B. 仅看远需要调节
C. 远近均需调节
D. 远近均不需调节
E. 以上均不是

20. 正常玻璃体的功能表述不正确的（　　）
A. 支持作用　B. 保持透明
C. 代谢作用　D. 保持视力
E. 以上都不是

A_2型题

21. 患者，女，58岁，3天前与儿媳吵架后右眼剧痛、头痛伴恶心呕吐，视力降至眼前手动，被诊断为右眼急性闭角型青光眼急性发作期，对侧未发作眼为（　　）
A. 临床前期　B. 先兆期
C. 间歇期　D. 慢性期
E. 正常眼

22. 患者，女，60岁，因散瞳后检查眼底，出现眼胀痛，虹视，你的初步印象是（　　）
A. 铜绿假单胞菌性角膜炎
B. 急性卡他性结膜炎
C. 急性虹睫炎
D. 急性闭角型青光眼
E. 开角型青光眼

二、简答题

1. 急性闭角型青光眼的发病因素有哪些？
2. 抗青光眼药物应注意哪些用药监护？
3. 年龄相关性白内障临床分几期，其分期标准是什么？
4. 制订一份白内障手术患者术前及术后护理措施。
5. 简述各类屈光不正的成因及其矫正。
6. 如何预防近视？

（高雅琪）

第五章　眼外伤患者的护理

机械性、物理性和化学性等因素直接作用于眼部，引起眼结构和功能的损害，统称为眼外伤（ocular trauma）。患者多半为男性、青壮年，眼外伤往往造成视力障碍甚至眼球丧失，是单眼失明的最主要原因。眼外伤根据致伤因素，可分为机械性和非机械性眼外伤两大类。前者包括钝挫伤、穿通伤、异物伤等，后者包括热烧伤、化学伤、辐射伤和毒气伤等。护士应密切观察病情变化，耐心向患者解释病情，给予心理疏导，让患者能积极配合治疗与护理。

第1节　眼球表面异物伤患者的护理

（一）概述

眼球表面异物伤是指异物黏附于角膜、结膜表层，以眼部异物感、疼痛、畏光、流泪为主要临床特征的常见眼外伤。一般及时处理预后较好；若异物位于角膜深层或处理不当，易继发感染，如并发角膜溃疡、虹膜睫状体炎或角膜遗留瘢痕，则影响视力。

本病多因异物不慎飞溅入眼，附着于结膜或角膜上所致。多见于细小异物如铁屑、灰尘、煤屑等。多发性异物见于爆炸伤和板栗刺等。

（二）护理评估

1. 健康史

2. 身体状况　患者多有眼部异物感、刺痛、畏光、流泪、眼睑痉挛和视力下降等。结膜异物多位于睑板下沟或穹隆部；角膜异物轻者黏附在角膜表层，重者嵌入角膜实质层。铁锈异物周围可形成锈斑，植物性异物容易引起感染，有脓性或黏脓性分泌物，异物周围形成灰白色浸润或溃疡。

3. 心理-社会状况　了解患者的情绪及生活状态，评估患者的年龄、性别、职业及对本病的认识等。

4. 治疗要点　及早取出异物，积极应用抗生素预防或治疗感染。

（三）主要护理问题/医护合作性问题

1. 舒适改变：眼部疼痛、畏光、流泪等　与异物引起的刺激有关。

2. 有感染的危险　与异物停留时间较长、处理不当及异物的性质有关。

3. 知识缺乏：缺乏角膜、结膜异物的防治知识。

（四）护理措施

1. 用药护理

（1）结膜异物用无菌棉签蘸生理盐水拭出或行结膜囊冲洗，然后使用抗生素滴眼液滴眼。

（2）剔除角膜异物时，应严格执行无菌操作，以防化脓性角膜溃疡的发生。先滴 0.5%丁卡因滴眼液 3 次，表浅异物可用蘸有生理盐水的湿棉签轻轻拭去；嵌入性异物在表面麻醉后用消毒的角膜异物刀向角膜缘方向剔除，如有锈环，尽量一次性刮尽，异物取出后，涂抗生素眼膏，包盖伤眼。爆炸伤所致的多发细小异物或板栗刺应分批剔除。嘱患者术后不要揉眼，第 2 天一定要复查。如患眼疼痛剧烈，及时来院就诊。

（3）仔细检查角膜和结膜有无异物遗留、角膜伤口愈合情况及视力变化等，尤其对植物性异物患者，应密切注意有无角膜感染的发生。

2. 健康指导

（1）加强安全教育，提高自我防范意识，注意劳动时佩戴防护面罩或眼镜，防止眼外伤的发生。

（2）告诉患者若异物溅入眼内，切勿揉擦眼部或自行处理剔除异物，应及时到医院进行处理。

（3）0.5%丁卡因滴眼液易被铜绿假单胞菌污染，应新鲜配制。

第 2 节　眼钝挫伤患者的护理

（一）概述

眼钝挫伤（ocular blunt trauma）为机械性钝力引起的眼外伤，可造成眼球或眼附属器损伤，引起眼内多种结构和组织的病变。眼钝挫伤占眼外伤发病总数的 1/3 以上，严重危害视功能。

砖石、球类、拳头、跌撞、车祸及爆炸产生的气浪冲击等是眼钝挫伤的常见原因。钝力除在眼部打击部位造成直接损伤外，也可在眼内和眼球壁传递，引起多处间接损伤。

（二）护理评估

1. 健康史　询问患者是否有明确的外伤史，并仔细询问患者致伤的过程。

2. 身体状况　根据眼球、眼附属器挫伤部位不同，表现有不同程度的视力障碍及相应的症状和体征。

（1）眼睑挫伤：轻者可引起眼睑水肿、皮下出血，重者出现眼睑皮肤裂伤，泪小管断裂或提上睑肌损伤。

（2）结膜挫伤：可引起结膜水肿、充血、结膜下淤血及结膜裂伤。

（3）角膜挫伤：可引起角膜上皮擦伤，角膜基层水肿、增厚及混浊，后弹力层出现皱褶。

（4）巩膜挫伤：可引起巩膜破裂，伤口多发生于角巩膜缘或眼球赤道部。

（5）虹膜睫状体挫伤：可引起外伤性虹膜睫状体炎、虹膜根部断离（瞳孔呈“D”形）、外伤性瞳孔散大、前房积血、房角后退等。

（6）晶状体挫伤：可引起晶状体脱位、半脱位或外伤性白内障。

（7）其他：眼钝挫伤损伤视网膜、脉络膜或睫状体血管，可发生玻璃体积血、视网膜震荡或脱离及视神经损伤。

3. 心理-社会状况　了解患者是否有焦虑、紧张及悲伤等心理表现。注意评估患者的年龄、职业、家庭状况及对本病的认知程度。

4. 辅助检查　裂隙灯显微镜、检眼镜、X线、CT及超声波检查等可确定眼球、眼附属器损伤的部位及损伤的程度。

5. 治疗要点　根据眼钝挫伤的部位、表现、程度等，进行对症治疗，包括药物治疗和手术治疗。

（三）主要护理问题/医护合作性问题

1. 感知改变视力障碍　与眼内积血和眼内组织损伤等因素有关。

2. 潜在并发症：继发性青光眼、前房积血、玻璃体积血、视网膜脱离等。

3. 焦虑　与担心预后有关。

（四）护理措施

1. 用药护理　根据损伤部位的不同，协助治疗操作，予以相应的护理：①眼睑挫伤者，如眼睑水肿及皮下出血，48小时内冷敷。皮肤裂伤者予以缝合，提上睑肌断裂者应给予修复。②角膜上皮擦伤者，涂抗生素眼膏后包扎，通常24小时可愈合，第2天复查；角膜基质层水肿者，可选用糖皮质激素滴眼液滴眼，必要时用散瞳剂。③角巩膜裂伤者应在显微镜下进行手术缝合。④外伤性虹膜睫状体炎者护理同虹膜睫状体炎。⑤前房积血者，取半卧位休息，双眼包扎，遵医嘱及时给予止血剂和糖皮质激素。眼压升高时应予降眼压药物，注意眼压变化和每日积血的吸收情况。⑥晶状体挫伤者，晶状体不全脱位者应住院观察病情，如引起严重的视力下降及继发性青光眼等并发症时，应立即手术摘除。

2. 心理护理　密切观察病情变化　按医嘱及时用药及观察用药反应，耐心向患者解释病情，给予心理疏导，以配合治疗与护理。如患者双眼视力受损，应协助生活护理。

3. 健康指导

（1）加强安全教育，严格执行安全生产制度，改善劳动条件和环境，提高自我防护能力。

（2）发生眼钝挫伤应及时到医院就诊，以免延误治疗时间。

第3节　眼球穿通伤及眼内异物伤患者的护理

一　眼球穿通伤患者的护理

（一）概述

眼球穿通伤（perforating injury of eyeball）是指由锐器的刺入、切割造成眼球壁全层裂开，伴或不伴有眼内损伤或组织脱出。预后与伤口的部位、范围、损伤程度、是否合并感染、有无并发症及治疗措施是否及时关系密切。

本病多见于各种锐器如刀、针、剪等刺入眼球或由金属碎片溅入眼内发生损伤。眼球穿通伤的损害复杂而严重，是致盲的主要因素。

（二）护理评估

1. 健康史　询问患者是否有明确的外伤史，并了解患者致伤的过程、致伤物质等，询问受伤后诊治的过程。

2. 身体状况

（1）症状：出现不同程度的视力下降、眼痛、畏光、流泪等症状。

（2）体征

1）角膜穿通伤：最常见。单纯性角膜穿通伤，伤口小且规则，一般可自行闭合，无虹膜嵌顿；复杂性角膜穿通伤，伤口大而不规则，常伴虹膜脱出，前房变浅或消失，晶状体破裂。

2）巩膜穿通伤：较小的巩膜伤口不易发现，伤口处有球结膜下出血。大的伤口伴脉络膜、玻璃体和视网膜的损伤和出血。在睫状体区的巩膜穿通伤，常并存有葡萄膜组织嵌顿于创口或有眼内异物存留时，可发生交感性眼炎。

3）角巩膜穿通伤：常引起虹膜睫状体、晶状体和玻璃体损伤、脱出及眼内出血。

4）异物碎片击穿眼球壁者，异物可存留于眼内。

3. 心理-社会状况　眼球穿通伤多发生于青壮年男性，且发生突然，往往对患者造成巨大的身心创伤，有的甚至悲观、绝望。

4. 辅助检查　可行 X 线、CT、超声波及 MRI 检查。

5. 治疗要点　眼球穿通伤需急诊处理，治疗原则是及时缝合伤口，恢复眼球完整性，防止感染及并发症的发生；复杂外伤需行二期手术。

（三）主要护理问题/医护合作性问题

1. 感知改变：视力下降　与眼组织损伤及眼内积血有关。

2. 潜在并发症：外伤性白内障、虹膜睫状体炎、眼内炎、继发性青光眼、交感性眼炎等。

3. 焦虑　与担心预后有关。

（四）护理措施

1. 用药护理

（1）遵医嘱常规注射抗破伤风血清，全身应用抗生素，必要时加糖皮质激素。用抗生素滴眼液频繁点眼。需手术的患者做好手术前后护理工作。

（2）严格执行各项清创缝合无菌操作，动作轻柔，避免施压，以免加重眼内组织脱出和出血。禁止结膜囊冲洗。

2. 手术护理　密切观察病情。对行眼球摘除术者，应向患者及家属详细解释进行手术的理由及术后安装义眼等事宜，并做好患者的心理护理。

3. 健康指导

（1）加强社区安全教育，增进工作人员自我防护意识，戴好防护眼镜。儿童远离刀、剪等利器。

（2）向患者及家属讲解交感性眼炎的特征及预后，一旦健眼出现不明原因的眼部充血、疼痛、视力下降时，应及时就诊。

（3）指导患者出院后按时用药并定期复查，眼内异物未取出者，择期行异物取出术。

链接

交感性眼炎的防治

交感性眼炎属迟发性自身免疫性疾病，外伤后的发生率约为 0.2%。伤眼（又称诱发眼）的非化脓性肉芽肿性葡萄膜炎症持续加重，经过 2 周～2 个月的潜伏期，另一眼（称交感眼）也出现类似的葡萄膜炎，视力急剧下降。伤后尽早缝合伤口、切除或还纳脱出的葡萄膜组织，预防感染，可能对预防本病有效。一旦发生应按葡萄膜炎治疗，多数病例经治疗可恢复一定视力。摘除诱发眼多不能中止病程，有些诱发眼经治疗后也可获得一定视力。

二 眼内异物伤患者的护理

（一）概述

眼内异物伤是严重危害视力的眼外伤，是指异物碎片击穿眼球壁，存留眼内。眼内异物对眼部的损害包括机械性损伤、化学及毒性反应和继发感染等。

异物碎片击穿眼球壁后，异物可直接伤及眼组织，铁质异物可引起铁质沉着症，铜在眼内组织沉着可引起铜质沉着。

（二）护理评估

1. 健康史 询问患者是否有明确的外伤史，并详细了解患者致伤的过程，为何物损伤，了解致伤物性质等，询问受伤后诊断的过程。

2. 身体状况 根据眼球损伤的程度、异物性质和存留部位，有不同临床表现。

（1）多有眼球穿通伤的表现。

（2）眼内异物可存留于前房、晶状体、睫状体和眼球后段等，严重者可造成视网膜的损害。

（3）眼内物可引起外伤性虹膜睫状体炎、化脓性眼内炎及交感性眼炎及眼球铁质沉着症、铜质沉着症、增生型玻璃体视网膜病变、视网膜脱离等并发症。

3. 心理-社会状况 了解患者是否存在眼外伤后常有的悲观、焦虑、紧张等心理表现。注意评估患者的家庭状况及本病的认识。

4. 辅助检查

（1）B 超：可帮助诊断有无眼内异物及眼球壁破裂等。

（2）X 线、CT 检查：可以明确有无眶骨骨折，眼内及眼眶内有无异物及异物的位置。

5. 治疗要点

（1）协助伤口愈合，恢复眼球完整性。小于 2～3mm 伤口可不缝合，大于 3mm 以上伤口应在显微手术条件下缝合。对于复杂病例采用二步手术，以及初期缝合伤口，恢复前房，控制感染；在 1～2 周内，再行内眼或玻璃体手术。

（2）预防感染：常规注射抗破伤风血清，全身及眼局部应用抗生素和糖皮质激素，包扎伤眼，并散瞳。

（三）主要护理问题/医护合作性问题

1. 感知受损：视力下降 语言内组织损伤及眼内及积血有关。

2. 疼痛：眼部疼痛 与眼内组织受损及眼压升高等因素有关。

3. 焦虑 与外伤后患者一时难以接受事实有关。

4. 潜在并发症：外伤性虹膜睫状体炎、眼内异物、感染性眼内炎、交感性眼炎、外伤性增生性玻璃体视网膜病变。

（四）护理措施

1. 评估患者的视力情况，做好安全教育。

2. 指导患者遵医嘱用药。

3. 观察患者的体温、瞳孔脉搏及双眼视力的变化情况，一旦健眼发生不明原因的充血、视力下降及眼痛，要警惕交感性眼炎的发生。

4. 如果发生感染性眼内炎，应充分散瞳，局部和全身应用应用剂量的抗生素或皮质类固醇。玻璃体内注药可以提供有效的药物浓度，必要时可先抽取房水及玻璃体液做细菌培养和药敏试验，同时做好玻璃体切割手术准备。

5. 按眼科手术护理常规，做好手术患者护理。

第 4 节 眼化学伤患者的护理

（一）概述

眼化学伤（ocular chemical injury）是指化学物品的溶液、粉尘或气体进入或接触眼部，引起眼部损伤，也称眼化学性烧伤，其中最常见的是酸碱烧伤。

眼化学伤多发生于化工厂、实验室或施工场所。低浓度酸性烧伤时，对患眼仅有刺激作用；强酸能使组织蛋白凝固坏死，起到屏障作用，阻止酸性物质向组织深层渗透，损伤相对较轻。碱性烧伤多见于氢氧化钠、生石灰等，碱能溶解脂肪和蛋白质，接触组织后迅速渗透到深层和眼内，细胞被分解坏死，严重者引起角膜穿孔及眼内炎症。

（二）护理评估

1. 健康史　询问是否有化学物质进入眼部，致伤物的性质、浓度、量，与眼部接触的时间，了解有无进行眼部处理或其他处理。

2. 身体状况　可出现不同程度的眼痛、畏光、流泪、视力下降等症状。根据伤后组织反应，可分为轻、中、重三级。

（1）轻度：一般由弱酸、弱碱引起。表现为眼睑、结膜轻度充血、水肿，角膜上皮可有点状脱落或水肿，数日后恢复，一般无并发症发生。

（2）中度：由强酸和稀释的碱引起。眼睑皮肤形成水疱或糜烂，结膜水肿，部分坏死，角膜混浊，上皮完全脱落呈白色凝固，愈后可留有角膜斑翳。

（3）重度：多由强碱引起。结膜出现广泛的缺血性坏死，角膜全层灰白或呈瓷白色，出现溃疡甚至穿孔，可引起葡萄膜炎，继发青光眼及并发白内障等。愈合后有角膜白斑、睑球粘连或眼球萎缩等后遗症。最终引起视功能或眼球丧失。

3. 心理-社会状况　眼化学伤为意外伤，患者出现视力障碍的同时伴有剧烈眼痛，常有焦虑及悲伤心理。评估患者的年龄、性别、职业、情绪状况、对本病的认知程度及对疼痛的耐受力等。

4. 辅助检查　裂隙灯显微镜检查等，对不明致伤物者，可进行结膜囊 pH 测定，确定是酸性烧伤或是碱性烧伤。

5. 治疗要点　眼化学伤是眼科急诊，治疗原则是争分夺秒就近取水彻底冲洗结膜囊，控制感染、散瞳及针对并发症进行手术治疗。

（三）主要护理问题/医护合作性问题

1. 急性疼痛：眼痛　与化学物质刺激眼部组织有关。

2. 感知紊乱：视力障碍　与化学物质引起的眼组织损伤有关。

3. 焦虑　与眼烧伤引起视力下降甚至丧失及担心预后有关。

4. 知识缺乏：缺乏眼化学伤的相关防治知识。

5. 潜在并发症：角膜溃疡、穿孔、虹膜睫状体炎、继发性青光眼、并发性白内障、眼睑畸形及眼球萎缩等。

（四）护理措施

1. 用药护理

（1）现场急救：及时现场患眼冲洗是治疗的关键。用大量清水或生理盐水反复冲洗伤眼，翻转上、下眼睑，嘱患者转动眼球，充分暴露穹隆部，至少冲洗 30 分钟，彻底冲洗化学物。

（2）进一步中和治疗：严重酸性化学伤可用 2%碳酸氢钠溶液冲洗，球结膜下注射 5%磺胺嘧啶钠溶液 1～2ml；碱性化学伤用 3%硼酸溶液冲洗，结膜下注射维生素 C 1～2ml。病情重者局部和全身应用抗生素控制感染。

（3）严重碱性化学伤可前房穿刺放出碱性房水，切除坏死的球结膜或角膜上皮等，防止睑球粘连。

（4）其他辅助治疗：1%阿托品眼药水或眼膏散瞳防止虹膜后粘连；局部应用胶原酶抑制剂如 0.2%半胱氨酸滴眼液等，防止角膜溃疡及穿孔；应用糖皮质激素，减轻炎症反应和抑制新生血管的形成；病情重者局部或全身应用抗生素控制感染。

2. 手术护理　后期并发症手术治疗，按眼科手术患者的常规护理。

3. 心理护理　耐心向患者解释病情和治疗效果，舒缓患者紧张、悲观情绪，配合治疗和护理。如患者双眼视力受损，应协助做好生活护理。

4. 健康指导

（1）指导患者及家属坚持正确用药，定期门诊随访。如症状加重或发现并发症，及时到医院就诊，配合医护人员进行治疗和控制。

（2）加强安全防护教育，从事化工作业的工人，应佩戴防护眼镜，规范操作，防止化学物质溅入眼部，加强车间通风，定期维修防护设备，防止化学物质泄漏。

（3）大力宣传眼化学伤的防护及急救知识，说明现场急救的重要性。

第 5 节　电光性眼炎患者的护理

（一）概述

电光性眼炎（electric ophthalmia）是机械工业中最常见的一种职业病，任何接触紫外线辐射而无防护者均可发生。在高原、冰川雪地、海面或沙滩上作业和旅游时发病者称日光性眼炎或雪盲。

本病多由电焊、紫外线灯、雪地及水面反光等发出的紫外线被组织吸收，产生光化学反应，引起眼部损伤。紫外线照射引起的组织损伤取决于组织吸收紫外线的总量，即辐射的强度和持续时间。

（二）护理评估

1. 健康史　询问患者是否有明确的接触紫外线辐射史，并了解接触的时间。

2. 身体状况　潜伏期一般为 3～8 小时。表现为双眼异物感、剧痛、畏光、流泪、眼睑痉挛、结膜水肿、充血，角膜上皮点状剥脱或大片剥脱，瞳孔缩小。

3. 心理-社会状况　评估患者的年龄、性别、职业、工作环境和对本病的认知程度。

4. 辅助检查　对症处理，减轻疼痛，预防感染。

5. 治疗要点　主要对症处理，减轻疼痛。抗生素眼膏处理，一般 1～2 天后症状消失痊愈。

（三）主要护理问题/医护合作性问题

1. 急性疼痛：眼痛　与角膜上皮受损有关。

2. 知识缺乏：缺乏电光性眼炎相关防治知识。

（四）护理措施

1. 用药护理

（1）止痛：早期冷敷，剧痛者用 0.5%丁卡因滴眼液滴眼 1～2 次可立即止痛，不可多滴，以免影响角膜上皮再生。也可针刺合谷等减轻疼痛。如无感染，24 小时后症状减轻或痊愈。

（2）预防感染：遵医嘱滴用抗生素眼药水，涂眼膏并包扎。

2. 健康指导

（1）嘱患者勿用手揉眼，防止角膜上皮损伤、感染。

（2）加强卫生宣教，注意劳动安全，电焊、紫外灯、野外强太阳光下作业时注意戴防护眼罩或眼镜。

目标检测

一、选择题

A_1 型题

1. 下列哪种角膜穿通伤易发生感染（　　）
   A. 缝衣针刺穿角膜中央
   B. 缝麻袋针刺穿角膜和晶体，皮质脱于前房
   C. 在机器上磨刀，金属碎屑击穿角膜，伤口为线状
   D. 机器碎屑伤角膜，虹膜嵌于伤口，前房恢复
   E. 灯泡碎玻璃片崩入玻璃体内
2. 非纯铜异物进入眼内后，到出现典型的铜锈症约需（　　）
   A. 1 个月　　B. 3 个月
   C. 6 个月　　D. 12 个月
   E. 2 年
3. 下列哪种角膜穿通伤易发生感染（　　）
   A. 缝衣针刺穿角膜中
   B. 缝麻袋针刺穿角膜和晶状体，皮质脱于前房
   C. 在机器上磨刀，金属碎屑击穿角膜，伤口为线状
   D. 机器碎屑伤角膜，虹膜嵌于伤口前房恢复
   E. 灯泡碎玻璃片崩入玻璃体内
4. 较易发生的眶骨折部位为（　　）
   A. 眶顶及眶底
   B. 眶顶及眶内壁
   C. 眶底及眶尖
   D. 眶尖及眶内壁
   E. 眶底及眶外侧壁
5. 角巩膜伤口的缝合正确的是（　　）
   A. 先缝合巩膜伤口，再缝合角膜伤口
   B. 自角膜伤口的近瞳孔一端开始逐步向巩膜缝合
   C. 巩膜伤口自后向前边暴露边缝合
   D. 先固定缝合角巩膜缘一针，再缝合角膜，然后缝合巩膜
   E. 以上都对
6. 钝挫伤性眼球破裂的发生部位最常见于（　　）
   A. 角膜中央　　B. 角巩膜缘
   C. 眼球赤道部　　D. 眼球后极部
   E. 视乳头
7. 80 岁老年人因眼球穿通伤致眼球摘除，术后上睑下垂应属于（　　）
   A. 老年性　　B. 机械性
   C. 假性　　D. 外伤性
   E. 麻痹性（动眼神经）
8. 眼化学伤中哪一种物质危害最大（　　）
   A. 强酸　　B. 强碱　　C. 粉尘
   D. 沙砾　　E. 以上都不是
9. 眼化学伤分度不包括（　　）
   A. 轻度　　B. 重度　　C. 中度
   D. 浅度　　E. 以上都不是
10. 下列哪种损伤最严重（　　）
   A. 酸性烧伤　　B. 碱性烧伤
   C. 火焰性热烧伤　　D. 红外线损伤
   E. 紫外线损伤
11. 对酸或碱性烧伤急救而言，最重要的是（　　）
   A. 滴入碱性或酸性药物中和
   B. 结膜下注射维生素
   C. 散瞳
   D. 滴消炎眼药水
   E. 彻底冲洗眼部
12. 下列哪些属于辐射性眼外伤（　　）
   A. 电光性眼炎　　B. 钢水烧伤

C. 电击伤　　D. 刀器损伤
E. 以上都不是

13. 关于电光性眼炎的叙述不正确的是（　　）
A. 常见于电焊工
B. 局部涂抗生素眼膏
C. 本病预后不良
D. 局部可滴用麻醉剂
E. 以上都不是

14. 辐射性眼外伤症状不包括（　　）
A. 眼红　B. 眼痛　C. 流泪
D. 失明　E. 以上都不是

15. 下面哪些是辐射性眼外伤的体征（　　）
A. 畏光　B. 眼睑痉挛
C. 眼痛　D. 结膜充血
E. 以上都不是

16. 电光性眼炎一般在照射后多长时间发作（　　）
A. 1～2 小时　B. 2～3 小时
C. 3～8 小时　D. 8～16 小时
E. 16～24 小时

17. 右眼溅入熔化的铁水，就诊时，下方结膜囊取出一固体铁块，下方球结膜呈白色坏死，应首选（　　）
A. 冲洗结膜囊，滴抗生素眼药
B. 分离粘连，涂大量油膏
C. 下方球结膜下注射肝素改善血液循环
D. 清除坏死的结膜，行黏膜或结膜移植
E. 自眼结膜下注射

18. 位于后极部的眼内异物，手术取出过程中，在预定巩膜面磁石反应阴性，下一步（　　）
A. 迅速做巩膜全层切口
B. 继续做磁石感应
C. 可能为非磁性异物，开窗取异物
D. 巩膜面缝小银环或方格，再拍片定位
E. 超声定位

19. 眼内异物最常用、最容易测量和最准确的定位方法是（　　）
A. 几何学定位法　B. 角膜缘环定位法
C. 生理学定位法　D. 超定位法
E. 检眼镜定位法

20. 异物贯穿眼球，后极部视网膜可见什么改变（　　）
A. 视网膜形状改变，不等大
B. 中央有灰白色水肿、渗出、出血，视网膜可透见白色巩膜，其形状、大小、位置等与 X 线片一致
C. 视网膜有灰白色水肿、渗出、出血，中央可透见白色巩膜，其形状、大小、位置等与 X 线片一致
D. 视网膜形状不改变，不等大
E. 以上都不是

21. 焊条打伤，上睑皮肤裂伤 5mm，应首选（　　）
A. 修复伤口
B. 注射 TAT
C. X 线拍片，排除骨折或异物
D. 检查评估视力及眼球情况
E. 测量提上睑肌功能

22. 机械性眼外伤不包括下列哪项（　　）
A. 角膜挫伤　B. 晶状体挫伤
C. 辐射性眼外伤　D. 玻璃体积血
E. 视网膜震荡

23. 眼外伤检查前要全面询问病史，包括（　　）
A. 何时、怎样受伤及致伤力大小
B. 是否有眼内异物的可能
C. 受伤前眼部的状态
D. 经何急诊处理（TAT 注射、抗生素等）
E. 以上各项均是

24. 眼球穿透伤损伤的部位不包括（　　）
A. 角膜　B. 角巩膜
C. 巩膜　D. 眼睑
E. 以上都不是

25. 眼球穿通伤患者护理措施正确的是（　　）
A. 术前测血压
B. 生理盐水冲洗伤眼
C. 勿按压眼球
D. 按压眼球，排除渗出物
E. 尽量暴露伤口，有利引流

26. 机械性眼外伤不包括下列哪项（　　）
A. 角膜异物　B. 晶状体挫伤
C. 辐射性眼外伤　D. 前房积血
E. 视网膜震荡

27. 酸性物质致伤原因是（　　）
A. 酸能使组织蛋白凝固坏死
B. 使角膜上皮坏死脱落
C. 使组织的类脂质起皂化作用

D. 使组织溶解

E. 以上都不是

28. 碱性烧伤的特点为（　　）

A. 使组织蛋白凝固

B. 使组织坏死

C. 能溶解脂肪和蛋白质，使细胞分解坏死

D. 角膜上皮点状脱落

E. 以上都不是

29. 中度烧伤后会出现（　　）

A. 充血　　B. 红肿

C. 角膜薄翳　　D. 角膜溃疡

E. 以上都不是

30. 角膜上皮损伤恢复时间为（　　）

A. 6小时　　B. 8小时

C. 12小时　　D. 24小时

E. 以上都不是

31. 对电光性眼炎的处理，最主要的是（　　）

A. 预防感染　B. 治疗角膜上皮脱落

C. 防止角膜形成斑翳　D. 减轻疼痛

E. 散瞳

32. 对眼外伤患者，进行生活指导时，正确的是（　　）

A. 早期热敷

B. 嘱患者不要用手揉

C. 经常强光照射眼部

D. 不佩戴保护用具

E. 以上都不是

33. 眼球异物治疗时最重要的是（　　）

A. 及早取出异物　　B. 立即冲洗

C. 用手揉搓　　D. 用药物稀释

E. 以上都不是

34. 阅读眼内异物X线片时应注意什么（　　）

A. 眼球的影像位置关系是否正确

B. 正反两侧位片异物影像的位置是否一致

C. 在单眼多异物或双眼异物时，不能根据异物大小、形状、位置进行对号加以区别

D. 不可以区别污点与异物的影像

E. 以上都不是

35. 眼球钝挫伤的常见原因不包括下列哪一项（　　）

A. 砖、石块及拳头

B. 球类打击、跌撞

C. 交通事故

D. 离子辐射性损伤

E. 爆炸的冲击波

36. 眼球穿通伤的紧急处理不宜进行（　　）

A. 预防感染　　B. 封闭伤口

C. 彻底冲洗　　D. 止血

E. 止痛

37. 眼外伤的紧急处理，下列哪一项不正确（　　）

A. 有休克或其他重要器官损伤时，应首先抢救生命

B. 眼球破裂伤，早期可行眼球摘除术

C. 开放性眼外伤应肌内注射TAT

D. 化学伤，应争分夺秒用大量水冲洗

E. 要预防交感性眼炎的发生

A_2型题

38. 10岁男孩，右眼被铅笔刀划伤，球结膜出血，水肿，并有一裂口。视力：0.6，眼压：6mmHg，下一步首先要做的是（　　）

A. 接受患儿母亲的要求，伤口不做处理，让其自行愈合

B. CT排除眼内异物

C. 手术探查：打开球结膜探查巩膜是否有伤口

D. 给抗生素消炎，一周后复查

E. 以上都不是

39. 患者，男，农民，右眼被谷粒弹伤，视物模糊半个月就诊。检查：右眼视力0.1，眼睑痉挛极轻，球结膜轻度混合性充血，角膜有黄白色牙膏样病灶，病灶旁可见伪足，角膜轻微水肿，前房积脓1mm，最可能的诊断是（　　）

A. 真菌性角膜溃疡

B. 匐行性角膜溃疡

C. 铜绿假单胞菌性角膜溃疡

D. 病毒性角膜溃

E. 以上都不是

二、简答题

1. 取出角膜异物时有哪些注意事项？
2. 眼化学伤应如何急救和护理？
3. 怎样预防眼外伤？

（高雅琪）

第二篇 耳鼻咽喉科护理

第六章 耳鼻咽喉科患者护理概述

第1节 耳鼻咽喉的应用解剖与生理

一 耳的应用解剖与生理

（一）耳的应用解剖

耳（ear）由外耳、中耳和内耳三部分组成（图6-1）。外耳和中耳具有传导声音的功能，内耳有听觉和平衡觉的感受器。除耳郭外，主要结构隐藏于颞骨内。

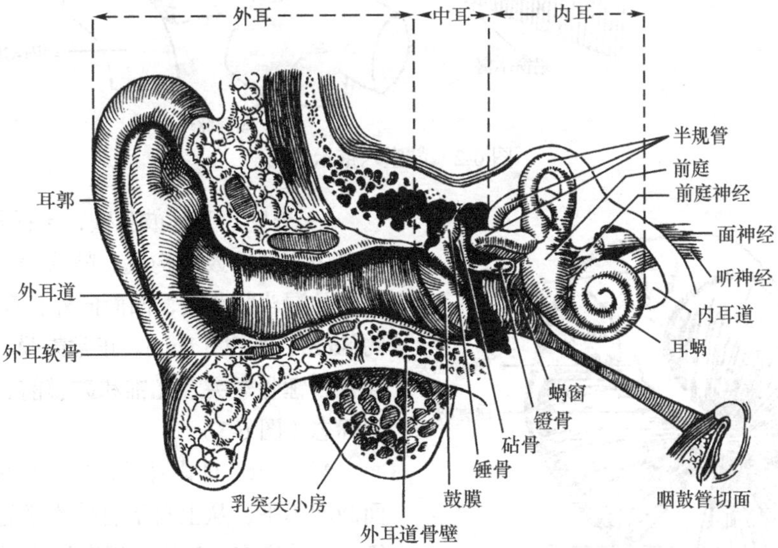

图6-1 耳的解剖关系图

1. 外耳 包括耳郭和外耳道。

（1）耳郭（auricle）：除耳垂由脂肪与结缔组织构成外，其余均为软骨组织外覆软骨膜和皮肤构成。耳郭的皮肤菲薄，血管位置表浅，低温时容易发生冻疮。

（2）外耳道（external acoustic meatus）：起自外耳道口，向内止于鼓膜，成人长 2.5～3.5 cm，由软骨部和骨部组成。外侧 1/3 为软骨部，其皮肤含有耵聍腺，能分泌耵聍，并富有毛囊和皮脂腺，外耳道疖多发生于此，如耵聍分泌过多或外耳道狭窄，可致耵聍栓塞。外耳道皮下组织少，皮肤与软骨膜、骨膜紧密相贴，外耳道炎性肿胀时疼痛较为剧烈；内侧 2/3 为骨部。外耳道略呈“S”形弯曲，成人的软骨部弯向前下，婴幼儿则稍向上斜，故检查外耳道深部及鼓膜时，成人需将耳郭向后上外方向提起，使外耳道成一直线，方能窥清；婴幼儿检查时则应向后下方牵拉耳郭。

2. 中耳　由鼓室、鼓窦、乳突和咽鼓管四部分组成。

（1）鼓室（tympanic cavity）：是位于鼓膜和内耳外侧壁之间的一个略似六面体的不规则含气空腔。向前通过咽鼓管与鼻咽部相通，向后借鼓窦入口与鼓窦通向乳突气房。鼓室内有 3 块听骨，即锤骨、砧骨和镫骨，借韧带与关节相连构成听骨链。

鼓室有内、外、前、后、顶、底 6 个壁（图 6-2）。

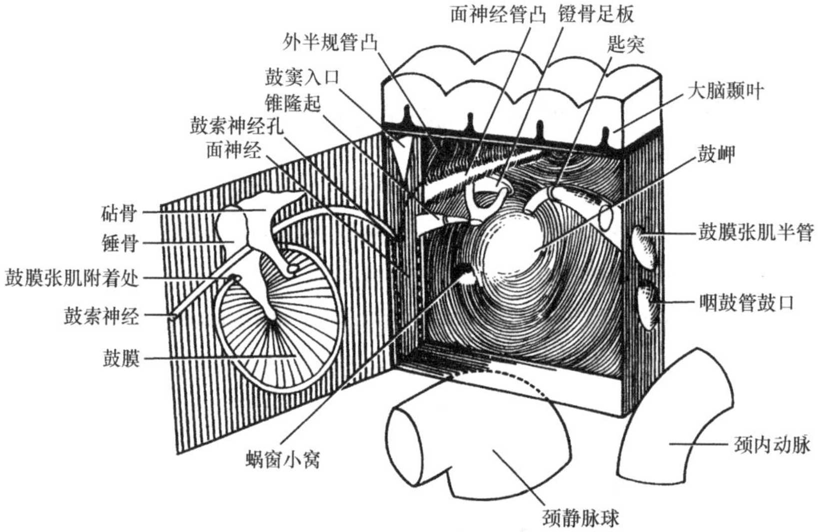

图 6-2　鼓室六壁示意图

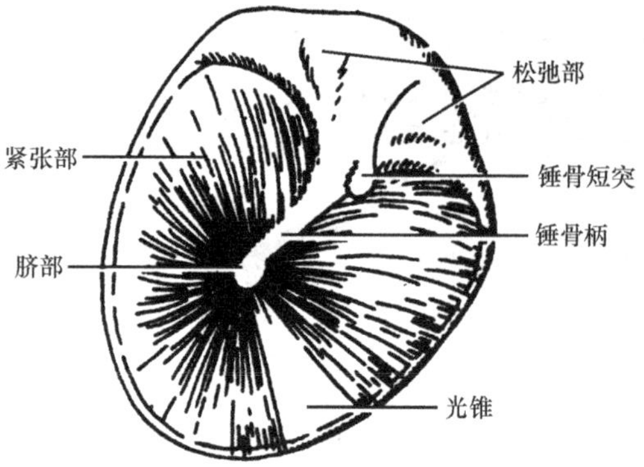

图 6-3　鼓膜示意图（右耳）

1）外壁：又称鼓膜壁，包括骨部和膜部，主要由膜部即鼓膜构成。鼓膜为一椭圆形、半透明的漏斗状薄膜，凹面向外，高约 9mm、宽约 8mm、厚约 0.1mm。正常鼓膜有鼓膜脐、锤骨柄、锤骨短突、光锥和鼓膜前、后皱襞等解剖标志（图 6-3）。

2）内壁：即内耳外侧壁，也称迷路壁。表面凸凹不平，从上自下有外半规管凸、面神经管凸、前庭窗、鼓岬及蜗窗等重要解剖标志。

3）前壁：该壁上部有鼓膜张肌半管的开口，其下为咽鼓管的鼓室口；下部以极薄的骨板与颈内动脉相隔。

4）后壁：该壁上宽下窄，又名乳突壁。面神经的垂直段在此壁的内侧通过，如该处骨壁受损，可导致耳源性面瘫。后壁上部有一小孔，为鼓窦入口，上鼓室借此与鼓窦相通，并间接与乳突气房相连，为中耳炎向鼓窦及乳突扩散的通道。

5）上壁：又称鼓室盖，鼓室借此壁与颅中窝的大脑颞叶相隔，此壁损伤可致脑脊液耳漏。

6）下壁：为一薄骨板，也称颈静脉壁，将鼓室与颈静脉球分隔。

（2）咽鼓管（eustachian tube）：为沟通鼓室与鼻咽的管道。起于鼓室前壁，向内、前、下斜行，开口于下鼻甲后端的后下部。咽鼓管的鼻咽口在静息状态时闭合成一裂隙，仅在张口、吞咽、打呵欠或唱歌时借助咽部肌肉运动而开放，可使空气进入鼓室，以调节中耳与外界气压的平衡。咽鼓管黏膜为假复层纤毛柱状上皮，纤毛运动朝向鼻咽部，可以排出鼓室内分泌物。小儿咽鼓管与成人相比，具有宽、短且接近水平位的特点（图 6-4），因此，细菌易经此侵入鼓室引起感染，故小儿易患化脓性中耳炎。

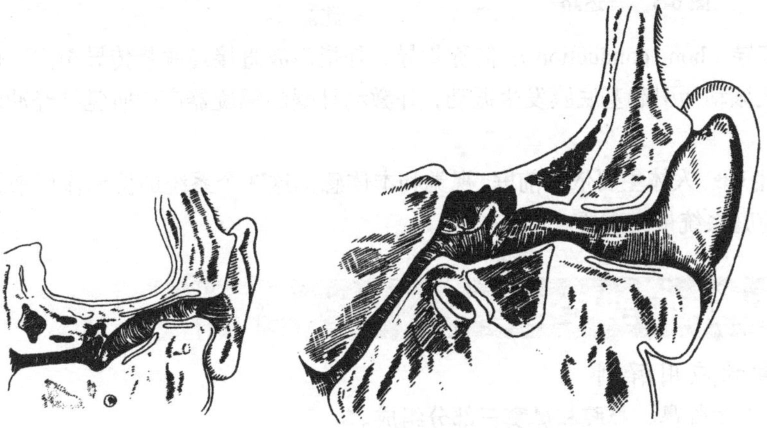

图 6-4 婴幼儿与成人咽鼓管比较

A. 小儿；B. 成人

（3）鼓窦（tympanic antrum）：位于鼓室后上方的含气空腔，向后下通向乳突气房，上方以鼓窦盖与颅中窝相隔。

（4）乳突（mastoid process）：为许多大小不等、相互连通的气房，内有无纤毛的黏膜上皮覆盖。根据乳突气房发育程度可分为四种类型：气化型、板障型、硬化型和混合型。

3. 内耳　又称迷路（labyrinth），位于颞骨岩部，包括骨迷路和膜迷路。外层由致密的骨组织形成的骨管为骨迷路，借纤维束固定于其中的膜性管称为膜迷路。两者之间充满外淋巴液，膜迷路内充满内淋巴液，内、外淋巴液互不相通。

（1）骨迷路（osseous labyrinth）：由致密的骨质构成，包括耳蜗、前庭和半规管（图 6-5）。

（2）膜迷路（membranous labyrinth）：借纤维束固定于骨迷路内，可分为膜蜗管、椭圆囊、球囊和 3 个膜半规管，各部相互连通，其内充满内淋巴液。椭圆囊位于前庭后上部，内有椭圆囊斑，球囊位于前庭的前下方，内有球囊斑，椭圆囊斑和球囊斑可感受位觉，也称位觉斑。膜半规管附着于骨半规管的外侧壁，在骨半规管的壶腹部相应膨大，称为膜壶腹，内含壶腹嵴，也是位觉感受器。膜蜗管即中阶，其外侧壁为螺旋韧带，顶壁为蜗管前庭壁，底壁为基底膜。在基底膜上有螺旋器，又名 Corti 器，是听觉感受器。

（二）耳的生理

耳是位听器官，具有听觉和平衡觉两种生理功能。

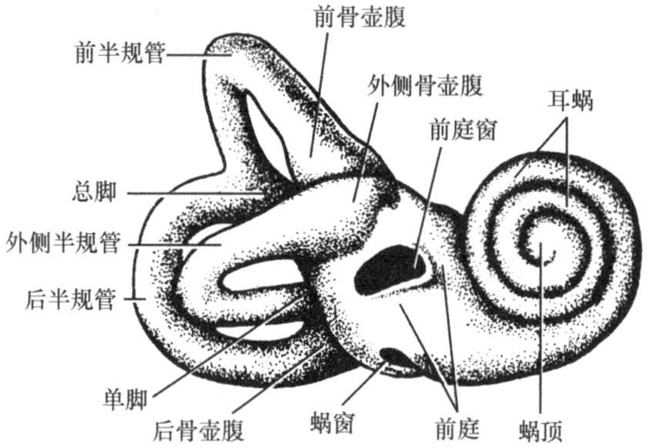

图 6-5　骨迷路

1. 听觉生理　声音传入内耳的途径有两种，分别为空气传导和骨传导。正常情况下，以空气传导为主。

（1）空气传导（air conduction）：声波被耳郭收集，通过外耳道传至鼓膜，引起鼓膜、听骨链振动，镫骨足板的振动通过前庭窗传入内耳，激起内耳外、内淋巴液波振动，内耳淋巴液的波振动引起基底膜振动，使位于其上的螺旋器毛细胞受到刺激产生神经冲动，经蜗神经传到大脑颞叶听觉中枢形成听觉。

（2）骨传导（bone conduction）：简称骨导，是指声波直接经颅骨传导至内耳使外、内淋巴液产生相应波振动而引起基底膜发生振动，并激动耳蜗的螺旋器产生听觉神经冲动，传到听中枢形成听觉。

2. 平衡生理　人体主要依靠前庭、视觉和本体感觉这 3 个系统的协调作用来维持身体的平衡，其中以前庭系统最为重要。

二　鼻的应用解剖与生理

（一）鼻的应用解剖

鼻（nose）由外鼻、鼻腔和鼻窦三部分组成。

1. 外鼻（external nose）　位于面部中央，由骨和软骨构成支架，外覆皮肤和软组织，分鼻根、鼻尖、鼻梁、鼻翼、前鼻孔和鼻小柱等（图 6-6）。鼻尖、鼻翼和鼻前庭富含皮脂腺和汗腺，且腺口较大，为鼻疖、痤疮和酒渣鼻的好发部位。软骨部的皮肤较厚，与皮下组织粘连较紧密，炎症肿胀时皮肤张力较大，疼痛剧烈。

外鼻的静脉主要经内眦静脉及面静脉回流至颈内静脉，而内眦静脉可经眼上、下静脉与颅内的海绵窦相通。面部的静脉无静脉瓣，血液可逆向流动，故鼻部或上唇（称危险三角区）患疖肿时挤压，细菌可循上述静脉扩散至颅内，引起致命的海绵窦血栓性静脉炎或其他颅内并发症（图 6-7）。

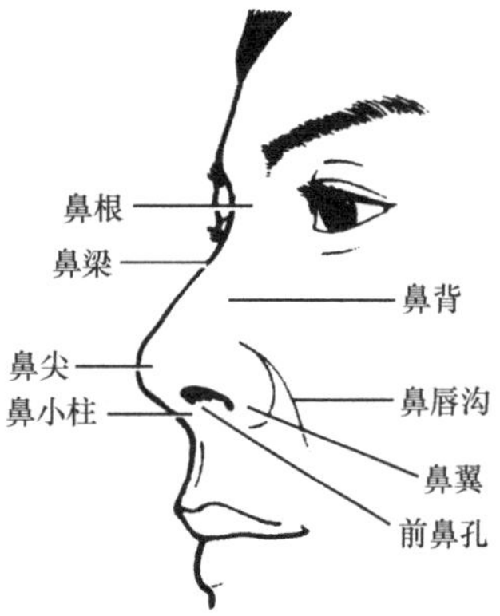

图 6-6　外鼻各部名称

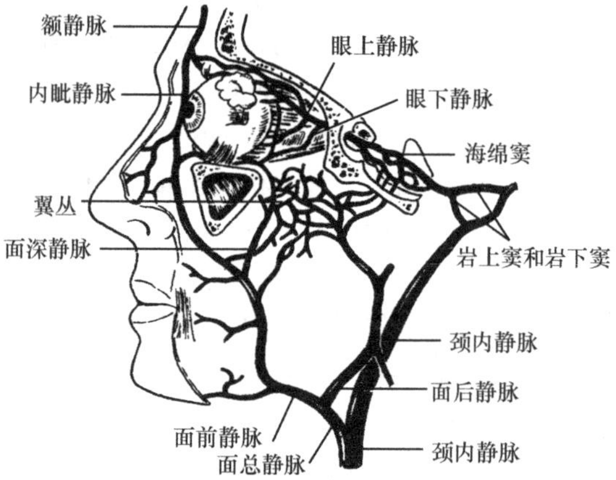

图 6-7　外鼻静脉与海绵窦的关系

2. 鼻腔 起于前鼻孔，向后止于后鼻孔并与鼻咽部相通，包括鼻前庭和固有鼻腔，通常所指的鼻腔为固有鼻腔。为顶窄底宽的不规则腔隙，由鼻中隔将其分隔为左右两腔。

（1）鼻前庭（nasal vestibule）：位于鼻腔前端，由皮肤覆盖，长有鼻毛，富有皮脂腺和汗腺，易发生疖肿。鼻前庭皮肤与固有鼻腔黏膜移行处的外侧，有一弧形隆起称为鼻阈。

（2）固有鼻腔（nasal fossa proper）：简称为鼻腔，起自鼻阈，止于后鼻孔，由黏膜覆盖，有内、外、顶、底4个壁。

1）内侧壁：即鼻中隔（nasal septum），主要由鼻中隔软骨、筛骨垂直板和犁骨构成支架。在鼻中隔前下部的黏膜内小动脉血管丰富，汇聚成丛，称利特尔区（Little area），是鼻出血的最常见部位，又称“易出血区”（图6-8）。

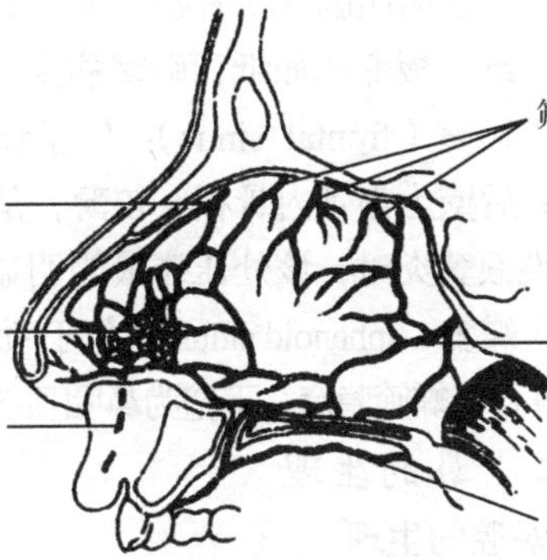

图6-8 利特尔区（易出血区）

2）外侧壁：该壁自上而下有3个呈阶梯形排列的长条骨片，外覆黏膜，称为鼻甲，依次为上鼻甲、中鼻甲、下鼻甲。各鼻甲下缘游离向下悬垂于鼻腔，均与相应的鼻腔外侧壁之间形成一裂隙样空间，称为鼻道，分别为上、中、下鼻道。鼻腔外侧壁与鼻中隔之间的间隙称总鼻道，中鼻甲游离缘平面以上的总鼻道称为嗅裂或嗅沟。

上鼻甲最小，其后上方有一凹陷，为蝶筛隐窝，是蝶窦的开口之处。上鼻道的外侧壁上有后组筛窦的开口。

中鼻甲为筛骨的一部分，前段外上方的鼻腔侧壁有小丘状隆起称为鼻丘，是由筛前神经和嗅神经形成的敏感反射区。中鼻甲基板将筛窦分成前组筛窦和后组筛窦。

中鼻道外侧壁上有两个隆起，前下为钩突，后上为筛泡，两者之间有一半月形裂隙，称为半月裂孔。半月裂孔向前下和外上逐渐扩大形成的漏斗状沟槽，称为筛漏斗，前组鼻窦均开口于此。半月裂孔实为筛漏斗在中鼻道外侧壁上的开口，是前鼻窦组和中鼻道之间通气引流的裂孔。中鼻甲、中鼻道及附近的区域统称为窦口鼻道复合体（ostiomeatal complex，OMC）。

下鼻甲最大、最靠前，前端接近鼻阈，距前鼻孔约2cm，后端距咽鼓管咽口1～1.5 cm，故下鼻甲肿胀或肥大时常引起鼻塞，也可影响咽鼓管通气出现耳鸣和听力下降等耳部症状。下鼻道前上方有鼻泪管开口，其外侧壁前段近下鼻甲附着处，骨壁较薄且血管少，是上颌窦穿刺的最佳进针位置。

3）顶壁：主要由筛骨水平板构成，借此与颅前窝相隔。筛骨水平板骨质薄而脆，且有许多细孔，呈筛状，嗅神经由此穿行。外伤或手术时容易损伤，导致脑脊液鼻漏及嗅神经损伤。

4）底壁：即硬腭，由上颌骨腭突和腭骨水平部构成，与口腔相隔。

3. 鼻窦（nasal sinuses） 为鼻腔周围颅骨内与鼻腔相通的含气空腔。左右成对，共4对，分别依其所在颅骨命名为额窦、筛窦、上颌窦和蝶窦，各鼻窦借自然开口与鼻腔相通。鼻窦按其解剖位置及窦口所在部位，分为前后两组。前组鼻窦包括额窦、前组筛窦和上颌窦，均开口于中鼻道；后组鼻窦包括后组筛窦和蝶窦，分别开口于上鼻道和蝶筛隐窝。

（1）上颌窦（maxillary sinus）：最大，位于上颌骨体内，共有5个壁。①前壁：又称为面壁，中央薄而凹，称为尖牙窝，是常用的上颌窦手术进路；②后外侧壁：与翼腭窝和颞下窝毗邻；③上壁：即眼眶底壁内侧部分，上颌窦疾病与眶内疾病可相互影响；④底壁：即上颌骨牙槽突，常低于鼻腔底部，此壁与上颌第二前磨牙及第一、第二磨牙的根部关系密切，牙根感染可引起牙源性上颌窦炎；⑤内侧壁：即鼻腔外侧壁下部，有上颌窦口开于中鼻道。上颌窦窦腔大、窦口小、开口位置较高，不利于引流，且易受相关牙根病变影响，是上颌窦易发生炎症的重要原因。

（2）筛窦（ethmoid sinus）：位于筛骨体内，呈蜂窝状气房结构。以中鼻甲基板为界分为前后两组，开口于中鼻道的为前组筛窦，开口于上鼻道的为后组筛窦。筛窦顶壁与颅前窝相隔，骨质较薄，易因颅脑外伤骨折，发生脑脊液鼻漏；其外侧壁即眼眶内侧壁，由泪骨和筛骨纸样板构成，纸样板菲薄如纸，筛窦病变、外伤或手术时可造成颅内或眶内并发症。

（3）额窦（frontal sinus）：位于额骨体内，向下经鼻额管开口于中鼻道前端。前壁为额骨外骨板；后壁为额骨内骨板，较薄，是颅前窝前壁的一部分；底壁相当于眼眶内上角，此壁最薄，急性额窦炎时，该处压痛最为明显。

（4）蝶窦（sphenoid sinus）：位于颅底深部的蝶骨体内，居鼻腔后上方。顶壁为蝶鞍底；前壁有窦口，开口于蝶筛隐窝；下壁为鼻咽顶部；外侧壁与颅中窝、海绵窦、颈内动脉和视神经管毗邻。

（二）鼻的生理

1. 鼻腔的生理

（1）呼吸功能：鼻腔是呼吸道的起始部，除通气外，还对吸入的空气有调温、调湿和清洁过滤作用。

（2）嗅觉功能：空气中的气味颗粒随气流到达嗅区后，被嗅腺的分泌液溶解，刺激嗅觉细胞产生神经冲动，经嗅神经传至嗅觉中枢，形成嗅觉。

（3）共鸣作用：鼻腔对喉发出的声音具有共鸣作用，可使之清晰、洪亮、悦耳。当鼻腔患阻塞性病变时可出现闭塞性鼻音，鼻咽腔闭合不全如腭裂时可出现开放性鼻音。

（4）反射功能：鼻腔内神经分布丰富，当鼻黏膜受到物理性或化学性刺激时，可引起广泛的心血管和呼吸等方面的反应，包括打喷嚏、流泪、眼睑痉挛、支气管收缩、肺顺应性降低、肺容量下降等，严重者可致呼吸、心跳停止，如突发性反射性心脏停搏。

2. 鼻窦的生理功能　鼻窦对鼻腔的呼吸共鸣等功能有辅助作用，另外，鼻窦还可减轻头颅重量，缓冲外来冲击力，对保护重要器官有一定作用。

三　咽的应用解剖与生理

（一）咽的应用解剖

咽（pharynx）上起颅底，下达第 6 颈椎下缘水平，续于食管，是呼吸和消化的共同通道。以软腭游离缘和会厌上缘为界，将咽自上而下分为鼻咽、口咽及喉咽三部分（图 6-9）。

1. 鼻咽（nasopharynx）　位于颅底与软腭游离缘平面之间，向前经后鼻孔与鼻腔相通，向下与口咽相通。在距下鼻甲后端 1～1.5 cm 的鼻咽侧壁处，左右各有一个咽鼓管咽口。咽鼓管咽口后上方的隆起，称咽鼓管圆枕。咽鼓管圆枕后上方与咽后壁之间有一纵行的凹陷，称为咽隐窝，是鼻咽癌的好发部位。鼻咽顶部和后壁呈倾斜的圆拱形，常合称为顶后壁，此处有一呈橘瓣状的淋巴组织，称为腺样体，又称咽扁桃体（图 6-10）。

2. 口咽（oropharynx）　位于软腭与会厌上缘平面之间，向前经咽峡与口腔相通。咽峡是指由上方的腭垂、软腭游离缘、两侧的腭舌弓和腭咽弓及下方的舌根共同构成的环形狭窄部分。腭舌弓和腭咽弓之间有一凹陷为扁桃体窝，容纳腭扁桃体。在腭咽弓后方有纵行的条索状淋巴组织，称为咽侧索（图 6-11）。

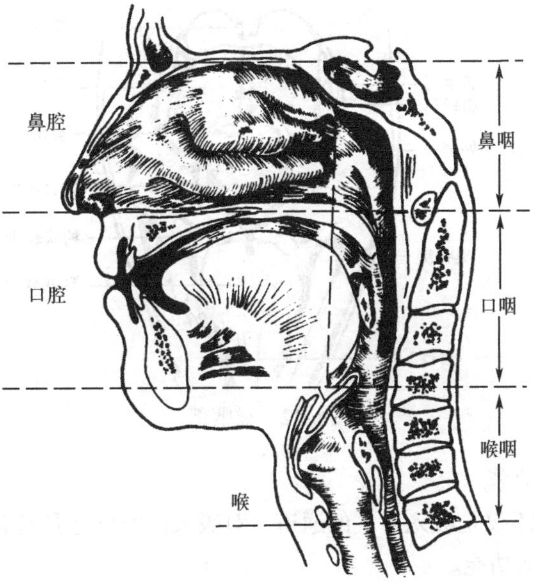

图 6-9 咽的分部

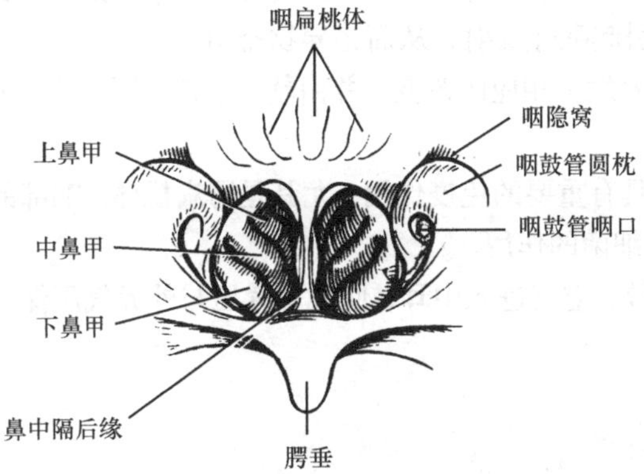

图 6-10 鼻咽部

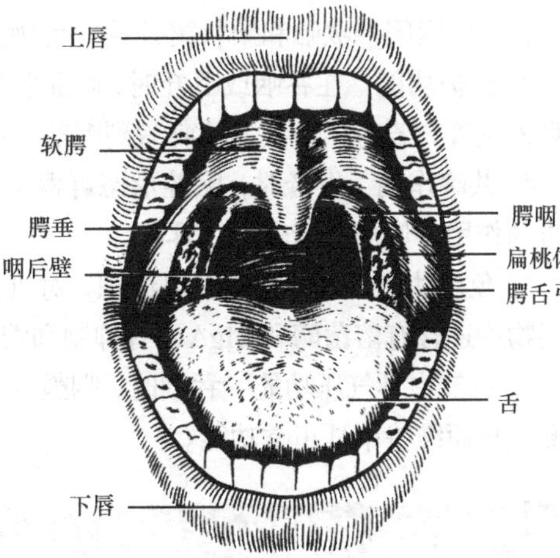

图 6-11 口咽部

（1）腭扁桃体：又称扁桃体，为咽部最大的淋巴组织，其外侧有一潜在间隙，称为扁桃体周围间隙，间隙的上部称为扁桃体上窝，是扁桃体周围脓肿的好发部位；其内侧面黏膜上皮向扁桃体实质凹陷，形成 6～20 个深浅不一呈分支状的盲管，称为扁桃体隐窝，病原微生物在其中存留繁殖，当机体抵抗力下降时，易导致扁桃体发生感染。

（2）咽淋巴环：咽部有丰富的淋巴组织，主要有腺样体、咽鼓管扁桃体、腭扁桃体、咽后壁淋巴滤泡、咽侧索及舌扁桃体等，这些淋巴组织在黏膜下有淋巴管相连，与下颌下淋巴结共同构成咽的淋巴环。

3. 喉咽（laryngopharynx） 位于会厌上缘平面至环状软骨下缘平面之间，上接口咽，下与食管相连，是咽腔最狭窄的部分。舌根与会厌之间有一凹陷，由舌会厌壁于正中将其一分为二，称为会厌谷。喉咽在喉入口的两侧，有一对较深的隐窝，称为梨状隐窝。会厌谷和梨状窝都是异物易滞留的部位（图 6-12）。

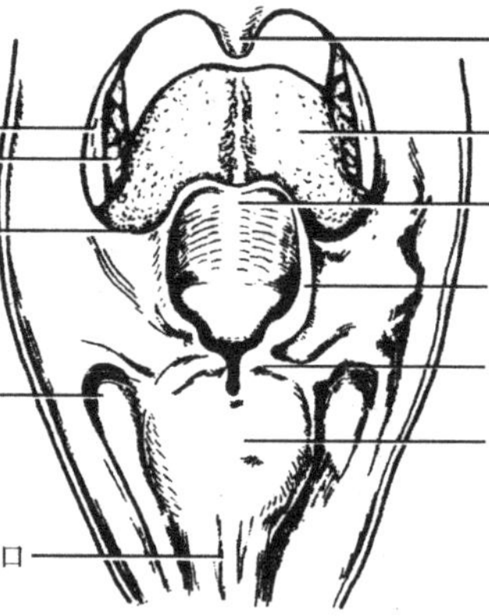

图 6-12　喉咽部

（二）咽的生理功能

1. 呼吸功能　咽腔不仅是吸入空气的通道，对吸入的空气还具有调温、调湿和清洁作用，但均弱于鼻腔黏膜的类似功能。

2. 吞咽功能　食物进入咽部触及舌根与咽峡时，即引起吞咽反射，通过一系列神经反射和肌肉运动，使食物团进入咽腔，并在压力下向下移动；同时软腭封闭鼻咽，会厌覆盖关闭喉的入口，声门紧闭，喉咽和梨状窝开放，食物团越过会厌进入食管。

3. 保护功能　在吞咽或呕吐时，咽肌收缩可封闭鼻咽和喉的入口，使食物不致反流入鼻腔或吸入气管。若有异物误入并刺激到咽部，可引起呕吐反射，从而将异物排出。

4. 共鸣作用　发音时，咽腔形态可根据需要发生相应的改变，并由软腭、口、唇、舌、齿等协同作用，使声音清晰、悦耳。

5. 免疫功能　咽部富含淋巴组织，对机体具有重要的免疫作用，尤其是腭扁桃体。咽部的分泌物中还含有溶菌酶和 SIgA，有抑制和溶解细菌的作用。

6. 调节中耳气压功能　吞咽时，咽鼓管开放，空气进入中耳，使中耳气压与外界气压保持平衡，从而维持中耳正常功能。

四　喉的应用解剖与生理

（一）喉的应用解剖

喉（larynx）位于颈前正中部，上端为会厌上缘，与喉咽相通，下端为环状软骨下缘，与气管相连。喉是由软骨、肌肉、韧带、纤维组织及黏膜构成的形似锥形的管腔状器官。

1. 喉软骨　喉的软骨有单个而较大的甲状软骨、环状软骨和会厌软骨，成对而较小的杓状软骨、小角软骨、楔状软骨。

（1）会厌软骨（epiglottic cartilage）：位于喉入口的前面，上宽下窄、扁平如叶片状。上端游离呈弧形，下端借韧带附着于甲状软骨切迹的后下方。会厌分舌面和喉面，舌面黏膜下组织疏松，炎症时肿胀明显，严重者可导致喉阻塞而引起呼吸困难。

（2）甲状软骨（thyroid cartilage）：为喉部最大的软骨，由左右对称的四边形甲状软骨板在前缘正中线融合而成，融合处形成一夹角，男性夹角较小且向前突出，称为喉结。甲状软骨上缘正中有“V”形凹陷，称甲状软骨上切迹，是颈部手术中识别颈正中线的标志。

（3）环状软骨（cricoid cartilage）：位于甲状软骨的下方，下接气管，前部较窄，称环状软骨弓，其与甲状软骨之间有环甲膜，其中央增厚部分称为环甲中韧带，是环甲膜切开术的手术入口处，紧急时可经此切开入喉以解除窒息。环状软骨是喉部唯一呈完整环形的软骨，对保持喉腔的通畅具有重要意义。

（4）杓状软骨（arytenoid cartilages）：位于环状软骨板后上缘，呈三角锥形，左右各一。与环状软骨形成环杓关节，该关节的运动可引起声带内收或外展。

2. 喉腔 以声带为界分为声门上区、声门区和声门下区（图 6-13）。

（1）声门上区：指喉入口至声带以上的区域，包括喉前庭、室带和喉室。

（2）声门区：是指两侧声带之间的区域。声带左右各一，呈白色带状，边缘整齐。两侧声带外展时在声门区可出现一顶向前的等腰三角形裂隙，称为声门裂，简称声门，是喉腔最狭窄处。声带游离缘黏膜下有疏松的间隙，当炎症或损伤时易出现水肿，导致声嘶。

（3）声门下区：是指声带下缘以下至环状软骨下缘以上的喉腔部分。小儿此区黏膜下组织疏松，炎症时容易发生水肿，常引起喉阻塞。

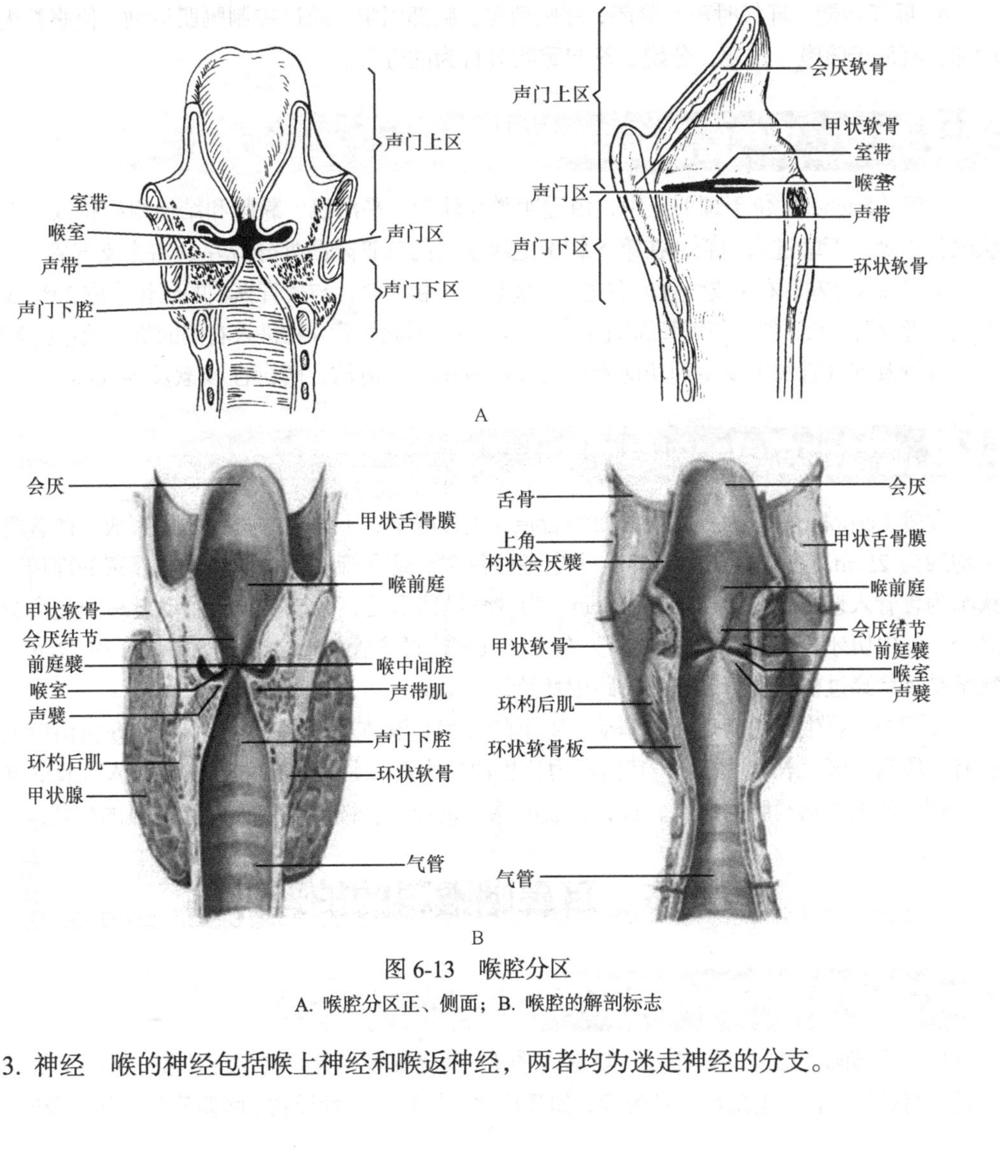

图 6-13 喉腔分区

A. 喉腔分区正、侧面；B. 喉腔的解剖标志

3. 神经 喉的神经包括喉上神经和喉返神经，两者均为迷走神经的分支。

（1）喉上神经：分为内、外两支。内支主要为感觉神经，分布于会厌谷和声门上区等处的黏膜。外支主要为运动神经，支配环甲肌和咽下缩肌。喉上神经病变时，喉黏膜感觉丧失，易发生误咽，同时环甲肌松弛致发音障碍。

（2）喉返神经：为喉的主要运动神经，支配除环甲肌以外的喉内各肌，但也有感觉支分布于声门下区等处的黏膜。由于左侧喉返神经路径较右侧长，较易受到损伤。喉返神经单侧受损可出现声音嘶哑和发声无力，如两侧均受损，可引起呼吸困难。

（二）喉的生理功能

1. 呼吸功能　喉是呼吸的通道，吸气时声带外展，声门增宽，气流阻力减小，有利于空气进入；呼气时声带内收，声门变小，气流阻力增大，有利于肺泡与血液中的气体交换。

2. 发音功能　肺呼出的气流冲击声带使之振动而发出声音。

3. 保护功能　喉对下呼吸道起保护作用，吞咽时，喉体上提，会厌向后下倾斜盖住喉入口，同时室带和声带内收，声门关闭，防止食物或呕吐物等进入下呼吸道。喉黏膜的敏感性很高，异物刺激可引起剧烈的反射性咳嗽，以排出异物，防止误吸。

4. 屏气功能　屏气时声门紧闭，呼吸暂停，胸部固定，通过控制膈肌运动，使腹腔内压力增加，有助于咳嗽、排便、分娩、举起重物等行为的进行。

五　气管、支气管的应用解剖与生理

气管（trachea）位于颈前正中，由透明弹性软骨、平滑肌、黏膜和结缔组织构成。起自环状软骨下缘，下端进入胸腔，在第 5 胸椎上缘水平的气管隆凸处分成左、右主支气管。

主支气管分左、右主支气管。右主支气管较短、粗、直，与气管纵轴的延长线成 20°～30°角；左支气管较细、长、斜，与气管纵轴成 40°～45°角，因此气管异物进入右侧的机会较左侧多见。

气管及支气管的主要生理功能有通气及呼吸调节、清洁、防御性咳嗽及屏气等。

六　食管的应用解剖与生理

食管（esophagus）为一纵行的肌性管道，上接喉咽，下与胃的贲门相连，成人的食管长度平均约为 25cm。食管自上而下有 4 个生理性狭窄，是食管易受损伤和异物停留的部位。第一狭窄为食管入口部，距中切牙约 15cm，为食管最狭窄处；第二狭窄为主动脉弓横过食管前壁之处，距中切牙约 23cm；第三狭窄为左主支气管横过食管前壁之处，距中切牙约 27cm；第四狭窄是食管穿过横膈食管裂孔处，距中切牙约 40cm。

食管的主要生理功能是通过蠕动将咽下的食团和液体从下咽部运送到胃。在贲门以上的食管有一段高压区，长 4～6cm，其内压力比胃内压力高，是阻止胃内容物逆流入食管的屏障，可起到类似生理括约肌的作用。食管黏膜的感觉迟钝，轻微的病变一般无明显的症状。

第 2 节　耳鼻咽喉科的护理评估

一　耳鼻咽喉科疾病基本特征

1. 耳鼻咽喉涉及语言、听觉、嗅觉、呼吸、消化等多种重要的生理功能，又因解剖结构和位置的特殊性，临床上急症多且凶险，如鼻出血、气管与食管异物、喉阻塞等，如不及时救治，可引起严重后果，甚至威胁患者的生命。

2. 耳鼻咽喉诸器官联系密切，因而罹患疾病时常相互累及，如急性鼻炎可并发急性化脓性鼻窦炎及中耳炎。

3. 耳鼻咽喉各器官的局部病变与全身疾病常常相互影响，如慢性扁桃体炎可导致风湿性心内膜炎，急性传染病、血液病可引发鼻出血。

二 耳鼻咽喉科患者护理评估

（一）护理病史

1. 既往病史　了解患者的既往健康状况，如有无邻近组织病变或全身性病变，有无手术史、外伤史及药物过敏史等。因耳鼻咽喉各结构的病变与邻近组织及全身性病变可有密切联系，故了解患者既往病史有助于对患者病因和疾病发展的分析及预防。

2. 环境与职业　生活、工作环境和职业与耳鼻咽喉疾病的发生密切相关。例如，长期在有毒粉尘及毒气环境下工作，容易患鼻炎、咽喉炎；长期生活、工作在噪声环境中可引起噪声性聋；职业性用声者如教师、歌唱家、讲解员等，若发音方法不当、缺乏正确的发音训练，可引起职业性嗓音病。

3. 生活习惯　耳鼻咽喉科疾病与不良的生活习惯有密切的关系，如嗜好烟酒者易患咽喉炎；不正确的擤鼻涕方法可导致鼻窦炎、中耳炎等。

4. 家族史、过敏史　某些耳鼻咽喉科疾病的发生与家族史、过敏史有关系。例如，变应性鼻炎患者常有支气管哮喘、荨麻疹等病史。

5. 发病诱因　受凉、过度劳累、营养不良及机体抵抗力下降等都可成为耳鼻咽喉科疾病的发病因素。

（二）身心状况评估

1. 常见症状与体征评估

（1）耳漏（otorrhea）：指外耳道流出或在外耳道积聚有分泌物，又称耳溢液。脓性或黏脓性耳漏见于急、慢性化脓性中耳炎；水样耳漏应注意有无脑脊液耳漏；浆液性耳漏多见于外耳道湿疹、急性化脓性中耳炎的早期；血性耳漏多见于外伤、肿瘤。

（2）耳痛（otalgia）：是耳部病变常见症状，也可为耳部邻近或远隔器官疾病引起的反射性耳痛。耳部病变包括外耳道炎、外耳道疖、急性中耳炎、乳突炎、外伤等；反射性耳痛一般发生于邻近器官如口腔、咽喉部、颞颌关节及颈部疾病，如扁桃体炎、下咽癌等，可表现为胀痛、跳痛。

（3）耳聋（deafness）：一般将听力损失称为耳聋。根据病变部位不同，耳聋可分为传导性耳聋、感音神经性耳聋和混合性耳聋三种。外耳和中耳病变表现为传导性耳聋，常见疾病如外耳道异物、耵聍栓塞、急慢性中耳炎、鼓室硬化等；耳蜗和耳蜗后病变多为感音神经性聋；混合性耳聋为兼有传导性耳聋和感音神经性耳聋。

（4）耳鸣（tinnitus）：是听觉功能紊乱所致的常见症状，患者主观感觉耳内鸣响，但周围环境中并无相应的声源。一般来说，传导性耳聋的耳鸣多为低音调如机器轰鸣，感音神经性耳聋耳鸣多为高音调如蝉鸣。

（5）眩晕（vertigo）：是一种运动性或位置性错觉，多由外周前庭病变引起，表现为睁眼时周围物体旋转，闭眼时自身旋转，多伴有耳鸣、听力减退、眼震及恶心、呕吐、出冷汗等自主神经功能紊乱现象。常见疾病有梅尼埃病、耳毒性药物中毒、窗膜破裂、迷路炎、脑干或小脑肿瘤、脑部血管疾病等。

（6）鼻塞（nasal obstruction）：因鼻黏膜充血、水肿或鼻甲增生肥厚及鼻腔分泌物、新生物等引起鼻腔气流阻力增大引起，可表现为持续性、间歇性或交替性鼻塞。常伴有头昏头痛、耳鸣、耳闷、嗅觉障碍等症状。

（7）鼻漏（rhinorrhea）：指有液体自鼻腔经前鼻孔或后鼻孔流出，病变不同，性状各异。例如，急性鼻炎早期和变应性鼻炎可见水样鼻漏；外伤或手术后可见脑脊液鼻漏；慢性鼻炎及鼻窦炎可见黏脓性鼻漏；而鼻腔、鼻窦或鼻咽部炎症、肿瘤及鼻腔异物等可见血性鼻漏等。

（8）鼻出血（nosebleed，epistaxis）：详见第八章第3节有关内容。

（9）嗅觉障碍（dysosmia）：可表现为嗅觉减退、嗅觉丧失、嗅觉过敏或嗅觉倒错等。按病因不同，嗅觉障碍可分为呼吸性和感受性两种。呼吸性嗅觉障碍是由于气流受阻或方向改变达不到嗅区所致，如鼻甲肥大、鼻息肉或肿瘤、鼻中隔穿孔、气管切开或全喉切除等；感受性嗅觉障碍是由于嗅觉神经末梢病变，可见于萎缩性鼻炎、颅底骨折、脑血管疾病等。

（10）咽痛（sore throat）：多由咽喉部炎症、创伤、肿瘤及某些全身性疾病如白血病等引起。一般急性炎症疼痛较剧烈，慢性炎症疼痛轻微，或仅表现为发干、发胀和烧灼感。

（11）咽感觉异常（perverted sensation of pharynx）：指咽部有异物感、痒感、干燥、堵塞感，或有紧迫感等异常感觉。多见于咽部及其周围组织的器质性病变，如慢性咽炎、咽角化症、扁桃体肥大等。

（12）吞咽困难（dysphagia）：大致可分为功能障碍性、梗阻性和麻痹性三种，前者多见由导致咽痛的疾病引起；梗阻性多见于咽部肿瘤、食管狭窄、肿瘤、扁桃体过度肥大等；麻痹性多因中枢性病变或周围性神经炎引起咽肌麻痹。

（13）打鼾（snore）：是睡眠时因软腭、腭垂、舌根等处软组织随呼吸气流颤动而产生的节律性声音。各种病变造成的上呼吸道狭窄及某些全身性疾病如肥胖、内分泌紊乱等均可引起打鼾，如伴睡眠呼吸暂停，则称为阻塞性睡眠呼吸暂停低通气综合征。

（14）声嘶（hoarseness）：是喉部疾病特有的症状，提示病变累及声带。最常见的病因为炎症，如急、慢性喉炎，其他如喉部肿瘤、喉外伤、喉异物、双侧喉返神经麻痹、喉肌痉挛等均可引起。

（15）喉鸣（laryngeal stridor）：是呼吸气流通过变窄的喉腔产生振动而发出的声响，是喉部特有症状之一。常见的原因有喉部炎症、喉外伤、异物、喉部肿瘤等。

（16）呼吸困难（dyspnea）：可分为吸气性、呼气性和混合性三种。喉源性呼吸困难为吸气性呼吸困难，常见于喉部阻塞性病变者。

2. 心理-社会状况

（1）患者大多缺乏耳鼻咽喉科疾病的相关知识，若早期症状不突出，易被忽视而延误诊疗，一旦病情加重甚至对生命构成危险时又十分焦虑或恐惧。

（2）疾病引起耳聋、嗅觉障碍、声嘶等生理功能异常，可导致患者学习、工作和生活受影响；耳鼻分泌物有臭味、耳鼻咽喉器官毁容患者，还可导致社交困难，精神心理受创伤等，甚至可引起性格异常，如孤僻、多疑、烦躁等。

（3）治疗欠佳的慢性病，如慢性咽喉炎、鼻炎等患者可产生焦虑或恐癌情绪。

（4）需要特殊检查或手术治疗的患者，常有紧张、恐惧心理。恶性肿瘤患者则易产生悲观、绝望心理。

（三）耳鼻咽喉科常用检查

1. 额镜的使用　额镜为一能聚光的凹面反光镜，镜面可灵活转动。检查者头戴额镜，镜面置于与光源同侧的眼前，将镜子的反光聚焦于受检部位，保持瞳孔、镜孔和检查目标三者成一条直线，两眼同时睁开进行检查。

2. 受检者体位　受检者与检查者相对而坐，两腿各稍微向侧方，腰靠检查椅背，上身稍前倾，腰直、头正。检查小儿时可让家长怀抱患儿，两腿将患儿腿部夹紧，一手将患儿头固定于大人胸前，另一手固定其上肢和身体（图 6-14）。

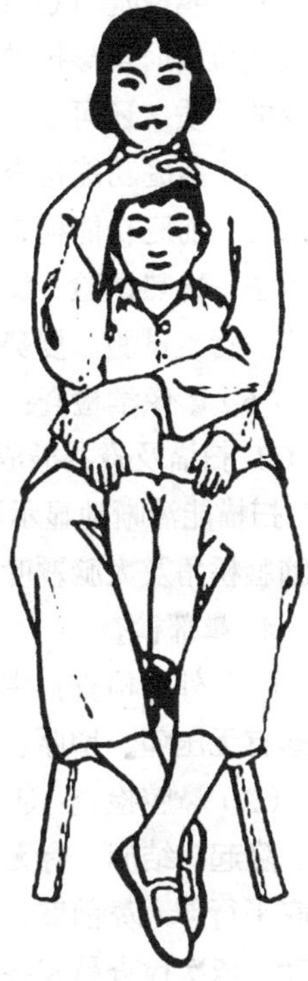
图 6-14　小儿受检时的体位

3. 耳部检查

（1）耳郭及耳周检查：以视诊和触诊为主。观察耳郭有无畸形、局限性隆起、增厚及皮肤有无红肿或皲裂，耳周有无红肿、瘘口、瘢痕等。进一步检查耳郭有无牵拉痛，耳屏、乳突区有无压痛，若耳后肿胀应注意有无波动感。

（2）外耳道及鼓膜检查：成人可将耳郭向后、上、外牵拉，婴幼儿应向后下牵拉耳郭，使外耳道变直，以便观察外耳道及鼓膜。观察外耳道有无耵聍、异物，皮肤是否红肿，有无疖肿，骨性外耳道后上壁有无塌陷，外耳道内有无分泌物及其性状与气味。观察鼓膜的正常解剖标志是否存在，以及其活动度、有无充血、穿孔、内陷、瘢痕等。

（3）咽鼓管检查：主要检查咽鼓管的通气功能，咽鼓管功能障碍与许多中耳疾病的发生、发展及预后有关。常用的方法有捏鼻鼓气法、吞咽法、波利策法及导管吹张法等。

（4）听力检查：临床听力检查分为主观测听法和客观测听法两种。主观测听法包括语音检查法、音叉试验、纯音听阈及阈上功能测验等。客观测听法有声导抗测试、电反应测试及耳声发射测试等。临床常用的有音叉试验、纯音听阈测试、声导抗测试。

1）音叉试验：可初步判断耳聋的性质，是最常用的听力检查法。常选用 C256 或 C512 的音叉进行检查。试验方法有以下 3 种。

林纳试验（Rinne test，RT），即骨气导比较试验。将振动的音叉柄端置于受检侧乳突部相当于鼓窦处测试骨导听力，待受试耳听不到音叉声时立即将叉臂置于距受试耳外耳道 1cm 处测试气导听力，此时若又能听及，说明气导＞骨导，记作 RT（+），提示正常或感音神经性耳聋，若不能听及，则先测气导，再测骨导，再次比较骨导与气导的时间，若骨导＞气导，记作 RT（–），提示传导性耳聋。

韦伯试验（Weber test，WT），比较受试者两耳骨导听力。将振动的音叉柄端紧压颅面中线任何一点，请受试者辨别音叉声偏于何侧。记录时以“→”示所偏向的侧别，如偏向患侧多为传导性聋，偏向健侧者患耳则为感音神经性耳聋，“=”示两侧相等。

施瓦巴赫试验（Schwabach test，ST），将振动的音叉柄首先置于受检者鼓窦区，至听不到再迅速检测检查者（正常人）的骨导，比较两者的骨导时间长短。若受检者较检查者骨导延长，则为传导性耳聋；若骨导缩短，则为感音神经性耳聋。

2）纯音听阈测试：是临床最为常用的客观测听法。听阈指足以引起某耳听觉的最小声强值。利用纯音听力计产生 125～10 000Hz 的倍频纯音进行听阈及阈上功能测试。根据结果能比较准确地判断耳聋的类型、程度，初步判断病变部位，并能记录便于前后比较。

3）声导抗测试：由正压向负压连续调节外耳道压力，通过改变外耳道压力，测量鼓膜被压入或拉出时声导抗的动态变化，加以记录形成鼓室导抗图。根据图示可以判断耳聋的部位、病变的性质，还可以对周围面瘫进行定位诊断及判断预后。

（5）前庭功能检查法：是通过一些特殊的测试方法，了解前庭功能状况，并为定位诊断提供依据。前庭功能检查包括两个主要方面，一是眼震检查，如自发性眼震检查法、位置性眼震检查法、冷热试验、旋转试验、眼震电图描记法等；二是平衡检查，如闭目直立检查法、过指试验、行走试验、姿势描记法及指鼻试验、跟膝胫试验、轮替运动等。

（6）影像学检查：是耳部疾病重要的辅助检查方法，包括颞骨岩部、乳突部 X 线摄片，颞骨 CT 扫描及磁共振成像。颞骨 X 线摄片有助于了解中耳乳突骨质破坏的部位及范围；颞骨 CT 扫描能清晰地显示颞骨的细微解剖结构；磁共振成像具有较高的软组织分辨能力，可显示小脑脑桥角及大脑颞叶、脑室等部位软组织解剖结构的变化。

4. 鼻部检查

（1）外鼻检查：主要观察外鼻的形态、活动是否正常，有无畸形，皮肤有无肿胀、缺损；触诊有无压痛、增厚、变硬，鼻骨有无骨折、移位及骨擦音。

（2）鼻腔检查：①鼻前庭检查：用拇指将鼻尖抬起，观察鼻前庭皮肤有无红肿、皲裂、糜烂、隆起、结痂，有无鼻毛脱落等。②鼻腔检查：左手持前鼻镜，先将前鼻镜的两叶合拢，与鼻底平行伸入鼻前庭，不可越过鼻阈，右手扶持受检者头部，随检查需要变动头位，缓缓张开镜叶，依次检查鼻腔各部。受检者头位先稍低，以观察鼻底、下鼻甲、下鼻道、鼻中隔前下部及总鼻道下段，而后头逐渐后仰到 30°，以检查中鼻甲、中鼻道及嗅裂和鼻中隔中部、上部等，观察黏膜有无充血、干燥，鼻甲有无水肿、肥大及萎缩，鼻中隔有无偏曲，鼻道内有无分泌物、新生物等，了解鼻腔情况，协助诊断鼻部疾病，如下鼻甲肥大，可用 1%麻黄碱生理盐水收缩后再行检查。检查完毕，撤出前鼻镜时勿将镜页闭拢，保持其半开放状态退出，以免钳夹鼻毛，引起疼痛。

（3）鼻窦检查：观察前组鼻窦体表投影区皮肤有无红肿、压痛，患侧眼球有无运动障碍或移位。鼻腔检查重点观察各鼻窦开口附近黏膜有无充血、肿胀，有无分泌物及分泌物性状。可配合体位引流及上颌窦穿刺冲洗。

（4）鼻腔及鼻窦内镜检查：鼻内镜分硬管镜和纤维镜。可清晰地观察鼻腔各部，鼻咽及各鼻窦的开口，还可以在直视下取活组织检查及凝固止血等。

（5）嗅觉检查：常用水、乙醇、醋、香精等物质进行测试，能够分清者，嗅觉正常；完全不能辨别者为嗅觉丧失；不能全部辨别者为嗅觉减退。

（6）鼻部影像学检查法：鼻窦 X 线摄片、CT 扫描、鼻窦 MRI 是鼻窦疾病的主要辅助检查，可采用冠状位或轴位扫描，能清晰显示鼻腔、鼻窦细微的解剖结构，对鼻腔、鼻窦疾病诊断具有重要的临床意义，能进一步明确病变的性质、范围及程度。

5. 咽喉部检查

（1）口咽部检查：受检者取坐位，首先观察口唇颜色，有无唇裂、畸形、疱疹、口角糜烂，然后观察口腔黏膜有无出血、溃疡等。用压舌板轻压患者舌前 2/3 处，嘱患者发“啊”音，观察软腭运动情况，检查双侧腭舌弓、腭咽弓、咽侧索及咽后壁，注意咽黏膜有无充血、肿胀、溃疡、假膜、脓苔、干燥或隆起等；同时检查两侧腭扁桃体，注意其大小形态、有无充血、肿胀、表面有无分泌物、异物或新生物等。同时还应注意牙、舌、软腭、硬腭等有无异常。

（2）鼻咽部检查：常用间接鼻咽镜检查，可观察到后鼻孔区、咽鼓管咽口及圆枕、咽隐窝、鼻咽顶部及腺样体，应注意有无充血、粗糙、出血、浸润、溃疡、分泌物及新生物等。

（3）喉咽及喉部检查：①喉外部检查，观察喉外部形状、大小、位置及甲状软骨是否居中、对称等；触诊注意局部有无肿胀、触痛、畸形、颈部有无淋巴结肿大或皮下气肿等。②间接喉镜（indirect mirror）检查：观察会厌喉面、杓间区、杓会厌皱襞、室带、声带、声门下区等，检查时注意喉咽及喉腔黏膜的色泽、有无充血、增厚、溃疡、增生、结节、新生物或异物等，同时应观察声带及杓状软骨活动情况等。③纤维鼻咽镜、纤维喉镜检查：适用于间接鼻咽镜或间接喉镜检查困难，不易窥清咽、喉部所有结构者。检查前先以 1%麻黄碱棉片收缩鼻腔黏膜，以 1%丁卡因表面麻醉鼻腔、咽喉黏膜。经鼻腔插入纤维鼻咽镜或纤维喉镜进行检查，同时可取活检或切除细小病变。具有视野清晰、图像放大等优点；导管纤维束柔软，可弯曲，检查舒适，容易发现较隐蔽部位病变（如声门下肿瘤）；较先进的纤维鼻咽镜、纤维喉镜带有摄像装置，可拍摄图片，便于阅读、存档。

6. 影像学检查　颈部侧位片、鼻咽或喉造影、CT 及 MRI 等有助于肿瘤、异物的诊断。

7. 实验室检查　血液学常规、免疫球蛋白检查、EB 病毒抗体测定等均为重要的辅助检查手段，咽拭子培养或脓肿穿刺培养可为疾病的诊断和治疗提供依据。

三 耳鼻咽喉科常用护理诊断

1. 有感染的危险　与先天性耳前瘘管、鼻腔通气障碍、异物、外伤、手术等有关。

2. 舒适改变：鼻塞、鼻涕、喷嚏、咽部异物感、耳鸣、眩晕等　与炎症组织充血肿胀、分泌物增多等有关。

3. 急、慢性疼痛　与耳、鼻、咽喉各器官的感染、外伤、手术、异物和肿瘤等有关。

4. 体温过高　与耳鼻咽喉器官各种急性炎症有关。

5. 有窒息的危险　与喉部机械性阻塞如异物、肿瘤及呼吸道炎症、外伤或手术等有关。

6. 清理呼吸道无效　与炎症引起的分泌物增多黏稠，咳嗽咳痰困难等有关。

7. 吞咽障碍　与炎症或机械性梗阻如双侧扁桃体Ⅲ度肥大、肿瘤、异物等有关。

8. 体液不足或有体液不足的危险　与出血、发热、呕吐等导致体液丢失过多有关；或与咽痛等导致进食困难造成摄入量不足有关。

9. 语言沟通障碍　与各种原因引起的耳聋、声音嘶哑、失声或失语，以及开放性鼻音等有关。

10. 感知紊乱　与各种疾病引起的嗅觉改变、听觉改变有关。

11. 自我形象紊乱　与鼻部、耳部的先天畸形、手术后面部结构和功能改变等有关。

第 3 节　耳鼻咽喉科常用护理技术操作

一 外耳道清洁法

（一）目的

清洁患者耳内分泌物、耵聍，为耳部检查及治疗做准备。

（二）物品准备

卷棉子、耳镜、耳镊、耵聍钩及 3%过氧化氢（双氧水）、消毒剂等。

（三）操作方法

整块耵聍用耳镊或耵聍钩轻轻取出，耵聍碎屑用卷棉子清除。外耳道内的分泌物用蘸有3%双氧水溶液的耳用小棉签清洗，然后用干棉签拭净。

（四）注意事项

动作应轻柔，整个操作应在明视下进行，不可损伤外耳道皮肤和鼓膜。若耵聍硬度高，需先用耵聍液软化后再取出。

二 外耳道滴药法

（一）目的

软化耵聍，外耳道炎、中耳炎的局部用药。

（二）物品准备

3%双氧水、棉签、滴管及滴耳药。

（三）操作方法

首先清洁外耳道，然后嘱患者将患耳朝上，向后上方牵拉耳郭，向外耳道内滴入药液3～5滴。鼓膜穿孔者可用手指按压耳屏数次，促使药液进入中耳腔，保持体位5分钟。

（四）注意事项

1. 滴管头部不应接触耳部。
2. 药液温度应接近体温，以免滴入后患者出现眩晕。
3. 应教会患者或患者家属掌握滴药方法，以便能在家中自行滴药。

三 鼓膜穿刺法

（一）目的

治疗分泌性中耳炎，清除鼓室内积液，改善咽鼓管通气引流功能或向鼓室内注药。

（二）物品准备

1ml或2ml注射器，斜面较短的7号针头，2%丁卡因或Bonain液（鲍宁液），额镜，耳镜，酒精棉球等。

（三）操作方法

用酒精棉球清洁、消毒耳周及外耳道皮肤，2%丁卡因或Bonain液行鼓膜表面麻醉，在额镜照明下，以斜面较短的7号针头，于鼓膜前下部刺入鼓室，抽除中耳积液或注入药物。

（四）注意事项

1. 严格执行无菌操作，防止继发感染。
2. 针头方向一定要与鼓膜垂直，刺入前下方，以免损伤听小骨或刺入蜗窗、前庭窗。
3. 刺入鼓室后固定好针头，以防抽液时针头顺势脱出。

四 鼻腔滴药法

（一）目的

检查或治疗鼻腔、鼻窦和中耳的疾病。

（二）物品准备

滴用药物、滴管或喷雾器。

（三）操作方法

先轻轻擤出鼻内分泌物，常采用仰卧头低位，如采用侧卧位，患侧应向下。滴入药液3～5滴，交替按压鼻翼，使药液与鼻腔黏膜广泛接触，保持体位5～10分钟。另外，也可使用喷雾器将药液喷入鼻腔。

（四）注意事项

1. 药瓶口、滴管口或喷雾器头距前鼻孔约2cm，不要接触鼻部，以防污染。

2. 教会患者或家属使用方法，使其能在家中自行滴药，并注意每次滴药前应将鼻腔分泌物擤出，以便药液与黏膜更好地接触。

五 鼻腔冲洗法

（一）目的

治疗鼻腔疾病，清除鼻部较多分泌物或干痂，功能性内镜鼻窦手术后处理。

（二）物品准备

吊架、灌洗桶、接水器、橡皮管、橄榄头及500～1000ml温生理盐水。

（三）操作方法

将装有温生理盐水的灌洗桶悬挂于距患者头顶约1m高度的吊架上，关闭输液夹。橄榄头塞入患侧前鼻孔，患者稍低头，颏下置接水器，张口呼吸，头偏向另一侧。打开输液夹，生理盐水注入鼻腔并经对侧流出时，即可将鼻腔内的分泌物或痂皮冲出。再交换冲洗对侧鼻腔。

（四）注意事项

1. 冲洗液温度应接近体温。

2. 灌洗桶不宜悬挂过高，压力过大，以免将分泌物冲入咽鼓管。

3. 应教会患者自行冲洗。

六 下鼻甲黏膜下注射法

（一）目的

治疗慢性鼻炎。

（二）物品准备

1ml注射器、7号针头、1%～2%丁卡因、5%鱼肝油酸钠或50%葡萄糖、维生素A 2.5万～10万单位、枪状镊、消毒干棉球、棉签等。

（三）操作方法

用1%～2%丁卡因棉片贴于注射部位施表面麻醉。将7号针头沿下鼻甲下缘黏膜刺入2～2.5cm，先回抽无血，即可缓慢注入药物，如5%鱼肝油酸钠或50%葡萄糖0.2～0.3ml，边注射边将针头退出，抽出针头后立即用棉球塞入止血。一般每周注射1次，3次为1个疗程，每疗程可间隔2周左右。

（四）注意事项

1. 严格执行无菌操作，防止继发感染。

2. 动作应轻柔准确，切勿刺穿黏膜。

3. 注射药物应边退边注射。

七 上颌窦穿刺冲洗法

（一）目的

诊断和治疗上颌窦炎症。

（二）物品准备

前鼻镜，上颌窦穿刺针，20～50ml 注射器，棉签或卷棉子，橡皮管及接头，治疗碗及弯盘，1%麻黄碱，500～1000ml 温生理盐水，1%丁卡因液及治疗用药。

（三）操作方法

先用 1%麻黄碱棉片收缩鼻甲和鼻腔黏膜，然后在穿刺部位即下鼻道外侧壁、距下鼻甲前端 1～1.5cm 下鼻甲附着处稍下的部位，用蘸有 1%丁卡因溶液的棉签施表面麻醉。如穿刺左侧上颌窦，右手固定患者头部，左手拇指、示指、中指握住针柄中段并抵住鼻小柱，掌心顶住穿刺针后端，针头斜面朝向鼻中隔一侧，经前鼻孔伸入下鼻道，向同侧耳郭上缘方向用力刺入上颌窦内侧壁（图 5-8），穿刺针进入窦后有落空感，然后拔出针芯，接上注射器，先回抽检查有无空气或脓液，确定针尖在窦腔内后，以温生理盐水连续冲洗，直至将脓液洗净为止。如为双侧上颌窦炎可同法冲洗对侧。冲洗结束可注入抗炎药物，拔出穿刺针，棉片压迫止血。记录冲洗结果。

（四）注意事项

1. 穿刺部位和方向应正确，用力要适中，不可过大过猛。

2. 切忌注入空气，若疑发生气栓，应立即置患者头低位和左侧卧位（以免气栓进入颅内血管和动脉系统、冠状动脉），并立即给氧及采取其他急救措施。

3. 如冲洗过程中患者出现眶内胀痛、面颊部肿起或晕厥等意外时，应即刻停止冲洗。

4. 如冲洗不畅，不应勉强冲洗，应改变进针部位、方向及深度，并收缩中鼻道黏膜，如仍有阻力应停止冲洗。

八 鼻窦负压置换疗法

（一）目的

治疗慢性化脓性鼻窦炎。

（二）物品准备

吸引器及带橡皮管的橄榄头或波氏球，换药碗， 1 %麻黄碱及治疗用药物如抗生素等。

（三）操作方法

擤净鼻涕，取仰卧头低位，使下颌颏部与外耳道口的连线与床面垂直。以 1 %麻黄碱收缩鼻腔黏膜，5 分钟后将治疗药物注入鼻腔，将连接吸引器的橄榄头或预先已排气的波氏球塞入同侧前鼻孔，用手指压紧另一侧鼻孔，并令患者连续发“开、开、开”音，同步开动吸引器或放松波氏球。每次持续 1～2 秒，重复 6～8 次。

（四）注意事项

负压吸引时间持续不宜过长，压力不宜过大（一般不超过 24 kPa）。

九 咽部涂药法

（一）目的

治疗各种类型咽炎。

（二）物品准备

压舌板、咽喉卷棉子或长棉签，各种治疗用药。

（三）操作方法

患者张口，操作者用压舌板将舌压低，充分暴露咽部。用棉签或卷棉子将药液直接涂布于病变处。

（四）注意事项

1. 涂药时，棉签上的棉花应缠紧，避免脱落。

2. 涂药不宜太广，所蘸药液（尤其是腐蚀性药液）不宜过多过湿，以免流入喉部造成黏膜损伤甚至喉痉挛。

3. 长期或需反复用药者应教会患者或家属自行用药。

十 咽喉部喷雾法

（一）目的

治疗慢性咽喉炎；咽喉部手术或检查时的麻醉。

（二）物品准备

喷雾器、1%～2%丁卡因及各种治疗用药，如复方地喹氯铵喷雾剂、冰硼散、西瓜霜等。

（三）操作方法

患者坐位，张口发“啊——”长音，对准腭垂、软腭、咽后壁、舌根、腭扁桃体及腭咽弓和腭舌弓，反复喷药3～4次，每次3～4喷。若需喉部喷雾，在口咽部喷雾2～3次后，嘱患者伸舌并用纱布将舌前1/3包裹好将舌拉出，将喷雾器头向下弯折对准喉部，趁患者深吸气时将药液喷入，每次3～4喷，共3～4次。

（四）注意事项

1. 先吐出咽喉分泌物或残余药液后再进行喷药，以利新喷入的药液与黏膜直接接触。

2. 每次喷入的药液含服3～4分钟后吐出，不能咽下。

十一 雾化吸入法

（一）目的

治疗咽炎、喉炎、气管和支气管炎。

（二）物品准备

超声雾化器、氧气雾化器及各种治疗用药如抗生素、肾上腺皮质激素、复方安息香酊、复方薄荷碘酊等。

（三）操作方法

将药液注入雾化器，打开电源开关，使药液雾化。嘱患者用口含着药液喷出口，深呼吸，使药液吸入咽、喉、气管。每日1次，6次为1个疗程。

（四）注意事项

1. 嘱患者不要咬吸管，以免损坏。
2. 气管切开的患者，应从气管套管口吸入。
3. 吸完药液后，患者应休息片刻再外出，以免受凉或因过度换气而头晕。
4. 治疗结束后应清洗并消毒雾化器。

第4节　耳鼻咽喉科护理管理

一　门诊护理管理

1. 做好诊室卫生和安全管理。
2. 开诊前检查及添补各种器械、药品及敷料、办公用品等。
3. 组织患者填好各种表格，做好分诊工作。
4. 协助医生检查婴幼儿等特殊患者，伴送危重患者入院或转科转诊。
5. 遵医嘱进行各种门诊治疗操作，准备急救药品和器材，密切配合医生抢救危重患者。
6. 定期检查门诊麻醉、剧毒药品及贵重仪器等。
7. 开展卫生宣传教育及健康指导，使患者及家属掌握本科常见病的发病原因、预后及预防保健方法，积极配合治疗与护理。

二　隔音室护理管理

1. 隔音室应由专职护士与技术人员共同管理。
2. 准备好检查及办公用品，检查、校准、清洗、消毒仪器。
3. 测试前清洁外耳道，调整耳机。
4. 向受试者解释测试的适应证、过程及配合方法。婴幼儿受检者选择合适的测试方法或遵医嘱给予镇静药。
5. 测试结束后，记录、整理检查结果并及时送交医生。
6. 保持室内整洁，空气清新，注意防潮。

目标检测

A_1型题

1. 眩晕症状可出现于下列何结构的病变中（　　）
   A. 鼻窦　B. 鼻咽　C. 中耳
   D. 喉腔　E. 内耳
2. 中耳结构不包括（　　）
   A. 鼓室　B. 咽鼓管
   C. 鼓窦　D. 乳突
   E. 耳蜗
3. 小儿较成人更易患中耳炎与下列何因素有关（　　）
   A. 小儿腺样体生理性肥大
   B. 咽鼓管短、平、宽的解剖特点
   C. 下鼻甲肥大
   D. 小儿尚未养成卫生习惯
   E. 洗澡时小儿外耳道易进水液
4. 鼻腔最常见的出血部位是（　　）
   A. 下鼻甲后端　B. 鼻腔顶部
   C. 下鼻道后端　D. 鼻腔底部

E. 鼻中隔前下部

5. 鼻腔生理功能不包括（　　）

A. 通气　B. 嗅觉　C. 共鸣

D. 调温、调湿　E. 免疫防御

6. 咽部最主要的淋巴组织是（　　）

A. 腺样体　B. 腭扁桃体

C. 舌扁桃体　D. 咽侧束

E. 颌下淋巴结

7. 对维持喉腔通畅具有重要作用的是（　　）

A. 甲状软骨　B. 声带　C. 环状软骨

D. 喉内肌　E. 会厌软骨

8. 喉腔最狭窄的部位是（　　）

A. 声门裂　B. 声门上区　C. 喉室

D. 声门下区　E. 喉入口

9. 咽鼓管的开口部位是（　　）

A. 喉咽部　B. 口咽部　C. 下鼻道

D. 鼻咽外侧壁　E. 鼻咽顶后壁

10. 咽鼓管的重要功能是（　　）

A. 调节中耳与外界的气压平衡

B. 排出鼓室空气　C. 免疫防御

D. 清洁过滤　E. 平衡功能

11. 声带的特点不包括（　　）

A. 左右对称　B. 炎症时可引起声嘶

C. 呈白色带状 D. 边缘整齐

E. 位置固定

12. 最易发生炎症的鼻窦是（　　）

A. 上颌窦　B. 前组筛窦

C. 后组筛窦　D. 额窦

E. 蝶窦

13. 正常鼻黏膜（　　）

A. 色淡红　B. 表面光滑

C. 湿润　D. 对麻黄碱敏感

E. 以上均是

14. 用前鼻镜检查时，错误的是（　　）

A. 镜叶闭合进入鼻前庭

B. 镜叶尽量伸入鼻腔内

C. 镜叶半开放退出

D. 调整头位

E. 以上均不是

15. 检查口咽部时压舌板按压的位置是（　　）

A. 舌前 1/3 处　B. 舌前 2/3 处

C. 舌后 2/3 处　D. 舌根部

E. 舌尖部

16. 左扁桃体超过中线，右扁桃体不超过腭咽弓，应记录为（　　）

A. 扁桃体Ⅲ度　B. 扁桃体Ⅱ度

C. 扁桃体Ⅰ度

D. 扁桃体：左侧Ⅲ度，右侧Ⅰ度

E. 以上均不是

17. 音叉 Rinne 试验阴性为（　　）

A. 传导性聋　B. 感音性聋

C. 混合性聋　D. 正常

E. 以上均不是

18. 一般性平衡功能检查不包括（　　）

A. 闭目直立检查法　B. 指鼻试验

C. 行走试验　D. 盖莱试验

E. 轮替运动

19. 关于音叉试验错误的是（　　）

A. 常用音叉为 C256 和 C512

B. 检查气导时叉臂末端应与外耳道口在一平面

C. 可初步鉴别耳聋性质

D. 可准确判断听力损失的程度

E. 无法前后比较

20. 间接喉镜下，健康人的声带颜色是（　　）

A. 鲜红色　B. 暗红色　C. 白色

D. 粉红色　E. 蓝色

21. 外耳道滴药时，错误的是（　　）

A. 患耳朝上

B. 有脓时先洗净拭干再滴

C. 滴药后轻压耳屏数次

D. 滴药后立即起立

E. 温度应接近体温

22. 鼻腔冲洗时，下列哪项是不当的（　　）

A. 患者稍低头　B. 张口呼吸

C. 灌洗瓶悬挂于 1.5m

D. 橄榄头塞入患侧前鼻孔

E. 先从阻塞较重侧开始

（李国正）

第七章　耳科患者的护理

耳科疾病包括外耳炎症及外伤、中耳炎及梅尼埃病等耳部一系列疾病，对患者外观、听力及心理方面影响较大。

第1节　外耳炎症及外伤患者的护理

● 案例 7-1

患者，女，45岁。右耳因游泳进水后自觉耳道明显瘙痒感1月余。偶有分泌物流出。检查时可见右侧耳道内白色液体分泌物，右耳鼓膜窥视不清。

问题：1. 初步判断该为何种疾病？

2. 对于该患者应该采取哪些护理措施？

一　外耳道炎症患者的护理

（一）概述

外耳道炎可分为两类，一类为局限性外耳道炎，又称外耳道疖；另一类为外耳道皮肤的弥漫性炎症，又称弥漫性外耳道炎。

外耳道皮肤外伤或局部抵抗力降低时易发病，如挖耳、游泳进水、化脓性中耳炎长期脓液的刺激等。此外，有变应体质和糖尿病者易反复发作。常见致病菌为金黄色葡萄球菌、链球菌、铜绿假单胞菌和变形杆菌等。

（二）护理评估

1. 健康史　评估患者皮脂腺分泌情况，有无外耳道炎症等病史。

2. 身体状况　外耳道疖时耳痛剧烈，张口咀嚼时加重，并可放射至同侧头部，严重时可伴有全身症状。当肿胀严重堵塞外耳道时，可有耳鸣及听力减退。外耳道软骨部皮肤有局限性红肿。红肿成熟破溃后，外耳道内积脓流出耳外，耳痛减轻。弥漫性外耳道炎急性者表现为耳痛，可流出少量分泌物。外耳道皮肤弥漫性红肿，外耳道壁上可积聚分泌物，外耳道腔变窄，耳周淋巴结肿痛。慢性者耳道发痒，少量渗出物，外耳道皮肤增厚、皲裂、脱屑，分泌物积存，甚至可造成外耳道狭窄。耵聍还可刺激外耳道壁引起外耳道炎。若压迫刺激鼓膜，可致耳鸣，偶有因压迫中耳引起眩晕者。

3. 心理-社会状况　评估患者年龄、性别、受教育程度、性格特点、工作环境等，有无经常挖耳习惯，了解其对本病的认知程度，通过交流了解其是否有焦虑、紧张等心理。

4. 辅助检查　耳镜检查可见外耳道局部炎症。

5. 治疗要点　清洁外耳道，保持局部干燥，通畅引流，局部滴用酚甘油或敷用鱼石脂软膏。严重外耳道炎需全身应用抗生素。耳痛剧烈者给予止痛药，必要时联合应用抗生素和糖皮质激素类药物。

（三）主要护理问题/医护合作性问题

1. 疼痛：耳内胀痛　与炎症刺激神经末梢有关。

2. 感知改变：外耳道堵塞感　炎症产生分泌物导致。

3. 体温过高　与炎症导致发热有关。

4. 知识缺乏：缺乏外耳道炎症的防治知识。

（四）护理措施

1. 一般护理　早期局部热敷或做超短波透热等物理疗法。

2. 用药护理　局部用2%～3%酚甘油或10%鱼石脂甘油滴耳，或用上述油纱条敷于患处，每日更换纱条2次。慢性者可用抗生素与类固醇激素类（如泼尼松龙、地塞米松等）合剂、糊剂或霜剂局部涂敷。外耳道脓液及分泌物可用3%双氧水清洗。疖肿成熟后及时挑破脓头或切开引流。严重者应用抗生素控制感染，服用镇静、止痛剂。

3. 健康指导

（1）讲解本病的相关知识，尤其是发病诱因，告知患者及家属。①改变不良挖耳习惯，掌握正确的挖耳方式。②避免在污水中游泳，注意游泳时耳道保护。③洗头、洗澡时避免水进入耳道。

（2）指导患者正确认识和处理外耳道炎症，正确处理引起炎症的其他全身系统性疾病。

二　鼓膜外伤患者的护理

（一）概述

鼓膜外伤指鼓膜遭受直接或间接外力而损伤。

鼓膜位于外耳道底部，结构薄，受外力冲击易穿孔。鼓膜外伤可为器械伤（挖耳不当刺伤等造成）；压力伤（掌击、炮震等造成）；医源性损伤（取耵聍、外耳道异物造成等）；烧伤及颞骨纵行骨折等所致。

（二）护理评估

1. 健康史　询问患者外伤史，了解患者受伤原因、经过等情况，了解患者有无不良挖耳习惯。

2. 身体状况　鼓膜破裂后突感耳痛、耳鸣、听力下降，耳出血等。气压伤时，因气压、撞击使镫骨或颞骨强烈震动时可致内耳损伤，出现眩晕、恶心。鼓膜呈不规则裂孔及耳道内出血。颅骨骨折时有清水样液体渗出。听力检查为传导性耳聋或混合性耳聋。

3. 心理-社会状况　评估患者年龄、性别、受教育程度、性格特点、职业等，了解其对本病的认知程度。患者可因耳鸣、听力减退而产生焦虑情绪。通过与患者沟通交流，了解其心理状态。

4. 辅助检查　耳镜检查可见鼓膜破裂穿孔，听力检查显示听力下降。

5. 治疗要点　保持外耳道干燥，预防中耳感染，禁止外耳道冲洗或滴药。必要时全身应用抗生素控制和预防感染。避免感冒，勿用力擤鼻，防止来自鼻咽的感染。大多数穿孔3～4周自行愈合，经久不愈可行鼓膜修补术。

（三）主要护理问题/医护合作性问题

1. 急性疼痛　与外力冲击导致鼓膜外伤有关。

2. 感知改变　与鼓膜破裂导致听力下降有关。

3. 焦虑　与听力减退有关。

4. 知识缺乏：缺乏预防鼓膜外伤的相关知识。

5. 有感染的危险　与鼓膜外伤有关。

（四）护理措施

1. 病情观察　观察并询问患者不良主诉，病情变化时及时通知医生。鼓膜术后应观察耳道内有无出血及感染征象，如有异常及时通知医生。

2. 一般护理　禁止耳内滴药及洗耳；外耳道口可用无菌棉球堵塞并及时更换，如有脑脊液耳漏不能堵塞。

3. 用药护理　遵医嘱应用抗生素，观察用药后反应。

4. 健康指导

（1）告知患者外伤后 3 周内外耳道不可进水或滴药，勿用力擤鼻、打喷嚏等。

（2）指导患者纠正不良生活习惯，掌握相应鼓膜保护知识。

第 2 节　中耳炎症患者的护理

● 案例 7-2

患者，男，41 岁。右耳疼痛 1 天，有耳堵塞感、听力减退。检查：体温：36.4℃，耳镜见右侧鼓膜呈现淡黄色，稍内陷。透过鼓膜前下方可见液平面形成。

问题： 1. 该患者护理诊断有哪些？

2. 有哪些护理措施？

中耳是位于颞骨中的不规则含气腔和通道，包括鼓室、鼓窦、乳突及咽鼓管四部分。中耳炎经常因各种因素刺激、炎症影响而发病，从而影响听力及其他正常生理功能。

一　分泌性中耳炎患者的护理

（一）概述

分泌性中耳炎是以鼓室积液和传导性耳聋为主要特征的中耳非化脓性炎性疾病。本病儿童发病率比成人高，是听力下降的主要原因之一。

本病病因复杂，与多种因素有关。目前认为主要与咽鼓管功能障碍、感染、免疫反应等因素有关。

1. 咽鼓管功能障碍　一般认为咽鼓管阻塞是本病的基本原因。引起咽鼓管阻塞或咽鼓管功能不良的常见原因为机械性阻塞，如腺样体肥大、肥厚性鼻炎、鼻咽部肿瘤或淋巴组织增生、长期鼻咽部填塞等。此外，腭帆张肌功能不良时，如腭裂，易患本病。

2. 感染　本病常继发于急性上呼吸道感染，是中耳的一种轻型的或低毒性的细菌或病毒感染，故认为本病可能与细菌或病毒感染有关，细菌的产物——内毒素对发病可能起到一定的作用。

3. 免疫反应　由于中耳积液中细菌培养的阳性率较高，炎性介质——前列腺素的存在，并在积液中检出细菌的特异性抗体和免疫复合物及补体系统等，故认为本病与免疫反应有关。

（二）护理评估

1. 健康史　评估患者发病前有无上呼吸道感染史，是否过度劳累，有无腺样体肥大、鼻炎等病史。

2. 身体状况　以耳内闷胀感或堵塞感、听力减退及耳鸣为最常见症状。常发生于感冒后，或不知不觉中发生。有时因头位改变可自觉听力暂时改善。伴自听增强。部分患者有轻度耳痛。儿童常表现为听话迟钝或注意力不集中。

3. 心理-社会状况　因耳鸣、听力减退、耳闷胀感等导致患者产生焦虑心理，慢性者因病程长、易反复而表现为烦躁和失落。

4. 辅助检查　耳镜检查见鼓膜内陷，表现为光锥变短、分散或消失，锤骨短突明显外突，锤骨柄变水平，前后皱襞变明显。鼓膜呈粉红色、黄色或淡黄色，透过鼓膜可看到液平面（图7-1），当头位变动时此液平面保持水平位。有时可见到液体中的气泡。慢性者鼓膜增厚混浊色发暗。鼓气耳镜检查可见鼓膜活动度受限。听力检查多为传导性耳聋。

5. 治疗要点

（1）非手术治疗：急性期根据病变严重程度选择抗生素治疗。局部可用 1%麻黄碱和含有激素的抗生素交替滴鼻，每日 3～4 次。使用黏液稀化剂或促排剂促进分泌物排出。口服糖皮质激素。

（2）手术治疗：根据病情行鼓膜穿刺抽液、鼓膜切开术、鼓膜置管术（图 7-2）等。积极寻找病因，治疗鼻腔及鼻咽部疾病。

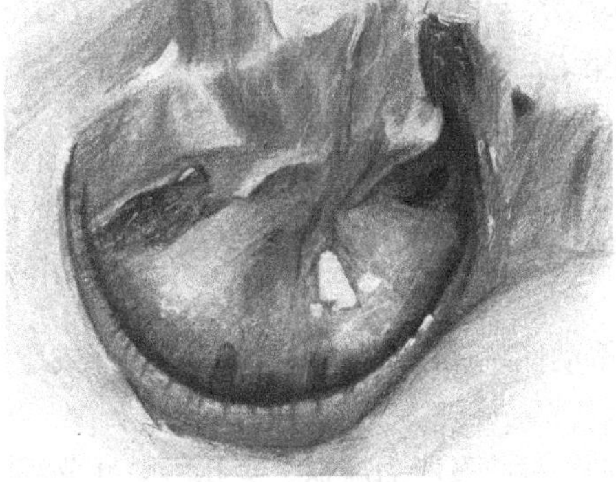
图 7-1　鼓室积液

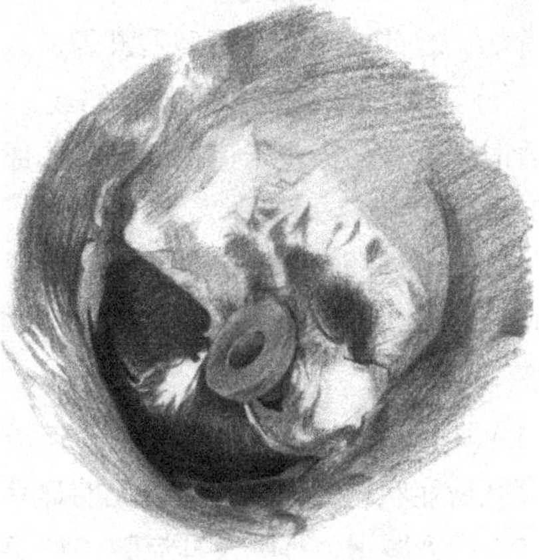
图 7-2　鼓膜置管

（三）主要护理问题/医护合作性问题

1. 感知改变　与中耳负压及鼓室积液导致听力下降、咽鼓管阻塞、鼓室积液导致耳鸣、耳痛、耳闷塞感有关。

2. 知识缺乏：缺乏分泌性中耳炎相关防治及护理知识。

（四）护理措施

1. 用药护理　正确使用滴鼻液，选择合适的抗生素及黏液稀化剂。

2. 手术护理　配合医生行鼓膜穿刺抽液、鼓膜切开及鼓膜置管术，做好术前及术后护理。

3. 健康指导

（1）教会患者正确喷鼻和滴鼻方法，保持鼻腔及咽鼓管通畅。

（2）对10岁以下儿童要告知家长定期行筛选性声导抗检测，以便尽早发现异常。

（3）适当运动，增强体质，提高自身免疫力，预防感冒。乘坐飞机时，可做吞咽动作或张口说话，保持中耳与外界压力平衡。

（4）积极治疗引起分泌性中耳炎的原发病，预防本病发生。

（5）对已行手术者要告知注意避免耳内进水，以防中耳感染发生。洗头洗澡时可用干棉球堵塞耳道口，禁忌游泳。

（6）定期门诊随访。

二 急性化脓性中耳炎患者的护理

（一）概述

急性化脓性中耳炎是中耳黏膜的急性化脓性炎症，好发于儿童，冬春季节多见。

本病主要致病菌为肺炎球菌、流感嗜血杆菌、溶血性链球菌、葡萄球菌等。本病主要有以下三个感染途径。

1. 咽鼓管途径　急性上呼吸道感染时，如急性鼻炎、急性咽炎等，炎症向咽鼓管蔓延；咽鼓管咽口及管腔黏膜充血、肿胀、纤毛运动障碍，致病菌乘虚侵入中耳。急性传染病时，如猩红热、麻疹、百日咳等，致病菌可通过咽鼓管途径引起本病；急性化脓性中耳炎亦可为上述传染病的局部表现；此型病变常深达骨质，引起严重的坏死性病变。在污水中游泳或跳水、不适当的咽鼓吹张、擤鼻或鼻腔治疗等，均可导致致病菌循咽鼓管侵入中耳。婴幼儿基于其解剖生理特点，比成人更易经此途径引起中耳感染。婴幼儿的咽鼓管短、宽而平直，如哺乳位置不当，平卧吮奶，乳汁或呕吐物可经咽鼓管流入中耳。

2. 外耳道-鼓膜途径　鼓膜外伤或穿孔时，致病菌经穿孔进入中耳。鼓膜穿刺、切开或鼓室置管时因器械污染或未遵循无菌操作原则导致感染。

3. 血行感染　极少见。

（二）护理评估

1. 健康史　评估患者发病前有无上呼吸道感染史，近期是否进行过鼓膜穿刺等检查。

2. 身体状况

（1）耳痛：多数患者鼓膜穿孔前疼痛剧烈，有搏动性跳痛或刺痛，可向同侧头部或牙齿放射。穿孔后症状减轻。少数患者无明显耳痛症状。

（2）听力减退、耳鸣及耳流脓：初期患者感耳闷、耳鸣及听力减退。穿孔后脓性分泌物流出，耳聋减轻。

（3）全身症状：畏寒、发热、食欲减退。小儿伴呕吐、腹泻等。鼓膜穿孔后症状减轻，体温恢复正常。

3. 心理-社会状况　因剧烈耳痛、听力下降及发热等导致患者烦躁，小儿常哭闹不止。

4. 辅助检查　耳镜检查见鼓膜松弛部充血，锤骨柄及紧张部周边可见放射状血管。当病情进展时，鼓膜弥漫性充血、肿胀，正常解剖标识无法辨认，局部可见小黄点。听力检查多为传导性聋，少数患者为感音神经性聋或混合性聋。

5. 治疗要点

（1）全身治疗：及早应用足量抗生素或磺胺类药物控制感染，直至症状消退后5～7天停药，务求彻底治愈。鼓膜穿孔后取脓液做细菌培养及药敏试验，可参照其结果选用针对性抗生素。1%麻黄碱液或呋喃西林麻黄碱液、氯霉素麻黄碱液滴鼻，减轻咽鼓管咽口肿胀，以利引流。红外线、超短波等，有助于消炎止痛，注意休息，调节饮食。

（2）局部治疗：鼓膜穿孔前1%～3%酚甘油滴耳，可消炎止痛。鼓膜穿孔时应立即停药，因该药遇脓液后释放出苯酚，可腐蚀鼓室黏膜及鼓膜。如全身局部症状较重，鼓膜明显膨出，引流不畅应在无菌操作下行鼓膜切开术，以利通畅引流。并发急性乳突炎者应行乳突切开引流术。鼓膜穿孔后先以 3%双氧水清洗，并拭净外耳道脓液，以便药物进入中耳发挥作用。局部用药以抗生素水溶液为主，每日 3～4 次。恢复期可选用 4%硼酸甘油、2.5%～5%氯霉素甘油等滴耳，便于消肿、干耳。感染完全控制后鼓膜穿孔长期不愈合者，可行鼓膜修补术。

（3）病因治疗：积极治疗鼻部及咽部慢性疾病，如腺样体肥大、慢性鼻窦炎、慢性扁桃体炎等。

（三）主要护理问题/医护合作性问题

1. 疼痛　与中耳急性化脓性炎症有关。

2. 体温过高　与中耳急性化脓性炎症引起的全身症状有关。

3. 知识缺乏：缺乏急性化脓性中耳炎疾病及该疾病的治疗护理的相关防治知识。

4. 潜在并发症：颅内、外并发症等。

（四）护理措施

1. 病情观察　观察生命体征，特别是体温变化，高热者应物理降温或遵医嘱给予退热药。注意观察耳道分泌物的色、质、气味，听取患者主诉，注意有无耳后红肿、压痛等。

2. 用药护理　遵医嘱使用足量广谱抗生素控制感染，指导患者正确使用滴耳药、滴鼻药。滴耳时，嘱咐患者不可用粉剂，以免与脓液结块影响引流。

3. 手术护理　配合医生行鼓膜切开术及鼓膜修补术。

4. 健康指导

（1）加强锻炼，增强机体抵抗力，积极治疗上呼吸道感染等疾病。

（2）普及正确的擤鼻及哺乳相关卫生知识。

（3）有鼓膜穿孔或鼓膜置管者注意避免参加可能导致鼓室进水的活动，如跳水、游泳等，洗头、洗澡时注意勿使污水进入耳道。

（4）及时清理耳道脓液，指导患者正确使用滴耳液，嘱患者坚持完成疗程，定期门诊随访。

三　慢性化脓性中耳炎患者的护理

（一）概述

慢性化脓性中耳炎是中耳黏膜、骨膜或深达骨质的慢性化脓性炎症，常与慢性乳突炎合并存在。本病极为常见。临床上以耳内反复流脓、鼓膜穿孔（图 7-3）及听力减退为特点。可引起严重的颅内、外并发症而危及生命。

本病多因急性化脓性中耳炎延误治疗或治疗不当、迁延所致；或为急性坏死型中耳炎的直接延续。鼻、咽部存在慢性病灶亦为其重要病因。一般在急性炎症开始后 6～8 周，中耳炎症仍然存在，统称为慢性化脓性中耳炎。常见致病菌多为变形杆菌、金黄色葡萄球菌、铜绿假单胞菌，以革兰阴性杆菌较多，无芽胞厌氧菌的感染或混合细菌感染亦逐渐受到重视。

（二）护理评估

1. 健康史　评估患者发病前有无上呼吸道感染史，近期是否进行过鼓膜穿刺等检查。

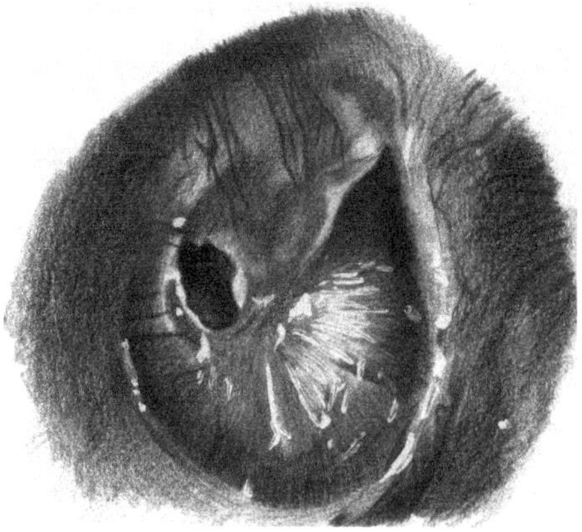

图 7-3　鼓膜穿孔

2. 身体状况　根据病理及临床表现，本病可分为三型，即单纯型、骨疡型和胆脂瘤型。

（1）单纯型：最常见，多因反复发作的上呼吸道感染时，致病菌经咽鼓管感染鼓室所致，炎性病变主要位于鼓室黏膜层。间歇性耳流脓，分泌物呈黏液性或黏液脓性，一般不臭，量多少不等，上呼吸道感染时，脓量增多。多为鼓膜紧张部中央穿孔，大小不一，穿孔周围有残余鼓膜。鼓室黏膜粉红或苍白色，可轻度增厚。一般为轻度或中度传导性聋。乳突 X 线片常为硬化型，而无骨质缺损破坏。

（2）骨疡型：多由急性坏死型中耳炎迁延而来。组织破坏较广泛，病变深达骨质，听小骨、鼓窦周围组织可发生坏死；黏膜上皮破坏后，局部有肉芽组织或息肉形成。耳流脓多为持续性，脓性，有血丝，常有臭味。鼓膜紧张部大穿孔可累及鼓环或边缘性穿孔。鼓室内有肉芽或息肉，并可经穿孔突于外耳道。患者多有较重的传导性聋。乳突 X 线摄片为硬化型或板障型，伴有骨质缺损破坏。

（3）胆脂瘤型：胆脂瘤非真性肿瘤，而为一位于中耳、乳突腔内的囊性结构，由于囊内含有胆固醇结晶，故称胆脂瘤（cholesteatoma）。耳长期持续流脓，有特殊恶臭，鼓膜松弛部或紧张部后上方有边缘性穿孔。从穿孔处可见鼓室内有灰白色鳞屑状或豆渣样物质，奇臭。一般有较重传导性聋，如病变波及耳蜗，呈混合性聋。乳突 X 线摄片示上鼓室、鼓窦或乳突有骨质破坏区，边缘多浓密、整齐。

3. 心理-社会状况　因患者缺乏相关疾病知识而未能引起重视，部分患者因临床症状导致焦虑等。

4. 辅助检查　耳镜检查见鼓膜穿孔大小不等，鼓室内壁黏膜充血、肿胀，鼓室内或肉芽肿周围有脓性分泌物。听力检查多为传导性聋或混合性聋，少数患者为感音神经性聋。乳突 X 线片和颞骨 CT 有助于诊断。

5. 治疗要点

（1）药物治疗：单纯型和骨疡型引流通畅者以局部用药为主。通常 3%过氧化氢洗耳，棉签拭干后再滴抗生素滴耳剂。炎症急性发作时全身应用抗生素。

（2）手术治疗：骨疡型引流不畅、疑有并发症或胆脂瘤型应尽早实施乳突根治术，尽可能重建耳传音结构，保留或改善听力，炎症控制后行鼓室成形术。

（3）病因治疗：积极治疗上呼吸道疾病，如慢性鼻窦炎、慢性扁桃体炎。

（三）主要护理问题/医护合作性问题

1. 感知改变　与鼓膜穿孔、肉芽或胆脂瘤破坏听小骨致听力下降、中耳长期慢性炎症致耳道流脓有关。

2. 焦虑　与症状反复发作、对治疗护理不了解、对手术效果不确定有关。

3. 知识缺乏：缺乏与该病有关的防治及护理知识。

（四）护理措施

1. 用药护理　遵医嘱使正确使用滴耳剂和滴鼻剂。

2. 手术护理　配合医生行乳突根治术及鼓室成形术，做好术前及术后护理。

3. 健康指导

（1）指导患者正确洗耳、滴耳。

（2）鼓室成形术后3个月内保持耳道清洁，防止感染。

（3）加强锻炼，增强机体免疫力，防止感冒。

（4）广泛宣传慢性化脓性中耳炎的危害，使患者都能得到早期治疗。

第3节　内耳疾病患者的护理

梅尼埃患者的护理

案例7-3

患者，女，42岁，突发旋转性眩晕，伴恶心、呕吐，面色苍白，出冷汗，2小时后减轻，不平衡感持续数天，伴多次眩晕发作，发作前耳鸣，眩晕持续时间加长，间歇期减短，发作期听力减退。

问题：1. 该患者护理诊断有哪些？

2. 有哪些护理措施？

（一）概述

梅尼埃病又称膜迷路积水，系内耳膜迷路水肿而致发作性眩晕、波动性耳聋和耳鸣为主要表现的内耳疾病。本病一般为单耳发病，青壮年多见。

本病病因不明，可能因内淋巴管机械阻塞和内淋巴吸收障碍、精神因素导致的内耳循环障碍、自身免疫异常及免疫反应等有关。

（二）护理评估

1. 健康史　评估患者眩晕及耳鸣发作特点，发作时听力有无下降及下降程度。

2. 身体状况

（1）眩晕：特点是突然发作，剧烈眩晕，呈旋转性，即感到自身或周围物体旋转，头稍动即觉眩晕加重。同时伴有恶心、呕吐、面色苍白等自主神经功能紊乱症状。数小时或数天后眩晕减轻而渐消失。间歇期可数周、数月或数年，一般在间歇期内症状完全消失。

（2）耳鸣：绝大多数病例在眩晕前已有耳鸣，但往往未被注意。耳鸣多为低频音，轻重不一。一般在眩晕发作时耳鸣加剧。

（3）耳聋：早期常不自觉，一般在发作期可感听力减退，多为一侧性。患者虽有耳聋但对高频音又觉刺耳，甚至听到巨大声音即感十分刺耳，此现象称重振。在间歇期内听力常恢复，但当再次发作听力又下降，即出现一种特有的听力波动现象。晚期听力可呈感音神经性聋。

（4）其他：眩晕发作时或有患侧耳胀满感或头部沉重、压迫感。

3. 心理-社会状况　评估患者年龄、受教育程度，了解其对本病的认知程度，通过交流了解其是否有焦虑、悲观等心理变化。

4. 辅助检查　听力检查多为感音性耳聋。前庭功能检查在发作期可见水平或水平旋转性自发性眼震和位置性眼震。多次反复发作患者前庭功能减退或丧失。膜迷路MRI成像前庭导水管变直、变细。

5. 治疗要点

（1）保守治疗：一般采用以调整自主神经功能、改善内耳微循环，解除膜迷路积水为主要目的的综合治疗。发作期应卧床休息，低盐饮食，少喝水。常用镇静剂、血管扩张药物、维生素类药物和利尿药。

（2）手术疗法：对发作频繁、保守治疗无效，眩晕影响工作和生活者，可考虑手术治疗。

（三）主要护理问题/医护合作性问题

1. 感知改变　与膜迷路积水导致的眩晕、恶心、呕吐、听力下降有关。

2. 有外伤的危险　与眩晕有关。

3. 焦虑　与疾病反复发作影响生活工作有关。

4. 知识缺乏：缺乏对疾病的认知及相关防治知识。

（四）护理措施

1. 病情观察　观察发作时患者的神智、面色、生命体征等。注意发作的次数、持续时间及伴发症状。

2. 一般护理　对症状较重或服用镇静剂者，要注意安全防护，加置床栏、专人陪护等，防止意外跌倒损伤。嘱患者卧床休息，进高蛋白、高维生素、低脂肪、低盐饮食，适当限制入水量。将患者安置于光线稍暗、舒适安静的环境中。必要时静脉补液。

3. 用药护理　遵医嘱使用镇静剂、改善微循环的药物及减轻迷路积水的药物，注意观察药物疗效及有无不良反应。如需长期应用利尿药减轻症状者，要注意监测血钾，适当补钾。

4. 手术护理　配合医生做好手术前后护理。

5. 心理护理　向患者及家属讲解疾病相关的知识，消除其紧张恐惧心理，精神放松，积极配合治疗和护理。

6. 健康指导

（1）指导患者保持良好心态，缓解心理压力，避免疾病复发。

（2）频繁发作的患者尽量不要单独外出，以免意外发生。

目标检测

A_1型题

1. 急性化脓性中耳炎的感染途径主要为（　　）
   A. 咽鼓管　B. 鼓膜　C. 血行
   D. 乳突区　E. 以上均不是

2. 急性化脓性中耳炎临床表现错误的是（　　）
   A. 耳痛剧烈　B. 耳流脓
   C. 畏寒、发热　D. 透过鼓膜可见液平面
   E. 传导聋

A_2型题

3. 婴幼儿突然发热39℃一天，吵闹不安，抓耳摇头，拒哺乳，首先考虑（　　）
   A. 急性扁桃体炎　B. 急性乳突炎
   C. 耳内异物　D. 急性化脓性中耳炎
   E. 脑膜炎

A_3/A_4型题

患者，女，45岁，左耳痛伴听力下降半天。既往无中耳炎病史。患者3天前自觉感冒，一天前左耳疼痛，耳闷，听力下降，耳鸣，无发热，流脓。经初步诊断为左耳分泌性中耳炎。

4. 该患者身体状况不包括哪一项（　　）
   A. 耳闷　B. 耳鸣　C. 耳痛
   D. 听力减退　E. 耳流脓

5. 该疾病治疗要点错误的是（　　）
   A. 病因治疗　B. 改善中耳通气
   C. 保持鼻腔及咽鼓管引流通畅
   D. 禁用糖皮质激素治疗
   E. 选用合适抗生素治疗

6. 对该患者进行生活指导时，错误的是（　　）
   A. 指导患者正确滴鼻
   B. 治疗期间适当锻炼身体，如进行游泳等活动
   C. 忌烟酒
   D. 积极治疗鼻咽部疾病
   E. 防止感冒

（朱兰兰）

第八章　鼻科患者的护理

鼻腔是呼吸道的起始部位，容易受到外界环境中致病微生物、理化因子等作用引起各种各样的疾病，其中以感染性疾病为主，若治疗和护理不当还会对身体造成严重后果。故本章重点介绍了鼻炎、鼻窦炎及鼻出血等几种鼻科特别常见的病症，让学生掌握他们基本的护理知识。

第1节　鼻炎患者的护理

鼻炎是鼻腔炎症性疾病的总称，是指病毒、细菌、变应原、各种理化因子及某些全身性疾病引起的鼻腔黏膜的炎症。主要病理改变是黏膜充血、肿胀、渗出、增生、萎缩或坏死等，导致各种鼻部症状。临床常见的鼻炎有慢性鼻炎及变应性鼻炎。

一　鼻疖患者的护理

（一）概述

鼻疖（furuncle of nose）是鼻前庭、鼻尖或鼻翼部毛囊、皮脂腺或汗腺的局限性急性化脓性炎症。常因挖鼻、拔鼻毛等损伤皮肤后继发细菌感染所致，也可继发于鼻前庭炎。金黄色葡萄球菌为主要致病菌。机体抵抗力低下者（如糖尿病者）更易患此病且反复发作。

（二）护理评估

1. 健康史　询问患者有无挖鼻、拔鼻毛等不良习惯，有无鼻前庭炎及糖尿病病史。

2. 身体状况　初期鼻前庭内有一丘状隆起，周围组织发硬、红肿，触之疼痛剧烈。1周左右，疖肿成熟顶端见黄白色脓点，可自行溃破流脓而愈。

并发症：若处理不当或受挤压，炎症向周围组织扩散，可引起上唇及面颊部蜂窝织炎，表现为患侧上唇、颊部和上睑肿胀，全身不适、畏寒发热、头痛等症状。若感染向颅内扩散可直达海绵窦（图8-1），会引起最严重的并发症——海绵窦血栓性静脉炎，偶会致命。

3. 心理-社会状况　多数患者认为鼻疖是小病，不引起重视，不及时就医或自行处理不当，造成严重后果，产生焦虑、恐惧心理。

4. 治疗要点　消除病因，严格控制感染，预防并发症。严禁挤压疖肿，未成熟时切忌切开。

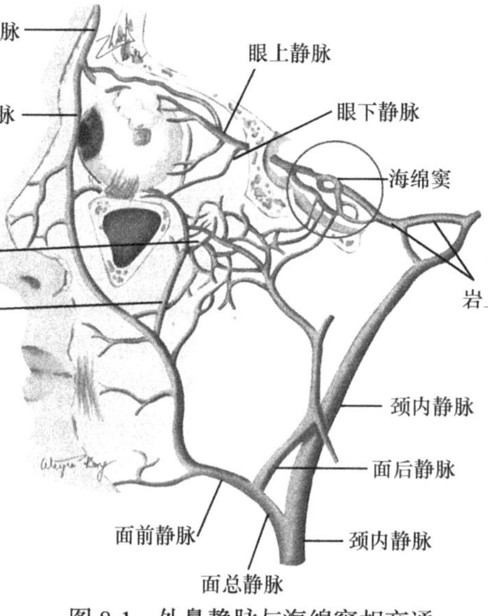

图 8-1　外鼻静脉与海绵窦相交通

（三）主要护理问题/医护合作性问题

1. 疼痛　与局部炎症刺激有关。

2. 潜在并发症：鼻翼或鼻尖部软骨膜炎、上唇和颊部蜂窝织炎、海绵窦血栓性静脉炎　与挖鼻、拔鼻毛或挤压鼻疖导致感染扩散有关。

3. 知识缺乏：缺乏鼻疖防治有关知识。

（四）护理措施

1. 一般护理　注意休息，多饮水，多食蔬菜水果，忌辛辣刺激性、油腻性食物，忌烟酒，保持大便通畅。

2. 观察病情　注意观察有无并发症的早期症状，尤其海绵窦血栓性静脉炎的表现，如出现寒战、高热、剧烈头痛、患侧眼睑及结膜水肿、眼球突出、固定，甚至失明等症状，应立即报告医生并协助处理。

3. 治疗与用药护理　①疖肿未成熟时局部行热敷或理疗（超声波、红外线、透热疗法等），消炎止痛；忌行切开，严禁挤压，以免感染扩散。②早期可用 10%鱼石脂软膏、1%氯化铵基汞软膏外敷促其成熟穿破。疖肿溃破后，局部清洁，并涂以抗生素软膏。③疖已成熟时可用探针蘸少许纯苯酚或 15%硝酸银溶液腐蚀脓头促其溃破，也可用针尖挑破脓头，取出脓栓。④若出现全身症状可按医嘱给予足量抗生素、镇痛剂，或辅以清热解毒中药治疗。

4. 健康指导

（1）积极治疗鼻腔疾病，戒除挖鼻及拔鼻毛等不良习惯。

（2）切忌挤压疖肿，防止并发症。

（3）鼻疖反复发作者，应检查是否有糖尿病，并给予治疗。

二　慢性鼻炎患者的护理

（一）概述

慢性鼻炎（chronic rhinitis）是发生在鼻腔黏膜和黏膜下层组织的慢性非特异性炎症，是一种常见病。临床表现以鼻腔黏膜肿胀、分泌物增多、无明确致病微生物感染、病程持续数月以上或反复发作为特征。本病分为慢性单纯性鼻炎和慢性肥厚性鼻炎两种。

致病因素：①急性鼻炎反复发作或治疗不彻底；②鼻腔解剖变异、鼻窦及邻近组织炎性病变：鼻中隔偏曲、慢性鼻窦炎、扁桃体炎等；③药物使用不当：长期滴用麻黄碱、萘甲唑啉等；④职业及环境因素：长期或反复吸入粉尘或有害化学气体，生活或生产环境中温度和湿度的急剧变化，以及通风不良等；⑤全身慢性疾病：贫血、结核、糖尿病、风湿病及心、肝、肾疾病和自主神经功能紊乱、慢性便秘等。

链接

药物性鼻炎

因长期使用鼻黏膜血管收缩剂而引起的鼻黏膜慢性中毒反应，因而亦称为“中毒性鼻炎”。临床常用的有麻黄碱滴鼻剂和萘甲唑啉（滴鼻净），后者更易引起长期应用而致的反跳性鼻充血综合征，后期还可出现鼻黏膜萎缩等并发症，早停药可恢复。

（二）护理评估

1. 健康史　询问患者有无诱发本病的相关病史。

2. 身体状况

（1）慢性单纯性鼻炎：①间歇性、交替性鼻塞，寒冷、夜间、休息时明显，夏季、白天、运动时减轻或消失；平卧时鼻塞较重，侧卧时上侧通气较好，下侧较重，变换侧卧位时，两侧鼻塞随之交替。②多涕，一般为半透明的黏液涕，继发感染时可有脓涕。③可伴有鼻根部胀痛不适感、头痛和咽干、咽痛等症状，闭塞性鼻音、嗅觉减退、耳鸣和耳闭塞感不明显。④鼻腔检查，前鼻镜下可见鼻腔黏膜充血肿胀，尤其下鼻甲，呈暗红色，表面光滑，触之柔软而富有弹性，用探针轻压可凹陷，移开后立即复原。对麻黄碱反应灵敏。

（2）慢性肥厚性鼻炎：①持续性鼻塞，单侧或双侧，较重，无交替性。②鼻涕，为黏液性或黏脓性，不易擤出。③常有闭塞性鼻音、耳鸣和耳闭塞感，并伴有咽干、咽痛、头痛、头昏、失眠、精神萎靡等，少数人有嗅觉减退。④鼻腔检查，前鼻镜下见鼻黏膜肿胀、增生、肥厚，呈暗红色，尤以下鼻甲前端和后端游离缘为甚，表面不平呈结节状或桑葚样，触之硬实感，不易出现凹陷，或虽有凹陷但不易复原；鼻腔内有黏液性或黏脓性鼻涕聚集。对麻黄碱反应不敏感，黏膜不收缩或轻微收缩，下鼻甲大小无明显变化。

3. 心理-社会状况　大部分患者对急性鼻炎不重视，不及时治疗或治疗不彻底，迁延不愈而造成慢性鼻炎。患者因久治不愈影响工作和生活而焦虑烦闷，需手术治疗者，又会担心术后效果。

4. 治疗要点　根除病因，消除鼻黏膜肿胀，恢复鼻腔正常通气功能。

（1）慢性单纯性鼻炎：消除病因，局部用减充血剂、糖皮质激素等改善通气。

（2）慢性肥厚性鼻炎：①保守治疗，对减充血剂敏感者，可采用同慢性单纯性鼻炎的疗法，也可做下鼻甲硬化剂注射、激光、冷冻、微波（图8-2）或射频等治疗（慎用）。②手术治疗，经上述

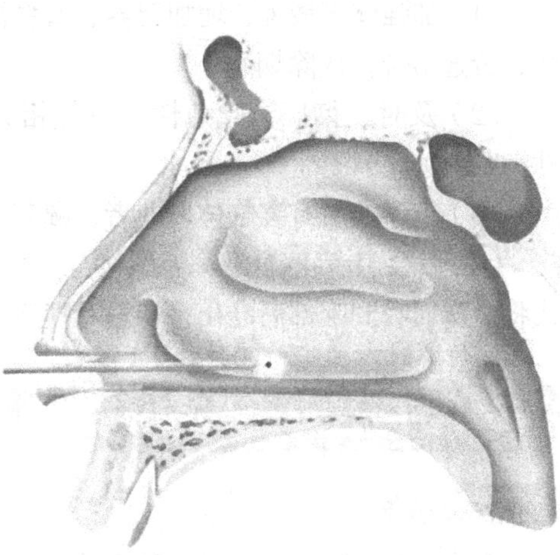

图 8-2　下鼻甲微波治疗

保守治疗未能奏效者，应行手术治疗。下鼻甲黏膜肥厚者，行下鼻甲黏膜下部分切除手术；下鼻甲骨性肥大者，行下鼻甲黏膜-骨膜下切除手术。

（三）主要护理问题/医护合作性问题

1. 清理呼吸道无效：鼻塞　与鼻黏膜肿胀、肥厚及分泌物增多有关。
2. 舒适度改变：头晕、头痛、耳鸣、耳闷等　与鼻黏膜肿胀、肥厚有关。
3. 感觉紊乱：嗅觉减退或丧失　与鼻塞或嗅器变性有关。
4. 焦虑　与慢性炎症久治不愈和担心手术效果有关。
5. 潜在并发症：鼻窦炎、中耳炎、泪囊炎　与鼻部炎症蔓延有关。

（四）护理措施

1. 一般护理　鼓励患者多到户外活动，避免过度劳累，随天气变化增添衣服。
2. 心理护理　多与患者沟通，引导患者树立信心，解除忧虑，积极配合治疗。
3. 观察病情，预防并发症　注意观察病情变化，为临床诊断提供依据。如出现耳鸣、耳闷、听力下降，可能并发中耳炎；脓涕增多，鼻塞、头痛加重，可能并发鼻窦炎；溢泪、溢脓，可能并发泪囊炎。
4. 治疗与用药护理

（1）慢性单纯性鼻炎：①遵医嘱选用合适的滴鼻剂，指导正确的滴鼻法，同时注意预防药物性鼻炎。首选糖皮质激素喷剂，根据需要可较长期应用，疗效和安全性好。减充血剂：1%呋麻滴鼻液滴鼻，3 次/日，3 滴/次。注意：避免长期应用，若不得不用，最好少量间断用，儿童应选用 0.5%呋麻滴鼻液，禁用萘甲唑啉；高血压患者、老年人和孕妇慎用。观察用药后鼻腔通气情况，有无反跳性鼻塞。②鼻腔清洗：用生理盐水清洗鼻腔，清除鼻内分泌物，改善鼻腔通气。③其他：可行下鼻甲封闭，针刺迎香、鼻通穴，或坚持每天按摩穴位；中药：藿胆丸、鼻炎康口服液等。

（2）慢性肥厚性鼻炎：鼻黏膜对减充血剂有反应者，治疗同慢性单纯性鼻炎。亦可做下鼻甲硬化剂注射、激光、冷冻、微波或射频等治疗，在操作时注意患者的反应，若有不适立即停止，让患者静卧休息。保守治疗无效者手术治疗，对拟行手术治疗者，配合医生做好围术期护理。

5. 健康指导

（1）加强体育锻炼，增加营养、增强机体抵抗力，防寒保暖，防止上呼吸道感染。规律生活，劳逸结合，戒除烟酒。

（2）及时、彻底治疗急性鼻炎等相关性疾病，避免长期滴用血管收缩剂以防造成药物性鼻炎。

（3）从事接触有害气体职业者，嘱其加强防护措施，改善工作环境。

（4）教会患者正确擤鼻方法，防止发生中耳炎。紧压一侧鼻翼，轻轻擤出对侧鼻腔的鼻涕，或将鼻涕回吸到咽部后吐出。切忌紧捏双侧鼻翼用力擤鼻，以免引起鼻窦炎或中耳炎。

三　变应性鼻炎患者的护理

● 案例 8-1

患者，男，28 岁。主诉：阵发性喷嚏、清水样鼻涕、鼻痒鼻塞 2 周余。患者每年此季节便出现打喷嚏、流清水样鼻涕，鼻痒鼻塞症状，持续 2 个月左右好转，已连续 3 年，今年症状比往年更加严重，影响到工作，遂来就诊。鼻腔检查：鼻黏膜水肿，呈浅蓝色，鼻腔内有大量水样分泌物，中鼻甲呈息肉样变，下鼻甲肥大。

问题： 1. 结合本病例与医生共同为患者制定合理的用药护理方案。

2. 应对患者进行哪些方面的健康指导？

（一）概述

变应性鼻炎（allergic rhinitis，AR）又称过敏性鼻炎，是指特应性个体接触变应原后由 IgE 介导的以炎性介质释放，并有多种免疫活性细胞和细胞因子等参与的鼻黏膜慢性炎症反应性疾病，主要表现为鼻痒、阵发性喷嚏、大量清水样鼻涕和鼻塞。本病是遗传与环境相互作用而诱发的多因素疾病，患者本身多为特异性体质，接触变应原后发病，以儿童、青壮年多见，近年来随着环境污染的加重患病率有增高的趋势，已成为一个全球性健康问题。

根据变应原种类、症状发作时间及严重程度进行临床分类。

1. 按变应原种类分类　①季节性 AR：症状发作呈季节性，常见致敏原为花粉、真菌等季节性吸入物变应原。花粉过敏引起的季节性 AR 也称花粉症。不同地区的季节性变应原暴露时间受地理环境和气候条件等因素影响。②常年性 AR：症状发作呈常年性，常见变应原为尘螨、蟑螂、动物皮屑等室内常年性吸入变应原，以及某些职业性变应原。

2. 按症状发作时间分类　①间歇性 AR：症状发作＜4 天/周，或＜连续 4 周。②持续性 AR：症状发作≥4 天/周，且≥连续 4 周。

3. 按疾病严重程度分类　①轻度 AR：症状轻微，对生活质量（包括睡眠、日常生活、工作和学习）未产生明显影响。②中-重度 AR：症状较重或严重，对生活质量产生明显影响。

（二）护理评估

1. 健康史　了解患者是否是特应性体质。有无对花粉、尘螨、鱼虾等过敏史，有无荨麻疹、支气管哮喘、血管神经性水肿等变态反应性疾病病史或家族史。

2. 身体状况　本病起病急，消失快。大多数患者先鼻内发痒，花粉症者可伴有眼、咽或耳部发痒；接着阵发性喷嚏，每天有数次发作，每次多于 3 个，甚至连续数十个，多在晨起、夜晚或接触变应原后立即发作；同时伴大量清水样鼻涕，不自觉从鼻孔滴下；鼻塞程度轻重不一，季节性者一般较重；部分患者尚有嗅觉减退。

鼻镜检查：可见鼻黏膜水肿，呈苍白或浅蓝色，下鼻甲尤为明显。鼻腔内有水样或黏液样分泌物。病史长、症状反复发作者可见中鼻甲息肉样变或下鼻甲肥大。用 1%麻黄碱可使肿胀的鼻甲缩小，但严重水肿的鼻黏膜反应则较差。

3. 心理-社会状况　大量连续的喷嚏、清涕和久治不愈的困扰，可影响患者的正常生活、学习和工作，患者会表现出焦虑、苦闷、烦躁。

4. 实验室及辅助检查　变应原皮肤试验查找变应原，为目前临床应用最为便捷可靠的方法。用适宜浓度和微小剂量的各种常见变应原浸液作皮内注射或皮肤点刺，如患者对某种变应原过敏，则在相应部位出现风团和红晕。

5. 治疗要点　环境控制、药物治疗、免疫治疗和健康教育，即尽量避免接触变应原和各种刺激物，合理使用糖皮质激素等抗过敏药物，有条件时行特异性免疫治疗，对患者有针对性健康教育，概括地形容为“防治结合，四位一体”。

（三）主要护理问题/医护合作性问题

1. 清理呼吸道无效：鼻塞、流清鼻涕　与鼻黏膜水肿及分泌物增多有关。

2. 感知改变：嗅觉减退　与变应性鼻炎鼻腔黏膜肿胀、分泌物增多有关。

3. 自我形象紊乱　与鼻痒、打喷嚏、流清鼻涕有关。

4. 知识缺乏：缺乏变应性鼻炎防治有关知识。

（四）护理措施

1. 一般护理　避免接触变应原，帮助患者寻找变应原，嘱患者应尽量避免与之接触。身边常备纸巾，打喷嚏时注意用纸巾遮鼻，掌握正确擤鼻方法。

2. 心理护理　因频发喷嚏及鼻腔过多分泌物影响了日常生活及工作，给患者带来极大痛苦。医务人员应加强与患者沟通、交流，帮助寻找变应原，向患者说明疾病的规律、治疗计划及效果，通过治疗，恢复患者自我形象。

3. 治疗与用药护理　指导患者遵医嘱用药，包括滴鼻、喷鼻及口服药的正确使用方法等，以缓解不适症状。

（1）糖皮质激素：主张局部用药，剂型多为鼻腔喷雾剂，如糠酸莫米松鼻喷雾剂、布地奈德鼻喷雾剂等，每天喷鼻 1～2 次，疗程不少于 2 周；对于中-重度持续性 AR 是首选药物，疗程 4 周以上。持续治疗的效果明显优于间断治疗。使用时应注意糖皮质激素的适应证及不良反应。

（2）抗组胺药：如西替利嗪、氯雷他定等口服给药，每天一次，疗程不少于 2 周。对花粉过敏的患者，建议在致敏花粉播散前进行预防性治疗。注意用药期间药物不良反应带来的安全隐患。近年已有鼻内局部用的抗组胺药（氮卓斯汀鼻喷雾剂、左卡巴斯汀喷雾剂）用于临床。

（3）抗白三烯药：孟鲁斯特等口服给药，每天用药 1 次，晚上睡前口服，疗程 4 周以上。

（4）肥大细胞膜稳定剂：色甘酸钠、曲尼司特等，口服或鼻内给药，每天用药 3～4 次，疗程 2 周以上，持续治疗效果更好。

（5）减充血剂：1%麻黄碱（儿童为 0.5%）鼻内局部应用缓解鼻塞，不宜长期使用，一般限制在 7 天，可间隔 3～5 天再用。

（6）抗胆碱药：0.03%异丙托溴铵鼻喷剂，可明显减少鼻水样分泌物。

（7）鼻腔冲洗：使用生理盐水进行鼻腔冲洗，可清除鼻内刺激物、变应原和炎性分泌物等，减轻鼻黏膜水肿，改善黏膜纤毛清除功能。

（8）其他疗法：免疫疗法包括特异性脱敏疗法和组胺脱敏疗法；鼻甲黏膜冷冻、激光、微波、封闭等降低鼻黏膜敏感性；鼻内选择性神经切断术，可降低神经兴奋性，若下鼻甲肥大、鼻息肉行手术切除。

4. 健康指导

（1）指导患者适当休息和睡眠、科学地起居与饮食，熟悉环境、饮食与疾病的有关知识。积极锻炼身体，增强机体抵抗力。

（2）花粉播散季节，患者外出时应戴口罩，尽可能不接近树木、野草和农作物。勿养宠物、花草，不用地毯，尽可能少接触动物皮革、羽毛制品。

（3）保持环境和家庭卫生，保持室内通风、清洁、干燥，勤晒衣物、被褥；家装时选用环保材料，减少甲醛污染。

（4）采用免疫治疗时，应注意必须连续、长期进行，方能显效。

链接

变应性鼻炎与支气管哮喘

变应性鼻炎是耳鼻咽喉科疾病，支气管哮喘是呼吸内科疾病，但两者的相关性日益被重视。近年来提出的新的医学诊断名称："过敏性鼻炎-哮喘"，体现了"一个呼吸道，一种疾病"的理念。鼻腔和支气管在解剖结构和生理功能上的连续性决定了过敏性鼻炎与哮喘病的关系，两者同时存在，互为因果。

第2节　鼻窦炎患者的护理

鼻窦炎是鼻窦黏膜的炎症性疾病，同时伴有鼻腔黏膜炎症，学科界趋向于称为鼻-鼻窦炎，发病率15%左右，是鼻科最常见的疾病之一。

鼻窦的解剖特点：①窦口小、鼻道狭窄而曲折，易阻塞，引起鼻窦通气和引流障碍。②鼻腔黏膜与鼻窦黏膜相延续，鼻腔黏膜炎症时必累及鼻窦黏膜。③各窦口彼此毗邻，炎症时可相互累及。④各窦自身特点及窦口位置的特殊性。近年的观点认为，窦口及邻近鼻道的引流和通气障碍是鼻窦炎发生的最主要机制。

一　急性化脓性鼻窦炎患者的护理

● 案例 8-2

患者，女，18岁。主诉：鼻塞、脓涕、头闷痛1周。患者两周前因受凉感冒，自行用药后好转，几天后又出现鼻塞、黄色脓涕，伴头痛，晨起轻，午后重，且逐渐加重，右侧为甚，自觉周身不适，无食欲。查体：体温：38.4℃，面颊部和尖牙窝处压痛明显。前鼻镜检查见鼻腔黏膜充血肿胀，中鼻道大量脓性分泌物积聚。鼻窦瓦氏片示：上颌窦腔高密度影，可见液平。初步诊断：急性化脓性鼻窦炎。

问题：1. 结合本病例进行护理评估，列出主要的护理问题。

2. 针对列出的护理问题，拟定相应的护理措施。

（一）概述

急性化脓性鼻窦炎（acute　sinusitis）是鼻窦黏膜的急性化脓性炎症，严重者可累及骨质，并引起周围组织及邻近器官的并发症，为鼻部常见病之一。临床上以上颌窦炎最为多见，因其窦腔大，窦底低，窦口高，不易引流，而且窦口开口位置最低，容易受到其他窦腔炎症的影响；筛窦形似蜂房，引流也差，受感染机会多；额窦次之，蝶窦发病率最低。

主要的致病原因如下所述。①鼻腔疾病：急性鼻炎为最主要的致病原因，慢性鼻炎、鼻中隔偏曲等鼻腔病变妨碍窦口通气、引流。②邻近组织器官的感染：扁桃体炎、咽炎、腺样体肥大、上颌第二前磨牙和第一、二磨牙的根尖感染，拔牙不慎损伤了上颌窦等也可致病。③鼻窦开放性骨折，游泳跳水姿势不当或呛水，污水直接进入鼻窦，气压创伤均可直接引起鼻窦炎。④医源性：鼻腔内填塞物滞留时间过长。⑤贫血、糖尿病等慢性疾病及过劳、受凉、营养不良等亦可使机体抵抗力下降而诱发本病。

常见的致病菌为肺炎球菌、链球菌、葡萄球菌、流感嗜血杆菌等。牙源性上颌窦炎常为厌氧菌感染。

（二）护理评估

1. 健康史　询问患者有无与本病相关的局部和全身疾病史，以及过度劳累、受凉等诱因。

2. 身体状况

（1）全身症状：可有畏寒、发热、全身不适等。小儿症状重，可有呕吐、腹泻、咳嗽等症状。

（2）局部症状：以持续性鼻塞、多脓涕、头痛或局部疼痛为主。各组鼻窦炎头痛有特定的部位和时间规律性。

1）急性上颌窦炎：前额部、同侧面颊部和上磨牙胀痛，晨起轻，午后重。患侧面颊部、尖牙窝处压痛，上列牙叩击痛。

2）急性额窦炎：前额部周期性疼痛。患者晨起即感头痛，逐渐加重，中午最甚，午后减轻，晚间则完全消失，次日又重复出现。眶内上角处有压痛，额窦前壁有明显叩痛。

3）急性筛窦炎：内眦或鼻根部疼痛，可放射至头顶部。头痛时间规律性前组与额窦炎相同，后组与蝶窦炎相同。鼻根及内眦部红肿，压痛。

4）急性蝶窦炎：颅底或眼球深处钝痛，可放射至头顶、耳后和枕部，晨起轻，午后重。

（3）鼻腔检查：鼻腔黏膜急性充血、肿胀，尤以中鼻甲和中鼻道黏膜为甚，鼻道有大量积脓（图 8-3）。前组鼻窦炎脓涕积于中鼻道，后组鼻窦炎脓涕积于嗅裂或上鼻道。牙源性上颌窦炎脓涕可有恶臭味。

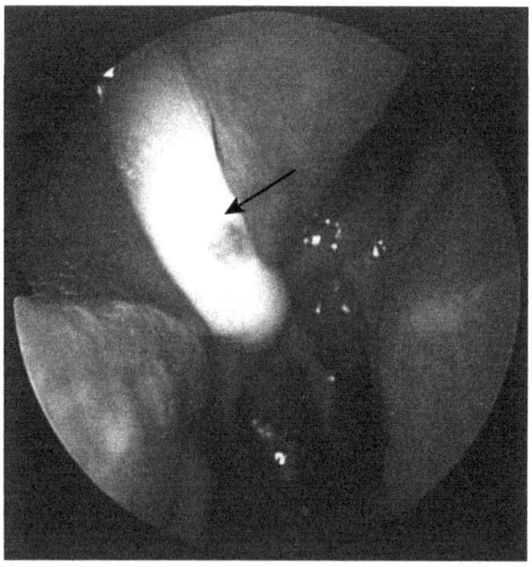

图 8-3　中鼻道脓性分泌物

3. 心理-社会状况　患者在刚起病时对急性鼻炎不重视，不及时治疗或治疗不当，引起急性鼻窦炎，症状加重而感到焦虑。

4. 实验室及辅助检查

（1）鼻内镜检查：可判断鼻道和窦口及其附近黏膜的病理改变，以及脓性分泌物来源等。可清楚地直视中鼻道脓性分泌物并可取分泌物培养，已在临床广泛应用。

（2）影像学检查：鼻窦 CT 可清楚显示窦腔黏膜增厚、脓液及病变范围，是鼻窦影像学检查首选。MRI 是鉴别肿瘤的重要手段。X 线对鼻窦炎的诊断意义不大，目前已很少用于临床。

5. 治疗要点　根除病因，改善鼻腔鼻窦通气、引流是关键，控制感染，防止并发症。

（三）主要护理问题/医护合作性问题

1. 体温过高　与感染有关。

2. 清理呼吸道无效：鼻塞　与鼻黏膜肿胀及脓涕增多有关。

3. 疼痛：头痛、局部疼痛　与鼻黏膜肿胀、窦腔负压及脓性分泌物存留、毒素吸收有关。

4. 潜在并发症：急性中耳炎、扁桃体炎、咽炎、喉炎、支气管炎、肺炎、眶内和颅内感染等　与鼻窦部感染扩散有关。

5. 知识缺乏：缺乏急性化脓性鼻窦炎的防治知识。

（四）护理措施

1. 一般护理　嘱患者注意休息，多饮水，漱口液漱口，保持口腔黏膜湿润和清洁。口唇部涂液状石蜡，防止干燥。避免寒冷、潮湿的环境。进清淡易消化食物。

2. 心理护理　对出现并发症的患者应积极沟通，耐心解释，缓解其焦虑情绪。

3. 病情观察　密切观察病情变化，如体温有无升高，脓涕是否增多，鼻塞、头痛是否加重，有无耳痛、耳闷感、听力下降，咳嗽、痰多，眼痛、眼球运动受限、视力下降等症状，防止发生并发症或转为慢性。应及时报告医生并协助处理。

4. 治疗与用药护理

（1）指导患者进行局部热敷、红外线或超短波透热理疗，促进炎症消退，以及正确的体位引流。

（2）鼻腔冲洗（图 8-4），可用 0.9%氯化钠溶液，每日 1～2 次，清除分泌物。

（3）遵医嘱全身用足量有效抗生素及时控制感染，并密切观察治疗效果。明确厌氧菌感染应用替硝唑或甲硝唑。

（4）头痛高热者，给予物理降温或解热镇痛药，必要时补充液体；鼻塞者遵医嘱用血管收缩剂或糖皮质激素滴鼻或喷鼻，教会其正确滴鼻方法。

（5）鼻窦负压置换（图 8-5）：在全身症状消退和局部炎症基本控制后进行，尤其适用于老年及小儿患者，注意不能吸引时间过长，电动吸引器产生的负压不能超过 180mmHg（24kPa），以免引起出血。

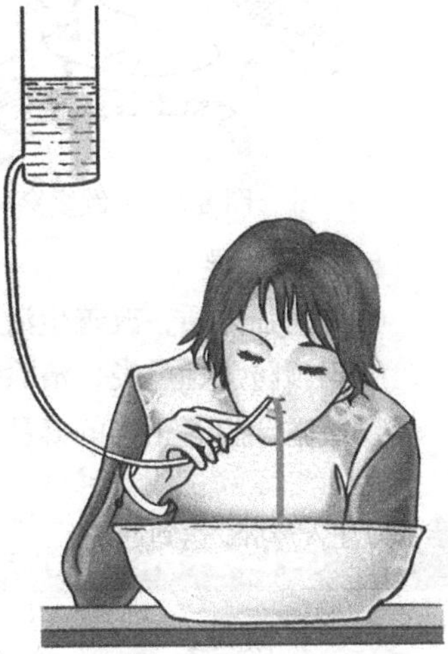

图 8-4　鼻腔冲洗法

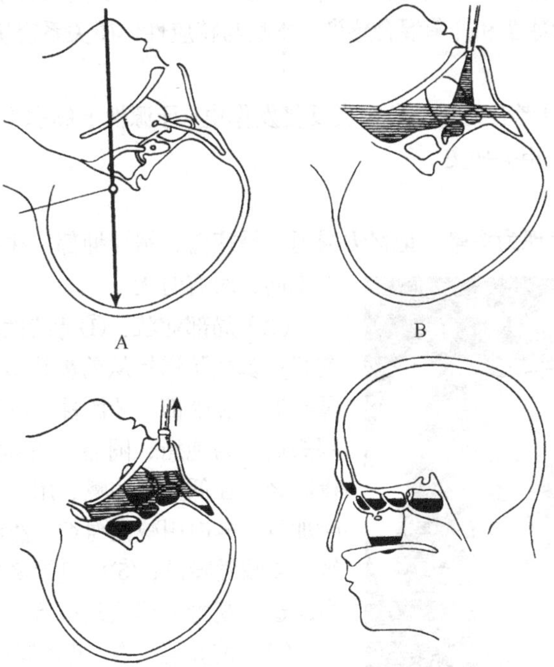

图 8-5　负压置换法

A. 患者头部后仰，额部向上；B. 将药液注处鼻腔；C. 患者发“开”音，抽吸负压；D. 头部直立，药液留在窦腔

（6）上颌窦穿刺冲洗（图 8-6，图 8-7）：具有诊断和治疗意义，应在全身症状消退和局部炎症基本控制后施行。每周 1 次，直至无脓液冲洗出为止，冲洗后向窦腔内注入抗生素。协助医生做好穿刺前后的护理。

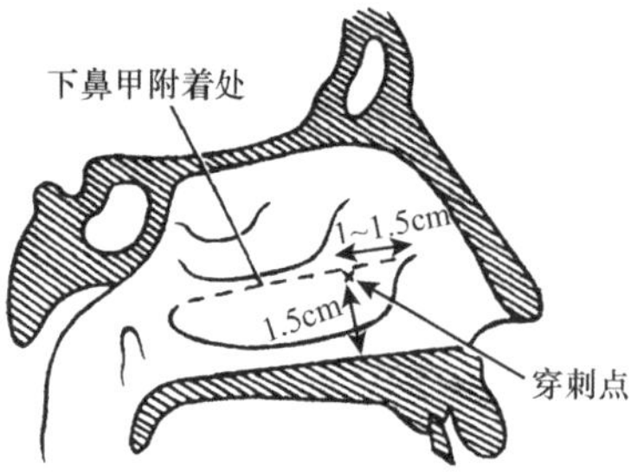

图 8-6 上颌窦穿刺点

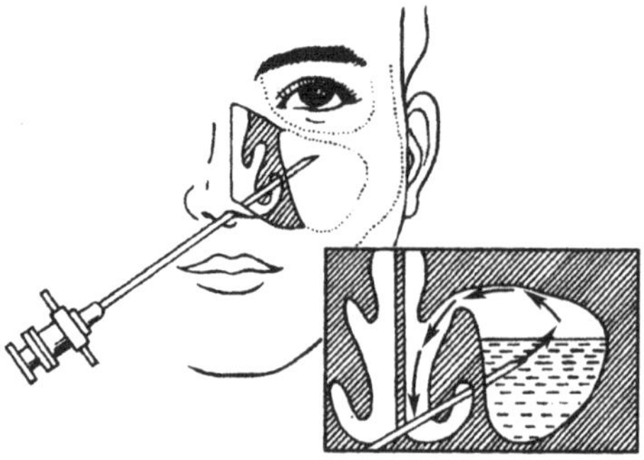
图 8-7 上颌窦穿刺术示意图

5. 健康指导

（1）增强体质，改善生活和工作环境。

（2）预防急性鼻炎，清除邻近感染病灶，积极治疗全身慢性病。

（3）教会患者正确的擤鼻和滴鼻方法。

二 慢性鼻窦炎患者的护理

（一）概述

慢性鼻窦炎（chronic sinusitis）是鼻窦黏膜的慢性炎症，多因急性鼻窦炎反复发作或急性鼻炎、鼻窦炎治疗不当，窦口引流不畅引起，病程超过 12 周。可单侧发病或单窦发病，以上颌窦最为常见。致病菌常为球菌和杆菌混合感染。本病与特应性体质关系密切，可慢性起病。

（二）护理评估

1. 健康史 询问患者有无急性鼻窦炎反复发作史、牙源性上颌窦炎史，有无鼻部其他疾病或全身疾病病史及其他相关病史。

2. 身体状况

（1）全身症状：表现为头晕、记忆力减退、易疲倦、精神抑郁、注意力不集中等，轻重程度不同，时有时无。

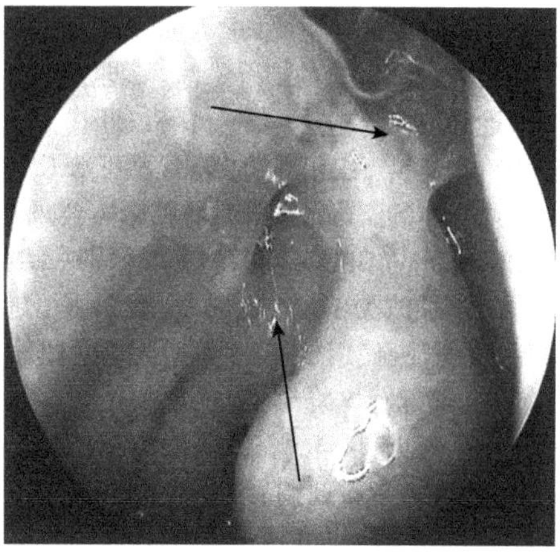
图 8-8 中鼻道、嗅裂黏脓性分泌物

（2）局部症状：①持续性鼻塞；②长期流脓涕：前组鼻窦炎脓涕易从前鼻孔擤出，后组鼻窦炎多经后鼻孔流入鼻咽部，牙源性上颌窦炎常有腐臭味；③局部头痛：为钝痛、闷痛、头部沉重压迫感，白天重、夜间轻，在低头、咳嗽、用力、吸烟饮酒或情绪激动时加重，鼻内用减充血剂、蒸汽吸入等治疗时头痛缓解；④嗅觉障碍；⑤后组筛窦炎和蝶窦炎偶可引起视力减退、视野缺损或复视等。

（3）前鼻镜检查：鼻黏膜慢性充血、肿胀或肥厚，中鼻甲肥大或息肉样变，中鼻道变窄、黏膜水肿或有息肉。前组鼻窦炎可见中鼻道或嗅裂有脓性分泌物（图 8-8），后组鼻窦炎可在嗅裂及鼻咽部见脓性分泌物。

3. 心理-社会状况 患者可因长期反复发病，学习成绩下降，工作效率降低，社交欠活跃，对治疗缺乏信心，担心术后效果而焦虑。

4. 辅助检查

（1）鼻内镜检查：能清楚判断病变及其部位，可发现前鼻镜不能窥见的病变。

（2）影像学检查：鼻窦CT扫描（图8-9），可显示窦腔大小、形态及窦内黏膜不同程度增厚、窦腔密度增高、液平面或息肉阴影等。冠状位鼻窦 CT：可准确判断各鼻窦病变范围，鉴别鼻窦占位性和破坏性病变有重要价值。鼻窦X线摄片目前临床基本不用。

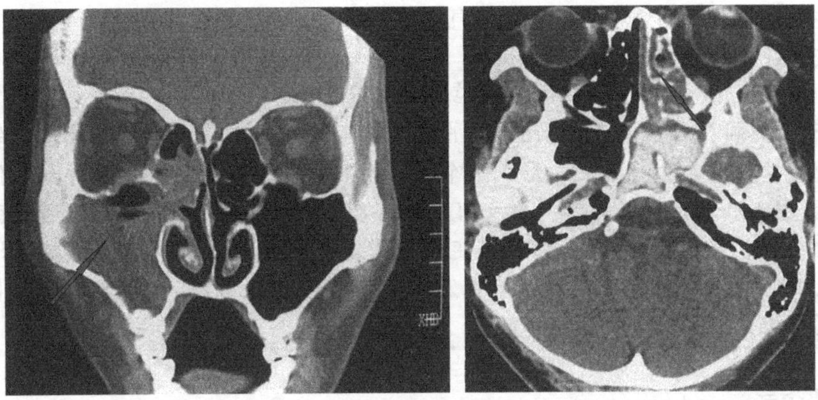

图8-9 鼻窦炎，CT扫描显示筛窦、上颌窦密度增高

（3）上颌窦穿刺冲洗：了解窦内脓液的性质、量，并行脓液细菌培养和药物敏感试验。

（4）口腔和咽部检查：牙源性上颌窦炎可见牙齿病变。咽后壁有时可见到脓液或干痂。

（5）鼻窦A型超声波检查：适用于上颌窦和额窦，临床少用。

5. 治疗要点 根除病因，保证鼻腔鼻窦引流和通气通畅。应用抗生素控制感染和预防并发症。行功能性内镜鼻窦手术（FESS）可通过小范围或局限性手术解除广泛的鼻窦病变，使窦口和鼻窦保持永久通畅引流和通气。

（三）主要护理问题/医护合作性问题

1. 感知改变：嗅觉减退 与鼻窦黏膜炎症、肿胀及窦口阻塞有关。

2. 舒适度改变：头痛、头晕、易倦等 与毒素吸收及窦腔负压有关。

3. 焦虑 与慢性炎症久治不愈和担心手术治疗效果。

4. 知识缺乏：缺乏鼻窦炎及手术前后的护理知识。

（四）护理措施

1. 一般护理 嘱患者注意休息，多饮水，多吃蔬菜水果，保持大便通畅，避免劳累、受寒，增加体育锻炼，提高免疫力。

2. 心理护理 耐心向患者解释疾病过程和治疗方法，告知手术后的不适是暂时的，使患者树立治愈疾病的信心，积极配合治疗。

3. 观察病情 术后密切观察患者体温、脉搏的变化，注意患者有无剧烈头痛、恶心、呕吐等表现，观察鼻腔分泌物的性质、量，有无出血，有无清水样分泌物流出，有无视力障碍或眼球运动障碍，防止脑脊液漏出、颅内感染和球后视神经炎等并发症，发现上述情况应及时报告医生处理。

4. 治疗与用药护理

（1）鼻部滴药：遵医嘱用血管收缩剂或糖皮质激素，改善鼻腔通气，畅通鼻窦引流。教会患者掌握正确的滴鼻方法，并注意观察药物的作用及不良反应，减充血剂一般控制在7天内。

（2）鼻腔冲洗：可用生理盐水，每天1～2次，清除鼻腔分泌物。

（3）上颌窦穿刺冲洗：每周1次，清除上颌窦腔内脓性分泌物，并可灌入抗生素。患者若出现头晕、无力、出冷汗等反应立即停止冲洗，拔出穿刺针，让患者去枕平卧，密切观察生命体征，及时报告医生并协助护理。

（4）鼻窦负压置换法：注意正确的操作方法及事项。

（5）保守治疗无效时可选择行功能性内镜鼻窦手术，配合医生做好手术前后护理。主动向患者说明鼻窦手术后鼻腔填塞的必要性及可能出现的疼痛等不适，嘱患者勿自行扯出鼻腔填塞纱条。医生取出填塞物后2小时内卧床休息，减少活动，防止再次出血。

链接

功能性内镜鼻窦手术（FESS）

1985年美国鼻科学者Kennedy最早提出功能性鼻窦内镜手术。其最基本的内涵是彻底清除窦口鼻道复合体病变，形成一个开放的窦口——鼻道通气引流系统，保留鼻腔（尤其中鼻甲）和鼻窦的正常和（或）可逆的黏膜，长期改善鼻腔-鼻窦的通气引流和纤毛的运输功能，促使鼻腔-鼻窦黏膜病变自行恢复，不必做传统的根治性黏膜切除，即通过小范围的手术解决广泛的鼻窦病变。本术式在20世纪90年代初期被国际鼻科学界公认并迅速推广。

5. 健康指导

（1）积极治疗鼻部、咽部及口腔的各种疾病和全身各种疾病，预防上呼吸道感染。

（2）避免进食过硬、过烫及辛辣刺激性食物，均衡营养，戒除烟酒嗜好。

（3）养成良好的生活起居习惯，避免过度劳累，坚持体育锻炼，增强体质。

（4）手术后遵医嘱正确用药，冲洗鼻腔，定期随访，术后1个月内避免重体力劳动。

第3节　鼻出血患者的处理

● 案例8-3

患者，男，55岁。主诉：鼻部持续出血半小时。患者半小时前无明显诱因开始鼻孔出血，不能自行止血。既往有高血压病史10余年，平时服降压药，未监测血压。查体：T36.8℃，P88次/分，R19次/分，BP 125/80mmHg，呈急性病容，神志清楚，鲜血从右鼻孔流出，量多。鼻内镜检查：右侧鼻中隔后动脉出血。紧急行右后鼻孔填塞止血处理。半小时后检查咽后壁有渗血，患者及家属情绪紧张，立即测血压，并给予重新填塞后未再出血，同时给止血药、补液、心理护理，病情稳定出院。

问题：1. 结合本病例探讨鼻出血的常见部位及诱因。

2. 针对本病例为本患者制订鼻出血的护理措施。

（一）概述

鼻出血（epistaxis；nose bleed）是耳鼻咽喉科常见的临床急症。它不是一个独立的疾病，而是许多疾病一个的症状。可单纯由鼻腔、鼻窦疾病引起，也可由某些全身疾病所致，但以前者多见。

局部因素：鼻腔鼻窦炎症、鼻中隔病变、鼻部肿瘤、创伤和异物等。

全身因素：①心血管疾病，如高血压等；②血液病，如白血病等；③急性发热性传染病，如出血热等；④某些物质缺乏，如维生素C缺乏病等；⑤内分泌失调，如少数妇女月经期或妊娠期后3个月偶会鼻出血；⑥有害气体和粉尘刺激、气温气压骤变、气候干燥；⑦慢性疾病和药物、毒物的影响，肝硬化、尿毒症，长期服用水杨酸类药物、汞砷等。凡可引起动静脉压力增高、出凝血功能障碍或血管张力改变，均可导致鼻出血。

（二）护理评估

1. 健康史　询问患者有无鼻出血的全身或局部诱因。

2. 身体状况　根据不同病因、年龄、出血部位、出血量多少及出血次数不同，鼻出血症状及体征变化较大。①出血量多少不一，可为涕中带血、滴血、流血或倒吸血涕，重者可致失血性休克。②儿童及青少年出血部位多在鼻中隔前下方的易出血区（利特尔动脉丛或克氏静脉丛）（图 8-10）；中老年，尤其是伴有高血压和动脉硬化的男性，出血部位多见于鼻腔后部下鼻甲后端附近的鼻-鼻咽静脉丛或鼻中隔后部动脉（90%来自蝶腭动脉）（图 8-10），出血量多且较凶猛，不易止血。③局部因素引起的多为单侧出血，全身因素引起的多为双侧或交替性出血，并有相应疾病症状体征。④鼻咽部肿瘤、心血管疾病、血液病及发热性传染病会有较大量或反复性出血。⑤鼻腔鼻咽部检查：可发现鼻咽部有无新生物及有无明确出血点，观察出血是单侧或双侧、出血部位，为止血方法的选择提供依据。

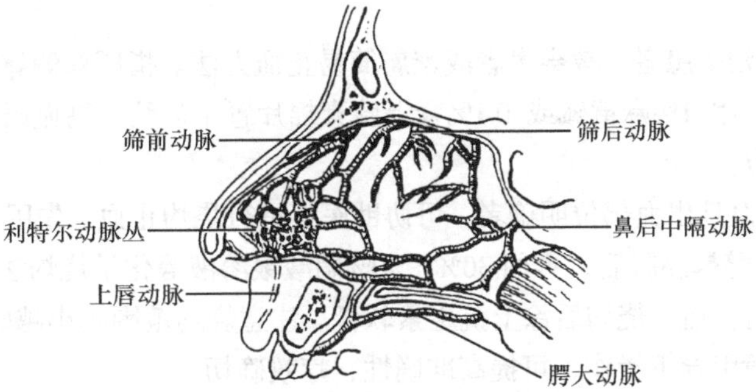

图 8-10　鼻易出血区、鼻中隔动脉

3. 心理-社会状况　患者对少量的鼻出血多不在意，很少到医院就诊，反复出血才会引起重视。当出现大出血或反复出血时又非常紧张和恐惧，情绪往往很激动，担心医护人员诊治不及时，造成严重的不良后果。故而，护士应在积极配合医生抢救的同时，注意评估患者及家属的情绪和心理状态，了解其对疾病的认知和期望。

4. 实验室及辅助检查

（1）鼻内镜检查：对寻找鼻腔后部的出血部位具有独特的优势。检查前需对鼻腔充分麻醉和收缩。

（2）实验室检查：全血细胞计数、出血和凝血时间、凝血酶原时间、毛细血管脆性试验、肝肾功能检查及其他相关检查，为鼻出血诊断提供依据。

（3）影像学检查：数字减影血管造影（DSA）、CT 血管造影有助于寻找鼻腔后部顽固性出血的主要血管。MRI 排除鼻腔鼻窦肿瘤。

5. 治疗要点　首先止血，再进行病因检查和治疗。临床上常用的止血方法包括烧灼法、电灼法、鼻腔填塞法、血管结扎法、血管栓塞法等。较严重的鼻出血可予以镇静剂、止血剂、维生素、抗生素全身用药。有贫血或休克者应纠正贫血或抗休克治疗。

（三）主要护理问题/医护合作性问题

1. 恐惧　与害怕出血和担心疾病预后有关。

2. 体液不足的危险　与鼻腔大出血有关。

3. 潜在并发症：低氧血症、失血性休克等　与出血量多有关。

4. 知识缺乏：缺乏有关疾病预防、保健、治疗等方面的知识。

（四）护理措施

1. 一般护理　让患者取坐位或半卧位，嘱其勿将血液咽下，吐到容器中便于估计出血量。为患者创造安静、舒适、清洁的环境，避免噪声刺激，病室应避光、通风、温度适宜。

2. 心理护理　耐心安慰患者，消除其恐惧心理，稳定患者情绪，使其沉着镇静地配合治疗，防止因情绪波动加重出血，同时做好家属的解释工作；及时更换污染的衣服、被褥，避免对患者产生不良刺激，并告知治疗中可能引起的不适，以便患者能积极配合。

3. 观察病情，预防并发症　严密观察血压、脉搏、呼吸、神志及出血情况，评估出血量。对于出血量大，疑有休克者，应取平卧位，密切监测生命体征变化，快速建立静脉通路。遵医嘱予以镇静、止血、快速补液、交叉配血、吸氧等对症支持处理，并协助医生做好鼻腔填塞术。如鼻出血不治而止，不可认为已愈；高血压患者，出血过多血压可能下降，不能误认为正常；体温升高、出现鼻腔有异味、耳闷、耳鸣等，可能继发感染，应立即报告医生并协助处理。

4. 治疗与用药护理

（1）止血护理

1）对于出血量较少患者，教会患者或家属简易止血方法。指压双侧鼻翼10～15分钟，同时冷敷前额或后颈；用1%麻黄碱或0.1%肾上腺素棉片置于鼻腔（高血压患者禁用），可止血同时便于寻找出血点。

2）反复少量出血且出血部位明确者，可协助医生进行烧灼止血。先用1%麻黄碱棉片加数滴1%丁卡因收缩麻醉鼻黏膜后，再用30%～50%硝酸银溶液等化学烧灼法、YAG激光、射频或微波烧灼法等进行止血，烧灼后涂上抗生素软膏。注意烧灼范围越小越好，避免过深，时间过长。现在在鼻内镜引导下操作，可提高准确性，疗效确切。

3）出血量大，出血面积广，部位不明确者，应准备止血器械和药物，协助医生做好鼻腔填塞，如前鼻孔可吸收性材料填塞、前鼻孔纱条填塞（图8-11）和后鼻孔填塞（图8-12）。

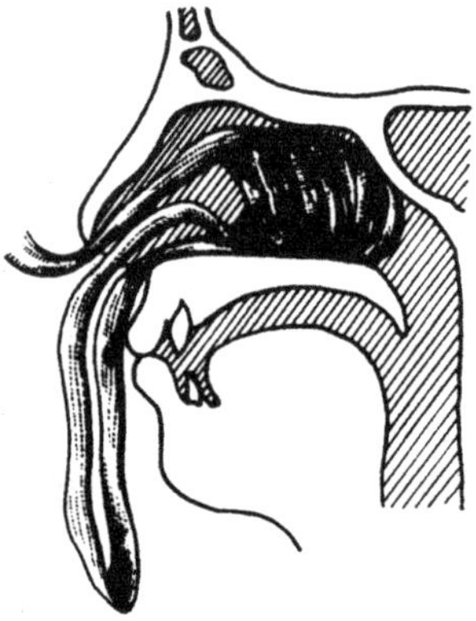
图8-11　前鼻孔填塞

前后鼻孔填塞患者的护理：①填塞前向患者简单说明填塞的必要性，操作过程中可能出现的不适，以取得患者的配合。②填塞过程中密切与医生配合，同时安慰鼓励患者等。③严密监测生命体征，观察有无休克表现，一旦出现休克征象，立即通知医生并配合处理。对于年老体弱者，加强对血氧饱和度的观察，同时注意有无嗜睡、反应迟钝等缺氧症状，必要时予以氧气吸入。④填塞后嘱患者尽量卧床休息，取半卧位，减少活动；定时向鼻腔滴入维生素AD滴剂或液状石蜡以润滑纱条；鼓励并协助患者进食温凉的流质或半流质饮食，可少量多餐，增加液体摄入。⑤做好口腔护理，嘱患者每次进食前后用漱口液漱口。⑥叮嘱患者勿将后鼻孔的血液咽下，防止刺激胃黏膜引起恶心、呕吐，且不利于估计出血量。⑦保持大便通畅，防止用力屏气；避免外力碰撞鼻部；避免打喷嚏、咳嗽、用力擤鼻、弯腰低头，防止纱条松动，引发再次出血。⑧继续观察鼻腔有无活动性出血，并准备好床旁插灯、吸引器、鼻止血包，以备患者再次出血时紧急处理。⑨注意观察后鼻孔纱球丝线的固定是否牢固，有无断裂、松动，发现上述情况及时处理，防止后鼻孔纱球脱落而引起窒息。⑩鼻腔填塞物一般在24～48小时分次取出，抗生素油膏和碘仿纱条可适当延长滞留时间。

4）大量顽固性出血可采用血管结扎或介入法止血。需行血管栓塞术或结扎术者，向其解释手术的必要性，并快速做好术前准备工作。

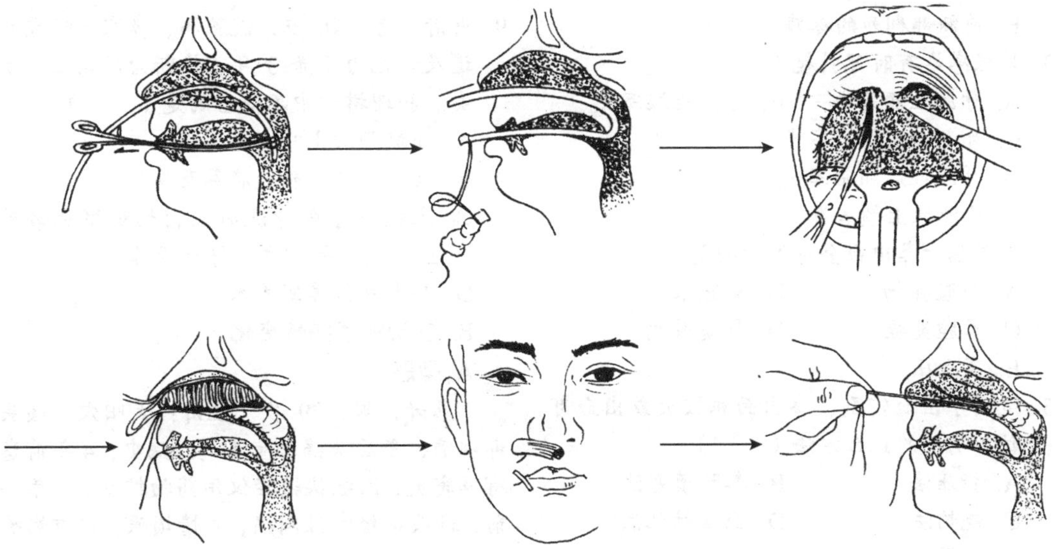

图 8-12 后鼻孔填塞

（2）用药护理

1）针对出血原因，酌情全身应用止血药物和抗生素。

2）对于休克患者立即建立静脉通道，遵医嘱给予补液、输血、止血等。

3）过度紧张者给予镇静剂。

5. 健康指导

1）查找病因、积极防治。避免挤压碰撞鼻部，改掉挖鼻、用力擤鼻等不良习惯。注意合理的饮食搭配，选择富含维生素、铁、蛋白质、纤维素性食物，忌食辛辣刺激性食物，戒除烟酒，保持大便通畅。

2）加强环境保护，减轻大气污染，增加空气湿度。鼻腔黏膜干燥时适当增加液体摄入，滴入维生素 AD 滴剂、甘油或涂抗生素软膏润滑鼻腔。

3）嘱患者保持良好的心理状态，避免紧张激动的情绪，以预防鼻出血的再次发生。

4）出院后 4～6 周内避免重体力劳动或运动。打喷嚏时张嘴以减少鼻腔压力。避免使用含有水杨酸的药物。

5）向患者及家属介绍鼻出血的相关知识，教会简易止血法。对中老年人涕中带血丝及反复鼻出血，要高度警惕，应排除鼻咽癌和脑出血的可能。对儿童的反复鼻出血，应尽早诊治，以防贫血和血液病。

目标检测

A_1型题

1. 鼻塞呈持续性，下鼻甲肥厚，对 1%麻黄碱反应不敏感，分泌物黏稠的是（　　）
   A. 急性鼻炎　　B. 慢性肥厚性鼻炎
   C. 变应性鼻炎　　D. 慢性单纯性鼻炎
   E. 萎缩性鼻炎

2. 急性上颌窦炎头痛和局部疼痛表现为（　　）
   A. 前额部、面颊部胀痛，晨起轻，午后重
   B. 后枕部钝痛，晨起轻，午后重
   C. 前额部周期性疼痛，晨起逐渐加重，午后减轻，晚间消失
   D. 内眦部或鼻根部疼痛，晨起轻，午后重

E. 前额部剧烈的疼痛

3. 牙根感染有时可引起（　　）

A. 牙源性额窦炎　　B. 牙源性蝶窦炎

C. 牙源性前组筛窦炎

D. 牙源性后组筛窦炎

E. 牙源性上颌窦炎

4. 以下属于鼻出血全身因素的是（　　）

A. 鼻腔异物　　B. 鼻腔术后

C. 鼻腔炎症　　D. 鼻窦肿瘤

E. 高血压

5. 适用于出血较剧、渗出面积较大或出血部位不明确的止血方法（　　）

A. 指压法　　B. 鼻腔填塞法

C. 烧灼法　　D. 血管结扎法

E. 血管介入法

6. 中老年鼻出血易发生的部位是（　　）

A. 利特尔区　　B. 鼻-鼻咽静脉丛

C. 鼻中隔前动脉　　D. 鼻前庭

E. 鼻中隔后动脉

A_2型题

7. 患者，女，20岁，右鼻胀痛3天，检查：右鼻前庭处有丘状隆起，周围红晕，顶端可见一黄色脓点，诊断为鼻疖。下列护理措施不当的是（　　）

A. 可局部热敷或理疗

B. 疖肿已成熟可切开，但切忌挤压

C. 未成熟部分可用针尖挑破，取出脓栓

D. 疖已成熟可用探针蘸少许纯苯酚腐蚀脓头促其破溃

E. 正规应用抗生素

8. 患者，男，28岁。3年前无明显诱因出现夜间鼻痒难忍，晨起喷嚏不止，连续几个甚至数十个，流大量清水样鼻涕，春秋两季较重，诊断为变应性鼻炎。下列说法不正确的是（　　）

A. 变应原皮肤点刺试验为确定变应原最常用的方法

B. 在花粉播散季节，控制外出或外出戴口罩

C. 应加强与患者沟通，帮助寻找变应原，制定治疗计划，减少发作次数

D. 变应性鼻炎属于速发型变态反应

E. 糖皮质激素类药物为控制症状的主要用药，且以全身用药为主

9. 患者，男，46岁，流脓涕、鼻塞伴嗅觉减退及记忆力下降3年，诊断为慢性上颌窦炎。护理措施中不恰当的是（　　）

A. 积极预防上呼吸道感染

B. 教会患者正确的滴鼻及擤鼻方法

C. 上颌窦穿刺冲洗时应密切观察患者反应，出现异常立即停止操作

D. 早期施行鼻窦手术

E. 密切观察病情变化

A_3/A_4型题

患者，男，29岁。主诉：太阳穴、额头部闷痛，午后头痛加重1周。病史：4年前患有鼻窦炎，因症状较轻仅用药物控制。一年半前，额头部经常性闷痛，心情烦躁，严重影响工作。今年做婚前检查，医生建议先将鼻窦炎治愈再考虑生育问题。

10. 关于慢性鼻窦炎说法不正确的是（　　）

A. 急性鼻窦炎反复发作或急性鼻炎、鼻窦炎治疗不当，窦口通气引流不畅而致

B. 可单侧发病或单窦发病，以上颌窦最为常见

C. 要根除病因，保证鼻腔鼻窦引流和通气通畅

D. 患者直接行鼻窦手术治疗治疗

E. 功能性内镜鼻窦手术（FESS）是近些年新发展起来的手术方法

11. 下列护理措施说法正确的是（　　）

A. 向患者耐心讲解疾病过程和治疗方案

B. 用生理盐水冲洗鼻腔，每天1～2次

C. 上颌窦穿刺冲洗，每天1次

D. 局部用血管收缩剂或糖皮质激素，改善鼻腔通气

E. 术后鼻腔填塞，嘱患者尽量避免打喷嚏，用口呼吸，加强口腔护理

12. 下列健康指导说法不正确的是（　　）

A. 积极预防、彻底治愈急性鼻炎和鼻窦炎

B. 避免劳累过度，戒烟酒，养成良好的生活起居习惯

C. 教会患者正确的用药方法

D. 鼻窦炎手术后痊愈，不要求患者复查

E. 向患者讲解鼻窦炎的相关知识

（朱跃弟）

第九章　咽科患者的护理

咽是消化和呼吸的共用通道，扁桃体位于他们交汇处，构成人体的防御卫士，容易遭到致病微生物侵袭，尤以儿童青少年患病多见，治疗护理不及时还会引起全身性疾病，严重者危及生命。本章重点介绍了扁桃体炎的护理，同时随着鼻咽癌发病率的增加，阻塞性睡眠呼吸综合征对人体危害的认识增强，在此一并介绍，让学生掌握这些病的常规护理知识。

第1节　扁桃体炎患者的护理

扁桃体位于消化道和呼吸道的交会处，按其位置分别称为腭扁桃体、咽扁桃体、咽鼓管扁桃体和舌扁桃体，以腭扁桃体最大，通常所说的扁桃体即指腭扁桃体。扁桃体可产生淋巴细胞和抗体，故具有抗细菌、抗病毒的防御功能。不过此处也易遭受溶血性链球菌、葡萄球菌和肺炎球菌等病菌侵袭而发炎。

扁桃体炎包括急性扁桃体炎和慢性扁桃体炎，在受凉、过度劳累、潮湿、烟酒过度等机体抵抗力下降时发病。

案例 9-1

患者，女，15 岁。因反复咽痛 2 年伴血尿 1 周入院。既往有扁桃体炎反复发作 3 年病史。平时有咽部不适、发干、发痒、异物感、口臭、易感冒、乏力等症状。咽部检查：咽部稍充血，双侧扁桃体约Ⅲ°肿大，表面不平，隐窝口有黄白色干酪样点状物，挤压可见脓栓溢出。下颌淋巴结肿大。入院后完善相关检查，遵医嘱用抗生素，择日行扁桃体切除术。

问题：1. 该患者为慢性扁桃体炎，本次住院身体状况突出问题是什么？

2. 入院后主要从哪几方面进行护理？拟定相应的护理措施。

3. 如果患者家属担心手术，作为护理人员应如何做？

一　急性扁桃体炎患者的护理

（一）概述

急性扁桃体炎（acute tonsillitis）为腭扁桃体的急性非特异性炎症，伴有不同程度的咽黏膜和淋巴组织炎症，常继发于上呼吸道感染。临床上将急性扁桃体炎分为急性卡他性扁桃体炎和急性化脓性扁桃体炎两类，后者又包括急性滤泡性扁桃体炎和急性隐窝性扁桃体炎。本病为咽部常见疾病之一，以儿童和青少年多见，春秋季节易发病。

主要致病菌为乙型溶血性链球菌，其次为金黄色葡萄球菌、肺炎链球菌、流感嗜血杆菌及病毒、厌氧菌等。正常人咽部及扁桃体隐窝内存留着某些病原体，当患者受凉、过度劳累及患有全身性疾病等造成机体抵抗力下降时，病原体大量繁殖引起炎症急性发作，可通过飞沫或直接接触传播，呈散发性，偶有爆发。

（二）护理评估

1. 健康史　了解患者病发前是否有上呼吸道慢性疾病，有无受凉、疲劳、过度饮酒、有害气体刺激等。

2. 身体状况

（1）急性卡他性扁桃体炎：症状以咽痛、低热为主要表现，全身其他不适症状较轻。咽部检查：咽部黏膜充血，双侧扁桃体轻微充血肿大，表面光滑，一般无脓性渗出物。

（2）急性化脓性扁桃体炎：局部症状表现为剧烈咽痛，可放射至耳部，常伴有吞咽困难。患者有急性病容，畏寒、高热、头痛、乏力、食欲缺乏、四肢酸痛、全身不适、便秘等全身表现。小儿可因高热而引起抽搐、呕吐和昏睡，扁桃体肿大较明显者，睡眠时打鼾、甚至出现呼吸困难。咽部检查：咽部黏膜呈弥漫性充血，以扁桃体及两腭弓最为严重。腭扁桃体肿大，在其表面可见黄白色脓点或在隐窝口处有黄白色或灰白色点状豆渣样渗出物，有时连成一片形似假膜，容易拭去；触之下颌淋巴结肿大，压痛。全身及局部症状均较卡他性扁桃体炎为重。

（3）并发症：最常见的是扁桃体周脓肿（图 9-1），其次是咽旁脓肿、颈淋巴结炎、急性中耳炎、急性喉炎等；全身并发症有急性肾炎、急性关节炎、亚急性心内膜炎、心肌炎、风湿热及败血症等。

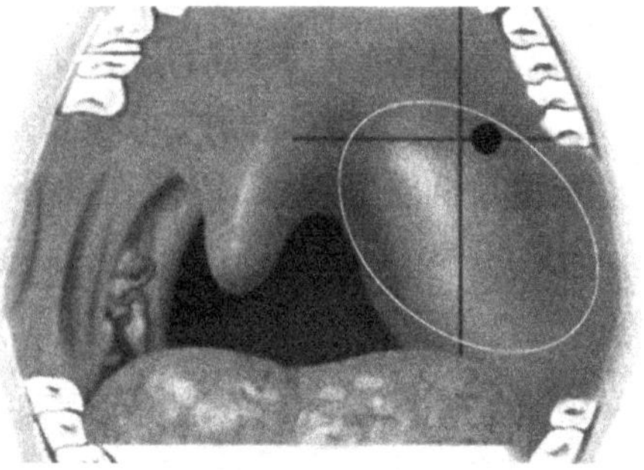
图 9-1　扁桃体周脓肿及其切开部位

3. 心理-社会状况　本病常见于儿童和青少年，症状重，家长多能重视。少数患者延误治疗或治疗不彻底可产生并发症，严重地影响患者的生活、学习，导致患者烦躁不安。

4. 实验室及辅助检查

（1）血常规检查：可见白细胞总数和中性粒细胞比例明显增多。

（2）细菌培养和药敏试验：有助于查明病原微生物和有效地选择抗生素。

（3）怀疑全身并发症可做血沉、抗链球菌溶血素“O”、心电图等。

5. 治疗要点　控制感染、对症支持治疗、预防并发症。

（三）护理诊断/医护合作问题

1. 疼痛　与扁桃体急性炎症有关。

2. 体温过高 与细菌毒素吸收有关。

3. 潜在并发症：扁桃体周脓肿、急性肾炎、心肌炎、风湿热及败血症　与感染未控制和自身免疫功能改变有关。

（四）护理措施

1. 一般护理　嘱患者注意休息，多饮水，给予易于消化、富含营养的半流质或冷流质饮食，少食多餐，餐后漱口，保持大便通畅，要适当隔离。

2. 心理护理　向患者解释病情，减轻患者烦躁情绪，促进疾病早日康复。

3. 病情观察　注意观察用药效果。观察患者体温变化、局部红肿及疼痛程度。观察患者有无一侧咽痛加剧、语言含糊、张口受限、一侧软腭及腭舌弓红肿膨隆、腭垂偏向对侧、痛苦面容等扁桃体周脓肿表现，还应注意有无关节痛、心悸胸闷、尿少水肿表现，发现异常及时与医生联系。反复发作或伴有并发症者，应在急性炎症消退后进行扁桃体切除术。

4. 用药护理　遵医嘱及时给予足量抗生素治疗。首选青霉素类、头孢类抗生素治疗，静脉滴注，每日 1 次，连用 5～7 天。用药前应询问过敏史，做过敏试验。局部可选用复方硼砂溶液或呋喃西林溶液含漱，保持咽部清洁。也可选用西地碘、西瓜霜等含片含服，以消炎止痛。疼痛较为严重时遵医嘱使用止痛剂。体温过高者给予物理降温及温水擦浴，必要时遵医嘱使用退热剂或静脉补液治疗。

5. 健康指导

（1）鼓励进食高营养易消化的软食，少食辛辣刺激性食物，多饮水，保持大便通畅，戒除烟酒，保持口腔卫生。

（2）加强体育锻炼，增强体质，注意休息，避免过度劳累，预防感冒，提高抗病能力，减少扁桃体炎的诱发因素。

（3）本病有一定的传染性，患者要适当隔离。对频繁发作的急性扁桃体炎或有并发症者，应建议在急性炎症消退 2～3 周后行扁桃体摘除术。频繁发作一般是指一年内有 5 次以上的急性发作或连续 3 年平均每年有 3 次或以上发作。

二　慢性扁桃体炎患者的护理

（一）概述

慢性扁桃体炎（chronic tonsillitis）是腭扁桃体的慢性炎症。多由急性扁桃体炎反复发作或扁桃体隐窝引流不畅病原体滋生感染演变而来。主要致病菌为溶血性链球菌和葡萄球菌。

（二）护理评估

1. 健康史　询问患者是否有急性扁桃体炎、呼吸道炎症反复发作史；是否有风湿热、急性肾炎等全身性疾病的表现。

2. 身体状况　患者平时自觉症状少，常有反复咽痛、易感冒及扁桃体炎急性发作，可有咽干、发痒、异物感、刺激性咳嗽等症状。当扁桃体隐窝内潴留干酪样腐败物或有大量厌氧菌感染时，常出现口臭。小儿扁桃体过度肥大，会出现睡眠时打鼾、呼吸不畅、吞咽或语言共鸣的障碍。当隐窝内脓栓被咽下时，可刺激胃肠道，或隐窝内细菌、毒素等被机体吸收导致全身反应，出现消化不良、头痛、乏力、低热等。

咽部检查：咽黏膜和腭舌弓呈慢性充血，黏膜呈暗红色，挤压扁桃体隐窝口可见黄白色干酪样点状物溢出。腭扁桃体呈Ⅰ～Ⅲ度肿大不等，成人扁桃体多已缩小，但可见瘢痕，表面凹凸不平，与周围组织粘连。

临床上将肿大的扁桃体分为三度：Ⅰ度：扁桃体肿大仍在咽腭弓范围内，即不越过咽腭弓；Ⅱ度：扁桃体肿大越过咽腭弓，但未达到腭垂；Ⅲ度：扁桃体肿大达到或越过腭垂。

并发症：慢性咽炎、慢性喉炎、风湿性关节炎、风湿性心脏病、慢性肾炎等。

3. 心理-社会状况　因平时无典型症状，患者多不重视。急性扁桃体反复发作或出现并发症需要手术时，患者表现出紧张恐惧等心理状况。

4. 实验室及辅助检查　检查尿液、抗链球菌溶血素“O”、血沉、心电图等，以便观察有无并发症发生。

5. 治疗要点　预防发作，控制炎症，反复发作者以手术治疗为主，也可采用隐窝冲洗、理疗、免疫疗法等。

（三）护理诊断/医护合作问题

1. 疼痛：咽痛　与慢性扁桃体炎急性发作和手术有关。

2. 感知觉紊乱：咽痛、咽干、异物感等　与炎症慢性刺激有关。

3. 潜在并发症：慢性肾炎、风湿性心脏病、术后出血、感染　与自身免疫紊乱和手术有关。

（四）护理措施

1. 一般护理　嘱患者戒烟酒、忌食辛辣刺激食物，多饮水，多吃水果及易消化富含营养食物，防止受凉，勿劳累过度。早晚用淡盐水含漱，保持口腔清洁，可有效防止急性发作。

2. 心理护理　向患者解释本病的发生发展及转归，消除患者的恐惧心理，积极主动地配合治疗。

3. 密切观察病情　注意观察有无发热、关节酸痛、尿液变化等，警惕并发症的发生。

4. 治疗与用药护理

（1）急性发作时，遵医嘱使用有效抗生素治疗，可结合扁桃体隐窝冲洗疗法、免疫疗法或抗变应性疗法，同时辅以局部涂药。用药方法参照急性扁桃体炎。

（2）若出现扁桃体过度肥大，影响吞咽、呼吸及发声功能；慢性扁桃体炎反复发作或并发扁桃体周脓肿；慢性扁桃体炎已成为引起邻近器官或其他脏器病变的病灶时应施行扁桃体挤切术（图 9-2）或扁桃体剥离术（图 9-3～图 9-5）。

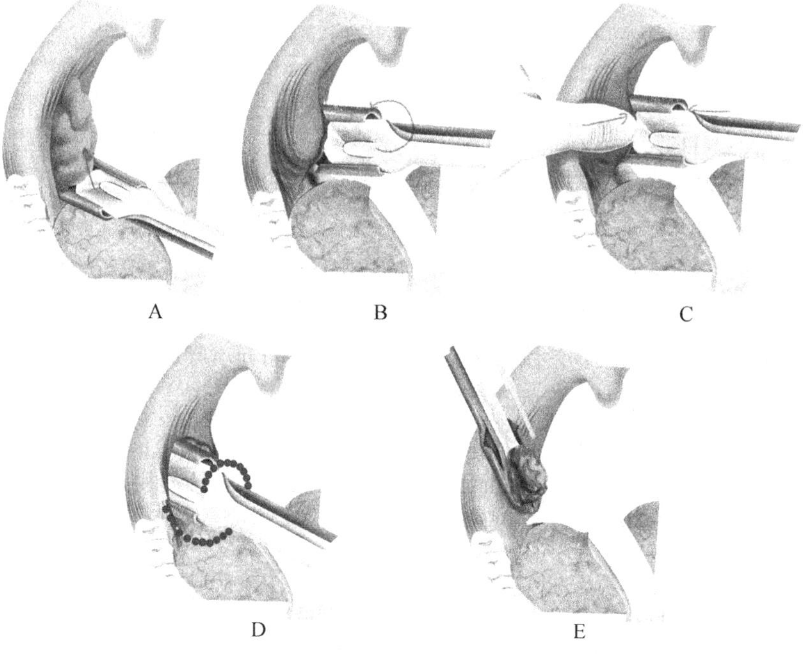

图 9-2　扁桃体挤切术 5 个关键手术步骤

A. 套；B. 提；C. 挤、切；D. 扭；E. 拽

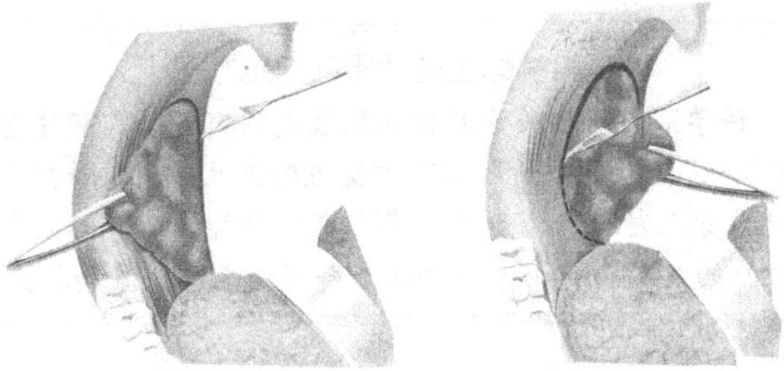

图 9-3 扁桃体剥离术：切开黏膜

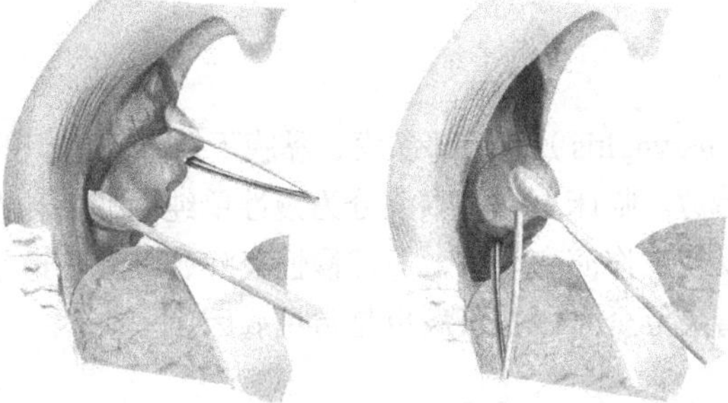

图 9-4 扁桃体剥离术：剥离扁桃体

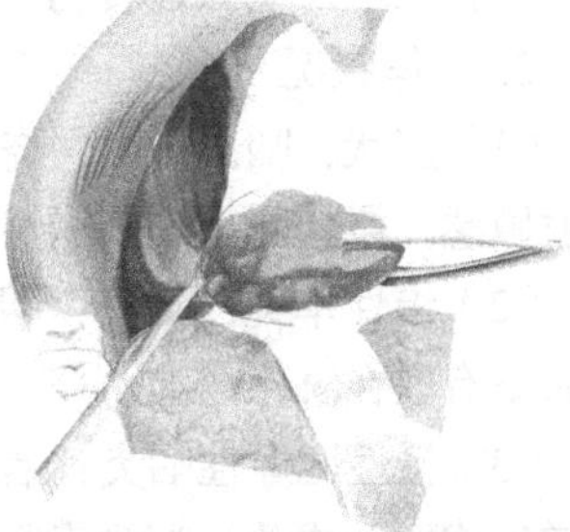

图 9-5 扁桃体剥离术：切除扁桃体

术前护理：①协助医生进行必要的术前检查，询问患者有无急性炎症、造血系统疾患、凝血机制障碍及严重的全身性疾病，有无手术禁忌证，妇女经期、妊娠期不宜手术。②保持口腔清洁，术前 3 天开始用漱口液含漱，每天 4～6 次；如有病灶感染，术前应用抗生素治疗 3 天。③术前 6 小时禁食，遵医嘱术前用药。

术后护理：①疼痛护理，及时给予患者安慰，教会其分散注意力来减轻疼痛，还可行冷敷，必要时遵医嘱使用镇痛剂。②防止出血，嘱患者卧床休息，局麻者取半卧位、全麻者取右侧卧位，少说话，避免咳嗽。密切观察口中分泌物的色、质、量，全麻未醒者，注意观察有无频繁吞咽动作，清醒后及局麻者，嘱其轻轻吐出口中分泌物，不能咽下。一旦出现活动性出血，立即通知医生并协助止血，同时观察患者的生命体征、神智及面色的变化，若出现神志淡漠、血压下降、出冷汗等休克早期表现时，需通知医生紧急处理。③饮食护理，术后 4 小时如无出血，可进冷流质饮食，次日改为半流质饮食，2 周内禁忌硬食及粗糙食物，以免损伤伤口引起出血。患者常因切口疼痛进食较少，护士应加强宣教，鼓励进食，并注意评估患者的摄入情况，必要时遵医嘱给予液体补充。④预防感染，注意观察患者体温变化情况。术后当日禁止漱口、刷牙，次日予以漱口液漱口。遵医嘱应用抗生素预防及控制感染。观察白膜颜色及形成情况，有无感染出血迹象，勿触动白膜。

5. 健康指导

（1）保持口腔清洁，进食前后漱口。

（2）向患者做好解释工作，有白膜从口中脱出属正常现象，不必惊慌。

（3）术后 2 周内避免进食粗硬食物，宜进食营养丰富的清淡软性食物。

（4）注意劳逸结合，适当锻炼，提高机体抵抗力。

（5）避免感冒，若出现咽部疼痛、体温升高、口中有血性分泌物吐出等应及时就诊。

链接

扁桃体里的"眼部细胞"

2012 年 10 月，科学家公布了关于扁桃体的最新研究成果，研究者在扁桃体里发现了一种新的"眼部细胞"，这可能是导致人们眼神交流时产生一种特殊感觉的"幕后操纵者"，这种新神经元是在猕猴身上发现的。如果人类也有这种神经元，那么它们很可能因某些诸如自闭症和精神分裂症的疾病而受损，这些疾病会影响眼部交流和社交互动。

第 2 节　慢性咽炎患者的护理

（一）概述

慢性咽炎（chronic pharyngitis）是咽部黏膜、黏膜下及淋巴组织的弥漫性慢性炎症。本病病程长，症状顽固，难治愈。临床上常将本病分为慢性单纯性咽炎和慢性肥厚性咽炎两型。

本病多因急性咽炎反复发作演变而来，鼻部慢性炎症、下呼吸道慢性炎症、烟酒、粉尘、有害气体的刺激和慢性胃炎等全身慢性疾病也是常见病因。

（二）护理评估

1. 健康史　询问患者有无鼻部、咽部及下呼吸道的急慢性炎症病史；有无用嗓不当，烟酒过度、喜好辛辣刺激性食物等不良习惯；有无居住工作环境不良等。

2. 身体状况

（1）症状：咽部干燥、烧灼感、异物感、发痒、干咳，有时咽部有微痛或吞咽阻塞感；咽反射敏感，晨起时出现刺激性咳嗽或刷牙时干呕恶心。

（2）慢性单纯性咽炎：咽黏膜充血，颜色为暗红色，有少量黏性分泌物附着于黏膜表面，咽后壁有散在淋巴滤泡。

（3）慢性肥厚性咽炎：咽黏膜弥漫性增生肥厚，呈暗红色，咽后壁淋巴滤泡显著增生，散在增生或融合成片，咽侧索肥厚隆起明显。

3. 心理-社会状况　患者经常咽部不适，久治不愈而焦虑、烦躁，甚至产生恐癌心理，表现为病急乱投医。

4. 治疗要点　针对病因进行治疗，局部对症治疗，配合中医中药。

（三）护理诊断/医护合作性问题

1. 舒适度改变：咽部不适感　与慢性炎症有关。

2. 焦虑　与咽部不适感、久治不愈有关。

3. 知识缺乏：缺乏慢性咽炎的防治知识。

（四）护理措施

1. 一般护理　嘱患者清淡饮食，多吃新鲜蔬菜水果，多饮水，避免饮酒刺激及辛辣刺激。清除鼻咽部分泌物。平时不要劳累过度，坚持户外活动，保持室内空气新鲜。

2. 心理护理　耐心向患者解释病情，减轻其烦躁焦虑心理，促进疾病康复。

3. 治疗与用药护理　①局部用复方硼砂溶液或 1∶5000 呋喃西林溶液漱口，含漱时头后仰、张口发"啊"声，使含漱液也能清洁咽后壁；西瓜霜含片、度米芬喉片、溶菌酶含片、六神丸或喉痛消炎丸等含化；同时可配合中医中药治疗，如金嗓利咽丸、蜜炼川贝枇杷膏、知柏地黄丸等，减轻局部症状。②慢性肥厚性咽炎可采用 10%～20%硝酸银溶液烧灼增生的组织，也可用激光、冷冻的方法治疗，但治疗的范围不宜过广。

4. 健康指导

（1）多参加户外锻炼，增强体质，提高抗病能力，戒除烟酒等不良嗜好，饮食清淡，避免辛辣、油煎食物刺激。

（2）改善工作环境及防护条件，控制有害气体在空气中的浓度。

（3）积极治疗鼻炎、鼻窦炎等疾病。

链接

梅 核 气

梅核气是指患者咽喉中有异常感觉，但不影响进食为特征的病症。如梅核塞于咽喉，咯之不出，咽之不下，时发时止为特征的咽喉疾病。本病相当于西医的咽部神经官能症，或称咽癔症、癔球，检查无实质性病变。该病多发于壮年人，以女性居多。多因情志不畅引起，在工作紧张时、睡着后或专心做事时可以完全消失。因此，此类患者应以心理治疗为主。

第3节 鼻咽癌患者的护理

案例 9-2

患者，男，65岁。主诉：左耳耳闷、闭塞感、听力下降1月余。患者1个月前出现左耳耳闷、闭塞感、听力下降，诊所给予阿莫西林口服，未见好转，故来耳鼻喉科门诊就诊。耳部检查：鼓膜下陷，可见液平，捏鼻鼓起未见鼓膜活动。鼻内镜检查：左侧咽部隆起肿块，表面呈菜花状，咽隐窝消失。初步诊断：鼻咽癌。积极完善相关检查，行鼻咽部肿物活检术。病理报告：鳞状细胞癌。患者绝望拒绝治疗。

问题： 1. 对患者进行评估后，怎样向患者解释耳部症状？

2. 为患者拟定合理的护理措施。

（一）概述

鼻咽癌（carcinoma of nasopharynx）为我国常见恶性肿瘤之一，系恶性程度较高的肿瘤，居耳鼻咽喉恶性肿瘤之首，我国广东、广西、福建、湖南、江西为世界高发区，发病年龄大多在40～60岁，男性是女性的2～3倍。

目前认为鼻咽癌的发生与遗传、病毒感染、环境及生活习惯等有关。①遗传因素：鼻咽癌患者具有种族易感性和家族聚集现象。②病毒感染：EB病毒在鼻咽癌发病中起着重要的作用。从鼻咽癌患者的血清中可查出EB病毒抗体，并且抗体滴度随病情发展而升高，鼻咽活组织培养的淋巴母细胞也可分离出EB病毒。③不良习惯及环境因素：烟草中含多种致癌物质，故吸烟者发病率较高；亚硝酸胺类、多环烃类及微量元素镍含量高、性激素失调、空气污染、维生素缺乏等均为鼻咽癌的诱因。

链接

EB病毒

EB病毒（epstein-barr virus，EBv）由Epstein和Barr于1964年首次成功地将Burkitt非洲儿童淋巴瘤细胞通过体外悬浮培养而建株，故命名。并在建株细胞涂片中用电镜观察到疱疹病毒颗粒，又名人类疱疹病毒4型，属疱疹病毒科。EB病毒主要感染人类口咽部的上皮细胞和B淋巴细胞，与鼻咽癌发病密切相关。现中国用基因工程方法构建的同时表达EBvgp320和HBsAg的痘苗疫苗已经问世，重点在鼻咽癌高发区使用。

（二）护理评估

1. 健康史　了解患者发病前的健康状况，有无 EB 病毒感染史；是否经常食用辛辣、腌制食品；是否经常接触污染空气，有无饮用水被污染情况；有无家族史。

2. 身体状况　鼻咽癌多发生于鼻咽顶后壁和咽隐窝，位置隐蔽，所以早期症状不典型，且易发生早期转移。

（1）鼻部症状：早期涕中带血丝，晚期大出血。病灶位于鼻咽顶前壁者，用力向后吸鼻腔或鼻咽部的分泌物时软腭背面与肿瘤摩擦，轻者可引起涕血，重者可致大量鼻出血。肿瘤阻塞后鼻孔或侵入鼻腔，出现单侧或双侧鼻塞。

（2）耳部症状：肿瘤阻塞或压迫咽鼓管咽口，可引起患者耳鸣、耳闭塞感及听力减退或伴有鼓室积液，勿误诊为分泌性中耳炎。

（3）颈部出现无痛性肿块：鼻咽癌早期即可向颈淋巴结转移，两侧相继出现，这是本病重要临床特征之一。淋巴结呈进行性增大，无痛、质硬，相对固定。

（4）头痛及脑神经症状：肿瘤侵犯破坏颅底结构或经破裂孔转移到颅内，可出现顽固性头痛。若侵犯第Ⅰ、Ⅲ、Ⅳ、Ⅴ、Ⅵ对脑神经可出现视力下降、上睑下垂、头痛、面部麻木、眼球向外运动受限、复视等症状；若侵犯第Ⅸ、Ⅹ、Ⅻ对脑神经会出现软腭麻痹、声嘶、呛咳、吞咽困难、伸舌偏斜等症状。

（5）远处转移症状：晚期鼻咽癌可发生骨、肝、肺等处转移，出现相应症状与体征。

（6）颈部触诊：颈深部可触及质硬、活动度差或不活动、无痛性肿大淋巴结。

3. 心理-社会状况　鼻咽癌因早期症状不典型，患者常不予重视，早期诊断率低。当出现典型症状时，肿瘤已到中晚期。确诊后，患者对放疗、化疗均有不同程度的恐惧心理。疗效欠佳时患者有悲观绝望心理。

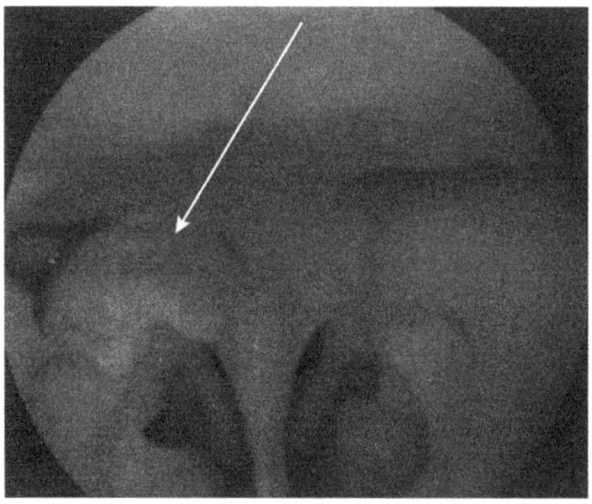

图 9-6　鼻咽部肿物形态

4. 实验室及辅助检查

（1）间接鼻咽镜检查：首选方法，可见鼻咽顶后壁或侧咽壁、咽隐窝有菜花状、结节状或溃疡状等不同形态新生物（图 9-6）。

（2）内镜检查：鼻内镜、纤维鼻内镜检查，能直接发现较小的肿物。

（3）影像学检查：CT（图 9-7）及 MRI 检查能显示肿瘤范围及颅底骨质破坏的程度。

（4）血清学检查：EB 病毒壳抗原-免疫球蛋白 A 抗体测定，有助于鼻咽癌的诊断、普查和随访。

（5）细胞学检查：取鼻咽部脱落细胞涂片检查，可发现脱落的癌细胞，有助于诊断。

（6）组织学检查：病理学检查为确诊的依据，一次活检阴性不能否定鼻咽癌，少数病例需多次活检才能明确诊断。必要时可行颈部转移性肿块的穿刺抽吸活检或切取活检。

5. 治疗要点　早发现、早诊断、早治疗非常重要。首选的治疗方法是放射疗法；化疗药物主要用于癌症晚期、放疗后复发或远处转移者；手术仅用于少数对放疗不敏感或放疗后仍有颈部残存转移灶的患者。为防止远处转移，提高放疗敏感性和减轻放疗并发症，放疗期间可配合化疗、中医中药治疗及免疫治疗。

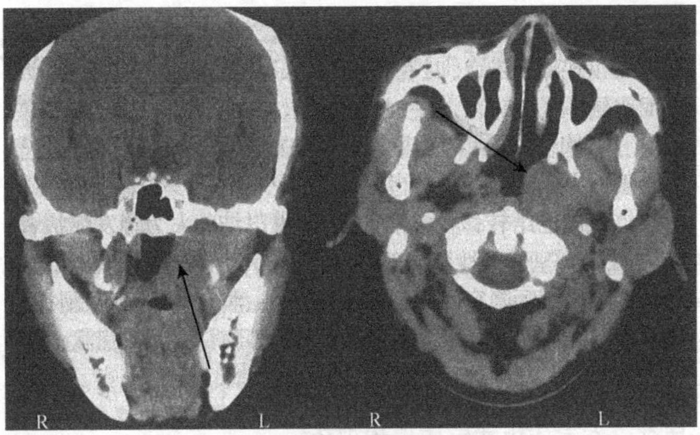

图 9-7 鼻咽癌 CT 表现

（三）护理诊断/医护合作性问题

1. 恐惧 与肿瘤的预后不良及放疗、化疗的不良反应有关。

2. 疼痛：头痛 与肿瘤侵犯脑神经和脑组织有关。

3. 感知改变：鼻塞、耳闷、听力下降 与肿瘤堵塞后鼻孔、咽鼓管有关。

4. 有出血的危险 与肿瘤晚期侵犯血管有关。

5. 知识缺乏：缺乏有关鼻咽癌早期症状的认知及防治知识。

（四）护理措施

1. 一般护理 指导患者每日进行口腔护理，黏膜破溃者，可使用抑菌、促进组织修复的漱口液含漱。告知患者及家属放疗的目的、注意事项、并发症及对疾病转归的作用。放疗区域的皮肤不能用化学物品刺激，用清水清洗即可，不可搔抓。增加营养摄入，避免进食辛辣刺激性食物。对于化疗引起的脱发是可逆的，不要过于紧张，外出时可佩戴假发套。

2. 心理护理 关心、体贴患者，向患者介绍鼻咽癌治疗的新方法、新成果，帮助患者树立战胜疾病的信心，争取主动配合治疗。

3. 观察病情 密切观察患者病情及生命体征变化。协助医生进行止血，鼻出血量较大时参见鼻出血护理措施。

4. 治疗与用药护理 放疗后鼻腔痂皮较多，可行鼻腔冲洗，每周 1～2 次；鼓室积液较多不能自行吸收者，可行鼓膜穿刺抽液，改善耳部症状；头痛明显影响到睡眠者，可遵医嘱酌情给予止痛药、镇静剂，颅压高者还可给 20%甘露醇快速静脉滴注。

5. 健康指导

（1）普及鼻咽癌的防治知识，做到早发现、早诊断、早治疗。如成年人不明原因出现涕中带血、回吸血涕、单侧耳鸣、耳聋、或颈部肿块等症状者，应及时到耳鼻咽喉科就诊。一旦确诊，应向患者说明放疗的意义，使患者及时得到治疗。

（2）养成良好的饮食习惯，勿食含亚硝胺类及镍较高的食品、水，如腌制食品等。宜进食高热量、高蛋白、高维生素饮食，多吃水果，改善营养状况，增强机体免疫力。

（3）放疗过程中应注意有无并发症的出现，如骨髓抑制、消化道反应、皮肤反应等，经常检查血常规，防止感染，保持口腔卫生，适当中药调理。

（4）定期对社区易感人群进行鼻咽癌的筛查，重点人员跟踪观察。确诊人员定期复查，一般随访时间为 3 个月、半年、1 年。

第4节　阻塞性睡眠呼吸暂停低通气综合征患者的护理

（一）概述

阻塞性睡眠呼吸暂停低通气综合征（obstructive sleep apnea-hypopnea syndrome，OSAHS）指成年人在7小时的夜间睡眠时间内，至少有30次呼吸暂停，每次呼吸暂停时间至少10秒以上；睡眠过程中呼吸气流强度较基础水平降低50%以上，并伴有动脉血氧饱和度下降≥4%；或呼吸暂停低通气指数（即平均每小时睡眠中呼吸暂停和低通气的次数）>5。它是由于睡眠时上气道塌陷堵塞引起的呼吸暂停和通气不足，伴有打鼾、睡眠结构紊乱，频繁发生血氧饱和度下降及白天嗜睡等症状，是一种最常见的睡眠呼吸紊乱性疾病，可发生在任何年龄，但以中年肥胖男性发病者居多，有家族史或家族聚集现象。

正常呼吸时，外界空气进入肺泡进行气体交换。此种气体交换的关键是喉以上的呼吸道能够使气流通畅地进入气管、支气管，如因某种原因使这段气流受阻，就可出现阻塞性睡眠呼吸暂停。引起OSAHS的常见因素有以下几种。①上呼吸道狭窄或堵塞：如鼻中隔偏曲、鼻息肉、咽喉腔狭窄等；②肥胖：舌体肥厚、咽部脂肪多造成咽腔狭窄；③其他：老年期组织松弛、肌张力下降，甲状腺功能减退引起黏液性水肿，酗酒、服安眠药，遗传因素等。

（二）护理评估

1. 健康史　询问患者家族史，有无局部及全身疾病等诱发因素；患者的体型、上气道及颌面部的发育情况；夜间打鼾的程度，憋醒的频率，发病时间。

2. 身体状况　患者一般较肥胖、颈粗短，部分患者有上、下颌骨发育不全。

（1）睡眠时打鼾、憋气：鼾声如雷，影响他人休息，有时反复地呼吸暂停，经常憋醒；憋气与睡眠姿势有关，仰卧位明显，侧卧位减轻或消失。

（2）神经精神症状：患者有头痛、头晕、疲倦、白天嗜睡、注意力不集中、记忆力下降等情况。

（3）并发症：患者憋醒后常感心慌、胸闷或者心前区不适。病程较长的患者可并发高血压、心律失常、心绞痛与心肺功能衰竭等。部分重症患者出现性功能减退，性格急躁。儿童患者有遗尿、学习成绩下降，胸廓发育畸形、生长发育迟缓等现象。

3. 心理-社会状况　患者担心影响到他人的休息，不能处理好人际关系；夜间频发呼吸暂停，常引起家人担忧；尽管本病对患者有潜在的危险性，但往往被忽视，直到引起严重并发症才引起重视。确诊后，患者因为缺乏相关知识及担心预后而表现为恐惧和焦虑。因此，护士应注意评估患者的性格特征、饮食与生活习惯、患者的情绪状况及对疾病的认知程度。

4. 辅助检查

（1）多导睡眠描记仪监测（图9-8）：对OSAHS患者进行整夜连续的睡眠观察和检测，被认为是诊断OSAHS的金标准。通过对记录的分析，可了解患者睡眠时机体的变化，以确定睡眠呼吸暂停的性质和程度。该设备既可进行心电监护和肺功能测试，又可自动记录眼电图、脑电图、肌电图、血氧饱和度等。

（2）纤维鼻咽镜检查：判断上气道阻塞部位、原因、性质和阻塞程度。

（3）影像学检查：头颅X线、CT或MRI检查评估是否有骨性气道狭窄。

5. 治疗要点　查明病因、明确诊断，个体化多学科综合治疗。对于症状较轻者可采用非手术疗法，较重者可采用手术治疗。例如，腭垂腭咽成形术（UPPP）、腭咽成形术（PPP）、激光手术等方法以增加咽腔空间，减少睡眠时上呼吸道的阻力。

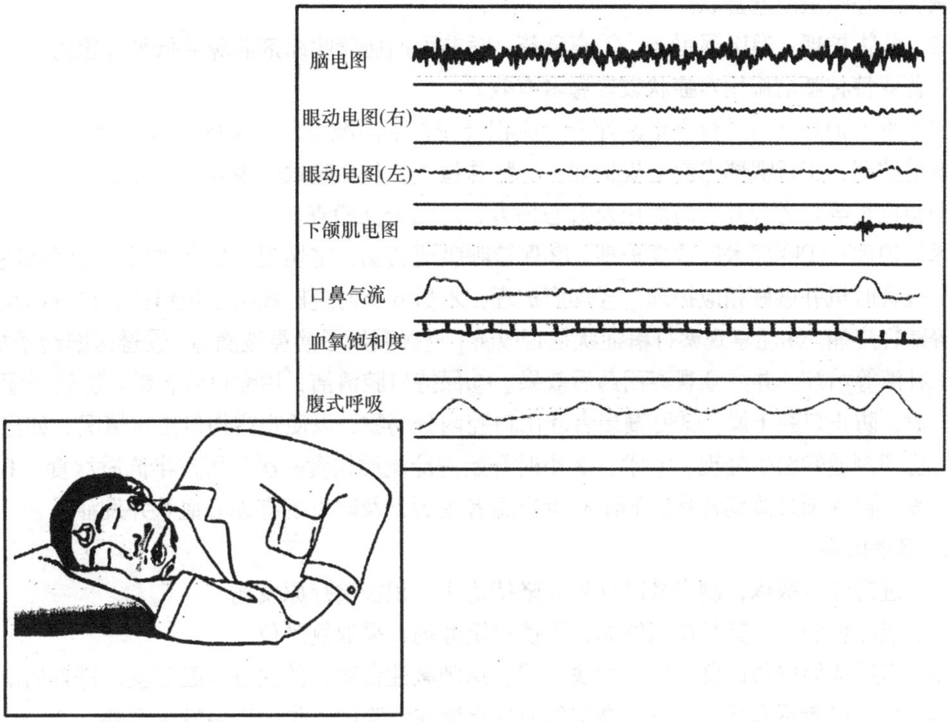

图 9-8　多导睡眠描记仪监测

（三）护理诊断/医患合作问题

1. 睡眠形态紊乱　与疾病本身、心理负担过重有关。

2. 气体交换障碍　与上呼吸道狭窄及阻塞有关。

3. 人际关系紧张　与鼾声影响他人休息及性格改变有关。

4. 潜在并发症：心律失常、高血压、脑中风、猝死等　与长期低氧血症有关。

5. 知识缺乏：缺乏对本病的防治知识。

（四）护理措施

1. 一般护理　①调整睡眠姿势：采用侧卧位或半坐卧位，减轻呼吸暂停和鼾声。②减肥：帮助患者制定减肥计划。③禁服安眠药及忌烟酒：乙醇可使肌肉松弛和张力降低，使睡眠呼吸暂停加重。④尽可能安排患者住单人房间，保证睡眠环境安静，同时减少对其他人的影响。

2. 心理护理　向患者讲解疾病相关知识、手术过程及麻醉方式，解答患者的疑问，消除其紧张心理，使之积极配合治疗，并指导其对预后的正确估计。鼓励患者多参加集体活动，保持愉快心情。

3. 密切观察病情，预防并发症　密切观察患者的生命体征，特别是呼吸情况，夜间加强巡视，同时准备好抢救用物，以备急用。

4. 治疗与用药护理

（1）改善气道：①遵医嘱给予患者持续低流量吸氧或使用鼻腔正压通气治疗，以纠正患者的缺氧状况，教会其正确的使用方法、可能出现的不适及如何调整，帮助患者树立信心。②对使用舌保护器治疗者，睡前可将舌保护器置于口中，使舌保持轻度前置位，增加喉腔前后距离，从而减轻上呼吸道阻塞症状。

（2）药物护理：遵医嘱用药。①滴鼻药：睡前可用血管收缩剂滴鼻减低鼻腔阻力；②抗抑郁药：普罗替林睡前服用对症状较轻患者有效。

（3）手术护理：对进行手术治疗者，应积极完善术前准备，尽快行手术治疗。

术前护理：①行咽部术前常规护理。②特殊检查，包括睡眠呼吸监测、气道压力测定、纤维鼻咽镜检查等。③合并有高血压及冠心病者，应做全面检查。

术后护理：①咽部术后常规护理。②保持呼吸道通畅，密切观察生命体征，遵医嘱决定机械通气拔管时机并做好相应护理。③疼痛护理，术后 6 小时遵医嘱给予镇痛药、口含冰块、喝冰水等减轻疼痛。④注意观察打鼾症状是否改善，遵医嘱给予滴鼻液滴鼻。⑤遵医嘱给予抗炎、止血、补液等治疗，并注意观察用药后效果。⑥保持口腔清洁，用漱口液含漱。⑦给予湿纱布覆盖口唇，防止口腔干燥。⑧叮嘱患者吐出口腔内分泌物，以便观察伤口出血情况，如出血量较多，应即刻通知医生处理。⑨术后 3 小时开始进冷流质饮食，次日可进半流质饮食，1 周后改为软食，再逐渐过渡到普食。⑩耐心听取患者主诉，及时发现有无心血管并发症。

5. 健康指导

（1）进行体育锻炼，制定减肥计划并坚持落实，积极治疗原发病。

（2）戒除烟酒，尤其是夜间饮酒，不使用镇静剂，采取侧卧位。

（3）术后 4 周内勿进食干硬、大块及酸、辣刺激性食物，并注意口腔卫生，进食后漱口。

（4）建议患者不宜从事驾驶、高空作业等有潜在危险的工作，以免发生意外。

（5）定期随访，监测心脏功能、血压等，防止并发症。

（6）加强卫生宣教，让人们认识到 OSAHS 是一种潜在的威胁生命的疾病。

链接

世界睡眠日

睡眠是人的生理需要，可以恢复精神和解除疲劳，人一生中有 1/3 的时间是在睡眠中度过。世界卫生组织调查，27%的人有睡眠问题，睡眠障碍已成为影响人们健康不容忽视的问题，阻塞性睡眠呼吸暂停低通气综合征是导致睡眠障碍的一种重要原因。为唤起全民对睡眠重要性的认识，国际精神卫生和神经科学基金会主办的全球睡眠和健康计划于 2001 年发起了一项全球性的活动——将每年的 3 月 21 日，即春季的第一天定为“世界睡眠日”。2003 年中国睡眠研究会把“世界睡眠日”正式引入中国。2017 年 3 月 21 日是第 17 个世界睡眠日，主题是“健康睡眠，远离慢病”。

目标检测

A_1 型题

1. 引起急性化脓性扁桃体炎的主要致病菌是（　　）

A. 乙型溶血型链球菌
B. 葡萄球菌
C. 肺炎链球菌
D. 厌氧菌
E. 柯萨奇病毒

2. 急性扁桃体炎的局部症状主要是（　　）

A. 咳嗽　B. 发热
C. 吞咽困难　D. 耳痛
E. 剧烈咽痛

3. 扁桃体炎最常见的并发症是（ ）
A. 颌下淋巴结炎
B. 咽后脓肿
C. 扁桃体周脓肿
D. 风湿热
E. 咽旁脓肿
4. 临床上一般将扁桃体肥大分为几度（ ）
A. Ⅲ度 B. Ⅱ度 C. Ⅳ度
D. Ⅴ度 E. Ⅵ度
5. 患者有咽异物感，检查咽黏膜呈暗红色，咽后壁淋巴滤泡增生，应考虑（ ）
A. 慢性喉炎 B. 慢性扁桃体炎
C. 咽异感症 D. 慢性咽炎
E. 急性咽炎
6. 鼻咽癌的好发部位是（ ）
A. 咽隐窝 B. 咽鼓管咽口
C. 咽峡部 D. 后鼻孔处
E. 咽后壁
7. OSAHS 患者睡眠姿势应取（ ）
A. 半卧位 B. 平卧位
C. 侧卧位 D. 俯卧位
E. 仰卧位
8. 以下哪项不是急性扁桃体炎的护理诊断（ ）
A. 急性疼痛 B. 声音嘶哑
C. 体温过高 D. 潜在并发症
E. 知识缺乏
9. 下列慢性扁桃体炎描述错误的是（ ）
A. 平时无自觉症状
B. 有反复急性发作病史
C. 隐窝口可见干酪样的点状物
D. 扁桃体慢性充血
E. 扁桃体应尽早切除
10. 扁桃体术后下列护理说法错误的是（ ）
A. 密切观察有无出血
B. 用冰袋冷敷下颌部
C. 发现白膜异常，用棉签擦拭
D. 2 周内禁忌硬食及粗糙食物
E. 术后当日禁止漱口，次日可用漱口液漱口
11. 在鼻咽癌的症状中，下列叙述不恰当的是（ ）
A. 早期回吸时涕中带血
B. 颈淋巴结肿大
C. 头痛
D. 耳鸣、耳聋、耳闷
E. 早期可发生肝肺骨转移

A_3/A_4型题

患者，女，50 岁。近 3 个月经常擤鼻涕带血丝，且伴有头痛、耳鸣、耳聋、鼻塞，经检查，确诊为鼻咽癌。患者情绪低落，整天焦虑不安。

12. 关于鼻咽癌的说法不正确的是（ ）
A. 我国南方发病率较高
B. 发病年龄大多为中老年人
C. 有明显的种族易感性和家族高发性
D. 发病与 EB 病毒感染关系密切
E. 早期症状不典型，不易发生转移
13. 目前最主要的护理目标是（ ）
A. 增强战胜疾病的信心
B. 头痛减轻
C. 鼻塞好转
D. 耳聋减轻
E. 患者涕中带血丝消失
14. 下列健康指导不恰当的是（ ）
A. 普及鼻咽癌防治知识，做到早发现、早诊断、早治疗
B. 养成良好的饮食习惯，少食腌制食品
C. 定期对易感人群进行筛查，重点人员跟踪观察
D. 鼻咽癌患者不愿接受治疗，尊重患者，放弃治疗
E. 成人不明原因涕中带血丝，单侧耳鸣、顽固性头痛，应常规检查鼻咽部

（朱跃弟）

第十章　喉科患者的护理

喉部疾病包括喉部炎症、喉阻塞、喉癌等以喉痛、声音嘶哑、呼吸困难等为特点的一系列疾病，病情一般较紧急，严重时若得不到及时抢救会影响患者生命安全。

第1节　喉部炎症患者的护理

● 案例 10-1

患儿，男，3岁，代主诉：发热、咳嗽2天，呼吸困难1天，患儿2天前受凉后出现发热、咳嗽，服用头孢克肟50mg，2次/天，退热药退热2次，未见明显好转，今日出现呼吸困难，逐渐加重，急入院。入院检查：T39℃，面色红润，“空、空”样咳嗽，轻度吸气性呼吸困难伴吸气性喉喘鸣，哭闹后加重，轻度“三凹征”，脉搏尚正常。喉镜检查患儿不能配合。

问题： 1. 引起急性喉炎的病因有哪些？

2. 临床表现有哪些特点？

3. 急性喉炎的治疗原则和护理要点有哪些？

（一）概述

急性喉炎（acute laryngitis）为喉部黏膜的急性卡他性炎症，是一种常见的急性呼吸道感染性疾病，是声音嘶哑的最常见原因。本病冬春季节容易发病，成人、儿童均可发生，但小儿急性喉炎好发于6个月～3岁的儿童，病情多较成人为重，若不按时治疗可导致喉阻塞而危生命，故应引起高度重视。

（二）护理评估

1. 健康史

（1）感染：常发生在急性鼻炎之后，先是病毒感染，后继发细菌感染。开始为鼻腔、鼻咽、咽部，逐渐向下扩展为喉黏膜的急性卡他性炎症，小儿多继发于某些急性传染病，如麻疹、流感、百日咳等。

（2）过度用声：大声喊叫，说话过多，剧烈久咳等。

（3）诱发因素：吸入粉尘、有害气体（如氢气、氯气等）或烟酒过度，食物刺激等为其诱发因素。

2. 身体状况

（1）症状：急性喉炎常继发于急性鼻炎之后，除鼻部症状外，急性喉炎的局部症状尚有以下几类。

1）声音嘶哑：初期声音嘶哑多不严重，但很快声嘶加重，甚至可失声。声音嘶哑为急性喉炎的主要症状，以成人更为明显。

2）咳嗽、咳痰：早期仅为干咳无痰，晚期则有稠厚的黏液痰咳出。伴有气管、支气管炎症时，咳嗽、咳痰会加重。小儿患者炎症累及声门下区时，呈“空、空”样或犬吠样咳嗽，且夜间加重，为小儿急性喉炎的重要特征之一。

3）吸气性呼吸困难：小儿急性喉炎患者最为明显，初期哭闹时喘息，较重者可有吸气性喘鸣，并出现胸骨上窝、锁骨上窝、肋间及上腹部软组织吸气期内陷等喉阻塞症状。严重者面色苍白、呼吸无力，甚至窒息死亡。

（2）体征：间接喉镜检查可见喉黏膜呈弥漫性充血、肿胀，声带由白色变为红色或粉红色，有时可见黏脓性分泌物附着，发音时声门闭合不全，但两侧声带运动正常（图 10-1）。小儿应在喉内镜或直接喉镜下检查，可见喉黏膜充血、肿胀，还可见声门下黏膜显著肿胀向中间突出而形成一狭窄腔隙。由于小儿合作性较差，在临床上很少对小儿进行喉镜检查，以防加重呼吸困难的程度。

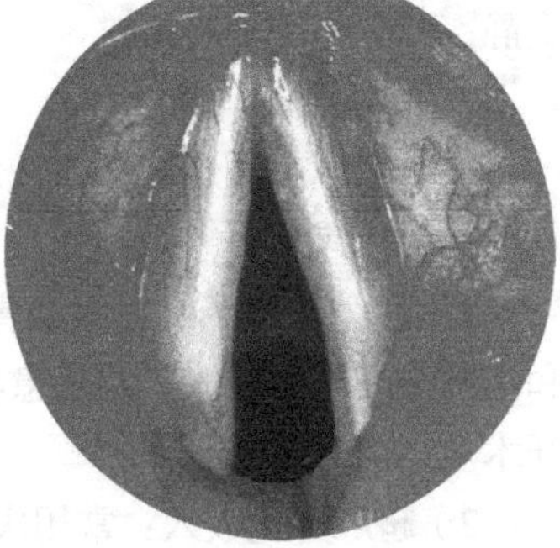
图 10-1 急性喉炎

3. 心理-社会状况　因急性喉炎起病急，患者常以喉痛、声嘶等而急来医院就诊。少数患者对本病缺乏认识，误认为是普通感冒，不加重视，长期反复发作形成慢性喉炎，或延误诊治而危及生命。

4. 辅助检查

（1）血常规：病毒感染者白细胞计数正常或偏低；细菌感染者白细胞计数升高，中性粒细胞比例增加。

（2）X 线胸片：气管分泌物过多或喉部梗阻明显者，可出现支气管炎、肺不张或肺气肿的征象。

（3）小儿患者应排除白喉、喉部异物等疾病，并做喉分泌物细菌培养。

5. 治疗要点　重点是解除喉阻塞，应及早使用有效、足量的抗生素以控制感染。

（1）抗生素治疗：及时使用足量的抗生素，一般使用青霉素，对青霉素过敏的患者可用头孢类或大环内酯类抗生素。

（2）糖皮质激素应用：糖皮质激素可减轻喉部组织炎性肿胀，减少炎性分泌物产生，从而减轻喉阻塞，应尽早使用。轻者常使用泼尼松，每日 1～2mg/kg，分次口服；症状较重者，肌内注射或静脉滴注地塞米松，每次 0.5～1.0mg/kg 加入 5%葡萄糖溶液中静脉滴注，可重复使用，至症状缓解后改为口服。

（3）局部治疗：超声雾化吸入治疗或超短波理疗，具有消炎、止痛作用。

（4）饮食与休息：患者应禁烟酒，禁食刺激性食物，少讲话，注意声带休息，以利于炎症消退。患儿注意保持安静，有缺氧表现时，及时吸氧。

（5）气管切开：喉部梗阻严重者，立即行气管切开。

（三）主要护理问题/医护合作性问题

1. 语言沟通障碍：声音嘶哑或失声　与喉部炎症有关。

2. 体温过高　与喉部感染有关。

3. 舒适改变　与喉部异物感、疼痛有关。

4. 有窒息的危险　与小儿急性喉阻塞有关。

5. 知识缺乏：缺乏声音保健的相关知识。

（四）护理措施

1. 恢复正常体温

（1）密切观察体温变化：认真观察体温变化，持续高热时及时给予物理降温或遵医嘱使用清热解毒药物，儿童患者应防止高热惊厥。

（2）适当应用静脉补液：应用静脉输液，便于补充液体，维持水、电解质平衡。

（3）合理使用镇静药物：合理的、适当地使用镇静药物，可以使儿童患者避免哭闹，保持安静，减少体能消耗。

2. 减轻喉痛，噤声

（1）噤声：嘱患者禁声或用耳语、笔谈等，尽量少说话，使声带保持充分休息。

（2）治疗配合

1）遵医嘱给予抗生素如青霉素、头孢类治疗控制感染，用糖皮质激素如地塞米松等减轻和消除喉黏膜的肿胀。儿童患者如有重度喉阻塞，药物治疗无效者，应及时配合医生行气管切开术。

2）超声雾化吸入：常用庆大霉素和地塞米松作为雾化药液，每日 1～2 次，或在热水中加入薄荷、复方安息香酊慢慢吸入并结合喉片含化等局部治疗。

3）中医药护理：可遵医嘱给予黄芪响声丸、金嗓子喉宝、枇杷膏等中成药治疗。

3. 预防窒息等并发症的发生

（1）病情观察：密切观察呼吸、脉搏等生命体征的变化，如有呼吸困难者应及时报告医生并配合医生做好应急处理。

（2）保持安静：应遵医嘱酌情给予镇静止咳药，尽量减少患者特别是儿童患者的哭闹。避免使用苯巴比妥等有抑制呼吸作用的药物，以免加重病情引起窒息。

（3）吸氧：对喉阻塞严重者，应注意吸氧，床边备气管切开术包，经药物治疗无效者行气管切开术。

4. 健康指导

（1）积极宣传急性喉炎的防治知识，加强户外锻炼，增强抗病能力。

（2）注意正确的发音方法，告诉患者避免持续、大声喊叫，防止声带小结、声带息肉及本病的发生。

（3）儿童患者发生感冒时应及时就医，以免发生严重的呼吸困难。

第 2 节　喉阻塞患者的护理

（一）概述

喉阻塞（laryngeal obstruction）亦称喉梗阻，是因喉部或其邻近组织的病变使喉腔变窄或发生阻塞，而引起的呼吸困难。本病多发生于小儿，如不及时治疗，可引起严重后果。

（二）护理评估

1. 健康史

（1）急性炎症：如小儿急性喉炎、急性喉气管支气管炎、急性会厌炎、白喉、咽后脓肿等。

（2）外伤：喉部烧灼伤、毒气或高热蒸汽吸入、气管插管或气管镜检查引起的损伤等。

（3）喉部异物、气管异物既可造成机械性阻塞，又可引起喉痉挛。

（4）喉水肿：如血管神经性水肿、药物过敏反应及心、肾疾患引起的喉水肿。

（5）肿瘤：如喉癌、多发性喉乳头状瘤、喉咽部肿瘤或喉部肿瘤合并感染及出血。

（6）畸形：如先天性喉喘鸣、喉软骨畸形或喉瘢痕狭窄等。

（7）声带麻痹：两侧声带外展性瘫痪，多由外伤所致或为甲状腺手术的并发症。

2. 身体状况

（1）吸气性呼吸困难：是喉阻塞的主要症状。当喉部因炎症或压迫使喉腔变窄时，吸入空气量减少，因缺氧需要用力呼吸，声带边缘被向下推移，使原本已变窄的声门变得更狭窄（图 10-2），吸气更困难。表现为吸气时间延长，吸气深而慢，但通气量并不增加，若无明显缺氧，则呼吸频率不变。呼气时气流将两侧声带向上、向外推开，较吸入时声门裂变大，故能呼出气体，呼气困难并不明显。

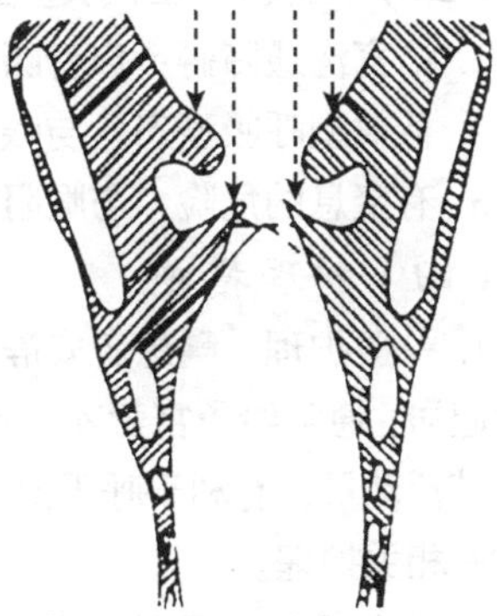
图 10-2　吸气性呼吸困难机制示意图

（2）吸气性喉喘鸣：为吸气时，气流通过狭窄的声门裂形成气流漩涡反击声带，声带颤抖所发出的尖锐的喉喘鸣音，其声音大小与喉阻塞的程度成正比。

（3）吸气期软组织凹陷：由于吸气困难，胸腔内负压增加，将胸壁及其周围的软组织吸入，使胸骨上窝、锁骨上窝、肋间隙、剑突下和上腹部吸气期的凹陷，称为“四凹征”（图 10-3）。

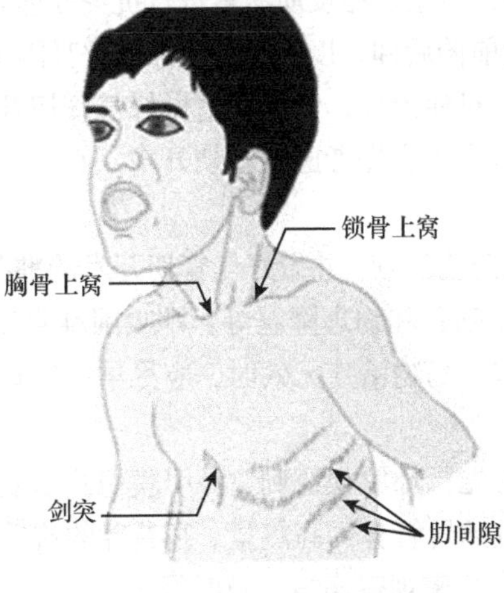

图 10-3　吸气性期软组织凹陷

（4）声音嘶哑：病变累及声带时，常有声嘶、失声等症状。

（5）缺氧：因缺氧而面色青紫，吸气时头后仰，坐卧不安，烦躁不能入睡。晚期可出现脉搏微弱、快速、心律不齐、心力衰竭，最终发生昏迷而死亡。

根据喉阻塞所导致的喉源性呼吸困难的病情轻重，常将喉阻塞分为 4 度。

Ⅰ度：安静时无呼吸困难，活动或哭闹时，出现轻度的吸气性呼吸困难，稍有吸气性喉喘鸣和软组织凹陷。

Ⅱ度：安静时有轻度的吸气性呼吸困难、吸气性喉喘鸣和软组织凹陷，活动时加重，但不影响睡眠、进食，无缺氧症状。

Ⅲ度：安静时有明显的吸气性呼吸困难、吸气性喉喘鸣和软组织凹陷如“四凹征”，并出现脉搏加快、血压升高、烦躁不安、不易入睡、厌食、口唇轻度发绀等缺氧症状。

Ⅳ度：呼吸极度困难，患者坐卧不安、口唇发绀、出冷汗、心律不齐、脉搏细弱、血压下降、昏迷、大小便失禁、定向力丧失等。如不及时抢救，则很快发生窒息死亡。

3. 心理-社会状况　喉阻塞引起的吸气性呼吸困难，可使人窒息、死亡，严重影响患者的身心健康，患者易产生焦虑心理。多数患者尚能重视，少数喉外伤患者由于缺乏相关知识，对早期症状不加重视，至病情严重时才就医，从而延误治疗时机。

4. 辅助检查

（1）喉镜检查：纤维喉镜或直接喉镜检查有助于诊断和治疗本病。检查中怀疑为肿瘤者，应取活组织送病理科检查；发现喉异物则立即取出。

（2）影像学检查：喉部X线侧位片或CT扫描，有助于炎症、外伤、水肿、肿瘤、异物、畸形等病因的诊断。

5. 治疗要点　对急性喉梗阻患者，须争分夺秒、因地制宜，迅速解除呼吸困难，以免造成窒息或心力衰竭，根据其病因及呼吸困难的程度，采用药物或手术治疗。

（三）主要护理问题/医护合作性问题

1. 语言沟通障碍：声音嘶哑、失声　与喉阻塞或气管切开术有关。

2. 低效型呼吸型态　与喉阻塞引起的吸气性呼吸困难有关。

3. 有窒息的危险　与喉阻塞有关。

（四）护理措施

1. 一般护理　嘱患者安静，采取半坐卧位，卧床休息，根据病情轻重、治疗需要安排日常饮食起居，通常给予富营养、易消化的流质或半流质饮食，保持大便通畅。尽量减少探视人次，减少其活动量，有利于呼吸困难状态的改善。及时观察、详细记录生命体征和缺氧状况，遵医嘱做好相关护理。

2. 改善呼吸　根据其病因和呼吸困难的程度，采用药物治疗或气管切开术等手术治疗，病情轻者先行检查，明确诊断后再进行相关护理；重者要争分夺秒，及时抢救，解除呼吸困难后，再做进一步的护理。

Ⅰ度呼吸困难：积极查找病因，针对原发病进行治疗。发现异物应及时取出；若为喉外伤可行超声雾化吸入，以减轻喉部水肿；若为炎症应使用足量抗生素、糖皮质激素进行抗炎处理等。患儿在诊治时，应注意头、颈、胸的位置不可扭转或过度前俯后仰，以免受挤压加重呼吸困难。

Ⅱ度呼吸困难：密切观察呼吸情况，积极消除病因，对症治疗，依据病情做好气管切开术等手术的术前准备工作。如喉外伤、喉肿瘤、双侧声带麻痹等应先考虑气管切开术，必要时给予镇静剂。

Ⅲ度呼吸困难：由炎症所致喉阻塞时间较短者，先行药物治疗，并做好气管切开术的准备。对于喉痛、咳嗽、高热的患者，应遵医嘱给予解热镇痛止咳药和物理降温等。呼吸困难明显、有缺氧症状者，可给予低流量持续吸氧，若全身情况较差，药物治疗无效时，应尽早行气管切开术。如果是肿瘤患者，则应立即行气管切开术。

Ⅳ度呼吸困难：立即行气管切开术。若病情危急，可先行环甲膜穿刺、环甲膜切开术或先气管插管，再行气管切开术。手术后无法进食的患者，应插胃管鼻饲高热量、富营养的流质饮食。护士应迅速、及时、准确执行各项医嘱，忙而不乱，严密观察病情，及时报告。

3. 健康指导

（1）指导患者及其家属日常生活、饮食等方面的注意事项，如吃饭时不要大声说笑，为危重患者或气管切开术后的小儿喂食时，注意防止异物掉进气管套管内而引起窒息等。

（2）需要带管出院的患者，应教会患者及其家属正确取出和放入、清洗与消毒内套管以及重新放入的方法、意外脱管的处理，并嘱咐定期到医院复诊。

（3）给患者介绍喉阻塞的防治知识。

第3节　喉癌患者的护理

（一）概述

喉癌（cancer of larynx）的发病率较高，且有日益增多的趋势，是耳鼻咽喉科常见的恶性肿瘤，仅次于鼻咽癌和鼻腔、鼻窦癌，居第三位。男性较女性多见，好发年龄为50～70岁。我国东北地区发病率最高，华北地区次之，城市高于农村。随着工业化进程，喉癌发病率呈上升趋势。

（二）护理评估

1. 健康史　病因不明，目前认为可能与以下因素有关。

（1）吸烟：吸烟者喉癌发病率高于不吸烟者。90%以上的喉癌患者有长期吸烟史，因为烟草焦油中的苯并芘为致癌物质，可使呼吸道黏膜上皮增厚和鳞状化生，从而致癌。

（2）饮酒：声门上型喉癌可能与饮酒有关。嗜烟又嗜酒者，有叠加致癌作用。

（3）空气污染：长久吸入粉尘或废气可能致癌，如二氧化碳、石棉、芥子气、木材粉尘等，因此要重视生产、生活环境，加强自我防护。

（4）病毒感染：人类乳头状瘤可引起喉乳头状瘤，后者可自发或诱发恶变。也有研究表明，喉癌的发生与单纯疱疹病毒感染有关。

（5）癌前期病变：如喉角化病和喉白斑病等为一种声带黏膜上皮角化不良的病变，可发生恶变。

声门型喉癌最常见。可见早期声带增厚，表面粗糙不平，逐渐在声带表面出现颗粒状隆起，后呈乳头状、结节状、菜花状、溃疡或包块状，表面常较污秽（图10-4）。晚期喉癌患者声带活动受限，喉体变形、固定。

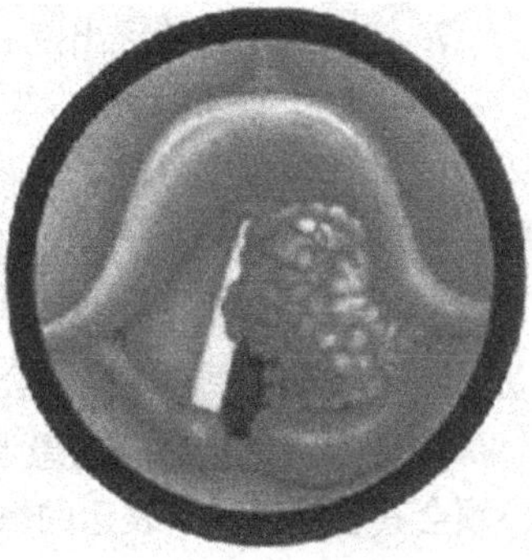

图10-4　声门型喉癌

2. 身体状况评估

（1）咽喉疼痛：声门上型喉癌发生溃烂时，可出现咽喉疼痛，放射至耳部，吞咽时疼痛加剧。

（2）声音嘶哑：开始为声音嘶哑，且逐渐加重，严重者可能失声，为声门癌的早期症状。声门上型喉癌若有声音嘶哑症状，则为晚期表现；声门下型喉癌的癌肿向上侵及声带时，亦可出现声嘶。

（3）吞咽困难：声门上型喉癌早期可有异物感、咽喉部不适，晚期侵犯舌根，出现吞咽困难。声门下型喉癌向后侵及食管时，亦可出现吞咽障碍。

（4）呼吸困难：随着肿瘤的不断增大，喉腔逐渐狭窄，患者可出现渐进性吸气性呼吸困难，严重时可出现喉阻塞，甚至窒息死亡。

（5）喉癌患者中、晚期发生肿瘤溃烂时，出现咳嗽和痰中带血，咯血则是晚期各型喉癌的共同症状。

（6）颈部转移性肿块多见于声门上、下型喉癌，声门型喉癌晚期亦可发生。肿块可单侧或双侧出现，一个或多个不等，无痛，质较硬，相对固定。

3. 心理-社会状况　喉癌早期症状不明显，患者常不注意，当出现声音嘶哑、咯血、呼吸或吞咽困难时，或明确诊断后，患者和家属才后悔莫及，出现不同程度的恐慌、焦虑心情。尤其是手术患者，对手术后能否说话顾虑重重，认为自己会成为残疾人，个人形象受到破坏，拒绝手术治疗，甚或有自杀倾向。

4. 辅助检查

（1）喉镜检查：间接喉镜、直接喉镜或纤维喉镜检查可见肿瘤的部位、大小、形态及声带的活动度。

（2）影像学检查：喉断层扫描、CT、MRI 检查有利于了解肿瘤侵犯的部位、大小、范围，对于指导手术有一定的意义。

（3）病理学检查：对可疑病变应及时进行活检，以便于对喉癌的确诊。

（4）喉动态镜检查：通过观察声带振动情况，能发现早期声带癌肿。

5. 治疗要点　根据喉癌的范围和扩散情况，选择合适的治疗方案，包括手术、放疗、化疗和免疫治疗等目前多选用手术加放疗的综合治疗。

（三）主要护理问题/医护合作性问题

1. 急性疼痛　与手术有关。

2. 语言沟通障碍：声音嘶哑或失声　与肿瘤侵犯声带、手术有关。

3. 进食自理缺陷　与手术有关，喉切除术后短期需经鼻饲管进食。

4. 预感性悲伤　与对喉癌预后悲观有关。

5. 有感染的危险　与机体抵抗力下降、手术切口经常被痰液污染有关。

6. 自我形象紊乱　与术后佩戴气管套管及失声有关。

7. 知识缺乏：缺乏出院后自我护理的相关知识。

（四）护理措施

1. 对症护理　喉癌手术损伤范围较大，术后应将床头抬高 30°～45°，降低颈部张力，缓解伤口疼痛，必要时遵医嘱给予镇痛止咳药。

2. 心理护理　告知患者失去语言功能是暂时的，行部分喉切除术者仍能发音，帮助患者树立信心，消除顾虑，积极配合护理工作。

3. 语言沟通训练　向患者及其家属说明手术的必要性及术后语言康复训练的替代方法，耐心领会其手势或文字表达的情感和要求，帮助其建立新的交流方式。指导出院患者使用电子喉发音或练习食管发音。

4. 术前护理

（1）遵医嘱完善其各项检查。

（2）做好全身卫生准备，术前 1 天洗澡。备皮范围为颈部从乳突尖、下颌骨下缘及下唇，两侧达颈侧后方，下至第 3 肋骨及肩部。男性面部剃胡须。

（3）术前 6 小时禁食，插入鼻饲管，术前 30 分钟皮下注射阿托品及肌内注射苯巴比妥。

（4）注意口腔卫生和呼吸道感染情况：术前 3 天开始漱口液漱口，每天 4 次，如有牙疾，应予以治疗。

（5）按全麻准备，术前一天晚上用肥皂水灌肠。其他同常规手术前护理。

5. 术后护理

（1）严密观察病情：医护人员交接班时详细交代注意事项，若条件允许，设专人护理。术后按全麻护理，密切观察血压、脉搏、呼吸及体温的变化。观察伤口情况，有无出血、渗出、感染等表现。观察鼻饲管固定情况，防止鼻饲管堵塞或脱出。观察输血、输液是否通畅及有无反应。观察引流，若连接有负压吸引，应保持引流管通畅。

（2）体位：麻醉清醒、血压平稳后改半卧位，行喉成形术者需平卧，颈部轻度前倾，以减轻吻合口张力。适当变换体位，翻身后轻轻拍背，防止气管内痰液聚集，形成淤积性肺炎和肺不张，术后 2～3 天可坐起，鼓励患者早期下床活动。

（3）保持呼吸道通畅：及时吸出气管内的分泌物，痰液黏稠者可滴入稀释液，每 1～2 小时一次，每次 2～3 滴。有肺部疾病或吸痰时咳嗽剧烈者，可在吸痰前先吸氧 3～5 分钟，以防缺氧发生意外。如果在吸痰后仍有呼吸不畅或呼吸困难，注意查找气管内是否有凝血块或痰栓阻塞，并及时清理。

（4）饮食：术后 1 周内严禁由口进食、进水，以促进切口愈合。24～48 小时开始鼻饲少量多次注入流质营养液，并注意鼻饲后的反应，若未发生下咽狭窄或咽瘘，伤口又愈合良好者，术后 10 天即可拔除鼻饲管，恢复经口进食。指导患者及家属了解合理的饮食搭配及每日需要量，多采用混合流食。注意固定鼻饲管，防止滑脱。部分喉切除者应先进黏稠半流质食物，防止食物误吸引起呛咳。

（5）保持口腔清洁：术后第 3 天起经常用漱口液或 1.5%过氧化氢液含漱，以促进伤口愈合，注意伤口有无渗血和渗液，注意体温变化，预防吻合口瘘。

（6）创口处理：术后第 2 天更换敷料，如负压吸引引流液不多，可于 48 小时内撤出引流管。术后 6～7 天拆线。

6. 并发症的护理

（1）伤口感染：术后要及时应用抗生素预防感染，如有感染，可加大抗生素的剂量，延长除去引流物的时间或者持续引流至感染被控制为止。

（2）伤口出血：术后 24 小时易发生出血，少量出血可予以压迫止血。若发现有新鲜出血不止，应立即报告医师并积极配合抢救，需立即打开伤口，重新止血。

（3）肺部并发症：主要是呛咳误吸及肺部感染。加强气管内吸引，滴入抗生素液。如为喉部分切除术或喉功能重建术，术后误吸明显，需戴用带气囊的气管套管。

（4）咽漏：术后可出现涎液由创口渗漏，轻者加压包扎或用胶布牵拉，多可自愈，较大咽漏可用碘仿纱条填塞，直至愈合，少数经久不愈者，可手术修补。

7. 康复训练

（1）发音训练：喉部分切除或喉功能重建者，创口愈合后可堵管说话；全喉切除者在创口愈合后，训练食管发音或戴人工喉。方法：让患者咽下一口气留存在食管内，然后慢慢排出并做发“呃”音的动作，注意腹部、胸部动作及食管咯气动作和口形动作的有机协调，即可发出声音。经常训练足可维持日常生活需要。

（2）吞咽训练：声门上水平半喉切除术后，患者多须经一定时间的吞咽训练才能正常进食而不发生误吸。训练方法：嘱患者取半卧位，深吸气后屏住（喉向上提使喉入口关闭，食管与呼吸道分开），然后进一小口食物，吞咽 3 次，最后做咳嗽清喉的动作，将停留在声门处的食物咳出。坚持 1～2 个月，多能恢复正常的吞咽功能。

（3）自我护理训练：一般于出院前 1 周进行，内容包括内套管的取放与清洁消毒、敷料的更换、瘘口罩的制作及日常生活中的注意事项等（如气管造瘘口用小口罩保护，预防尘土异物进入气管，防止窒息；洗澡时气管造口勿进入水中）。通过患者的自理行为，在心理上满足自尊、自信需要，创造机体功能恢复的良好环境。

8. 健康教育

（1）积极宣传喉癌的防治知识，戒掉嗜咽、嗜酒等不良习惯，进行中医调理，改善生活和工作环境，加强身体锻炼，增强机体的免疫力和抵抗力。

（2）宣传喉癌的危险信号，如有声音嘶哑应及时到医院检查，早期发现，早期治疗。

（3）定期到医院复查，防止上呼吸道感染。

（4）带管出院者，应教会其正确的自我护理方法。患者及家属学会清洁气管套管和更换喉垫的方法，全喉切除患者应佩戴套管以防止造瘘口狭窄。

（任　冬）

目标检测

A_1型题

1. 喉阻塞患者的护理，病情观察的重点是（　　）
   A. 生命体征变化
   B. 缺氧是否改善
   C. 监护设备是否正常
   D. 咳嗽是否减轻
   E. 声嘶是否好转

2. 急性喉炎患者的护理，最关键的是（　　）
   A. 噤声和控制感染
   B. 多饮水、通便
   C. 协助医生做气管切开术
   D. 健康教育
   E. 卧床休息

3. 小儿急性喉炎发生呼吸困难的原因主要是（　　）
   A. 声门上区组织水肿
   B. 声门下区组织水肿
   C. 小儿喉腔发育不良
   D. 年龄小体质虚弱
   E. 小儿喉黏膜松弛，易感染

4. 喉癌中以下哪种类型多见（　　）
   A. 声门型　B. 声门上型
   C. 声门下型　D. 声门旁型
   E. 喉部继发癌

A_2型题

5. 患者口唇发绀，出冷汗，心律不齐，脉搏细弱，血压下降，昏迷，大小便失禁，定向力丧失等。根据上述喉阻塞所导致的喉源性呼吸困难的病情情况，喉阻塞应为几度（　　）
   A. Ⅰ度　B. Ⅱ度　C. Ⅲ度
   D. Ⅳ度　E. Ⅲ度～Ⅳ度

6. 患者，男，2 天前出现发热，体温 38℃，咳嗽，咽喉痛，今天开始声音嘶哑，咳痰。喉部检查喉黏膜充血，声带水肿，声门关闭不全，最大的可能是（　　）
   A. 急性喉炎　B. 急性会厌炎
   C. 急性咽炎　D. 急性扁桃体炎
   E. 以上都是

A_3/A_4型题

患儿，男，2 岁。2 天前“感冒”，发热，咳嗽，声音嘶哑。昨晚病情加重，呈犬吠样咳嗽，出现呼吸困难。今天由妈妈带来急诊，体查 T39.2℃，R20 次/分，烦躁，口唇发绀，医生诊断为“急性喉炎”。

7. 小儿急性喉炎的典型症状是（　　）
   A. 不发热、咳嗽
   B. 呼吸困难
   C. 声音嘶哑、犬吠样咳嗽
   D. 发热，咳嗽，呼吸困难
   E. 烦躁，口唇发绀

8. 以下护理措施不正确的是（　　）
   A. 低流量持续吸氧
   B. 床边备气管切开术包
   C. 物理降温
   D. 禁食
   E. 减少患儿哭闹

（任　冬）

第十一章　气管及支气管、食管异物患者的护理

气管及支气管、食管异物患者的护理包括气管异物、支气管异物及食管异物造成以呼吸困难、呛咳、吞咽困难、吞咽疼痛等症状的耳鼻咽喉科常见急症。

第1节　气管及支气管异物患者的护理

案例 11-1

患儿，女，3岁，代主诉：进食花生后剧烈呛咳、呼吸困难2小时。2小时前患儿进食花生时因旁人逗笑而发生误吸，即出现剧烈呛咳、憋气、伴轻度呼吸困难，入院听诊：右肺呼吸音极低，胸部X线拍片显示右侧肺不张。

问题：1. 气管、支气管异物临床表现有哪些特点？

2. 气管、支气管异物治疗要点和护理措施有哪些？

（一）概述

气管、支气管异物（foreign bodies in the trachea and bronchi）是耳鼻喉科常见急危重疾病之一，本病多发于5岁以下儿童。因异物的性质和所致阻塞的程度不同，本病可引起不同的后果。轻者可致气管、支气管和肺部损害，重者可能因窒息死亡。大体上异物分为内源性和外源性两类。前者指呼吸道内的干痂、假膜或坏死组织等阻塞气道，后者系外界物质经口、鼻误吸入呼吸道。外源性异物的性质较为广泛，有植物性、动物性、矿物性和金属性四类。

发病机制：尖锐或不规则的异物易嵌顿于声门下区，轻而光滑的异物常在气管内随呼吸气流上下活动，因解剖关系，右侧支气管异物的发病率高于左侧。

异物停留于支气管内时，可出现不完全性阻塞和完全性阻塞。如异物较小，局部黏膜肿胀较轻，支气管腔虽变窄，但因支气管腔扩张，空气仍可被吸入；而呼气时，管腔缩小，空气排出受阻，远端肺叶出现阻塞性肺气肿（图11-1）。如异物较大或局部黏膜肿胀明显，使支气管完全阻塞，空气吸入、呼出均受阻，其远端肺叶内空气逐渐被吸收，最终导致阻塞性肺不张（图11-2）。如病程持续较久，远端肺叶引流不畅，可并发肺炎或肺脓肿。

（二）护理评估

1. 健康史　气管、支气管异物发生于5岁以下儿童占82%，偶见于成人。其发病原因如下所述。

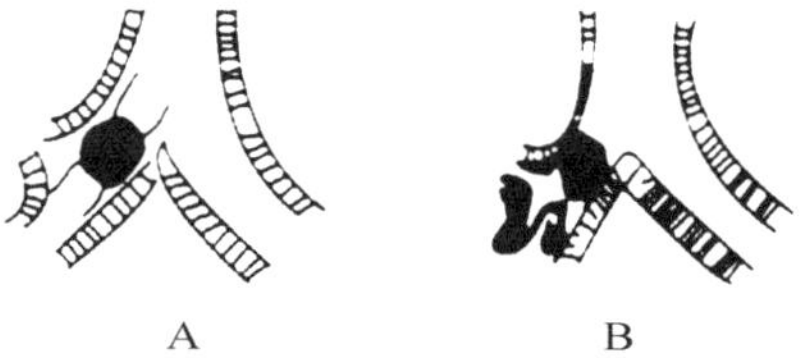

图 11-1 不完全性阻塞型

A. 吸入；B. 呼出

（口径增宽）（口径缩小）

图 11-2 完全性阻塞型

A. 吸入；B. 呼出

（1）儿童的臼齿尚未萌出，且咀嚼功能差，不能将花生、果核、瓜子、豆类等硬物嚼碎，加之喉的防御反射功能不健全，易将异物吸入气道。

（2）进食时嬉笑或哭闹，含于口中的食物可于嬉笑或哭闹之中因深吸气而被吸入气道。

（3）玩耍或工作时若口中含有小物品（如笔帽、铁钉等），由于嬉笑、追逐、跌倒、惊吓等原因而被误吸入气管、支气管。

（4）全麻或昏迷患者护理不当等可将异物误吸入呼吸道。有的医生手术粗心，使一些本不该脱落的物块滑落入呼吸道成为异物，甚至酿成医疗事故，如扁桃体摘除术部分组织块不慎脱落进入呼吸道，取鼻腔异物时不慎从后鼻孔滑入呼吸道，拔牙、补牙时不慎将脱落的牙齿、义齿、修补材料等误吸进入呼吸道等，均会给患者造成“二次损伤”。

2. 身体状况

（1）气管异物：异物进入气管后，可立即出现憋气和剧烈呛咳，并有呼吸不畅等症状。若为较大异物阻塞声门、气管或隆突，则立即发生极度呼吸困难，甚至窒息死亡；若为较小异物，当异物贴附于气管壁时，症状可暂时缓解或稳定；若为轻质而光滑的异物如西瓜子，异物常随呼吸气流在气管内上下活动，并引起阵发性剧烈呛咳、喘鸣和呼吸困难，当异物随气流向上撞击声门下区时，用听诊器在颈部气管前可听到异物撞击声，触诊时可有撞击感。较大异物阻塞部分气管腔时，气流经过狭窄的气道可产生哮鸣音。异物进入支气管后咳嗽减轻或消失，可有一段时间的安静期。

（2）支气管异物：早期症状与气管异物相似。当异物进入支气管后，因其活动减少，咳嗽症状略减轻。植物性异物对黏膜刺激大，支气管炎症多较明显，常有发热、咳嗽、多痰等症状。一侧支气管有异物时，多无明显呼吸困难。双侧支气管均有异物时，可出现呼吸困难。继发感染时，听诊有肺不张、肺气肿，病侧呼吸音降低或闻及湿性啰音等表现。

3. 心理-社会状况　本病有时因病史不明确，未能引起家长及患者足够重视而延误治疗；或因医务人员缺乏经验，了解病史不够，引起误诊或治疗不及时而发生严重后果；有的患者及家属担心异物取出困难，对手术缺乏了解，特别是做气管切开术，顾虑重重。或者本病起病急骤，未及时进行检查与抢救，即因窒息、呼吸及循环衰竭而突然导致死亡，给家属带来巨大的痛苦。

4. 辅助检查

（1）X 线透视或拍片：不透光的气管、支气管异物，通过 X 线透视或拍片可确定异物的形状、大小及其所在部位（图 11-3）。透光的异物，因阻塞程度不同有肺气肿或肺不张两种体征，胸部 X 线检查有不同的发现：阻塞性肺气肿时，患侧肺部透亮度增加，横膈下降，活动度较差，有时可见纵隔摆动现象；阻塞性肺不张时，病变处肺组织密度增高，横膈上抬，心脏及纵隔移向患侧，且呼吸时位置保持不变。

（2）经过上述检查不能明确诊断，而又疑为气管、支气管异物时，可考虑行支气管镜检查，以便确诊。

5. 治疗要点　呼吸道异物随时有危及生命的可能，应及时诊断，尽早取出，以保持呼吸道通畅。

（1）直接喉镜或支气管镜下经口腔取出，个别情况下经气管切开取出。异物一旦进入气管、支气管内，很少能自行咳出。因此，及时取出异物，保持呼吸道通畅是治疗、护理中的关键。

（2）无取出条件时，应由专业人员护送转运，同时准备气管插管物品、氧气携带，以防止转运途中发生意外。

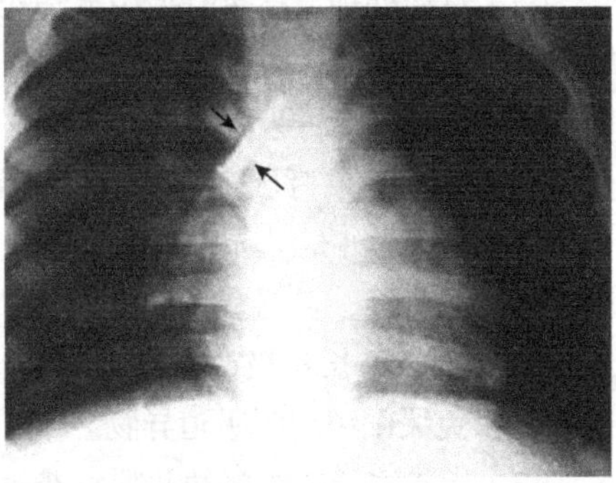

图 11-3　支气管异物

（三）主要护理问题/医护合作性问题

1. 有窒息的危险　与异物的种类、大小、阻塞的部位及异物的移动有关。

2. 气体交换受阻　与异物在气管、支气管内存留，阻碍正常呼吸有关。

3. 潜在并发症：肺部感染。

4. 知识缺乏：缺乏气管、支气管异物的防治知识。

（四）护理措施

1. 术前护理

（1）按急诊接待，病房要便于观察和抢救，尽量单间，尽可能明确异物的性质、种类、吸入时间。

（2）严密观察呼吸与咳嗽情况，积极给予吸氧以改善呼吸，按呼吸困难程度对症处理，做好病情记录。

（3）做好物品准备工作，如氧气、气管套管、吸引器、气管切开包等。

（4）心理护理：安慰患儿及家属，消除其恐惧心理，尽量减少患儿哭闹。

（5）术前 6 小进禁食，按医嘱术前给药，向患者及家属介绍手术过程、可能发生的意外及手术配合要点，取得患者及家属对手术的同意。

2. 术后护理　婴幼儿在异物取出术后极易引发喉水肿，出现呼吸困难、分泌物增多，而患者又因咳嗽无力，痰液不易咳出，会引起肺部感染、肺不张等并发症。因此，术后护理的重点是控制感染、保持呼吸道通畅、预防术后并发症。

（1）严密观察病情变化：术后无论异物取出与否，均须密切观察，一旦发现有呼吸困难、犬吠样咳嗽，应立即报告医生。

（2）吸氧：要严格掌握氧流量、氧浓度，定时检查氧气导管是否通畅，若在吸氧过程中哺乳、喂水，要防止呛咳。

（3）吸痰：听到痰鸣音应及时吸痰，吸痰时负压不宜过大，插入深度以能刺激患儿咳嗽为宜，尽量减少不必要的刺激。气管切开者，先吸气管内分泌物，再吸鼻咽和口腔内分泌物。

（4）饮食与休息：术后早期流质饮食，室内空气清新，保持适宜湿度，患者平卧休息，少说话，小儿应避免哭闹，以防喉部水肿加重。

（5）超声雾化吸入：每日 2 次，每次吸入 15 分钟后行翻身、拍背引流，以利于痰液排出。

（6）已行气管切开者，按气管切开术后常规护理。

（7）对症处理：高热时采用冰袋冷敷头部、乙醇擦浴、温湿敷等措施，遵医嘱及时、准确应用抗生素及激素。

（8）预防术后并发症，如肺气肿、肺炎、心力衰竭、腹泻等。

3. 健康教育　呼吸道异物是一种完全可以预防的疾病，因此做好宣传教育十分重要。

（1）在小学、幼儿园广泛进行卫生宣教，预防气管、支气管异物的发生，小儿进食时不可对其逗笑、追逐、责骂。

（2）教育家长积极改正幼儿口中含物的不良习惯，发现小儿口含异物玩耍时不要强行夺取，以免哭闹引起呼吸道异物。

（3）指导家长在给婴幼儿喂食花生、瓜子、豆类或带壳、带骨食物时要格外小心，不要对其说笑、嬉闹。

（4）一旦发现小儿在进食、玩耍后突然出现呛咳、憋气，即使随之好转，也要及时到医院进行诊治，以免贻误病情。

（5）发生意外时患儿家长应采取及时有效的措施

1）倒立拍背法：对于婴幼儿，家长可立即倒提躯体或两腿，头向下垂，同时轻拍其背部，这样可以通过异物的自身重力和呛咳时胸腔内气体的冲击力，迫使异物向外被排出。

2）催吐法：用手指伸进口腔，刺激舌根催吐，此法适用于较靠近喉部的气管异物。

3）压迫挤胃法：救护者抱住患者腰部，用双手示指、中指、环指顶压其上腹部，用力向后上方挤压，压后放松，如此重复而有节奏地进行，以形成冲击气流，把异物冲出。

上述方法未奏效时，应分秒必争将患儿送入医院耳鼻喉科，在喉镜或气管镜下取出异物，切不可拖延。呼吸停止时给予口对口人工呼吸。

4. 出院指导　嘱家属严密观察患者呼吸、面色情况，如有异常及时到医院就诊，以免延误治疗，发生意外。

第2节　食管异物患者的护理

（一）概述

食管异物（foreign bodies in the esophagus）是耳鼻咽喉科常见急症，若处理不当，可延误病情，发生严重后果，多发生于老年人和儿童。

（二）护理评估

1. 健康史

（1）口含异物的不良习惯：小儿由于磨牙发育不全，食物未经充分咀嚼或有口含小玩物的不良习惯而造成，如硬币、纽扣、证章、果核、豆类等。

（2）脱落的义齿：老年人牙齿脱落或使用义齿，咀嚼功能较差，口腔黏膜感觉迟钝或熟睡时义齿脱落而误咽。

（3）饮食不慎而误咽：进食匆忙或嬉笑疏忽，将食物中的骨片或鱼刺等咽下。

（4）食管自身疾病：如食管狭窄、食管痉挛、食管癌等疾病引起管腔狭窄，也是发生食管异物的原因之一。

（5）其他：昏迷患者、全麻患者、精神病患者及酗酒、自杀者。

2. 身体状况

（1）吞咽困难：为最常见症状，由异物嵌顿所致。其程度与异物的大小、形状、停留的部位和有无继发感染等因素有关.如异物较大、尖锐或合并感染，患者吞咽困难明显，严重时饮水困难，常伴流涎、恶心、反呕等症状。

（2）吞咽疼痛：异物较小或较钝圆时，常仅有梗阻感；尖锐性异物或有继发感染时，吞咽疼痛明显，常能指出疼痛部位。位于食管入口的异物，疼痛位于颈正中或颈侧；食管上段异物，疼痛部位常在颈根部或胸骨上窝处；食管中段异物常伴有胸骨后疼痛。

（3）呼吸困难：异物较大、向前压迫气管后壁，或异物位置较高，压迫喉部而引起，此症状多见于小儿。

（4）颈部疼痛：若尖锐、粗糙不规则的异物不及时取出，可继发感染或并发食管穿孔。食管穿孔后可发生以下病变：食管周围炎、颈部皮下气肿或纵隔气肿、纵隔炎、大血管破溃和气管食管瘘。食管周围炎症使颈部肌肉痉挛，出现颈部肿胀、压痛、头部转动困难。

（5）颈部活动受限、有触痛：食管上段异物时多见。

3. 心理-社会状况　食管异物多数患者常能及时就医，仅有少数患者自行治疗，企图将异物推入胃内，导致出血、感染等严重后果，从而延误诊治，加上患者的恐惧心理，为异物的及时取出增加了难度，此类情况极易产生严重的并发症而危及生命。

4. 辅助检查

（1）间接喉镜检查：食管上段异物可见梨状窝积液。

（2）X线检查：X线下显影的异物可直接拍片定位，不显影的异物需行食管钡剂X线检查，以确定异物是否存在及所在部位（图11-4）。

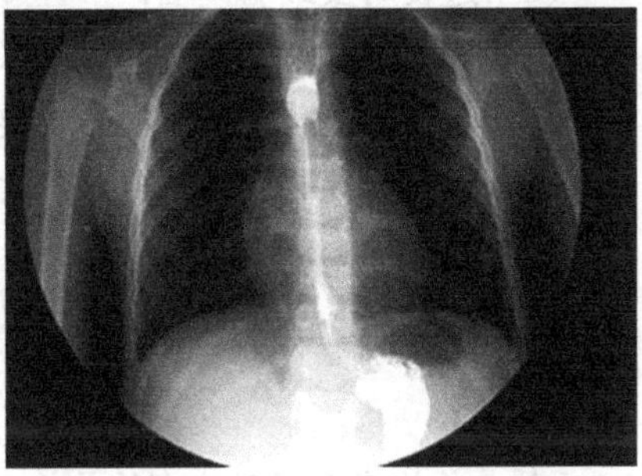
图11-4　食管异物

（3）食管镜检查：既是检查、诊断手段，又是治疗方法。

（4）食管碘油造影：可以确定有无食管穿孔。

5. 治疗要点　食管异物一经确诊，应及时做食管镜下异物取出，越早越好，以免病情加重或出现并发症，对疑似患者，做食管镜检查，可起到诊断与治疗作用。

（1）发病后24小时内，在食管镜下行异物钳取出，24小时以上、全身情况差及局部有感染者，给予补液和抗生素治疗，全身情况纠正和感染控制后再取异物。

（2）疑有食管穿孔者，应行鼻饲饮食。

（3）有并发症者，应根据情况分别处理，必要时做气管切开，术后再取异物，合并有纵隔脓肿等胸科病变，或异物嵌顿较紧者，宜请胸外科协助处理。

（三）主要护理问题/医护合作性问题

1. 疼痛　与异嵌顿食管，黏膜受损伤有关。

2. 有窒息的危险　与异物较大、向前压迫气管后壁有关。

3. 有感染的危险　与异物损伤食管黏膜及食管穿孔，周围组织感染有关。

4. 焦虑　与疼痛、吞咽困难、严重并发症及缺乏食管异物的防治知识有关。

5. 潜在并发症：食管周围脓肿、咽后壁脓肿食管穿孔、出血等。

（四）护理措施

1. 心理护理　大部分患者及家属，特别是患儿的父母非常焦虑，护士应关心体贴患者，耐心讲解疾病的治疗、发展、预后等情况。

2. 一般护理　嘱患者注意休息，禁饮食。食管异物取出后，怀疑有食管损伤者，应置入鼻饲管。待解除食管穿孔的怀疑后，方可拔除鼻饲管。

3. 对症护理

（1）食管异物伴有食管壁损伤或合并感染者，常规给予广谱抗生素。

（2）对高热患者给予冰袋冷敷、乙醇擦浴等物理降温措施。

（3）对于确定进行食管镜检查者，应配合医生做好各项准备工作，包括禁饮食、术前用药及向患者与家属介绍手术方式、术前注意事项等。

（4）静脉输液以补充营养，维持水电解质平衡。如异物已经取出，且无其他并发症，可尽早恢复进食，保证充足的营养。

4. 病情观察

（1）注意观察体温变化。

（2）观察患者呼吸情况，防止窒息发生，一旦发现呼吸困难等表现应及时处理。

（3）警惕并发症的发生，如发现患者出现高热、全身中毒症状明显、局部疼痛严重、吞咽时呛咳、呼吸困难、大量呕血或便血等表现，提示有并发症发生，应及时报告医生并协助处理。

5. 健康教育

（1）进食时要细嚼慢咽，不宜过于匆忙。

（2）损坏的义齿要及时修复，以免进食时松动脱落。

（3）教育小儿改正口含物品玩耍等不良习惯。

（4）误咽异物时切忌自行吞咽大食团、馒头等，以免加重损伤。

目标检测

A_1 型题

1. 气管异物临床表现不应有的是（　　）

A. 剧烈呛咳、憋气　B. 喘鸣

C. 呼吸困难　D. 哮鸣音

E. 声音嘶哑

2. 关于食管异物，错误的是（　　）

A. 食管异物的发生与饮食习惯、食管疾病等因素有关，与年龄、性别无关

B. 多为进食匆忙、注意力不集中误吞所致

C. 食管异物多停留于食管入口处

D. 食管狭窄等可因食管阻留形成异物

E. 食管异物停留于第二狭窄处可造成致命性大出血

3. 小儿突发剧烈咳嗽，怀疑气管异物，以下何种检查可以确诊（　　）

A. 支气管镜检查　B. 直接喉镜检查

C. 食管镜检查　D. 间接喉镜检查

E. 血常规检查

A_2 型题

4. 患者，男，40 岁。以“食管异物”收入院，准备行“食管镜检查取异物术”。护士在做术前护理时，明确要求患者必须配合的是(　　)

A. 缓解疼痛　B. 测量生命体征　C. 禁食

D. 术前用药　E. 安慰和解释

A_3/A_4 型题

患儿，男，4 岁。进食中突发剧烈呛咳，面色青紫，呼吸困难，呕吐少许胃内食物，不发热，由妈妈带来急诊。

5. 你作为急诊室护士，首先考虑（　　）

A. 急性气管炎　B. 气管异物

C. 食管异物　D. 急性胃肠炎

E. 食物过敏

6. 属于气管异物的典型症状是（　　）

A. 进食中突发剧烈呛咳

B. 吸气性喉喘鸣

C. 面色青紫，呼吸困难

D. 呕吐

E. 声音嘶哑

7. 应通知何科室医生会诊（　　）

A. 外科　B. 内科　C. 儿科

D. 耳鼻咽喉科　E. 传染科

（任　冬）

第三篇　口腔科护理

第十二章　口腔科患者护理概述

第1节　口腔颌面部应用解剖生理

一　口腔基本结构

口腔（oral cavity）是消化道的起始端，是由牙齿、颌骨、唇、颊、腭、舌、口底和涎腺等组织、器官所组成，主要生理功能有摄食、吸吮、咀嚼、味觉、消化、吞咽、语言及辅助呼吸等。当上、下颌牙齿咬合时，以牙列为界又将口腔分为前外侧部的口腔前庭和后内侧部的固有口腔两部分，口腔前庭可借第三磨牙后方与固有口腔相通。牙关紧闭或颌间固定的患者可经此通道输入营养物质。

（一）口腔前庭

口腔前庭（oral vestibule）是唇、颊与牙列、牙龈及牙槽骨弓之间的蹄铁形的潜在腔隙。由唇颊移行至牙槽的黏膜穹隆部，称为前庭沟或唇沟、颊沟。口内脓肿多从此切开引流；亦为拔牙的局部浸润麻醉部位。与上颌第二磨牙相对的颊黏膜上突起的肉阜为腮腺导管开口处。在前庭沟的正中线，上、下中切牙间，由唇至牙龈的扇形带状黏膜皱襞称唇系带。一般上唇系带比下唇系带明显。若唇系带过宽、附着过低，伸入两中切牙龈乳头，则易造成两中切牙间隙过大影响牙齿的排列。前庭沟的两侧，相当于上、下前磨牙牙区的扇形或带状黏膜皱襞称为颊系带，其数目不定，一般上颊系带较明显。

1. 唇（lips）　分上唇和下唇，其间是口裂，上、下唇联合处为口角。唇红部组织内有唇动脉通过。唇红与皮肤交界处为唇红缘，上唇中央有一纵形的浅沟称人中（philtrum）。唇从外到内依次有皮肤、浅筋膜、肌层、黏膜下组织、黏膜五层，肌层主要为口轮匝肌，肌层与皮肤之间的浅筋膜层较疏松，在口唇感染时常出现明显水肿。黏膜下层含多数黏液腺，直接分泌黏液润滑口腔，当腺管阻塞时，可发生黏液囊肿。唇部的皮肤有丰富的汗腺、皮脂腺和毛囊，是疖、痈的好发部位。

2. 颊（cheek）　位于面部两侧，构成口腔的外侧壁，主要由皮肤、颊部表情肌、颊脂垫、颊肌和颊黏膜组成，此处组织疏松而富有弹性。大张口时，因颊脂垫的衬托而在颊黏膜呈现底在前方的三角形突起。其尖端称颊脂垫尖，尖顶略高于下颌孔的水平，向后接近翼下颌皱襞（翼下颌韧带）前缘，临床上常将此尖作为下牙槽神经阻滞麻醉的进针标志。

（二）固有口腔

固有口腔（oral cavity proper）是口腔的主要部分，其范围上界为硬腭和软腭，下界为舌和口底，前界和两侧界为上、下牙弓，后界为咽门。

1. 腭（palate） 由前 2/3 的硬腭（hard palate）和后 1/3 的软腭（soft palate）形成口腔的上界和后界并借之与鼻腔和鼻咽部分隔开。硬腭覆盖有致密的黏骨膜，在两中切牙后方的突起称切牙乳头，其下为切牙孔，是鼻腭神经阻滞麻醉时进针的标志。在硬腭后缘前约 0.5cm 及从腭中缝至第二磨牙腭侧缘的外、中 1/3 交界处，左右各有一孔称为腭大孔，内有腭前神经、血管通过，向前分布于尖牙腭侧以后的黏膜骨膜和牙龈。腭大孔是阻滞麻醉的常用部位。软腭前与硬腭相连，后为游离缘，其中份有一小舌样物体，称为腭垂。软腭两侧向下外方形成两个弓形黏膜皱襞，在前外方者称为腭舌弓，在稍后内方者称为腭咽弓，两弓之间容纳有扁桃体。软腭较厚，主要由黏膜、黏膜下层、腭腱膜和腭肌构成。正常情况下通过软腭和咽部肌肉的协调运动，来完成腭咽闭合，以行使其语言、吞咽等功能。

2. 舌（tongue） 附着于口底，几乎充满固有口腔，以倒“V”形人字沟为界分为舌体部和舌根部，舌前 2/3 为舌体部，活动度大，其前端为舌尖，上面拱起称舌背，下面为舌腹，两侧为舌缘，舌后 1/3 为舌根部，活动度小，尖端向后有一凹陷处是甲状舌管残管（称舌盲孔）。舌具有味觉功能，能协助完成语言、咀嚼、吞咽等重要生理功能。此外，还可以通过观察舌了解某些全身疾病，不少病理变化可在舌黏膜上反映出来。

舌体主要由横纹肌组成，肌纤维呈纵横、上下交错排列，因此舌体非常灵活，能前伸、后缩、卷曲等多方向活动。舌的感觉神经：舌前 2/3 为舌神经分布；舌后 1/3 为舌咽神经分布；舌的运动为舌下神经；舌的味觉神经为面神经的鼓索支，其加入到舌神经内，分布于舌黏膜。舌尖部对甜、辣、咸味敏感，舌根部对苦味敏感，舌缘对酸味敏感。舌背黏膜有丝状乳头、菌状乳头、轮廓乳头及叶状乳头等多种乳头分布。舌腹黏膜平滑而薄，正中有一黏膜皱襞与口底相连称舌系带。临床上常见舌系带过短，限制舌的活动和影响舌尖部肌肉发育而致发音不清。舌根部黏膜有许多圆形淋巴滤泡突起，其间有浅沟分隔，整个淋巴滤泡称为舌扁桃体。

3. 口底（floor of the mouth） 指舌体以下和下颌骨体以内的口腔底部，表面为黏膜覆盖，在舌系带两侧各有一呈乳头状突起的舌下肉阜，之中的小孔为颌下腺导管开口。舌下肉阜往后为颌舌沟。舌下腺在沟的前内侧，沟底的黏膜皱襞内有颌下腺导管和舌神经行经其间，做口底手术时要注意避免损伤或误扎此导管。因口底组织比较疏松，在外伤或感染时容易形成较大的血肿、水肿或脓肿，将舌推向上方后容易堵塞呼吸道而造成呼吸困难或窒息，应特别警惕。

二 牙体及牙周组织

案例 12-1

患者，男，14 岁，学生。主诉左上前牙外伤受损 1 小时。现病史：1 小时前患者和同学打篮球，发生肢体触碰，感觉左上前牙疼痛，但不松动。既往史：否认全身系统疾病，传染病及其他特殊病史及药物过敏史。检查见：左上前牙牙龈红肿，牙冠完整，叩痛（++），松动（±），上唇黏膜红肿。初诊：左上前牙外伤。

问题：1. 患者受伤牙齿为乳牙还是恒牙？

2. 为患者开具 X 线检查单，应如何记录牙位？

3. 患者此牙受损将影响咀嚼食物的什么功能？

4. 患者受损牙齿是否会造成牙槽骨萎缩？

（一）牙

1. 牙的名称及萌出时间　人的一生中共萌出两副牙齿（teeth，dentes），即乳牙和恒牙。

（1）乳牙（deciduous teeth）：共 20 个。出生后 6～7 个月开始萌出乳中切牙，然后依次萌出乳侧切牙、第一乳磨牙、乳尖牙和第二乳磨牙，大约在 2 岁全部萌出。上、下颌的左、右侧各有 5 个乳牙，从中线开始其名称依次为乳中切牙、乳侧切牙、乳尖牙、第一乳磨牙、第二乳磨牙。儿童自 6～7 岁至 12～13 岁，乳牙逐渐脱落而被恒牙所代替，此时口腔里既有乳牙又有恒牙，称为替牙时期，又称混合牙列期。乳牙是儿童的咀嚼器官，对消化和营养物质吸收、刺激颌骨正常发育、引导恒牙的正常萌出都极为重要。

（2）恒牙（permanent teeth）：共 32 个，即上、下颌的左、右侧各 8 个恒牙，由正中线开始名称依次为中切牙、侧切牙、尖牙、第一前磨牙、第二前磨牙、第一磨牙、第二磨牙、第三磨牙（俗称：智齿），如恒牙无疾病或无意外受损伤不脱落，脱落后也再无其他牙萌出替代。12～13 岁以后已全部为恒牙所替换，称为恒牙时期。智齿的萌出时间一般在 18～25 岁，但也有先天缺失者。人类因进化而使颌骨发育逐渐退化变小，导致牙量与骨量不相适应，故常因间隙不足，而致第三磨牙萌出困难或位置不正，称为智齿阻生。

2. 牙位的记录方法　为便于记录牙位，临床上常用“十”符号区分上、下、左、右，将牙弓分为四个区。纵线左侧代表患者的右侧，纵线右侧代表患者的左侧，横线上方代表上颌，横线下方代表下颌。通常乳牙牙位用罗马数字表示（图 12-1），恒牙牙位用阿拉伯数字表示（图 12-2）。

	右		左	
上	Ⅴ Ⅳ Ⅲ Ⅱ Ⅰ		Ⅰ Ⅱ Ⅲ Ⅳ Ⅴ	上
下	Ⅴ Ⅳ Ⅲ Ⅱ Ⅰ		Ⅰ Ⅱ Ⅲ Ⅳ Ⅴ	下

图 12-1　乳牙牙位的记录方法

	右		左	
上	8 7 6 5 4 3 2 1		1 2 3 4 5 6 7 8	上
下	8 7 6 5 4 3 2 1		1 2 3 4 5 6 7 8	下

图 12-2　恒牙牙位的记录方法

3. 牙的形态　从外形上看，牙体由牙冠、牙根及牙颈三部分组成。

（1）牙冠：是牙体外层由牙釉质覆盖的部分，是牙齿发挥咀嚼功能的主要部分，大部分显露在口腔中。牙冠由五个面构成：唇面或颊面、舌面、近中面和远中面、𬌗面或切缘。

（2）牙根：是牙体外层由牙骨质覆盖的部分，也是牙体的支持部分，有单根、双根、多根。牙根的尖端部有小孔通过牙髓血管、神经，称根尖孔。

（3）牙颈部：位于牙冠与牙根的交界处，呈弧线，又称为牙颈、颈缘或颈线。

4. 牙的组织结构　从结构上看，牙齿由牙釉质、牙本质、牙骨质和牙髓组成。

（1）牙釉质：是位于牙冠表面，呈乳白色、有光泽、半透明的组织，含无机盐达96%以上，是人体内钙化程度最高、最硬、最耐磨的组织，起着保护牙本质和牙髓的作用。

（2）牙本质：是构成牙齿的主体，颜色呈浅黄色类骨组织，含70%左右的无机盐，较硬，硬度低于牙釉质。牙本质内有牙本质基质和牙本质小管。牙本质小管中的神经末梢因牙本质暴露后受到外界冷、热、酸、甜刺激会产生酸痛。

（3）牙骨质：是牙根表层的色泽较黄的硬组织。接近牙颈部处的牙骨质较薄，根分叉处及根尖部的牙骨质较厚。

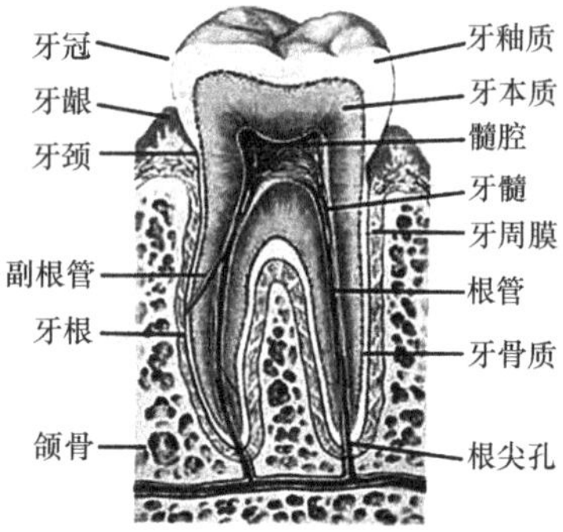

图 12-3　牙体形态、组织结构及牙周组织

（4）牙髓：是位于牙髓腔内的疏松结缔组织，含有丰富的细胞、血管、淋巴和神经纤维。其功能是形成牙本质和营养牙体组织（图 12-3）。

5. 牙齿的功能　牙齿的主要功能是咀嚼功能，其次是协助语言和维持面部的正常形态。切牙有切断作用，尖牙和前磨牙起撕裂和捣碎的作用，磨牙主要是将食物嚼碎和磨细。

（二）牙周组织

牙周组织包括牙周膜、牙槽骨和牙龈，又可称为牙支持组织。

1. 牙周膜（periodontal membrane）　是介于牙根和牙槽骨之间的致密纤维结缔组织，将牙齿固定在牙槽窝内，多数牙周膜纤维排列成束，纤维的两端分别埋于牙骨质和牙槽窝骨壁里，使牙齿固位于牙槽窝内，并有一定的生理动度。牙周膜含有丰富的神经、血管、淋巴和上皮细胞。牙周膜能调节牙齿所承受的咀嚼压力，并有形成和营养牙骨质的功能。

2. 牙槽骨（alveolar bone）　又称牙槽突，颌骨包绕牙根的突起部分，通过牙周膜与牙根紧密相连。此处骨质较疏松，且富于弹性，它是支持牙齿的重要组织。牙槽骨容纳牙根的骨窝称牙槽窝，牙根之间的骨板称牙槽中隔，牙槽骨的游离缘称牙槽嵴，当牙齿脱落后，牙槽骨则发生萎缩。

3. 牙龈（gingiva）　是附着在牙颈和牙槽突部分的口腔黏膜组织，呈粉红色，有光泽，质地坚韧。表面有呈橘皮状的凹陷小点，称点彩，当发炎水肿时，点彩则消失。两邻牙之间突起的部分称龈乳头，牙龈的边缘称为游离龈，游离龈与牙齿间的空隙称龈沟，正常深度为1～2mm。龈沟过深表示有牙周病变。

三　颌面部结构要点

口腔颌面部位于头颅下前方，是机体的主要显露部分，由颌骨、颞下颌关节、涎腺及周围的软组织构成，有呼吸、咀嚼吞咽、消化、言语、表情等功能。

（一）颌骨

1. 上颌骨（maxilla）　为颜面部中1/3最大的骨，左、右各一，互相对称，它与邻骨连接，参与眼眶底、口腔顶、鼻腔底及侧壁、颞下窝和翼腭窝前壁、翼上颌裂和眶下裂的构成。上颌骨外形极不规则，由一体（上颌骨体）及四突（额突、颧突、牙槽突、腭突）所组成（图 12-4）。

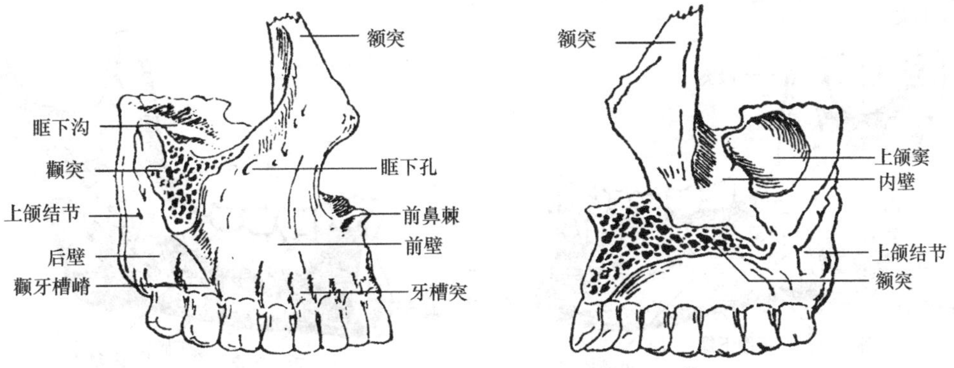

图 12-4 上颌骨

A. 外侧面；B. 内侧面

（1）上颌体（一体）：占上颌骨的中央部，分前外、后、上、内四个面。体内的空腔为上颌窦。

1）前外面：又称脸面，稍向前上方。上接眶下缘，眶下缘中点下方 0.5～0.8cm 为眶下孔，眶下孔的下方骨面呈浅凹即尖牙窝，该处骨壁菲薄，上颌窦的手术常由此凿孔进入术野。眶下孔是眶下神经阻滞麻醉的进针部位。

2）上面：又称眶面，平滑呈三角形，构成眶下壁之大部。其中份有由后方眶下裂向前行的眶下沟，并形成眶下管，开口于眶下孔。上牙槽前、中神经由眶下管内分出。经上颌窦前壁和外侧壁分布到前牙和前磨牙。

3）后面：又称颞下面，常以颧牙槽嵴作为前壁与后壁的分界线，其后方骨质微凸呈结节状，称上颌结节。上颌结节上方有 2～3 个小骨孔，上牙槽后神经、血管在此通过。颧牙槽嵴和上颌结节是上牙槽后神经阻滞麻醉的重要标志。

4）内侧面：又称鼻面，构成鼻腔外侧壁，上颌窦开口于内面的中鼻道。上颌窦囊肿摘除及根治术即在下鼻道开窗引流。

上颌骨骨质疏松，血运丰富，因此上颌骨骨折出血较多，但较下颌骨易于愈合。上颌骨骨髓炎远较下颌骨少见，且多局限。

（2）四突

1）额突（frontal process）：为坚韧细长的骨板，自上颌体的前内上部突向后上方，分别与额骨、鼻骨、泪骨和筛骨相连接。

2）颧突（zygomatic process）：为锥体形，自上颌体的前、后面之间突向外上方。与颧骨相接，向下至第一磨牙部分，形成颧牙槽嵴。

3）牙槽突（alveolar process）：又称牙槽骨。自上颌体向下方伸出，系上颌骨包在牙根周围的突起部分，厚而质松，前部较薄，后部较厚，每侧牙槽突上有 7～8 个牙槽窝容纳牙根。两侧牙槽突在中部结合形成马蹄形的牙槽骨弓。

4）腭突（palatine process）：为水平骨板，前部较厚，后部较薄，两侧腭突在正中线相接，形成腭正中缝，参与口腔顶及鼻腔底的构成。突后缘呈锯齿状与腭骨水平部相连，构成腭横缝。

2. 下颌骨（mandible） 颌面部唯一可活动的、最坚实的、两侧对称的骨骼，在正中线融合成弓形。下颌骨分水平部和垂直部。水平部为下颌体，垂直部为左、右两下颌支（图 12-5）。

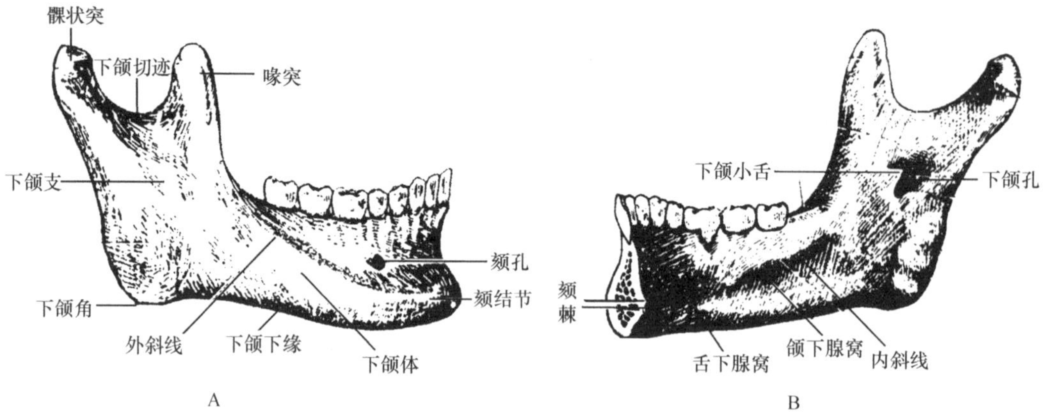

图 12-5 下颌骨

A. 外侧面；B. 内侧面

（1）下颌体：下颌体呈弓形，有内、外两面及上、下两缘。

1）外面：在外侧面正中联合之处为颏部，两旁靠近下缘处，各有一隆突称颏结节。相当于第二前磨牙的下方在骨体上、下缘之间有一孔，称颏孔。为下颌管的出口，有颏神经、血管通过。

2）内面：在正中联合的下方有四个小骨棘，称颏棘，上、下分别有颏舌肌、颏肌附着，颏棘下方两侧各有一椭圆凹为二腹肌前腹附着处，从正中联合斜向后方斜线相对应的骨粗糙线为内斜线，又称下颌舌骨线，为颌舌骨肌附着处，此线前段上方的骨面光滑部，为舌下腺窝；下方的光滑面处为颌下腺窝。

3）上缘：上缘骨质疏松，称为牙槽突，内有排列整齐、容纳牙根的牙槽窝，是颌骨牙源性感染的好发部位。

4）下缘：骨质致密而圆厚，是颌面部表面解剖主要标志之一。

（2）下颌支：或称下颌升支，是从下颌体的后端向后上方伸出的内外扁平的长方形骨板，分内、外两面，上、下、前、后四缘和两突（髁状突和喙突）。

1）内面：中央有一呈漏斗状的骨孔，称为下颌孔，是下颌管的近心端，与下颌磨牙㭊面等高，有下牙槽神经、血管进入。下颌孔下方为颌舌沟，沟后方的粗糙面为翼内肌附着处。

2）外面：外面扁平，大部分为嚼肌所附着。

3）上缘：前为喙突，有颞肌附着；后为髁状突，分头、颈两部，颈部有翼外肌附着。髁状突与颞骨的关节凹构成颞下颌关节。喙突与髁状突之间有深的切迹称下颌切迹。

4）下缘：下缘与下颌骨体的下缘连续；往后与后缘相交而成下颌骨，角前凹陷处称角前切迹，颌外动脉在此绕过。

5）前缘：上起喙突，向下分连下颌骨的内、外斜线，其间形成磨牙后三角。

6）后缘：由髁状突向下，上段骨缘圆而厚，下段薄而粗糙，有茎突下颌韧带附着。

下颌骨是颌面部体积最大、面积最广、位置也最突出的骨体，髁状突颈部、下颌角、颏孔、正中联合等比较薄弱处，为骨折的好发部位。骨折后，由于周围肌肉的收缩牵拉，常造成骨折片的明显移位；下颌骨血运主要由下牙槽动脉供应，较上颌骨差，骨皮层较厚，不易引流，故发生骨髓炎较上颌骨多见且严重，下颌骨骨折的愈合也较上颌骨慢。

（二）肌肉

与口腔颌面部有关的面部肌肉可区分为浅部表情肌、深部的咀嚼肌两部分，其主要功能为管理人体的咀嚼、语言、表情和吞咽动作。

1. 表情肌　面部表情肌一般薄而短小，收缩力较弱，起自骨壁和筋膜浅面，止于皮肤。肌肉纤维多围绕面部孔裂，如眼、鼻和口腔，排列成环形或放射状。主要肌肉有眼轮匝肌（orbicularis oculi）、口轮匝肌（orbicularis oris）、上唇方肌、额肌、笑肌、三角肌和颊肌等。在肌纤维收缩时，牵引额部、眼睑、口唇和颊部皮肤活动，显露各种表情。因表情肌与皮肤连接紧密，故当外伤或手术切开皮肤和表情肌后，通常创口裂开较大，应考虑肌纤维行走的方向给予逐层缝合，以避免引起术后内陷瘢痕。面部表情肌均由面神经支配运动，若面神经受到损伤，则可引起表情肌瘫痪而造成面部畸形。

2. 咀嚼肌　主要附着在下颌骨上，管理开口、闭口和下颌骨的前伸与侧方运动。咀嚼肌可分为闭口肌群和开口肌群两组，此外还有翼外肌（lateral pterygoid）。其神经支配均来自主管运动的三叉神经下颌神经的前股纤维。

（1）闭口肌（升颌肌）：主要附着在下颌角和下颌升支的内、外两面，由咬肌（masseter）、颞肌（temporalis）、翼内肌（medial pterygoid）组成。这组肌肉强大而有力。当收缩时，使下颌骨上升，口腔闭合，上、下牙齿𬌗面接触。

（2）开口肌（降颌肌）：由二腹肌、下颌舌骨肌、颏舌骨肌组成。各肌分别附着在舌骨和下颌骨体上，是构成口底的主要肌。当其收缩时，使下颌骨体下降，口腔张开，上、下牙齿面分离。

（3）翼外肌：起端有上、下两头，上头起于蝶骨大翼的颞下嵴及其下的骨面，下头起于翼外板的外面，二头分别止于下颌关节盘前缘和髁状突颈部。其功能较特殊，下头收缩时有开口作用，以及下颌前伸及侧方运动，上头收缩时起闭口作用；双侧收缩时下颌前伸，单侧收缩下颌向对侧运动；同时有稳定关节盘的作用。

（三）血管

1. 动脉　颌面部血液供应主要来源于颈外动脉的分支舌动脉、颌外动脉、颌内动脉、颞浅动脉和甲状腺上动脉。各分支之间都有吻合，且两侧动脉之间也有吻合，因此面颈部的血液供应极为丰富，手术与外伤均可引起较大量的出血；压迫止血时，还必须压迫供应动脉的近心端，才能暂时止血。同时，血运充足又能促进伤口愈合和提高组织的抗感染能力。

2. 静脉　口腔颌面部的静脉系统分支较多且细小，彼此之间常常互相吻合，大多数静脉与同名动脉伴行，其静脉血主要通过颈内、外静脉回流至心脏。常分为两个静脉网。浅静脉网由面前静脉和面后静脉组成，深静脉网主要为翼静脉丛。面部静脉的特点是静脉瓣少或缺失，不能阻挡回流，当肌肉收缩或挤压时，易致血液反流。故颌面部的感染，特别是鼻根与两侧口角连线三角区内的感染，若处理不当（如挤压、手术等），则易逆行传入颅内，引起海绵窦血栓性静脉炎等严重并发症。通常将此三角称为面部的危险三角区。

（四）淋巴

口腔颌面部的淋巴组织很丰富，淋巴管（lymphatic vessel）组成网状结构，间有环形组和纵形组两大淋巴结群，构成了颌面部的重要防御系统。淋巴结（lymph nodes）收纳淋巴液。正常情况下，淋巴结小而柔软，不易触及；但当其淋巴结所收容的范围内有炎症或肿瘤时，相应的淋巴结就会发生肿大，硬而可被触及。急性炎症时伴有明显压痛。故而淋巴结对炎症、肿瘤的诊断、肿瘤的转移、治疗及预后均有极其重要的临床意义。

（五）神经

与口腔颌面部有关的神经，主要分为运动神经和感觉神经两组。

1. 运动神经　与口腔颌面部有关的运动神经主要有面神经（facial nerve）、舌下神经（hypoglossal nerve）和三叉神经（trigeminal nerve）第三支的前股纤维。

（1）面神经

1）运动纤维：起自脑桥的面神经核。面神经的颅外段穿过腮腺分布于颜面。其分五支，即颞支、颧支、颊支、下颌缘支和颈支。各支在腺体内吻合成网，出腺体后呈扇形分布，支配面部表情肌的活动。由于面神经与腮腺的关系密切，腮腺病变可影响面神经，使之发生暂时性或永久性的麻痹。在做面部手术时，应了解面神经各支的走行，以免损伤后造成面部畸形的严重后果。

2）味觉纤维：面神经的鼓索支含味觉纤维，分布于舌前 2/3 的味蕾，司味觉。

3）分泌纤维：来自副交感的唾液分泌纤维，起自脑桥的上涎核，到蝶腭神经节及颌下神经节，交换神经元后分别至泪腺、舌下腺、颌下腺、腭及鼻腔黏膜的腺体。

（2）舌下神经：是第Ⅻ对脑神经，分布至所有的舌肌，支配舌的运动。

（3）三叉神经：是第Ⅴ对脑神经，起于小脑中脚，司颌面部的感觉和咀嚼的运动。

2. 感觉神经　与口腔颌面部有关的感觉神经主要是三叉神经。三叉神经的感觉神经自颅内三叉神经半月节分出三大支：第一支为眼神经；第二支为上颌神经；第三支为下颌神经。其中上、下颌神经与口腔科关系最为密切。

上颌神经的分支为颧神经、蝶腭神经、上牙槽后神经、上牙槽中神经和上牙槽前神经。下颌神经的前股较小，主要为运动神经，分别至嚼肌、颞肌和翼内外肌。其唯一的感觉神经是颊长神经。后股较大，多为感觉神经，主要分支有颞神经、舌神经和下牙槽神经。

（六）涎腺

涎腺又称唾液腺，分浆液腺、黏液腺和混合腺三类。功能有湿润口腔黏膜、消化食物、杀菌、调和食物便于吞咽及调节机体水分平衡等。涎腺分大、小两种。小涎腺又称无管腺，主要为黏液腺，分布在唇、舌、颊、腭等处的黏膜固有层和黏膜下层。大涎腺有三对，即腮腺（parotid gland）、颌下腺（submandibular gland）和舌下腺（sublingual gland），分别有导管开口于口腔。

1. 腮腺　是涎腺中最大的一对，为浆液腺。位于两侧外耳前下方和颌后窝内。腺体呈不规则的楔形，有多个突起。导管长为 5～7cm，管腔直径约为 3mm，在腺体前缘近上端发出，行走至嚼肌前缘时呈直角向内穿过颊肌，开口于正对上颌第一、第二磨牙牙冠处颊黏膜上的腮腺导管乳头。

2. 颌下腺　为混合腺，呈扁椭圆形，位于颌下三角内。腺体深层延长部经下颌舌骨肌后缘进入口底，导管行走方向从后下向前上，长约 5cm，开口于舌系带两旁的舌下肉阜。

3. 舌下腺　为混合腺。位于口底舌下，由若干小腺所构成，各小腺泡均有其单独的短小导管，直接开口于口底。亦有少数导管汇入颌下腺导管。由于管口较小，不易发生逆行感染，是潴留性囊肿的好发部位。

第 2 节　口腔科患者的护理评估

一　口腔科疾病基本特征

1. 发病率高　口腔科疾病大多是常见病、多发病，并且患者在性别、年龄、职业上没有明显限制，男女老幼均可发病。其根本原因与患者缺乏预防、保健知识有关。

2. 多与全身性疾病相关联　从口腔科疾病的发病原因上看，病因常与全身性疾病因素有关。例如，白血病可出现牙龈出血的症状，维生素 C 缺乏可发生牙龈炎，维生素 B 缺乏可发生复发性口疮或口角炎等。

3. 局部易损伤　口腔颌面部处在人体的暴露部位，因交通事故或其他原因都很容易受损伤，且往往损伤广泛，伤情复杂，特别是出现出血、淤血、肿胀、缺损等情况时，会影响患者张口、呼吸及语言功能，严重时还可并发颅脑损伤、呼吸道梗阻、休克、感染等。

4. 手术创口易感染　因手术造成的组织缺损会使口腔的自洁功能受到影响与限制，所以许多颌面部手术尤其是以口腔作为必经途径的手术，都有感染的潜在危险。另外，口腔中的分泌物及食物的残渣也加重了口腔的不洁，更易造成手术创口的感染。

二 口腔科患者护理评估

（一）护理病史评估

对口腔科患者进行护理评估是确定护理诊断、制订护理计划、采用科学而合理的护理措施的必要手段和重要依据。在进行护理评估时，既要了解患者的身体健康状况，同时也要关心其心理、社会、文化及经济等状况，这样才能作出全面而正确的评估。作为口腔科护士除应按照护理模式掌握收集资料的技巧和方法外，还应掌握身体各系统体格检查的方法，收集到准确的第一手资料，从而发现患者在生理、心理、社会等方面现存的或潜在的健康问题，为护理诊断、护理计划及护理措施提供完整、系统、可靠的资料。

（二）口腔科患者常见临床表现评估

1. 牙痛　常是口腔科患者的主要症状和就诊原因。疼痛的特点主要有自发性钝痛、自发性剧痛、激发痛和咬合痛等。疼痛是一种主观感觉，因个体敏感性及耐受性的不同，必须对牙痛患者仔细地询问病史，根据患者的主诉和疼痛的特点，做进一步检查，然后根据主诉、病史、症状、临床表现及检查结果综合考虑，作出正确的诊断和评估。

引起牙痛的原因很多，常见原因有以下几种。

（1）牙体疾病：如深龋、各种牙髓炎及牙齿的非龋疾病等。

（2）牙周组织疾病：如外伤、冠周炎、急性或慢性根尖周炎、龈炎、牙周脓肿、牙槽脓肿、坏死性龈炎及干槽症等。

（3）邻近组织疾病：如颌骨骨髓炎、急性化脓性上颌窦炎，因炎症侵犯神经末梢，牙齿可发生类似牙髓炎疼痛。上颌窦或颌骨肿瘤压迫或侵犯神经、急性化脓性中耳炎等均可引起牙痛。

（4）全身性疾病：如流行性感冒、神经衰弱、癔症、月经期或绝经期等都可引起牙痛，心脏病可引起心源性牙痛等。

（5）神经系统疾病：如三叉神经痛，正常的牙齿有时也可出现剧烈的疼痛，称为非典型牙痛。

2. 牙龈出血　常见原因有以下几种。

（1）口腔疾病：各种牙龈炎、牙周炎、坏死性龈炎、食物嵌塞、牙龈肿瘤、不良修复体的刺激等。

（2）全身性疾病：如维生素 C 缺乏症、严重贫血、血液病、肝硬化、脾功能亢进、系统性红斑狼疮等。

3. 口臭　是很多疾病均可出现的一种常见症状，其主要原因有以下几种。

（1）口腔疾病引起的口臭：口腔不洁、牙垢和牙石过多及嵌塞于牙间隙和龋洞内的食物发酵腐败，是产生口臭的主要原因。常见的疾病有口腔黏膜糜烂、溃疡、龋齿、残根、牙周炎、牙龈炎、智齿冠周炎及干槽症等。

（2）鼻咽部疾病：如化脓性上颌窦炎、萎缩性鼻炎、扁桃体炎、小儿鼻腔内异物等均可发生口臭。

（3）全身性疾病：如肺部感染、胃肠疾病、消化不良、急性肝炎、发热、白血病引起的牙龈和黏膜的坏死等。

（4）味觉异常：如患者自我感觉口臭，经医生检查无臭味。

4. 张口受限　成人正常张口度约 3.7cm。凡不能达到正常张口度者，均称为张口受限。致病因素包括局部因素和全身因素。

（1）口腔颌面部炎症：如下颌智齿冠周炎、颌面部蜂窝织炎及牙源性颌骨骨髓炎等。

（2）颞颌关节疾病：凡是能引起颞下颌关节强直、关节盘脱位、关节炎症及下颌关节功能紊乱等的疾病均可引起张口受限。

（3）口腔颌面部外伤：如颌面部软组织损伤、颌骨骨折和颞下颌关节挫伤等。

（4）口腔颌面部肿瘤：凡能累及颞颌关节或闭口肌群的恶性肿瘤均可引起张口受限。

（5）因外伤而患破伤风的患者，也可见于癔症发作的患者。

5. 牙齿松动　正常情况下，牙齿只有极轻微的生理动度约 0.02mm，超过生理动度的，通常是病理性原因所致。常见原因有以下几类。

（1）牙周病：是牙齿松动乃至脱落的最主要原因。

（2）外伤：主要发生在前牙，因受外力大小不同，可造成牙齿松动、牙齿折断、牙齿脱位甚至与牙槽窝全部脱离。

（3）牙周炎症：急、慢性根尖周炎及急性牙槽脓肿均可引起牙齿松动。

（4）颌骨骨髓炎：牙源性感染所致颌骨骨髓炎可引起多个牙齿迅速松动，当转为慢性期时，病源牙必须拔除，其邻近的松动牙可逐渐恢复稳固。

（5）颌骨内肿物：良性肿物或囊肿在缓慢的生长过程中可压迫牙齿移位或造成牙根吸收，因致牙齿逐渐松动。恶性肿物则使颌骨广泛破坏，在较短时间内即出现多个牙齿松动和移位，最常见的有上颌窦癌。

6. 牙齿着色和变色　正常牙齿呈乳黄色或乳白色，有光泽。

（1）牙齿着色：是指牙齿表面有外来的色素沉积。着色是外来的，经洁治、磨光等物理性处理后大都能除去。

（2）牙齿变色：分个别牙变色和全口牙变色两种。个别牙变色常见于局部原因，如外伤或用亚砷酸失活牙髓过程中，牙髓有出血，并逐渐坏死分解，其中血红蛋白分解产物可渗入牙本质小管，将牙齿染成青灰色、褐色或粉红色。全口牙变色常因在牙齿发育期间受环境和全身情况的影响所形成，如四环素牙和氟斑牙等。

（三）口腔科常用检查

口腔科检查应按顺序由外向内，即先检查颌面部然后再做口腔检查。主要检查牙齿、牙周、口腔黏膜、舌、系带、腭、口底及涎腺等。诊室要安静、整洁，在光源充足、调整椅位合适的情况下进行检查。要求操作时动作轻柔、细微、细致、主次分明。

1. 常用检查器械　口腔内检查常用器械为口镜、镊子和探针。

（1）口镜：通过镜面反光和映像作用检查直视不到的部位，如牙齿的远中面、舌腭面；还可牵拉口角、唇、颊等软组织及推压舌体，口镜柄还可用于叩诊牙齿。

（2）镊子：是口腔科专用镊子。用来夹持药物及敷料、腐败组织及小块异物；也可夹持牙齿测量其松动度；镊柄也用作叩诊牙齿用。

（3）探针：一端呈弧形，另一端呈尖角形。用来检查牙各面的沟裂、点隙、缺陷、龋洞及敏感区部位；探测牙周袋的深度和是否有龈下牙石；检查充填物及修复体的密合程度、皮肤或黏膜的感觉功能。另外，还有一种钝头圆柱形有刻度（以毫米计）的专用于检查牙周袋深度的探针。

（4）其他器械：除了上述的三种最基本器械外，挖匙也是在检查口腔和牙齿时常用的器械。口腔用的挖匙较小，两端呈弯角，头部呈匙状，用来挖除龋洞内异物及腐质，以便于观察龋洞的深浅。

2. 检查方法

（1）一般检查：先对患者做一般观察，如患者意识及精神状态、体质、发育、营养状况是否正常，身体及颌面部有无畸形、皮肤色泽等。一般观察后，则可进行问诊和其他客观检查。

1）问诊：主要是针对患者的主诉、现病史、既往史和家族史等进行询问，全面了解疾病的发生、发展、病因、诊治经过、效果及与本次疾病有关的病史。

2）视诊：通过眼睛观察获取与疾病有关信息。观察患者的表情、神态、发育、营养、颜色、性质、形状、质地、功能性活动等。首先要观察主诉部位的情况，再依次检查其他部位。

3）探诊：利用探针检查和确定病变部位、范围、程度、疼痛反应等。探诊可确定龋洞部位、深浅、牙髓暴露情况、充填物边缘密合程度、有无继发龋，还可用钝头刻度探针检查牙周袋深度和瘘管方向。

4）叩诊：利用口镜柄、牙用镊子柄在牙齿𬌗面或切缘轻轻垂直叩打。应先叩正常牙作为对照。叩诊的主要目的为检查牙周膜的炎症反应，叩痛的程度用（＋）、（＋＋）、（＋＋＋）表示。有时牙周病变在一侧，也可采用侧方叩诊。正常牙齿叩诊呈清脆音，当根尖有较大病变或牙周膜普遍破坏时，叩诊音则呈浊音。

5）扪诊：是用手指或器械按压或触摸检查部位，用来观察病变部位、范围、大小、形状、硬度、压痛、波动、溢脓、热感、振动的大小等。

6）嗅诊：某些口腔疾病患者口腔中有特殊臭味，如坏疽性牙髓炎及坏死性龈炎具有特殊腐败臭味，可以凭嗅觉协助诊断。

7）咬诊：主要用于检查牙隐裂，如果有牙隐裂则会产生疼痛。急性根尖周炎时咬诊也可能出现疼痛。

（2）辅助检查

1）牙髓活力检查：正常牙髓能够耐受一定量的温度刺激或电流刺激而无不适感。正常情况下，牙髓对 20～50℃的温度刺激不产生反应。一旦发生炎症，则对温度刺激反应敏感，如发生变性或坏死，则反应迟钝或消失。本检查通常有冷试法、热试法和电流检查三种。

冷试法可用冷水、冷气、氯乙烷、无水乙醇、冰棒等。临床上简便易行的方法是用冷水，即用水枪喷试。热试法可用 50～60℃热水喷注患牙或用热牙胶置于受检牙上，测试时应以对侧同名牙或相邻牙作为对照。电流检查用电牙髓检测器（又名电牙髓活力计）来进行测试。电流检查时同样要以对侧同名牙或相邻牙作为测试对照。

2）X 线检查：分口内牙片、口外摄片及造影等，主要用于牙体、牙周、关节、涎腺和颌骨等疾病，以了解其病变部位、范围及程度。此外还有全景X线片检查及CBCT等方法。

3）局部麻醉检查：牙髓炎时，难以确定患牙位置，有时会将上、下颌牙误指。此时可用2%利多卡因做三叉神经痛阻滞麻醉，以确定患牙是上颌还是下颌，然后再根据各种体征确定患牙部位。

此外，还有细胞学检查、活体组织检查、𬌗力测定、实验室检查等方法。

3. 口腔检查　主要包括唇、颊、牙龈、系带、舌、腭、口底等。

（1）唇：应主要检查皮肤、黏膜、形态的改变，有无肿胀与疱疹，口角有无糜烂、色素沉着、白斑及增生物等。正常唇呈粉红色，若唇苍白或青紫多为疾病所致。

（2）颊：主要检查颊部的色泽、对称性，有无肿胀、压痛、慢性瘘管、感觉障碍与过敏等。在检查颊部黏膜时应从色、形、质三方面检查。应注意颊黏膜有无角化异常、表面发白的情况，特别要注意腮腺导管乳头有无充血、水肿、溢脓及触痛。

（3）牙龈：主要检查牙龈组织的色、形、质的改变，是否有色素沉着，有无瘘管存在，牙龈有无出血，龈缘有无红肿、出血、增生、萎缩、溃疡、坏死和窦道等。正常牙龈呈粉红色，有点彩。牙龈炎、牙周病最常见表现为点彩减少或消失。

（4）系带：是口腔内一种带状的纤维结缔组织，依其所在部位不同而命名为唇系带、颊系带、舌系带。检查时应注意其数目、形状、位置及附着情况、对牙位及口腔功能有无影响等。

（5）腭：硬腭黏膜正常呈粉红色，黏膜下有骨质，软腭黏膜略呈暗红色，黏膜下无骨质。主要观察有无畸形、肿块、充血、水肿、溃疡、假膜、白色斑块等异常变化。

（6）舌：正常舌质淡红，舌体柔和、滋润、有光泽，舌背表面覆盖有薄层白苔，无裂隙。舌腹部黏膜薄而平滑。检查时应注意舌质的色泽、舌苔的变化，舌背是否有裂纹，舌乳头是否充血、肿大、有无肿物，舌的运动与感觉功能是否有障碍，以协助诊断机体全身性疾病。

（7）口底：主要检查舌系带是否过短，舌下肉阜有无异常分泌物，导管乳头有无红肿，口底有无肿胀、包块及其硬度和活动度等情况。

4. 牙齿检查

（1）视诊：先检查其主诉部位，再检查牙齿的数目、形态、颜色、位置、萌出替换情况、牙体牙周组织及咬合关系等。

（2）探诊：用牙科探针或牙用镊子检查并确定病变部位、范围和反应情况。包括检查牙有无龋坏，确定其部位、深浅，有无探痛及牙髓是否暴露。探查充填物边缘与牙体是否密合及有无继发龋。当牙本质过敏时，可以探测敏感部位。还可用探针检查牙龈是否出血、牙周袋的深度、龈下结石的分布及窦道（瘘管）的方向等。牙周袋的深度必要时可用钝头牙周探针进行检查。

（3）叩诊：用口镜或镊子柄垂直或从侧方叩击牙齿有无疼痛，用以检查是否存在根尖周或牙周病变。正常叩诊音清脆，根尖有损害或牙周膜有破坏时则叩诊音变混浊。应先叩健齿再叩患齿对比反应。

（4）触诊：手指轻压牙周组织进行触诊，轻压龈缘处观察是否有脓液溢出，触诊根尖部的牙龈注意有无压痛和波动感。

（5）牙齿松动度的检查：一般可用牙科镊子操作。前牙用镊子夹持牙冠的唇、舌面，后牙将镊子合拢置于牙的𬌗面，摇动镊子，做颊（唇）舌（腭）面的、近远中的、上下的双向推动或摇动。记录分为三级：1级（Ⅰ度）微大于生理动度，相当于1mm以内；2级（Ⅱ度）从正常位置向任何方向摇动，动度相当于1～2mm；3级（Ⅲ度）是指从正常位置向任何方向摇动，动度大于 2mm 或出现垂直向松动。

5. 颌面部检查　主要用视诊和触诊。视诊时首先注意观察颜面表情与意识状态，颜面部外形与色泽，即颜面部外形与轮廓的对称性、丰满度，颜面皮肤的色泽、皱纹、弹性等。对颜面部的畸形、缺损、肿块、瘘管及肿胀，应结合触诊进一步检查病变范围，大小、形态、深度、硬度、温度、能否移动、有无触痛、波动感等及皮肤和深层组织的关系。

6. 颞下颌关节检查　对颞下颌关节的检查应包括下述内容：观察对比面部左、右两侧发育状况、协调性、对称性、颏部中点是否正中位。检查髁突的活动度、有无弹响及摩擦音、有无压痛等。还要检查殆关系有无过早接触，正中关系位于正中殆位是否协调，正中接触是否平衡。检查前伸及侧向运动有无障碍，充填体、冠桥和托牙是否合适，牙齿的磨损程度等。

7. 张口度检查　是用卡尺测量上、下切牙缘间距离，或用手指宽度表示。临床上如有张口度异常时可参照以下标准。

（1）轻度张口受限：上、下切牙切缘间距离可置入两横指，2～3cm。

（2）中度张口受限：上、下切牙切缘间距离可置入一横指，1～2cm。

（3）重度张口受限：上、下切牙切缘间距离不足一横指，不足 1cm。

（4）张口过度：张口度超过 4.5cm。

8. 涎腺检查　主要是对腮腺、舌下腺、颌下腺这三对大涎腺的检查。

（1）视诊：两侧对比，了解形态变化，注意导管口有无分泌物等。

（2）触诊：腮腺的触诊以示指、中指、环指三指平触为宜，颌下腺及舌下腺的触诊常用双合法检查。触诊导管时，了解导管的质地，排除导管结石。用手轻轻按摩和推压腺体，观察导管排出物的性质和量，必要时双侧进行对比。

（3）探诊：用钝头探针探测涎腺导管或注入造影剂及药物。探诊时动作要轻柔、准确，态度认真、耐心，以免损伤导管乳头或将药液注入软组织中。在未触及结石时，方可进行探诊，以免出现将结石推向腺体的可能。

三　口腔科常用护理诊断

1. 疼痛　与龋病、炎症、肿胀、外伤、骨折、溃疡有关。

2. 语言沟通障碍　与唇腭裂畸形、疼痛、口腔敷料填塞、术后禁发音等有关；还与口腔颌面部炎症引起局部肿胀、张口困难有关。

3. 口腔黏膜改变　与手术、外伤、溃疡等有关。

4. 营养失调　与颌面部损伤、张口受限、咀嚼吞咽困难、缺乏营养知识等有关。

5. 体温过高　与炎症有关。

6. 自我形象紊乱　与面神经麻痹、面部畸形、外伤等引起颌面部外表的变化有关。

7. 知识缺乏　与缺乏疾病相关知识有关。

8. 有感染的危险　与颌骨骨折、颌面部组织损伤、不易清洁口腔、营养不足及机体抵抗力降低等有关。

9. 焦虑　与缺乏有关医学知识、担心预后不佳、环境改变等有关。

10. 潜在并发症　与手术、伤口感染等有关。

11. 组织完整性受损　与化学的、温度的、机械的刺激等有关。

12. 婴儿喂养困难　与唇裂、腭裂畸形有关。

第3节 口腔科护理管理

一 口腔科护士的素质要求

1. 有良好职业道德和敬业精神。
2. 有扎实的专业基础知识和熟练的专科操作技能。
3. 有较强的院感防护意识和无菌观念。
4. 有丰富的人文知识和心理护理知识。
5. 有良好的心理素质及人际沟通技巧。
6. 有敏锐的疾病观察能力。
7. 有健康的体魄和良好的职业形象。

二 门诊护理管理

由于大部分口腔疾病在门诊进行治疗，因此做好门诊护理工作尤为重要。口腔门诊护理的主要任务是做好开诊前准备、安排患者就诊、椅旁护理、协助医师进行检查治疗、搞好健康教育与护理指导等。

1. 诊室环境　应保持清洁、整齐、通风、明亮；准备好抗菌洗手液、速效手消毒剂、擦手纸巾等。

2. 诊室内物品　检查医疗电脑，使其处于工作状态。备好常用物品、药品、材料和器械，摆放固定位置。同时，备好文具及各种医疗用纸等办公用品。

3. 就诊秩序　对患者初步问诊后进行分诊，优先安排急、重症及年老体弱、残疾人就诊，维持候诊秩序。

4. 做好椅旁护理　安排患者坐在牙科椅上，根据治疗部位调整好光源、椅位高低、靠背和头枕位置。在诊治过程中，应主动、及时地配合医师操作。如调拌各种材料和药剂，做到及时、适量、质好，保证治疗成功率。

5. 预约登记　做好检查、治疗、门诊手术、复诊患者的预约登记工作。

6. 设备的维护　做好手机、器械、设备的维护与保养，按规定清洁消毒备用。

7. 健康教育　利用板报、传单、电视等形式，宣传常见口腔疾病的防治知识。

8. 安全管理　防止患者发生跌倒等安全隐患，注意工作细节的安排。下班后及时关闭水、电、门窗等设施。

9. 人员的培训　四手操作的实施，口腔医疗技术的发展，口腔设备材料的更新，患者及其家属需求的提升，都需要护士在工作中不断学习和培训以提高自身素质。

三 消毒隔离制度

口腔科是医院感染管理的重点部门，口腔疾病的诊治绝大部分在口腔内进行，而口腔的各腔窦内寄居了大约300多种微生物，是体内多种疾病的感染和多种传染性疾病的传播途径，如乙型肝炎、获得性免疫缺陷综合征（艾滋病）等就是通过血液和体液（如唾液）传播的，因此对医护人员双手和器械物品必须建立严格的消毒隔离制度，防止交叉感染的发生。

1. 医护人员　接触患者前后，应用抗菌洗手液和流动清水按六步洗手法清洗双手，及时更换手套。戴帽子、口罩、防护面罩，做好自我防护。

2. 器械物品　尽量采用物理灭菌法，门诊最好配用高温高压蒸汽灭菌器。凡是患者用过并重复使用的器械，均应执行灭菌处理。要做到诊疗器械、漱口杯一人一份，一次性物品一次性使用。使用防回吸式口腔治疗台和手机，在操作前后及时冲洗管路。

3. 垃圾　按生活、医疗、利器规范分类放置和处理。

4. 诊室环境　因气枪、水枪、高速蜗轮机钻的使用，对环境污染比较严重。开诊前后做好空气消毒，诊室桌椅、地面用 0.2%过氧乙酸溶液或含氯消毒剂消毒。消毒剂每日现用现配，并监测浓度和记录。

链接

中华人民共和国国家卫生和计划生育委员会 2016-12-27 发布的《口腔器械消毒灭菌技术操作规范》部分内容解读

1. 因为开展口腔服务的机构大部分使用小型灭菌器，强调了自动控制型。也就是说物理监测记录等能够自动打印，不能像我们以往由医务人员自己填写温度、压力和维持时间。

2. 通常我们选用的是 B 类灭菌周期，因为它灭菌的范围宽，如有包装和无包装以及 A 类空腔负载等。N 类灭菌周期就不能灭菌有包装和 A 类空腔负载，只能灭菌无包装和实心器械。

四　手术前、后的护理管理

（一）术前护理

1. 一般准备

（1）心理护理：根据患者的文化背景，恰当地介绍治疗方案、手术过程、预后及术前、术后注意事项。认真倾听患者的主诉，消除其疑虑和恐惧心理，保持良好的心理状态。

（2）注意口腔卫生：清洁口腔，洁牙，药液含漱。

（3）帮助患者戒烟，根据手术需要练习床上使用便器，小儿应训练使用汤匙或滴管喂食。

（4）协助完成常规检查。

2. 术前护理

（1）搞好个人卫生：如洗澡、理发等。

（2）做抗生素过敏试验，并记录结果。阳性者应通知医师。

（3）根据手术需要，按医嘱配血。

（4）按手术区域，做好皮肤准备。

（5）术前晚保证患者最佳睡眠，必要时可服用安眠药。

3. 术日晨

（1）全麻患者禁食、禁水要求：成人术前 8 小时禁食、4 小时禁水；小儿患者术前 6 小时禁食、2 小时禁水；6 个月以下婴儿 3 小时禁奶、2 小时禁水。

（2）遵医嘱执行术前用药。

（3）嘱患者术前排空大、小便。

（二）术后护理

1. 迎接手术患者回病房时，应向麻醉师及手术室护士了解手术过程中的情况。要求交接清楚，连接好各种引流管。

2. 在患者全麻未清醒时，按全麻术后常规护理。设专人护理，将患者置去枕平卧位，头偏向健侧，及时消除口、鼻、咽腔及气管呕吐物、分泌物或血液，以保持呼吸道通畅。严密观察体温、脉搏、呼吸、血压、神态、瞳孔变化，血压每15～30分钟测1次，待全麻清醒或血压平稳后可酌情减少测量次数。

3. 注意保持各种引流管畅通，严密观察各种引流物量、色、性质，如有异常变化及时报告医师处理。

4. 饮食护理原则是提高营养价值，促进和保障伤口愈合。应根据手术不同情况和医嘱，决定饮食类型（流食、半流食、软食和普食）及进食方法（如自食、管喂、匙喂、鼻饲等）。全麻清醒6小时后无呕吐者，可给少量温开水或流质饮食。

5. 密切观察手术创口渗血情况，如渗血较多应及时报告医师处理。

6. 保持口腔卫生，每日口腔护理2次。

7. 其他按一般外科术后护理，各不同病种按病情要求进行专科护理。

目标检测

A_1型题

1. 以下哪个是人体内钙化程度最高、最硬、最耐磨的组织（　　）
   A. 牙釉质　B. 牙髓
   C. 牙骨质　D. 牙根
   E. 牙本质
2. 牙齿松动乃至脱落的最主要原因是（　　）
   A. 颌骨内肿物　B. 根尖周炎
   C. 外伤　D. 牙周病
   E. 颌骨骨髓炎
3. 儿童大约在2岁全部萌出的牙齿不包括以下哪颗（　　）
   A. 乳侧切牙　B. 乳中切牙
   C. 第一磨牙　D. 乳尖牙
   E. 第二乳磨牙
4. 口腔手术后的护理操作评估内容不包括（　　）
   A. 患者一般情况　B. 环境温度和湿度
   C. 患者病情　D. 患者心理状况
   E. 口腔卫生知识

A_3/A_4型题

患者，男，35岁，于1年前因喝酒后骑车摔伤面部，当时右侧面颊先着地，皮肤破损出血不止，到乡卫生院进行缝合包扎处理。查体：右侧面颊有一4cm长伤口，已深至肌层，周围皮肤挫伤破损。患者无头晕、恶心、呕吐等症状，遂未做其他相关检查。现患者主诉右侧伤口缝合处皮肤内陷形成瘢痕，并且面部畸形不对称。

5. 造成患者右侧面部皮肤内陷瘢痕是因为损伤了哪块肌肉（　　）
   A. 颞肌　B. 开口肌
   C. 咬肌　D. 翼内肌
   E. 表情肌
6. 造成患者面部畸形是因为损伤了哪支神经（　　）
   A. 上颌神经　B. 面神经
   C. 舌下神经　D. 三叉神经
   E. 下颌神经

（刘　锐）

第十三章　牙体及牙周组织疾病患者的护理

龋病是牙齿在多种因素作用下，发生在牙体硬组织的一种慢性进行性疾病，它是现代人类罹患最广泛的口腔疾病之一。牙髓病和根尖周病的病因大多相似，牙髓组织和根尖周围组织通过狭窄的根尖孔密切相连，牙髓组织中的病变产物、细菌及其毒素等很容易通过根尖孔扩散到根尖周围组织，引起根尖周病。牙周病是牙齿支持组织发生的慢性非特异性、感染性疾病，在口腔疾病中牙周病与龋病一样，是人类最常见的疾病之一。

第 1 节　牙体及牙髓病患者的护理

● 案例 13-1

患者，女，6 岁，自小喜食甜食，近来出现牙疼，吃冷饮后牙齿疼痛，去除后疼痛立即消失，其父母发现多个牙齿变黑，出现空洞，遂带其到医院就诊。检查：双侧下颌第二乳磨牙及左侧第一乳磨牙出现龋洞，洞内有发黑的牙本质。

问题： 1. 龋病的病因有哪些？

2. 处理原则是什么？

3. 龋病如何预防？

一　龋病患者的护理

（一）概述

1. 概念　龋病是牙齿在多种因素作用下，其硬组织出现无机物脱矿、有机物破坏的一种慢性进行性疾病。患龋的牙齿称为龋齿。龋齿不仅妨碍咀嚼功能，影响美观，而且可引起牙髓炎、根尖周炎、颌骨及颌周组织炎症，甚至成为病灶，影响全身健康（图 13-1）。

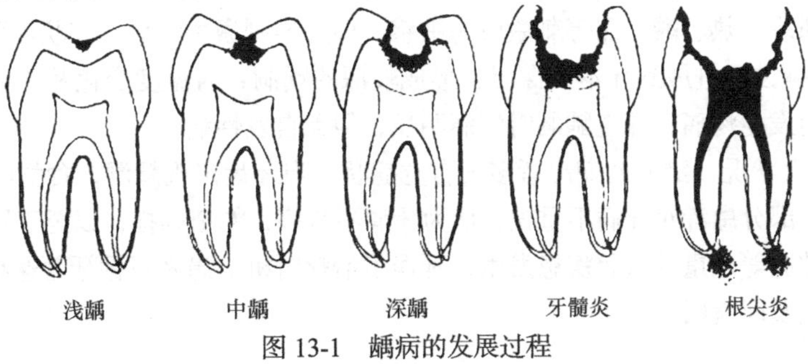

图 13-1　龋病的发展过程

2. 病因 目前公认的龋病病因是四联因素论。四联因素论把龋病发生归结为细菌、食物、宿主及时间共同作用的结果。

（1）细菌因素：是龋病发生的主要条件。主要致龋菌是变形链球菌、乳酸杆菌、放线菌。牙菌斑是寄居在牙面上的一种稠密、不定形、非钙化的团块，构成细菌致龋的生态环境。细菌在牙菌斑中生长繁殖，同时又吸附更多的细菌，经过一系列的生物化学变化，使菌斑下方的牙釉质脱钙，形成龋病。牙菌斑最易在牙合面上的沟窝、邻面及牙颈部不易清洁的区域形成，且附着紧密，一般的清洁措施不易除去，人工清除后又很快重新形成。

（2）食物因素：食物是龋病发生的必要因素。碳水化合物，尤其是蔗糖及其他低分子量糖的作用最为明显。因糖类食物易被致龋菌分解成酸，形成黏性多糖类，黏附于牙面，特别是在牙齿的邻面、点隙、窝沟及牙颈部等不容易通过自洁作用被冲刷掉的部位停滞，从而使局部牙面脱矿致龋。

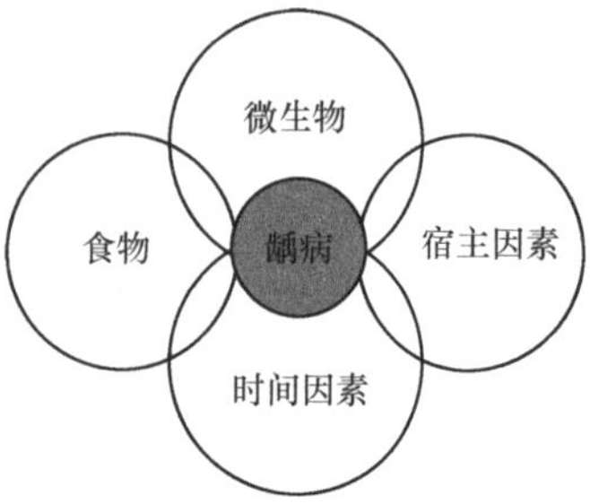

图 13-2 龋病发病的四联因素

（3）宿主因素：宿主主要包括牙、唾液。牙齿的形态、结构、成分、位置、牙齿对龋病的抵抗力或敏感性与龋病发生有关。唾液的性质、成分及量与龋病的发生也有关。

（4）时间因素：龋病的发生发展是一个慢性过程，从早期损害发展为一个龋洞一般需要 1 年到 1 年半的时间。2～14 岁这段时间是乳恒牙患龋的易感期（图 13-2）。

（二）护理评估

1. 健康史 询问患者口腔卫生及饮食习惯，尤其询问儿童患者有无睡前吃甜食的嗜好。

链接

龋病的流行病学

我国《第三次全国口腔健康流行病学调查报告》显示：5 岁儿童乳牙患龋率为 66%，治疗率为 2.8%；12 岁儿童患龋率为 28.9%，治疗率为 10.7%；成人患龋率为 88.1%，治疗率为 8.4%；老年人缺牙率为 86.1%，修复率为 42%；但不合格修复率高达 24.2%；12 岁儿童牙外伤发生率达 20%，但能及时合理治疗的不足一半。

2. 身体状况 龋病的临床特征是牙体硬组织色、形、质的改变。

（1）好发部位：牙齿表面不易得到清洁，细菌、食物碎屑易于滞留的场所，菌斑积聚较多，易于发生龋病。因此，牙齿的点隙、窝沟、邻面、牙颈部是龋齿的好发部位。

（2）龋病的分度：临床上根据龋损程度将龋病分为浅龋、中龋及深龋。

1）浅龋：龋蚀只限于牙釉质或牙骨质。初期在牙表面可有脱钙而失去固有色泽，呈白垩色点或斑，继之呈黄褐色或黑色，患者无自觉症状。探诊有粗糙感或浅层龋洞形成。

2）中龋：龋蚀已进展到牙本质浅层，形成龋洞，洞内可有变色软化的牙本质和食物残渣，一般无症状。遇冷、热、酸、甜等刺激较为敏感。但外界刺激去除后，症状即可消失。

3）深龋：龋蚀已进展到牙本质深层，形成较深的龋洞，对温度变化及化学刺激敏感，食物嵌入洞内压迫发生疼痛，探查龋洞时酸痛明显，但无自发性痛。

3. 心理-社会状况 龋病初期患者多无自觉症状，当牙齿出现龋洞，食物嵌塞引起疼痛时患者才来就医。部分患者对牙病不重视，认为牙痛不是病，能拖则拖，以至于导致牙髓炎、根尖周炎、牙槽脓肿等严重的口腔疾患发生，延误了治疗时机。患者对钻牙普遍存在恐惧心理，也不愿意到医院及时就医。

4. 辅助检查

（1）X线检查：了解龋洞深度、有无邻面龋、颈部龋等。

（2）透照检查：用光导纤维装置进行透照检查，能直接看到龋损部位及病变深度和范围。

（3）牙髓活力测试：了解深龋的牙髓状况，以确定治疗方案。

5. 治疗要点　龋病处理的原则是终止病变发展，恢复牙齿的功能和外形。早期龋可保守治疗，当牙体组织缺损时，采用充填术修复缺损。

（三）护理问题/医护合作性问题

1. 组织完整性受损　与龋病造成的牙体硬组织缺损有关。

2. 潜在并发症：牙髓炎、根尖周炎等　与龋病治疗不及时、病变进行性发展、患者抵抗能力低有关。

3. 知识缺乏：缺乏有关龋病的发生、发展、预防及早期治疗的知识。

（四）护理措施

1. 心理护理　热情接待患者，耐心向患者解释病情，介绍龋病的治疗方法，消除患者对钻牙的恐惧心理，使其能积极地配合医生完成各项治疗。

2. 治疗护理　充填术是龋病最常用的修复方法，其方法是祛除龋坏组织，制备一定的洞形，然后选用适当充填材料修复缺损部分，恢复牙齿的形态、美观及功能。在进行充填术的过程中，护士应做好如下配合。

（1）术前准备

1）器械及用物：备好检查盘、黏固粉充填器、双头挖器、银汞充填器、各型车针、成形片及成形片夹、咬合纸、橡皮轮、纱团、小棉球。

2）药品：备好 25%麝香草酚酊溶液、75%乙醇溶液、樟脑酚合剂、丁香油、银汞合金、复合树脂、玻璃离子黏固粉、磷酸锌黏固粉、氧化锌丁香油黏固粉、氢氧化钙黏固粉。

（2）术中护理配合

1）安排患者体位：根据治疗的需要调节椅位及光源。

2）制备洞形：制备洞形时，协助术者保持术野清晰，并用吸唾器吸出口内的唾液及冲洗液。

3）隔湿、消毒：协助术者用棉条隔湿、吹干牙面；准备窝洞消毒的小棉球和消毒药物。

4）调拌垫底及充填材料：浅龋不需垫底；中龋用磷酸锌或玻璃离子水门汀单层垫底；深龋则需用氧化锌丁香油黏固粉及磷酸锌水门汀双层垫底。遵医嘱调拌所需垫底材料，再选用永久性充填材料充填。后牙多用银汞合金，前牙可选用复合树脂或玻璃离子水门汀。

（3）术后指导：术后应告知患者注意事项：银汞合金充填的牙齿 24 小时内不能咀嚼硬物，以免充填物脱落；深龋充填后如有疼痛及时复诊。

3. 窝沟封闭　是龋病的有效预防方法，还可以使早期龋损停止发展。特别适用于儿童。封闭剂经光照后固化，形成一层屏障，使窝沟与口腔环境隔绝，阻止细菌、食物残渣及其酸性产物等致龋因子进入窝沟。

4. 健康指导

（1）保持口腔卫生：养成饭后漱口、早晚刷牙的习惯。尤其是睡前刷牙更为重要，以减少菌斑及食物残渣的滞留时间。正确的刷牙方法是防龋的一项重要措施。采用巴斯刷牙法，每次刷牙时间不少于 3 分钟，选择合适的牙刷，并定期更换。

（2）保护牙齿从小做起：婴幼儿从乳牙萌出后就应在监护人的协助下用纱布蘸凉开水，缠在右手示指上帮宝宝擦牙。然后学习用牙刷刷牙，从小养成清洁口腔的好习惯。

（3）定期口腔检查：一般 2～12 岁最好半年检查一次，12 岁以上每年检查一次，以便早期发现龋病，及时治疗。

（4）采取特殊的防护措施：儿童进行点隙窝沟封闭、使用含氟牙膏等，以提高牙齿的抗龋能力。在氟缺乏地区饮水、饮食中加含氟的药物防龋、使用含氟牙膏等，以提高牙齿的抗龋能力。

（5）合理饮食：少吃糖果、饼干等精致食物，鼓励多吃富含纤维的食物，尤其是儿童和青少年要少吃零食，养成合理饮食的习惯，防止和减少龋病的发生。

二 牙髓病患者的护理

（一）概述

1. 概念　牙髓病是指发生在牙髓组织的疾病，包括牙髓充血、牙髓炎、牙髓变性和牙髓坏死等，其中以牙髓炎最为常见。现以牙髓炎为例进行阐述。

2. 病因

（1）感染因素：牙髓炎多由细菌感染引起。深龋是引起牙髓感染的主要途径；其次是牙周组织疾病的逆行感染。

（2）物理因素：包括温度、电流、创伤等因素。温度过高超出牙髓组织所能耐受的限度，则会引起牙髓病变。临床上，牙钻切割牙体组织产生过高的热力，金属充填体导热、电流及机械压力等物理刺激，都可刺激牙髓发生病变。

（3）化学因素：龋病治疗时强力的消毒药物，如酚、乙醇、硝酸银等，当使用不当时，可刺激牙髓发生病变。某些充填材料，如以磷酸锌水门汀做深龋垫底，以复合树脂直接充填窝洞时，均可引起牙髓炎。

（二）护理评估

1. 健康史　询问患者有无全身性疾病，如心脏病、糖尿病等。了解患者是否患有龋齿及牙周病，询问近期患牙有无受到物理及化学药物刺激，询问疼痛的性质、发作方式和发作时间。

2. 身体状况

（1）急性牙髓炎：发病急，疼痛剧烈。其疼痛特点为自发性、阵发性剧痛；疼痛不能定位；夜间疼痛较白天剧烈；温度刺激可引起或加剧疼痛。牙髓化脓时对热刺激极为敏感，而遇冷刺激则能缓解疼痛。检查时可见深的龋洞或其他牙体硬组织疾患，探痛明显。

（2）慢性牙髓炎：一般疼痛较轻，为隐痛、钝痛或胀痛。疼痛呈间歇发作，时常反复。长期温度刺激或食物嵌入龋洞可产生较剧烈的疼痛，去除刺激后常持续较长时间方可止痛。患者常感觉患牙咬合不适，检查可见穿髓孔或牙髓息肉，有轻微叩痛。

3. 心理-社会状况　牙髓炎多由深龋引起，疼痛症状不明显时，不为患者所重视，常忽视早期治疗。当急性牙髓炎发作时，出现难以忍受的疼痛时，患者才认识到其严重性。疼痛使患者难以入睡，烦躁不安，常以急诊就医。就医时迫切要求医师立即为其解除疼痛，求治心切，但又惧怕钻牙。

4. 辅助检查　用电活力测试牙髓活力、温度试验及叩诊可帮助确定患牙；X线牙片有助于龋齿的检查。

5. 治疗要点

（1）止痛：用药物或开髓减压的方法缓解患者的疼痛。

（2）保存正常的牙髓组织或保留患牙：保存牙髓的方法有盖髓术、活髓切断术；保存牙体的方法有牙髓塑化治疗、根管治疗。

（三）护理问题/医护合作性问题

1. 疼痛　与牙髓炎引起血管扩张、牙髓腔压力增加，压迫神经有关。

2. 恐惧　与患者惧怕疼痛及治疗器械有关。

3. 焦虑　与疼痛反复发作有关。

4. 睡眠形态紊乱　与疼痛干扰睡眠，患者无法获得充足休息有关。

5. 知识缺乏：患者对牙病及其早期治疗的重要性认识不足。

（四）护理措施

1. 应急处理的护理　急性牙髓炎的主要症状是疼痛，故应首先止痛。

（1）开髓减压：开髓术是最有效的止痛方法，应在局麻下进行。开髓减压后，护士抽取温生理盐水协助冲洗髓腔，备丁香油或樟脑酚小棉球置于龋洞内开放引流 1～2 天。

（2）药物止痛：遵医嘱备丁香油或樟脑酚小棉球置于龋洞内可以暂时止痛，同时指导患者口服止痛药。

2. 保存牙髓治疗的护理　对于年轻恒牙或炎症只波及冠髓或部分冠髓的牙，常采用盖髓术或活髓切断术以保存根髓。

以冠髓切断术为例说明操作方法及护理配合：

（1）术前准备：准备各种无菌器械、局麻药物、消毒剂等，注意无菌操作。

（2）麻醉：抽取局麻药 2%盐酸利多卡因供医生麻醉使用。

（3）术中四手配合：准备挖匙或大圆钻除去窝洞内腐质，准备 3%过氧化氢清洗窝洞；协助医生用橡皮障或棉条隔湿；揭髓室顶、切除冠髓，护士协助用生理盐水冲洗髓腔，再次消毒窝洞，备 1%肾上腺素棉球止血；调制盖髓剂覆盖牙髓断面，调拌用具必须严格消毒；盖髓完成后，调制氧化锌丁香油黏固粉暂封窝洞。

（4）预约患者 1～2 周后复诊：无症状者可做永久充填。

3. 保存患牙的治疗护理　见根尖周病部分。

4. 病情观察　观察患者开髓及根管治疗后疼痛的变化。

5. 心理护理　开髓前，应对患者进行心理安慰，稳定其情绪，介绍疾病的治疗方法、目的及步骤，消除其恐惧、紧张心理，使其积极配合治疗，树立治愈疾病的信心。

6. 健康指导

（1）向患者宣传牙髓炎的发病原因、治疗方法和目的。

（2）告知患者及时复诊，按时完成治疗。

（3）告知患者行牙髓及根管治疗后，要及时行冠修复，以免患牙崩裂。

链接

爱　牙　日

1989 年由卫生部、国家教育委员会等 9 个部委联合签发文件，确定每年的 9 月 20 日为全国的爱牙日。其宗旨是通过爱牙日活动，广泛动员社会力量，在群众中进行牙病防治知识的普及及教育，增强口腔健康观念和口腔自我卫生保健意识，建立良好的口腔卫生保健行为，从而提高全民族的口腔健康水平。

第 2 节　根尖周病患者的护理

● 案例 13-2

患者，男，3 个月前发现左下大牙有一深龋，因工作忙没有及时治疗。3 天前该牙出现肿痛，昨天发现左侧面颊部水肿，患牙牙龈红肿，用手指压有痛感和波动感。

问题：1. 该患者患的是什么病？

2. 该病的原因有哪些？

3. 护士对该病如何护理？

根尖周病是指牙齿根尖部及其周围组织，包括牙骨质、牙周膜和牙槽骨发生病变的总称。根尖周组织的炎症性病变统称根尖周炎。临床上分为急性根尖周炎和慢性根尖周炎。

一 急性根尖周炎患者的护理

（一）病因

1. 感染　根尖周炎最常见的原因是感染，髓室及根管中的炎症牙髓、坏疽牙髓、细菌或毒素通过根尖孔和副根尖孔刺激根尖周组织，引起炎症。

2. 创伤　急剧外力，如跌倒碰撞、根管治疗时器械超过根尖孔等造成根尖周围组织创伤，均可能引起根尖周炎。

3. 化学刺激　牙髓治疗使用砷剂失活用量过大、封药时间过长、药物渗出根尖孔，也可引起化学性根尖周炎。

（二）护理评估

1. 健康史　询问患者是否患过龋齿、牙髓炎，有无反复肿胀及牙髓病治疗史。

2. 身体状况　急性根尖周炎主要表现为牙齿自发性持续性疼痛。按其发展过程可分为浆液期与化脓期。炎症初期，患牙有浮起感，咀嚼时疼痛，患者能指出患牙，检查时有叩痛，当形成化脓性根尖周炎时有跳痛，若病情加重，颌面部相应区域肿胀、疼痛剧烈，可伴有发热、畏寒、体温升高、白细胞升高、全身不适等症状，可出现颌下区淋巴结肿大，并有轻度压痛。脓性渗出侵蚀破坏周围骨组织，可穿破骨板形成骨膜或黏膜下脓肿，当形成黏膜下脓肿时可扪及波动感（图 13-3）。脓肿破溃或切开引流后，急性炎症可缓解，转为慢性根尖周围炎。

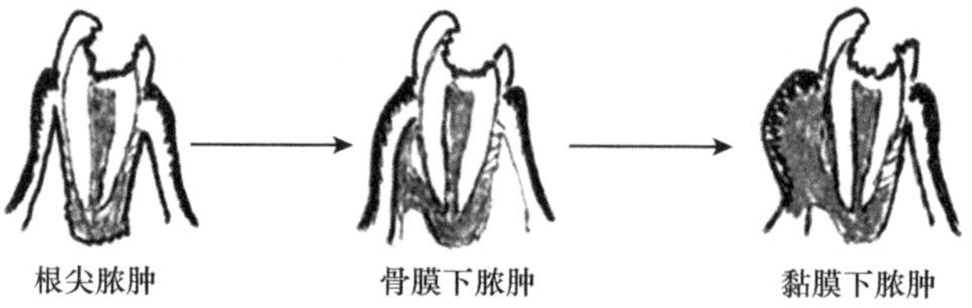

图 13-3　急性牙槽脓肿的三个发展阶段

3. 心理-社会状况　急性根尖周炎急性发作时，牙齿剧烈疼痛，患者焦虑不安。但又惧怕钻牙，表现为紧张、恐惧。由于患者对治疗过程缺乏了解，期望一次治愈，缺乏治疗耐心。

4. 辅助检查　急性根尖周炎 X 线检查可见根尖骨质稀疏或破坏。

5. 治疗要点　急性根尖周炎应首先开髓引流，缓解疼痛。在急性炎症消退后进行根管治疗或牙髓塑化治疗。

（三）护理问题/医护合作性问题

1. 疼痛：牙痛　与急性根尖周炎急性发作，牙槽脓肿未引流或引流不畅有关。

2. 焦虑　与疼痛反复发作有关。

3. 知识缺乏　与患者对发病原因及危害性认识不足有关。

（四）护理措施

1. 一般护理　嘱患者遵医嘱服用抗生素、镇痛剂、维生素等药物，并注意休息及口腔卫生。

高热患者多饮水，进食流质及半流质食物。

2. 对症护理　急性根尖周炎的主要症状是难以忍受的疼痛，故应首先止痛，开髓引流或药物止痛。

3. 治疗护理

（1）开髓引流的护理：开髓引流是控制急性根尖周炎最有效的方法。在局麻下，医生用牙钻开髓后，拔除根髓，护士遵医嘱抽吸3%过氧化氢溶液及0.9%氯化钠溶液协助冲洗髓腔，吸净冲洗液，吹干髓腔及吸干根管，备消毒棉球置于根管及髓腔内，窝洞不封闭，以利引流。

（2）脓肿切开的护理：对急性根尖周炎骨膜下或黏膜下已形成脓肿者，除根管引流外，须同时切开排脓，才能有效控制炎症。切开脓肿前，护士遵医嘱准备麻醉药物，协助医生对术区进行清洁、消毒、隔湿准备。黏膜下脓肿可用2%丁卡因表面麻醉或氯乙烷冷冻麻醉，骨膜下脓肿多用阻滞麻醉。深部脓肿术后需放置橡皮引流条。

4. 心理护理　向患者介绍治疗过程中可能出现的问题；做好患者的解释工作，消除其对钻牙、开髓的恐惧心理，使其积极配合治疗，按时复诊，树立治愈疾病的信心。

5. 健康指导

（1）向患者讲明根尖周病开髓减压及脓肿切开均是应急处理，当急性炎症消退后，必须继续做根管治疗或牙髓塑化治疗，才能达到根治目的。

（2）告知早期治疗对保存牙齿的重要的意义。对于已经失去治疗价值的残冠、残根应及时拔除镶复。

（3）嘱患者按时复诊，以达到最佳治疗效果。

二　慢性根尖周炎患者的护理

（一）病因

慢性根尖周炎主要来自感染的牙髓，通过根尖孔长期刺激根尖周组织引起慢性病理改变，也可由急性根尖周炎或牙槽脓肿转化而致。

（二）护理评估

1. 健康史　询问患者有无心血管疾病、内分泌系统疾病等；询问患者有无牙病患病史。

2. 身体状况　慢性根尖周炎多无明显自觉症状，常有反复肿胀疼痛的病史。口腔检查可发现患牙龋坏变色，牙髓坏死，无探痛但有轻微叩痛，根尖区牙龈可有瘘管。

3. 心理-社会状况　慢性根尖周炎患者自觉症状不明显，常被患者忽视，延误治疗。当患牙出现脓肿及瘘管时，才促使患者就诊。由于患者对治疗过程缺乏了解，缺乏治疗耐心。

4. 辅助检查　慢性根尖周炎X线显示根尖区有稀疏阴影，或圆形透射区。

5. 治疗要点　慢性根尖周炎主要采取牙髓塑化治疗或根管治疗。病变严重保守治疗无效者，则应拔除患牙。

（三）护理问题/医护合作性问题

1. 口腔黏膜改变：由慢性根尖周炎引起瘘管所致。

2. 焦虑　与疼痛反复发作有关。

3. 知识缺乏　与患者对疾病病因及治疗认识不足有关。

（四）护理措施

1. 根管治疗的护理　根管治疗是治疗晚期牙髓炎及各种根尖周炎的一种方法。

（1）术前准备：准备牙钻、根管扩挫针、光滑髓针、拔髓针、根管充填器等充填术所需器械及根管充填材料、消毒棉捻和消毒用的药品等。

（2）术中配合：根管治疗分为根管预备、根管消毒、根管充填三个步骤。

1）根管预备：对活髓牙，应在局麻下或失活下拔除根髓，用0.9%氯化钠溶液冲洗根管，消毒、吹干后即可进行根管充填。对感染根管，除去牙髓后，用2%的氯胺-T液和3%过氧化氢溶液交替冲洗，再用0.9%氯化钠溶液冲净余液，用根管扩挫针反复扩挫管壁，冲洗拭干。

2）根管消毒：将蘸有消毒药液的棉捻置于根管内，用氧化锌丁香油糊剂暂封窝沟。待复诊时自觉症状消失，根管内取出的棉捻无分泌物，无异味，无叩痛时，即可进行根管充填。

3）根管充填：严格无菌操作下进行根管填充，将填充材料调成糊状送入根管内，用消毒后的牙胶尖插入根管，直达根尖孔，以填满根管为度，之后用加热后的充填器去除多余牙胶，做永久充填。

护士在以上治疗过程中，应协助医师抽取麻药、隔湿、吸唾清理碎屑、准备暂封材料、根管糊剂、牙胶尖等，遵医嘱准备合适的填充材料；术后向患者交代注意事项、预约复诊时间。

2. 塑化治疗的护理　塑化治疗常用于多根牙，具体做法是将未聚合的液态塑化液注入根管内，使其与残存的牙髓组织及感染物质共同聚合，成为无害物质留于根管中，并严密封闭根管。

治疗护理：治疗前准备所需器械及塑化剂，协助医师消毒、隔湿，保持术野清晰。遵医嘱配制塑化剂，尤其注意防止塑化剂溢出髓腔以保护口腔黏膜，如发现塑化剂流到髓腔外，立即用干棉球擦拭或冲洗，并用碘甘油涂布。调制氧化锌丁香油黏固粉、磷酸锌黏固粉垫底，再用银汞合金或复合树脂永久充填。

3. 病情观察　观察患者根管治疗后疼痛的变化；脓肿切开后症状是否缓解、体温是否恢复；正常牙髓塑化治疗术后是否疼痛及疼痛是否加剧等。

4. 健康指导

（1）向患者讲解根尖周病的发病原因及危害，增强患者对牙病的预防保健意识。

（2）进行各项治疗时，让患者了解治疗步骤及目的，取得患者的合作。

（3）嘱患者按医嘱定期复诊，以达到治疗的最佳效果。

第3节　牙周疾病患者的护理

案例 13-3

患者，男，56岁，1周前发现刷牙时出血，未予重视，2天前左下颌牙龈红肿疼痛剧烈，口臭明显。有糖尿病史。检查：左下颌牙龈肿胀呈暗红色，探诊易出血。5D 牙齿Ⅱ度松动，牙周袋形成，局部呈卵圆形突起，发红肿胀，按压后脓液溢出，叩痛明显。

问题：1. 患者患了什么疾病？

2. 应采取什么护理措施？

3. 如何预防？

牙周病是牙齿周围组织，包括牙龈、牙周膜、牙槽骨及牙骨质等牙齿支持组织发生的慢性非特异性、感染性疾病。其中，以牙龈炎和牙周炎最常见，在口腔疾病中牙周病与龋病一样，是人类最常见的疾病之一，随着年龄的增长，患病率和严重程度也逐渐增高。

一　牙龈炎患者的护理

（一）概述

1. 概念　牙龈炎指炎症只局限于龈乳头和龈缘。牙龈炎病变是可逆的，如果得到及时治疗，炎症消退，牙龈便可恢复正常。

2. 病因

（1）局部因素：牙菌斑是最主要病因，其他如牙垢、牙石、食物嵌塞、不良修复体和牙颈部龋等局部刺激均能导致牙龈炎。

（2）全身因素：某些全身因素如内分泌紊乱、营养障碍、维生素缺乏及系统性疾病可引起或加重牙龈炎；有口呼吸习惯的患者可因上前牙区的唇侧长期暴露在空气中而致该区发生牙龈肥大；妊娠期由于性激素水平的改变可引起或加剧牙龈炎。

（二）护理评估

1. 健康史　了解患者的口腔卫生状况及全身健康状况，有无用口呼吸的习惯。

2. 身体状况

（1）症状：一般无明显自觉症状，偶有牙龈发痒、发胀等不适感，多数患者受到刷牙、咀嚼、说话、吸吮等刺激时牙龈出血，可有口臭、口腔异味。

（2）体征

1）牙龈红肿出血：个别或一组牙齿的牙龈充血、水肿呈暗红色，点彩消失。

2）假性牙周袋形成：炎症刺激导致牙龈缘及龈乳头增生肥大，覆盖牙冠形成假性牙周袋，袋内偶有炎性分泌物溢出。但牙齿无松动、牙槽骨无破坏、无真性牙周袋形成（图 13-4）。

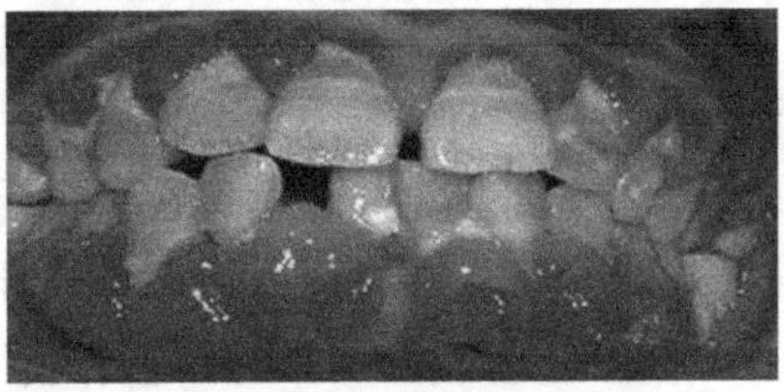

图 13-4　牙龈炎

3. 心理-社会状况　牙龈炎一般无明显自觉症状，常未引起患者重视，部分患者因口臭影响其社会交往而产生自卑心理。

4. 辅助检查　X 线显示无牙槽骨吸收。

5. 治疗要点

（1）药物治疗：用 1%过氧化氢溶液、0.12%～0.2%氯己定溶液交替冲洗龈沟后涂以碘制剂。

（2）祛除病因：通过洁治术清除菌斑及牙结石，消除造成菌斑滞留的因素。

（三）护理问题/医护合作性问题

1. 口腔黏膜改变　与炎症引起牙龈乳头充血、红肿、点彩消失有关。

2. 社交障碍　与牙龈出血、口臭有关。

3. 知识缺乏　与患者对牙龈炎的预防及早期治疗的重要性认识不足，缺乏口腔卫生保健知识有关。

（四）护理措施

1. 一般护理　嘱患者注意口腔卫生，教会患者刷牙及使用牙线的正确方法；指导患者加强营养，增加维生素 A、维生素 C 的摄入。

2. 心理护理　治疗前向患者解释治疗目的及步骤，消除其紧张、恐惧心理，取得患者的合作。告知患者只要经过积极治疗，口臭等症状会很快消失，恢复其社交信心。

3. 治疗护理

（1）有假性牙周袋形成者应进行龈沟冲洗术：协助医生用 3%过氧化氢溶液与 0.9%氯化钠溶液交替冲洗龈沟，冲洗后局部涂碘甘油或碘酚，注意避免灼伤邻近黏膜组织。

（2）去除致病因素：口内有食物嵌塞、不良修复体或牙根部龋时应及时协助医生进行相应治疗。如可行龈上洁治术或龈下刮治术。龈上洁治术或龈下刮治术是去除牙结石和牙菌斑的基本治疗手段，其方法是使用锐利的器械或超声波洁牙机除去龈上、龈下牙石，消除结石和菌斑对牙龈的刺激，以利于牙龈炎消退。

（3）病情严重者遵医嘱服用抗生素，密切观察洁治术中的出血情况。如出血过多，应配合医生及时止血。

4. 健康指导

（1）指导患者采取正确的刷牙方法及其他保持口腔卫生的措施，如牙线及牙签的正确使用，并定期复查，以巩固疗效。

（2）让患者了解牙龈炎如不及时治疗，发展到牙周炎时将对口腔健康带来很大危害，增强患者的防病意识。

二 牙周炎患者的护理

（一）概述

1. 概念　牙周炎是指发生在牙周组织的慢性破坏性疾病，表现为牙龈、牙周膜、牙槽骨及牙骨质均有改变。除牙龈炎的症状外，牙周袋的形成是其主要临床特点。

2. 病因　牙周炎其病因基本上与牙龈炎相同。牙龈炎没有得到及时治疗，致病因素没有得到有效去除，均可能发展为牙周炎。

（1）局部因素：牙菌斑是引起牙周炎的始动因子。牙石、食物嵌塞、牙面着色、创伤、解剖因素、不良习惯等局部刺激均能导致牙周炎。

（2）全身因素：常见的有遗传因素、内分泌功能异常、吸烟、精神压力和糖尿病等某些全身疾病。

（二）护理评估

1. 健康史　了解患者的全身健康状况、口腔卫生状况。例如，妇女妊娠期、糖尿病及全身抵抗力下降时，可诱发牙周炎或使其症状加重。

2. 身体状况

（1）牙龈红肿、出血：牙周炎大多由牙龈炎发展而来，牙龈的形态、颜色的改变较牙龈炎更广泛、更严重。检查可见牙龈充血、水肿，颜色深红，点彩消失。在刷牙、咀嚼、说话时出现牙龈出血。

（2）牙周袋形成：由于牙周膜被破坏，牙槽骨逐渐吸收，牙龈与牙根面分离，龈沟加深而形成病理性牙周袋。用牙周探针测牙周袋深度超过2mm以上。

（3）牙周袋溢脓及牙周脓肿：牙周袋出现慢性化脓性炎症。轻按牙周袋外壁，有脓液溢出，并常伴有口臭。当机体抵抗力下降或牙周袋渗出液引流不畅时可出现急性炎症，形成牙周脓肿。局部表现为近龈缘处局部呈卵圆形突起，红肿疼痛，严重者可出现全身不适等全身症状。

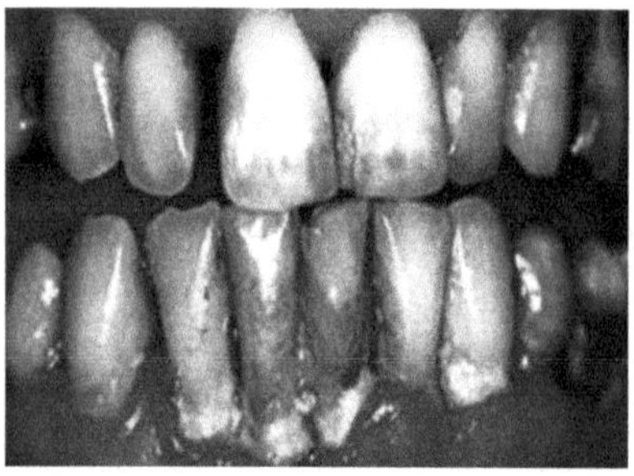

图 13-5　牙周炎

（4）牙齿松动：由于牙周膜破坏，牙槽骨吸收，牙齿支持功能大为减弱，从而出现牙齿松动、移位，咀嚼功能下降或丧失（图 13-5）。

3. 心理-社会状况　牙周炎为慢性疾病，早期未引起患者重视，当病情进一步发展，出现牙周脓肿、咀嚼无力或疼痛、牙齿松动时才来就诊，此时常需拔除松动牙。牙缺失后，严重影响咀嚼功能及面容，患者表现出焦虑情绪。由于口臭明显，常影响患者的社会交往，使其产生自卑心理。

4. 辅助检查　X线显示牙槽骨呈水平式吸收，牙周膜间隙增宽，硬骨板模糊，骨小梁疏松等。

5. 治疗要点

（1）通过龈上洁治术、龈下刮治术彻底去除牙石，控制菌斑。

（2）牙周手术，脓肿切开引流，药物治疗，控制感染。

（三）护理问题/医护合作性问题

1. 口腔黏膜改变　与牙龈炎症导致充血、水肿、色泽改变有关。

2. 急性疼痛　与牙周脓肿有关。

3. 自我形象紊乱　与牙齿缺失、口臭有关。

4. 知识缺乏　与患者缺乏口腔卫生保健知识有关。

（四）护理措施

1. 一般护理　指导患者合理饮食，增加维生素A、维生素C等营养物质的摄入，禁烟酒。

2. 心理护理　向患者介绍牙周炎的预防保健知识，消除患者的心理压力和思想顾虑，增强信心，使其积极配合治疗。

3. 治疗护理

（1）局部治疗：协助医生进行牙周袋冲洗，并使用 0.1%氯己定溶液抗菌类漱口剂漱口等。

（2）全身治疗：病情严重者选取有效抗生素如螺旋霉素、甲硝唑等控制感染。

（3）去除局部刺激因素：协助医生进行龈上洁治术或龈下刮治术去除牙结石和牙菌斑等。消除口腔内不良修复体及食物嵌塞等。

（4）消除牙周袋：经局部治疗，牙周袋仍不能消除者，协助医生进行手术切除。术后嘱患者注意保护创口，24小时内不要漱口、刷牙，术后1周拆线，术后6周勿探测牙周袋。

4. 病情观察　观察患者术中出血情况，术后创面愈合情况，如有局部红肿加重等感染情况应及时报告医生并协助进行处理。

5. 健康指导

（1）介绍牙周炎的危害，使患者了解牙周炎与口腔卫生习惯密切相关。做好口腔卫生保健，指导牙线及牙签的正确使用、牙龈按摩等。

（2）牙周炎术后定期复诊，以巩固疗效。

链接

牙洁治术的注意事项

①牙洁治术时少量出血、轻微酸痛属正常现象，一般会在一两天内消失，如1周后仍有出血，则须到医院复诊。②洁牙后勿吸烟或食用含色素较深的食物，以免影响洁牙效果。③患有出血性疾病的人群，如血小板减少症、白血病、未控制的2型糖尿病患者等，术前应预先应用促凝血药物。④患牙龈肿瘤、口腔颌面部急性感染、急性传染病、严重心脏病、装有心脏起搏器和血压未控制的高血压患者，不宜接受常规洁牙治疗。

目标检测

A_1型题

1. 食物中特别容易致龋的物质是（　　）
   A. 肉类　B. 脂肪　C. 蔗糖
   D. 蔬菜　E. 矿物质

2. 关于急性牙髓炎的疼痛特点，以下哪项不妥（　　）
   A. 自发性阵发性疼痛　B. 夜间疼痛加重
   C. 疼痛不能定位　D. 咬合痛

E. 温度刺激疼痛加剧

3. 急性牙髓炎止痛最有效的方法是（　　）
A. 药物止痛 B. 摘除牙髓 C. 拔除患牙
D. 开髓引流 E. 直接或间接盖髓

4. 中龋是龋坏进展到牙体组织的（　　）
A. 牙釉质层 B. 牙本质浅层 C. 牙本质深层
D. 牙髓 E. 牙骨质层

5. 以下不是儿童常见牙病的是（　　）
A. 牙髓病 B. 根尖周病 C. 牙龈炎
D. 龋病 E. 牙外伤

6. 根管治疗的三步骤是（　　）
A. 根管预备、根管冲洗、根管充填
B. 根管预备、根管消毒、根管充填
C. 根管预备、根管充填、牙体修复
D. 根管预备、根管冲洗、牙体修复
E. 根管扩大、根管冲洗、根管充填

7. 牙龈炎与牙周炎的主要区别是（　　）
A. 牙龈炎症程度 B. 牙石的量
C. 有无牙槽骨吸收 D. 发病率
E. 口腔卫生不良

8. 引起牙髓炎的主要原因是（　　）
A. 化学因素 B. 物理因素 C. 感染因素
D. 自身免疫 E. 牙外伤

9. 在龋病发生过程中有多种因素相互起作用，除了（　　）
A. 微生物 B. 遗传 C. 饮食
D. 时间 E. 宿主

10. 人类主要致龋的碳水化合物是（　　）
A. 淀粉 B. 蔗糖 C. 葡萄糖
D. 麦芽糖 E. 乳糖

11. 龋病的治疗方法主要是（　　）
A. 充填治疗 B. 自行修复 C. 药物涂擦
D. 干髓术 E. 再矿化疗法

12. 感染经根尖孔引起的牙髓炎称为（　　）
A. 可复性牙髓炎 B. 逆行性牙髓炎
C. 急性牙髓炎 D. 慢性牙髓炎
E. 不可复性牙髓炎

13. 急性根尖周炎临床表现不正确的是（　　）
A. 疼痛不能定位
B. 炎症初期患牙有浮动感
C. 化脓时跳痛
D. 脓肿达骨膜时可触及波动感
E. 检查患牙有明显叩痛

14. 牙周炎的临床表现是（　　）
A. 牙齿松动 B. 牙槽骨破坏 C. 牙周袋形成
D. 牙龈红肿 E. 以上均有

15. 根管治疗多用于治疗（　　）
A. 龋齿 B. 牙龈炎 C. 根尖周炎
D. 牙周炎 E. 早期牙髓炎

16. 按龋坏程度可将龋病分为（　　）
A. 急性龋、慢性龋、静止龋
B. 浅龋、中龋、深龋
C. 窝沟龋、平滑面龋
D. 牙釉质龋、牙本质龋、牙骨质龋
E. 以上都不对

A_2型题

17. 患者，女，36岁，因牙龈出血、口臭、牙齿松动就诊，检查见患者口腔卫生不良，牙周探针探及龈沟深度4mm，牙齿活动度Ⅱ度。患者可能的诊断是（　　）
A. 牙髓炎 B. 牙周炎 C. 牙龈炎
D. 牙齿敏感症 E. 以上都不是

A_3/A_4型题

患者，男，13岁，因发现牙齿变黑，出现空洞，牙痛，近期加重，父母带其到医院就诊。

18. 根据以上所述，该患者最可能的诊断是（　　）
A. 智齿冠周炎 B. 根尖周炎 C. 牙龈炎
D. 龋病 E. 急性牙髓炎

19. 如果患者主诉牙齿对冷、热刺激有痛感，且疼痛仍持续较长才逐渐消失，检查：右侧下颌第一恒磨牙出现较深的黑洞。以下叙述错误的是（　　）
A. 患者应进行充填术恢复缺损
B. 患者有发生牙髓炎、根尖周炎的危险
C. 该患者为深龋
D. 患者牙齿龋坏程度较深，应尽快拔牙
E. 患者应保持口腔卫生清洁

20. 该病的病因不包括（　　）
A. 细菌 B. 炎症 C. 饮食
D. 时间 E. 宿主

21. 如果患者不治疗，最有可能诱发以下哪种疾病（　　）
A. 颌面部感染 B. 口腔黏膜病
C. 牙龈炎 D. 牙周炎
E. 牙髓炎

（冀景珍）

第十四章　口腔黏膜疾病患者的护理

口腔黏膜病是指发生在口腔黏膜及软组织上多种疾病的总称，其种类繁多，病因复杂，除有些疾病是局部因素引起的外，大多数与全身因素有关，甚至是全身或系统疾病在口腔的表征，其基本治疗方法是药物治疗，因此要注重患者的心理护理和药物护理。

第 1 节　口腔黏膜炎症患者的护理

一　复发性口疮患者的护理

● 案例 14-1

患者，女，48 岁，口腔反复发生溃疡 1 年，每次发作持续 7～10 天，可自愈。3 天前发生溃疡，自觉口腔内灼痛难忍，影响进食及工作。查体：患者上下唇内侧黏膜及舌腹部可见数个溃疡，散在分布，呈圆形，直径 2～3mm，边缘光整，中央稍凹陷，表面覆以灰黄色假膜，周围红晕。

问题：1. 该患者的医疗诊断和护理诊断是什么？

2. 对该患者如何护理？

3. 对该患者应进行哪些健康指导？

（一）概述

1. 概念　复发性口腔溃疡又称复发性阿弗他溃疡，是最常见的口腔黏膜病，其患病率高达 20%，呈周期性、复发性及自限性的溃疡性损害。一般 7～10 天可自愈，溃疡灼痛明显。

2. 病因　病因及发病机制目前尚不清楚，存在明显的个体差异。多数人认为与病毒感染、胃肠功能紊乱、免疫功能低下等诱发因素有关。例如，消化不良、精神紧张、疲劳、便秘、感冒、精神刺激、睡眠不足等。女性月经期或更年期也常伴发此病。近年来，有学者认为本病是一种自身免疫性疾病。

（二）护理评估

1. 健康史　询问患者有无糖尿病、消化道疾病、呼吸道感染、过度疲劳、精神紧张等诱因，有无吸烟史、戒烟史、家族史等。

2. 身体状况　临床上将此病分为轻型、重型和疱疹样溃疡。

（1）轻型复发性口腔溃疡：最常见，约占复发性口疮的 80%。好发于唇、颊、舌尖、舌缘、

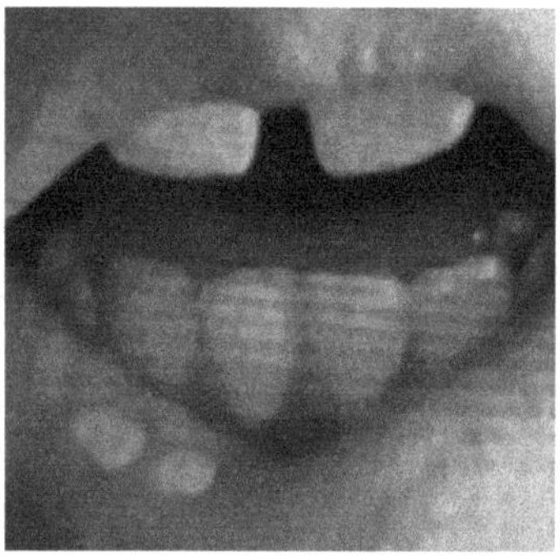
图 14-1　轻型复发性口腔溃疡

前庭沟等处，初期口腔黏膜充血、水肿、烧灼感，随即出现单个或多个粟粒大小的红点或疱疹，很快破溃成圆形或椭圆形溃疡，直径 2～3mm，边缘光整，中央稍凹陷，周围红晕，表面覆以灰黄色假膜。遇刺激疼痛加剧，影响患者说话与进食。7～10 天可自愈，愈合后不留瘢痕，一般无明显全身症状。但易复发，轻者数月发生一次，重者数十年迁延不愈（图 14-1）。

（2）重型复发性口腔溃疡：又称复发性坏死性黏膜腺周围炎或腺周口疮。较少见，好发于颊、咽旁、硬腭、软腭交界处及腭垂。溃疡一般为单发，溃疡面大而深，直径可达 10～20mm，深可及黏膜下层甚至肌层，形成中央凹陷、边缘不规则而隆起的“弹坑状”损害，疼痛剧烈，病程可长达数月或更久，愈合后留有瘢痕。

（3）疱疹样复发性口腔溃疡：又称阿弗他口炎。溃疡小而多，散在分布于口腔黏膜的任何部位，以舌腹、口底多见，直径小于 2mm，可达数十个之多。邻近溃疡可融合成片，周围黏膜充血，疼痛剧烈，可伴有头痛、低热、全身不适、局部淋巴结肿大等全身症状。有自限性，不留瘢痕。

3. 心理-社会状况　溃疡反复发作，此起彼伏，局部疼痛，且治疗效果不佳，患者十分痛苦。溃疡发作期间，因进食使疼痛加剧，患者常惧怕进食，求治心切。

4. 治疗要点

（1）全身治疗：目的在于防止或减少溃疡的发生。可用免疫抑制剂、免疫增强剂或中药等。

（2）局部治疗：促进溃疡愈合，减轻患者的痛苦。可用各种含漱液，局部应用糊剂、霜剂、散剂及局部封闭等方法。

（三）护理问题/医护合作性问题

1. 疼痛　与口腔黏膜病损、食物刺激有关。

2. 口腔黏膜改变　与口腔内溃疡形成有关。

3. 焦虑　与溃疡反复发作，难以根治有关。

4. 知识缺乏　与缺乏对口腔黏膜病的防治知识有关。

（四）护理措施

1. 一般护理　嘱患者充分休息，给予易消化的全流质或半流质温凉饮食，禁食刺激性食物。若疼痛剧烈影响进食时，饭前可用 0.5%盐酸达克罗宁液或 1%丁卡因溶液涂布溃疡面。

2. 心理护理　对于反复发作的患者，特别是对重型溃疡患者，应耐心解释疏导，消除其烦躁焦虑情绪，使其树立信心，积极配合治疗。

3. 治疗护理

（1）单个溃疡用 10%硝酸银或 50%三氯乙酸等烧灼，烧灼时护士应协助隔离唾液、压舌，切勿使药液超出溃疡面，以免损伤周围正常黏膜。

（2）口腔溃疡药膜敷撒，每日数次。

（3）中药散剂局部敷撒，常用养阴生肌散、锡类散、冰硼散等。

（4）对严重患者，可使用糖皮质激素。对免疫功能减退者，可选用转移因子。适当补充维生素 C 和复合维生素 B。

4. 健康指导

（1）向患者耐心介绍本病的病因及发病特点，让其了解本病有自限性，不经治疗，7～10

天也会自愈，减轻焦虑情绪。

（2）嘱患者注意调节生活节律，调整情绪，均衡饮食，少吃刺激性食物，多食新鲜的蔬菜水果，避免和减少诱发因素，防止复发。

（3）提倡健康的生活方式，不要过度疲劳，不要过度焦虑，保持良好的睡眠以提高机体的免疫力，减少溃疡复发概率。

二 口腔念珠菌病患者的护理

（一）概述

1. 概念　口腔念珠菌病，又称为雪口病或鹅口疮，是念珠菌属感染所引起的口腔黏膜疾病。可发生于任何年龄的人，以哺乳期婴幼儿及体弱儿童多见。

2. 病因　病原菌主要是白色念珠菌，健康人的口腔、肠道、阴道、皮肤等处常存在该病菌，但不致病。当口腔感染、机体抵抗力低下或长期应用广谱抗生素及免疫抑制剂导致菌群失调时，该真菌就会大量繁殖而致病。婴幼儿常在分娩过程中被阴道念珠菌感染或通过被念珠菌污染的哺乳器及母亲乳头感染而致病。

（二）护理评估

1. 健康史　了解患者的健康状况，询问是否患有慢性疾病及长期大量使用抗生素、免疫抑制剂的病史。婴幼儿患病应询问母亲的身体状况及哺乳卫生状况。

2. 身体状况　本病好发于婴幼儿的唇、颊、舌、腭等黏膜处。其特征是病区黏膜充血、水肿，随即出现散在凝乳状的小斑点，随后融合成白色或蓝色丝绒状斑片，继而斑片相互融合成大的白色凝乳状斑块。斑块略为凸起，不易拭去，勉强拭去时，可见潮红的糜烂面及轻度出血，不久再度形成白色假膜。患儿常烦躁不安、啼哭、拒食，偶有低热，但全身反应一般较轻。当病损波及喉部可能出现呼吸、吞咽困难（图 14-2）。成人称为念珠菌性口炎，其病变处有假膜存在，表现为黏膜充血糜烂，味觉异常，口腔干燥，黏膜灼痛。

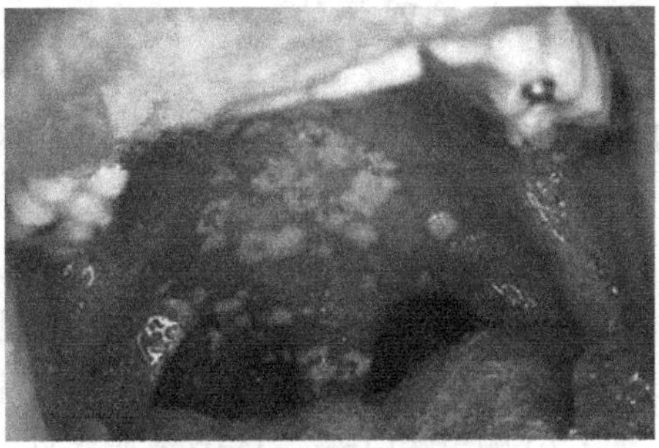

图 14-2　口腔念珠菌病

3. 心理-社会状况　由于患儿烦躁不安、哭闹拒食，家属易产生烦躁、焦虑心理，求治心切。

4. 治疗要点　局部和全身应用抗真菌药物治疗。

（三）护理问题/医护合作性问题

1. 口腔黏膜改变　与真菌引起的口腔黏膜充血、糜烂有关。

2. 吞咽障碍　与病损波及喉部有关。

3. 知识缺乏：患者及家属缺乏对口腔念珠菌病的防治、保健知识。

（四）护理措施

1. 治疗护理

（1）指导患儿家属在哺乳前用 2%～4%碳酸氢钠溶液洗涤患儿口腔和母亲乳头，使其口腔呈碱性环境，以抑制白色念珠菌的生长繁殖。

（2）局部破溃可涂擦 0.5%甲紫液或制霉菌素液、咪康唑散剂，每日 3～4 次。

（3）重症患者遵医嘱给予抗真菌药物，临床上常用制霉菌素、酮康唑等，口腔局部应用碱性含漱剂或抗真菌药物制剂涂布。

（4）对身体衰弱、有免疫缺陷病或全身慢性疾病的患者，可辅以胸腺素、转移因子等增强机体免疫力的药物治疗。

2. 健康指导

（1）介绍口腔念珠菌病的发病原因及预防知识。

（2）哺乳期间注意妇幼卫生，哺乳用具及乳头应经常清洗、消毒、保持干燥。

（3）儿童在冬季应防止口唇干燥，以免发生皲裂。

（4）长期使用抗生素与免疫抑制剂者应警惕白色念珠菌感染，必要时考虑停药。

第 2 节　口腔黏膜白斑患者的护理

（一）概述

1. 概念　口腔黏膜白斑是发生在口腔黏膜上的白色斑块或斑片，不具有其他任何可定义的慢性损害特征。口腔黏膜白斑是中老年人较常见的口腔黏膜病，被认为是一种口腔黏膜的癌前病变。

2. 病因　口腔黏膜白斑病因不明，可能与下列因素有关。

（1）局部因素：与吸烟、饮酒、嚼槟榔、酸辣及过热刺激、残根及不良修复体刺激、白色念珠菌感染、螺旋体感染有关。

（2）全身因素：与缺铁性贫血、维生素缺乏、射线照射、口干症等有关。

（二）护理评估

1. 健康史　了解患者有无吸烟、喜饮烈性酒、食过烫或酸辣食物、嚼槟榔等不良习惯，口腔有无残根、残冠、不良修复体或尖锐的牙尖牙嵴等，有无口腔白色念珠菌感染、口腔溃疡病史等。维生素 A、B 族维生素缺乏、内分泌紊乱、微循环改变等因素也与白斑的发生有关。

2. 身体状况　口腔黏膜白斑常表现为以下几种类型。

（1）斑块状白斑：口腔黏膜上出现白色或灰白色均质型较硬的斑块，平或稍高出黏膜表面，不粗糙或略感粗糙，柔软，可无症状或有轻度不适感。

（2）颗粒状白斑：口角区黏膜多见，黏膜充血，白色损害呈颗粒状突起，可有小片状或点状糜烂，有刺激痛，本型白斑多数可查到白色念珠菌感染。

（3）皱纹纸状白斑：多发生于唇、颊、舌及口底等部位，病损表面高低起伏，状如白色皱纸，一般无自觉症状或感觉局部发厚、粗糙、发涩等。

（4）疣状白斑：损害多发生于牙龈、口角等部位，病损部位高低不平，有乳头状或毛刺状突起，粗糙感明显，质稍硬，易发生皲裂和溃疡。

（5）溃疡状白斑：增厚的白色斑块上有糜烂或溃疡，可有反复发作史。患者出现疼痛症状，溃疡状白斑癌变的可能性更大，特别是伴有白色念珠菌感染者。

3. 心理-社会状况　当患者了解到本病为癌前病变时，易产生恐惧、焦虑心理。

4. 辅助检查　如诱因为口腔念珠菌感染，涂片或培养可见真菌菌丝和孢子。

5. 治疗要点

（1）去除刺激因素，控制癌变。

（2）使过度增生、形态异常的上皮细胞逆转，恢复正常的组织形态。

（三）护理问题/医护合作性问题

1. 疼痛：口腔灼痛　与口腔黏膜病损、食物刺激有关。

2. 口腔黏膜改变　与口腔黏膜充血、水肿、破溃有关。

3. 恐惧　与担心癌变有关。

4. 知识缺乏：患者及家属缺乏对口腔黏膜白斑病的防治、保健知识。

（四）护理措施

1. 一般护理　给予患者易消化、少刺激、营养丰富的饮食，戒除烟酒、嚼槟榔等不良习惯，注意休息。

2. 心理护理　给予患者积极的心理支持，保持乐观精神，消除其恐惧、焦虑的情绪，使其树立战胜疾病的信心，积极配合治疗。

3. 治疗护理　局部可用0.1%～0.3%维A酸软膏或鱼肝油涂擦，口服维生素A、维生素B、维生素E等。

4. 病情观察　密切观察患者，局部用药或其他治疗后，病变部位是否变薄、变软、面积缩小等。对已治愈的白斑患者需追踪观察，一般半年或一年复查一次，以利早发现、早治疗。

5. 健康指导

（1）让患者了解戒烟、戒酒是预防口腔白斑的有效措施。

（2）注意口腔卫生，清除残根、残冠、不良修复体等局部刺激。

（3）嘱患者定期复查。

链接

精神紧张因素与口腔黏膜病的关系

口腔黏膜病是日常生活中的常见病，其发病率日益上升，正成为继牙周疾病之后的第二大口腔疾病。精神紧张、生活节奏快和口腔保健意识欠缺是口腔黏膜病发病率增高的主要原因。此病目前尚无满意疗法，多主张以消除精神紧张因素为主，养成良好的生活习惯，保持心情舒畅、乐观开朗，避免焦虑和紧张，保证充足的睡眠，避免过度疲劳等。

目标检测

A_1型题

1. 轻型复发性口腔溃疡特点以下哪项不符合（　　）
   A. 有自限性　B. 反复发作
   C. 一般无明显全身症状
   D. 7～10天可自愈
   E. 愈合后留有瘢痕
2. 复发性口腔溃疡患者疼痛难忍，为了止痛，可在进食前选用（　　）含漱或涂布。
   A. 3%过氧化氢　B. 呋喃西林液
   C. 1%丁卡因　D. 高锰酸钾溶液
   E. 以上都不是
3. 鹅口疮多发生于（　　）
   A. 婴幼儿　B. 青少年　C. 中年
   D. 老年　E. 中老年人
4. 复发性口腔溃疡临床表现中错误的是（　　）
   A. 本病有自限性，7～10天自愈
   B. 本病可反复发作
   C. 溃疡中央凹陷，上覆一层灰黄色假膜
   D. 多见于青壮年，男性多于女性
   E. 愈合后不留瘢痕
5. 下列口腔黏膜病中属于癌前病变的是（　　）
   A. 扁平苔藓　B. 口腔念珠菌病
   C. 复发性口腔溃疡　D. 疱疹性口炎
   E. 口腔黏膜白斑
6. 对口腔念珠菌病的描述不正确的是（　　）
   A. 白色念珠菌适于酸性环境生存
   B. 治疗一般用抗生素
   C. 黏膜损害不能擦除
   D. 治疗用碱性含漱剂
   E. 好发于口腔的任何部位

（冀景珍）

第十五章　口腔颌面部疾病患者的护理

第1节　口腔颌面部炎症患者的护理

口腔颌面部炎症是口腔科的常见病。由口腔内潜在细菌或口腔外部的细菌感染引起，以智齿冠周炎、颌面部间隙感染、颌骨骨髓炎等较多见。

一　智齿冠周炎

● 案例 15-1

患者，女，22岁，5天前感冒后出现右侧下方磨牙后区轻微胀痛，未治疗，1天前疼痛加重，咀嚼困难就诊。查体：右下颌第三磨牙萌出不全，牙冠周围龈瓣红肿糜烂、有明显触痛。探针可探及阻生牙，压迫龈袋可有脓液、脓血溢出。

问题：1. 该患者患了什么病？

2. 护理诊断及护理要点是什么？

3. 该病应如何预防？

（一）概述

1. 概念　智齿冠周炎指智齿（第三磨牙）萌出不全或阻生时，其牙冠周围软组织发生的炎症。临床上以下颌智齿冠周炎最多见，常见于18～25岁的青年。

2. 病因　由于下颌骨的牙槽长度与下颌牙列的位置不相适应，致使第三磨牙萌出受阻，而远中牙龈瓣未能及时退缩，与覆盖下的牙冠间形成盲袋，有利于食物残渣的潜藏和细菌滋生（图15-1），加上来自咀嚼的机械性损伤，使龈瓣及附近组织易受感染。当寒冷、饥饿、疲劳、月经期、感冒或其他原因致机体抵抗下降时可诱发。

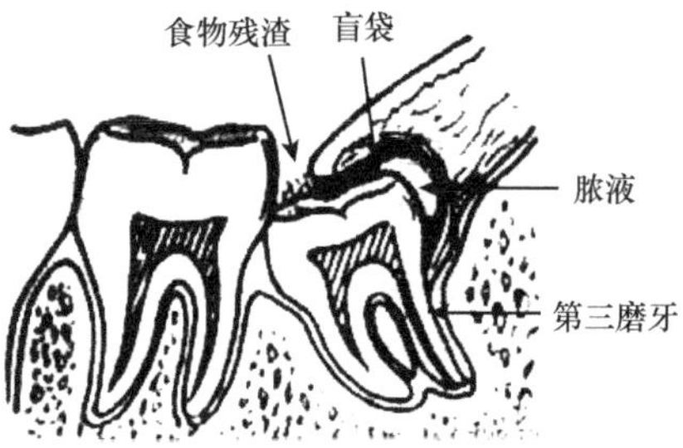

图15-1　龈袋和冠周炎的关系

（二）护理评估

1. 健康史　询问患者有无反复牙痛史，最近是否有感冒或其他疾病。

2. 身体状况

（1）症状：常以急性炎症出现。初期患者仅感患侧磨牙后区轻微胀痛不适，当进行咀嚼、吞咽、开口等活动时疼痛加重。如病情继续发展，局部可呈自发性跳痛，并可放射至同侧耳颞区，炎症侵及咀嚼肌时可引起不同程度的开口受限。如炎症未得到及时控制，可出现发热、畏寒、头痛等全身症状。

（2）体征：口腔检查可见下颌智齿萌出不全，牙冠周围龈瓣红肿糜烂、有明显触痛。探针可探及阻生牙，压迫龈袋可有脓液、脓血溢出。病情严重者可形成脓肿或感染向邻近组织扩散，患侧下颌下淋巴结肿胀、压痛，张口受限（图 15-2）。

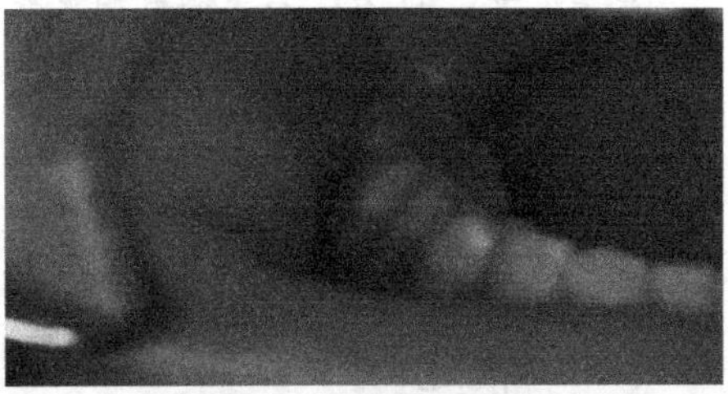

图 15-2 冠周急性炎症

3. 心理-社会状况　发病初期症状较轻，常被患者忽视而延误治疗，当感染迅速扩散，出现严重症状后才急于就诊。此时，炎症已发展，甚至出现严重的并发症。患者因疼痛、张口受限、进食困难或病情反复发作而感到痛苦和焦虑。当需拔除阻生牙时，患者因惧怕手术疼痛产生恐惧心理。

4. 辅助检查　X 线检查可见有智齿萌出。

5. 治疗要点　急性期消炎、镇痛、局部冲洗，炎症消退后应及时处理病灶牙和覆盖的牙龈组织。

（三）护理问题/医护合作性问题

1. 疼痛　与牙冠周围急性感染引起局部肿胀，组织受压有关。

2. 语言沟通障碍　与疼痛、张口受限不愿交往有关。

3. 焦虑　与病程长、反复发作、疼痛不适有关。

4. 潜在并发症：颌面部间隙感染、颌骨骨髓炎等。

5. 知识缺乏　与患者对疾病的早期诊断和及时治疗的重要性认识不足有关。

（四）护理措施

1. 一般护理　嘱患者注意休息，进食流质食物，不吃辛辣刺激性食物，避免过度劳累。保持口腔清洁，用温盐水或含漱剂漱口，每日数次。

2. 心理护理　向患者简单介绍本病的发病过程、治疗方法，消除其恐惧、焦虑心理，树立治愈本病的信心，积极配合治疗。

3. 治疗护理

（1）协助医生对冠周炎龈袋用 1%～3%过氧化氢溶液和 0.9%氯化钠溶液反复冲洗，以清除龈袋内的脓液、细菌、食物残渣等。冲洗后擦干局部，用探针蘸取碘甘油或复方碘酚送入龈袋内，每日 1～3 次，疗效良好，使用上述药物时应避免烧灼临近黏膜组织。

（2）如龈瓣附近脓肿形成，协助医生及时切开引流。

（3）急性炎症消退后，对位置正常、有足够萌出位置且有对颌牙的智齿，协助医生在局麻下行冠周龈瓣切除术，以消除龈袋。

（4）局部炎症及全身反应较重者，遵医嘱使用抗生素。

4. 病情观察　密切观察患者体温、张口受限情况、有无呼吸困难，并询问患者的自觉症状。

5. 健康指导

（1）向患者宣传冠周炎的发病原因及早期治疗的重要性，告知患者对无保留价值的阻生牙、病灶牙应待急性炎症消退后及时拔除，防止复发。

（2）嘱患者注意口腔卫生，并指导患者正确刷牙、漱口。

二 颌面部间隙感染

● 案例 15-2

患者，女，41 岁，右下颌冠周炎经常发作，7 天前请街头游医拔牙，未经消毒，术后渐渐张口受限，张口咀嚼食物时疼痛加重。遂来就诊，查体见：右下颌角内侧明显压痛，开口度近 1 指，予以穿刺，抽出脓性液体约 5ml。

问题：1. 该病例的护理诊断是什么？

2. 该患者的治疗及护理措施有哪些？

（一）概述

1. 概念 颌面部间隙感染是颜面、颌周及口咽区软组织化脓性炎症的总称。

在正常的颌面部解剖结构中，存在着潜在的彼此相连的筋膜间隙，各间隙内充满着脂肪和疏松结缔组织。感染常沿这些薄弱的结构扩散，故将其视为感染发生和扩散的潜在间隙。根据解剖结构和临床感染常表现的部位，将其分为不同名称的间隙，如眶下间隙、咬肌间隙、翼下颌间隙、颞下间隙、颞间隙、颌下间隙、咽旁间隙、颊间隙、口底间隙等。感染初期表现为蜂窝织炎，故此类感染又称为颌面部蜂窝织炎。

2. 病因 口腔颌面部间隙感染均为继发感染，常见的感染来源有下列几种。

（1）牙源性感染：最常见，如下颌第三磨牙冠周炎、根尖周炎、颌骨骨髓炎等；不同部位牙齿的感染常引起不同部位的感染。

（2）腺源性感染：可由扁桃体炎、涎腺炎、颌面部淋巴结炎等引起。

（3）其他：可由外伤和血源性感染引起，但较少见。

感染常为需氧菌和厌氧菌混合感染为主。常见的病原菌为金黄色葡萄球菌、溶血性链球菌、厌氧菌等。

（二）护理评估

1. 健康史 仔细询问病史，了解患者是否存在未经彻底治疗的牙病、上呼吸道感染、外伤史等致病和诱发因素。

2. 身体状况

（1）常表现为急性炎症过程，根据感染的性质、途径和部位不同可表现出不同症状及体征。一般局部表现为红、肿、热、痛、功能障碍，重者全身中毒症状严重，高热、寒战，短期内可出现全身功能衰竭，甚至昏迷、中毒性休克等症状。

（2）感染可局限于一个间隙内，也可经阻力较小的组织扩散至其他间隙，形成多间隙感染。炎症侵及喉部、咽部、咽旁、口底，可引起局部水肿，使口腔缩小或压迫气管，造成不同程度的呼吸和吞咽困难。

（3）发生在浅层间隙的感染，局部体征极为明显，炎症化脓局限时可扪及波动感。如眶下间隙感染，出现眶下区剧痛、下睑水肿导致睁眼困难，鼻唇沟消失。

（4）发生在深层间隙的感染，由于颌骨周围与口底的肌肉、筋膜致密，局部体征多不明显，即使脓肿形成，也难扪出波动感，但局部有凹陷性水肿及压痛点，如咬肌间隙感染。

3. 心理-社会状况 口腔颌面部间隙感染所致局部及全身症状严重，患者对疾病的预后十分担忧，感到紧张及焦虑，常表现出烦躁不安、失眠、沉默或多语，此时应多接触患者，了解其心理状态，生活上尽量体贴关怀患者，鼓励家属、亲友陪伴患者，给予患者精神、心理支持。

4. 辅助检查

（1）实验室检查：可见白细胞计数明显升高或出现中毒颗粒。

（2）穿刺法：协助确诊深部脓肿有无脓液或脓肿部位。

（3）脓液涂片及细菌培养检查：确定细菌种类，必要时做细菌敏感试验。

5. 治疗要点　全身应用抗菌药物加局部治疗，脓肿形成后手术切开引流。

（1）局部治疗：局部保持清洁，避免不良刺激。尤其注意面部疖、痈应严禁挤压，以防感染扩散。急性期局部可外敷中药，如六和丹、金黄散等，还可采用针灸、封闭和理疗等方法，以促进炎症消散。

（2）手术治疗

1）脓肿切开引流：炎症病灶已化脓并形成脓肿，或脓肿已自溃而引流不畅时，应进行切开引流或扩大引流术。

2）清除病灶：感染控制后应及时清除病灶，以防炎症反复发作。例如，牙源性感染引起的炎症，治疗好转后，应及时拔除病灶牙。

（3）全身治疗：颌面部间隙感染并发全身中毒症状，应在局部治疗的同时，全身给予支持治疗，维持水、电解质平衡，以减轻中毒症状，并及时地、有针对性地合理使用抗菌药物。

（三）护理问题/医护合作性问题

1. 疼痛：口腔颌面部疼痛　与感染引起局部肿胀、组织受压有关。

2. 体温升高　与感染引起全身反应有关。

3. 语言沟通障碍　与疼痛、张口受限有关。

4. 焦虑　与病程长、症状严重致全身不适及担心预后不佳有关。

5. 潜在并发症：海绵窦血栓性静脉炎、脑脓肿、败血症、中毒性休克。

（四）护理措施

1. 一般护理　为患者提供安静舒适的休息环境。给予高营养易消化的流质饮食，张口受限者采用吸管进食。轻症者嘱其温盐水或漱口液漱口，重症者用3%过氧化氢溶液或0.1%氯己定溶液清洗，并注意口腔护理。

2. 病情观察　密切观察患者的生命体征变化。

3. 治疗护理　遵医嘱给予止痛剂、镇静剂及抗生素。对于病情严重者给予全身支持疗法，输血、输液，维持水及电解质平衡。注意保持局部清洁，减少局部活动度，急性期可局部外敷中成药西瓜霜、六合丹等。如已形成脓肿或脓肿破溃引流不畅时，应协助医生进行切开引流或扩大引流术。

4. 心理护理　向患者解释病情及治疗计划，减轻紧张情绪，鼓励患者说出心理感受，消除其焦虑感。

5. 健康指导

（1）嘱患者治愈出院后，逐渐练习张闭口运动，直至功能恢复。练习时要有耐心和毅力。

（2）鼓励患者进食高热量、高蛋白、高维生素饮食，保证营养摄入，以利身体恢复，勿吃坚硬食物。

（3）指导患者正确刷牙、漱口，可建议其每餐后用 0.9%氯化钠溶液或漱口液漱口。使患者明白加强口腔护理、预防口腔感染是切断颌面部间隙感染的重要途径。

三 颌骨骨髓炎

● 案例 15-3

患者，女，右下颌反复肿胀 1 个月，起初口服消炎药好转，近半个月肿胀明显伴疼痛、开口受限，口服消炎药效果不明显。查体见右下颌角内侧明显压痛，开口度近 1 指，予以穿刺，抽出脓性液体约 5ml。

问题：1. 该患者的诊断是什么？

2. 应给予该患者提供哪些护理措施？

（一）概述

1. 概念　颌骨骨髓炎是由细菌感染及物理或化学因素，使颌骨产生的炎症病变。此含义并不是单纯局限于骨髓腔内的炎症，而是包括骨膜、骨密质和骨髓及骨髓腔内的血管、神经等整个骨组织成分发生的炎症过程。

2. 病因　由于颌骨骨髓炎的临床病理特点和致病因素不同，本病可分为化脓性颌骨骨髓炎和特异性颌骨骨髓炎，此外，还有物理性（放射线）及化学性因素引起的颌骨骨髓炎。临床上以牙源性感染的化脓性颌骨骨髓炎最为多见，分为两种类型，即中央性颌骨骨髓炎和边缘性颌骨骨髓炎。

化脓性颌骨骨髓炎多发生于下颌骨，病原菌主要是金黄色葡萄球菌，其次是溶血性链球菌及其他化脓菌，临床上以混合性细菌感染多见。

感染途径主要有牙源性感染、损伤性感染、血源性感染。其中牙源性感染感染占化脓性颌骨骨髓炎的 90%；血源性感染较少见。

（二）护理评估

1. 健康史　询问患者病因、病史、发病经过及治疗情况，查明病源牙。

2. 身体状况

（1）中央性颌骨骨髓炎：按病情发展过程分为急性期与慢性期。

1）急性期：起病急剧，早期有病源牙区剧烈疼痛，并沿三叉神经分布区放射至头面部。患处牙龈红肿、压痛，病源牙及周边多个牙齿松动或牙周袋溢脓。病情严重可波及相邻组织间隙。形成弥漫性骨髓炎时，患者可出现高热、寒战、食欲减退、便秘等全身症状。

2）慢性期：患者全身及局部症状缓解，口腔内或颌面部皮肤有多个瘘管形成和溢脓，有时可排出小块死骨。重者大块死骨形成或下颌骨发生病理性骨折，出现咬合错乱及面部畸形。死骨不清除，病变可迁延不愈。一旦瘘管阻塞，炎症又可急性发作。

（2）边缘性颌骨骨髓炎：多见于青年人，好发于下颌升支外侧，多由下颌第三磨牙冠周炎引起下颌周围间隙感染所致。因其急性期常被颌周围间隙感染症状所掩盖，故常见为慢性期。慢性期全身症状一般不严重，疼痛显著减轻，下颌角区或腮腺咬肌区皮肤可呈弥漫性肿胀、压痛、凹陷性水肿，并伴有不同程度的张口受限。如脓肿自行穿破或切开引流区，可见长期溢脓的瘘管，甚至从瘘管排出死骨碎屑。瘘管阻塞，炎症又可急性发作。当炎症深入到骨髓腔时，可并发中央性骨髓炎。

3. 心理-社会状况　急性颌骨骨髓炎一般都来势凶猛，病情严重。一旦患此病，患者及家属均感紧张，手足无措。对疾病的预后十分担忧。慢性颌骨骨髓炎因病程迁延，患者对治疗缺乏信心，忧虑、烦躁、悲哀。如果发生病理性骨折，患者出现咬合错乱和面部畸形，由此将导致患者自我形象紊乱，产生自卑心理，严重影响其正常生活、工作及社会交往。

4. 辅助检查　急性骨髓炎早期无影像学改变。中央性颌骨骨髓炎进入慢性期后 X 线片可见以病源牙为中心的单发或多发骨密度减低区，2～3 个月后，死骨形成，与周围骨质分界清楚或伴病理性骨折；边缘性颌骨骨髓炎慢性期与周围骨无明显分界。X 线片可见骨皮质不光滑或有小片死骨形成。

5. 治疗要点

（1）急性颌骨骨髓炎

1）药物治疗：给予足量有效的抗生素控制感染的发展，同时注意全身的支持疗法。

2）手术治疗：局部切开引流及除去病灶。

（2）慢性颌骨骨髓炎：手术去除死骨及刮除方式清除病灶。

（三）护理问题/医护合作性问题

1. 疼痛　与炎症被致密骨板包围，不易向外扩散有关。

2. 体温过高　与急性感染有关。

3. 焦虑　与病程长、经久不愈、担心预后不佳有关。

4. 营养失调：低于机体需要量　与感染造成机体消耗增加、摄入不足有关。

5. 知识缺乏：缺乏口腔疾病预防保健知识。

（四）护理措施

1. 一般护理　为患者提供安静、整洁、舒适安全的环境，保证患者有足够的休息及睡眠。

2. 病情观察　密切观察患者的生命体征，进行引流的患者应注意观察其引流量及脓液性质。

3. 治疗护理

（1）根据临床反应，细菌培养及药敏试验结果，遵医嘱使用足量有效的抗生素控制感染。

（2）急性炎症初期，可用超短波治疗缓解疼痛，消除肿胀。为加速创口愈合，改善局部血运及张口度，术后患者可配合理疗及热敷。

（3）对因病理性骨折或摘除死骨术后用钢丝或夹板固定颌骨的患者，做好口腔护理。可采用加压冲洗法，即用吊筒盛温 0.9%氯化钠溶液或 1∶5000 呋喃西林溶液，将冲洗管放入口内，边冲洗边用吸引器吸出冲洗液，以达到彻底清洁口腔的目的。

4. 心理护理　与患者及家属进行积极的交流与沟通，鼓励患者说出心理感受，了解周围环境对患者心理的影响。对焦虑患者进行疏导，增强患者的信心，积极配合治疗。

5. 饮食护理　给予营养丰富易消化的流食或半流食，补充必要的营养、水分、电解质和各种维生素，保证电解质平衡。张口受限者可采用吸管吸吮方式进食，吞咽困难者可放置胃管鼻饲流食。

6. 健康指导

（1）指导患者遵医嘱按时用药，注意观察药物不良反应。

（2）治愈出院后，嘱患者练习张闭口运动，直至功能恢复。练习时要有耐心和毅力。

（3）鼓励患者加强营养，进食高热量、高蛋白、高维生素饮食，以利身体恢复，勿吃坚硬食物。

（4）加强口腔护理，嘱患者注意口腔卫生，指导患者如何正确刷牙、漱口，忌烟酒、浓茶、咖啡和辛辣刺激性食物。

（5）嘱患者及家属发生急性炎症如牙髓炎、根尖周炎等口腔疾病时应及时治疗，对于已经失去治疗价值的残冠、残根应及时拔除、镶复。

链接

放射性颌骨坏死

目前，头颈部恶性肿瘤应用放射治疗已日趋普及，但在治疗过程中，由放射线引起的放射性颌骨骨髓炎也随之增多。放射性颌骨坏死常继发于颌骨骨髓炎，病程缓慢，发病初期呈持续性针刺样剧痛，继发感染后在露出骨面的部位长期溢脓，久治不愈。口腔颌面部软组织同样可受放射线损害，局部血液循环出现不同程度的障碍，极易因感染而造成组织坏死，从而形成口腔和面颊部的溃疡和洞穿性缺损。放射性颌骨坏死常需全身和局部治疗相结合双管齐下同时治疗。

第 2 节　口腔颌面部损伤患者的护理

口腔颌面部是人体的重要部分，并处于暴露状态，平时可因工伤、交通事故和意外等导致损伤，战时以火器伤为主。由于损伤原因和程度不同，症状体征亦有不同，轻者不留后患，重者可危及生命。

● 案例 15-4

患者，男，32 岁，因车祸致颌面部损伤急诊入院。查体见患者生命体征稳定，左侧面颊部挫裂伤，下颌骨肿胀、出血、局部压痛、咬合错乱，2B 冠折。

问题：1. 该患者的护理诊断有哪些？

2. 如何对该患者进行护理？

3. 患者可能出现哪些严重并发症？

一　口腔颌面部损伤的特点

人体遭受损伤后，受伤部位出现肿胀、疼痛、出血、功能障碍和相应的全身反应，这是损伤的共同特点。口腔颌面部损伤由于其解剖和生理功能的特殊性，损伤后的表现也有其特点。

1. 血液循环丰富　一方面，损伤后容易引起大量出血，且颌面部皮下组织疏松，筋膜间隙多，损伤后易形成组织内血肿。另一方面，由于血运丰富，组织的抗感染和再生修复能力强，伤口易于愈合，伤后 24～48 小时，只要没有明显的化脓感染，清创缝合后都可取得良好的预后。

2. 易发生窒息　口腔颌面部在呼吸道的上端，损伤时可因组织移位、肿胀、舌后坠、血凝块和分泌物的堵塞而影响呼吸或引起窒息。

3. 易并发颅脑损伤　颌面部上接颅脑，上颌骨或面中 1/3 部位损伤易并发颅脑损伤，包括脑震荡、脑挫伤、颅内血肿和颅底骨折，主要临床特征是伤后有昏迷史。颅底骨折时可伴有脑脊液从鼻孔或外耳道流出。

4. 易发生感染　口腔颌面部腔窦多，这些腔窦内存在大量细菌，如与伤口相通，易发生感染。

5. 易致功能障碍和颜面部畸形　颌骨骨折或颞下颌关节损伤均可影响咀嚼功能，而且口腔颌面部也是呼吸道和消化道的入口，损伤可能也会造成对呼吸、言语、咀嚼、吞咽功能的影响。

鼻、唇、眶、颊部的开放性损伤处理不当易引起的组织移位、缺损或面神经、三叉神经损伤，都可造成颜面畸形和功能障碍，给患者生活和精神上带来极大痛苦。

二 口腔颌面部损伤的临床表现

窒息和失血性休克是口腔颌面部损伤致死的两个最直接原因。

1. 窒息

（1）早期症状表现为烦躁不安、出汗、口唇发绀、鼻翼翕动和呼吸困难。

（2）窒息不能及时解除，患者出现“三凹征”，即锁骨上凹、胸骨上凹及肋间隙明显凹陷（图 10-3）。

（3）如抢救不及时，随之发生脉搏减弱或加快、血压下降及瞳孔散大等危象甚至死亡。

2. 出血　根据损伤的部位和出血的来源，患者可有面色苍白、无力、眩晕、出汗、口渴、呼吸浅速、脉搏快弱，以及血压下降等表现。

3. 休克　主要为创伤性休克和失血性休克两种。患者表现为面色苍白、无力、眩晕、出汗、口渴、呼吸浅速、脉搏快弱，以及血压下降等。

4. 合并颅脑损伤　患者表现为神智、脉搏、呼吸、血压、瞳孔及视力的变化。意识障碍是颅脑损伤的主要症状之一，目前常用格拉斯哥昏迷评分法对患者的意识障碍程度进行分级。

三 口腔颌面部损伤的急救

口腔颌面部损伤可出现窒息、出血、休克及颅脑损伤等危及生命的并发症，应全面了解伤情，分清主次和轻重缓急及时抢救，同时请相关科室协助抢救。处理时，应先从威胁生命最主要的问题开始，预防窒息、有效止血、抗休克是创伤急救的首要任务。

（一）窒息的急救

防治窒息的关键在于及早发现、及时处理。根据窒息原因，本病可分为阻塞性窒息和吸入性窒息两种，临床上常有多种原因共同存在而导致。

（1）阻塞性窒息：可因异物、血凝块、移位的组织瓣及下颌骨颏部双侧骨折及粉碎性骨折，造成舌后坠或上颌骨骨折、软腭向下后坠阻塞咽腔而发生窒息；也可因鼻腔及口咽组织肿胀导致呼吸道阻塞而引起窒息。

（2）吸入性窒息：多因患者昏迷，分泌物、血液、呕吐物等被吸入气管而引起窒息。急救措施如下：

1）解除阻塞：迅速用手指或器械取出异物或用吸引器吸出阻塞物，保持呼吸道通畅。如有舌后坠，可在舌尖后 2cm 处用大圆针和 7 号线或大别针穿过舌的全层，将舌拉出口外，固定。上颌骨水平骨折，软腭向下后坠落压于舌背时，清理异物后，用筷子、压舌板或铅笔横放于双前磨牙部位，将上颌骨骨折块向上悬吊，并将两侧固定于头部绷带上。

2）改变患者体位：解开颈部衣扣，使患者的头部偏向一侧或采用俯卧位，便于唾液或呕吐物的引流。

3）放入通气管：口咽部肿胀时，可以放置各种通气道。情况紧急时，可用粗针头行环甲膜穿刺，或行紧急环甲膜切开，随后行常规气管切开术。对吸入性窒息的患者，应立即行气管切开，迅速吸出血性分泌物及其他异物，恢复呼吸道通畅，并严格注意防止吸入性肺炎。

（二）出血的急救

口腔颌面部损伤后出血较多，急救时应根据出血的部位、出血的来源（动脉、静脉、毛细血管）和程度，以及现场条件采取相应的止血方法。

1. 压迫止血　这是临时的止血方法，对于较大的血管出血，还需要做进一步的处理。

（1）指压止血（图 15-3）：用手指压迫出血部位供应动脉的近心端，可达到暂时止血的目的。例如，颞部、前额、头顶出血，可压迫耳屏前的颞浅动脉；颜面部出血，可压迫下颌角前切迹处的颌外动脉；头颈部大出血，在紧急时，可在胸锁乳突肌前缘，以手指触到搏动后，将颈动脉压迫于第 6 颈椎横突上。

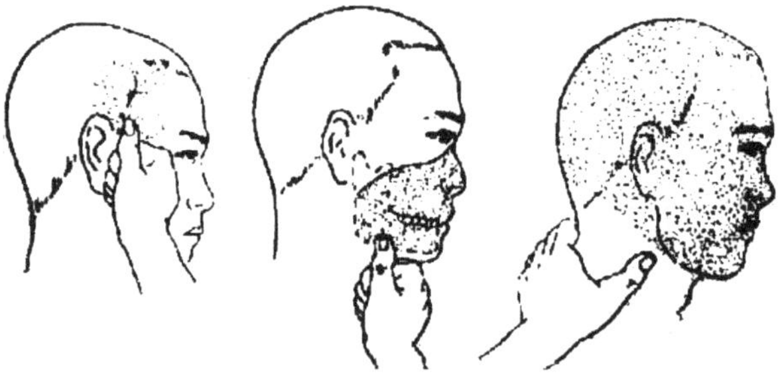

图 15-3　指压止血部位示意图

（2）包扎止血：用于毛细血管、小静脉、小动脉的出血。可将软组织复位后稍用力加压包扎即可止血。

（3）填塞止血：用于开放性或洞穿性伤口。一般将纱布填塞于伤口内，再用绷带加压包扎。

2. 结扎止血　是常用而可靠的止血方法。对较大的出血点，可用血管钳夹住做结扎止血或连同血管钳包扎后转送。局部止血欠佳时，可结扎颈外动脉。

3. 药物止血　适用于组织渗血、小静脉和小动脉出血。常用的止血药物有各种中药止血粉、止血海绵等，全身也可使用卡巴克络、酚磺乙胺等止血药物。

（三）休克的急救

处理原则为安静、镇痛、止血和输液。失血性休克，以补充血容量为根本措施。

（四）合并颅脑损伤的急救

颅脑损伤患者应卧床休息，减少搬动，严密观察生命体征的变化，暂停不必要的检查或手术。如有脑脊液耳漏或脑脊液鼻漏时，严禁做耳鼻内填塞或冲洗。如有颅内压增高现象，应控制入水量，快速滴注甘露醇或高渗剂，减轻脑水肿。烦躁不安的患者，可适当镇静，但禁用吗啡，以免抑制呼吸，影响瞳孔变化及引起呕吐，增加颅内压。如病情恶化，及时请有关科室会诊。

（五）创口包扎和运送

包扎有压迫止血、暂时固定、减少污染、止痛等作用。颌面部常用的包扎方法有四尾带包扎法和“十”字绷带包扎法。

1. 四尾带包扎法　将绷带撕成四尾形，颏部衬以棉垫，将左右后两尾结在头顶前，左右前两尾结在枕骨结下，然后再将两尾末端结扎于头顶部，起包扎和制动作用。

2. “十”字绷带包扎法　用绷带先围绕额枕部缠绕 2～3 圈后，自一侧反折，由耳前区向下绕过颏部至对侧，再由耳前区向上越过顶部呈环形包绕，如此反复数次，末端用胶布固定，或在围绕额枕部 2～3 圈后将绷带穿越绕头绷带而不用反折方法亦可达到同样效果。

运送伤员时应保持呼吸道通畅。昏迷患者可采用俯卧位，额部垫高，使口鼻悬空，有利于唾液外流和防止舌后坠。一般伤员可采用侧卧位或头侧向位，避免血凝块及分泌物堆积在口咽部。运送过程中，应随时观察伤情变化，防止窒息或休克发生。搬运疑有颈椎损伤的病员，应2～4人同时搬运，一人稳定头部并加以牵引，其他人则以协调的力量将伤员平直抬到担架上，颈下应放置小枕，头部两侧用小枕固定，防止头的摆动，以免造成更大损伤。

（六）预防与控制感染

对开放性创口，应尽早进行清创缝合，如没有条件，应早包扎创口，以避免继续污染。对污染泥土、铁屑的创口伤后应及时注射破伤风抗毒素，及时应用广谱抗生素。为防止局部过度肿胀，可以在给予抗生素的同时给予激素类药物。

四 口腔颌面部损伤的分类与护理

口腔颌面部损伤的类型很多，临床上以口腔软组织损伤、牙及牙槽骨损伤、颌骨骨折最常见。

（一）护理评估

1. 健康史　了解患者的受损情况，询问家族史、过敏史和既往史。评估患者的全身情况。

2. 身体状况

（1）口腔颌面部软组织损伤：根据致伤原因可分为擦伤、挫伤、挫裂伤、切割伤、咬伤、烧伤等；按照伤后皮肤是否完整分为闭合性损伤与开放性损伤。前者常见有挫伤和血肿，表现为局部疼痛、肿胀与皮下淤血等；后者常见有擦伤、割伤、刺伤、撕裂伤或撕脱伤、咬伤、火器伤等。损伤部位有不同程度的肿胀、伤口裂开出血、疼痛，甚至出现咀嚼功能障碍、皮肤缺损等。

（2）牙及牙槽骨损伤：多发生在前牙区，常因碰撞、打击、跌倒或咀嚼硬物而引起。轻则牙体挫伤，重则发生牙脱位、牙折断，甚至牙槽骨骨折。主要表现为一个或多个牙齿松动、疼痛、伸长或牙体脱位、牙折断。有牙槽骨骨折时，可见附近的软组织及牙龈撕裂、出血与局部肿胀。

（3）颌骨骨折：包括上颌骨骨折、下颌骨骨折及上下颌骨联合骨折等。由于下颌骨位于面部最突出的部分，因而下颌骨骨折远较上颌骨为常见。上颌骨骨折可表现为骨折片移位，咬合错乱，眶周水肿皮下出血，呈现“眼镜征”，严重者伴发筛骨损伤或颅前凹颅中凹骨折会出现脑脊液耳漏或鼻漏。

下颌骨骨折，骨折线易发生在解剖结构较薄弱的部位，如正中联合、颏孔区、下颌角、髁突颈部等处。其主要表现为牙龈及黏膜撕裂，局部疼痛，肿胀、出血和局部压痛，骨折片移位时有咬合紊乱，常引起咀嚼、呼吸、吞咽言语等功能障碍。下颌骨骨折伴有下牙槽神经损伤时，会出现下唇麻木。

3. 心理-社会状况　日常生活中，口腔颌面部损伤多因突如其来的暴力、交通事故、外伤所致，颌面部骨折不仅给患者造成语言、进食、呼吸等功能上的改变，还常引起严重的容貌畸形，给患者造成巨大的心理障碍、出现不同程度的恐惧与焦虑情绪。

4. 辅助检查　X线显示可见骨折部位及骨折片移位。

（二）护理问题/医护合作性问题

1. 疼痛　与外伤导致皮肤黏膜破损、骨折有关。

2. 营养失调：低于机体需要量　与张口受限、咀嚼及吞咽困难有关。

3. 潜在并发症：出血、窒息、感染。

4. 组织完整性受损：外伤所致。

5. 恐惧　与突发的外伤及手术有关。

6. 知识缺乏：缺乏对疾病相关知识的了解。

（三）护理措施

颌骨骨折治疗时应尽早进行复位和固定，恢复正常的咬合关系，同时镇痛、防感染，促进骨折尽早愈合。同时密切注意全身部位损伤，待全身情况稳定后进行处理。

1. 一般护理　患者一般取平卧位，头偏向一侧，保持呼吸道通畅，及时清理口鼻分泌物、呕吐物及血凝块，以防窒息。

2. 病情观察　密切观察患者的生命体征、神志和瞳孔的变化，防止窒息、休克、颅脑损伤等并发症的发生。

3. 治疗护理

（1）遵医嘱用药，及时输血、输液，应用抗生素、止血药、止疼药，及时注射破伤风抗毒素。

（2）及时清除口腔、鼻腔分泌物、呕吐物，保持患者呼吸道顺畅，以预防窒息，必要时行气管插管或气管切开术。缺氧患者及时给氧。经急救处理，伤员情况好转后，协助医生及早对局部创口进行清创术。

（3）颌骨骨折用夹板或颌间栓丝固定的患者，定期检查结扎物有无松动、移位。

4. 饮食护理　根据患者损伤的部位和伤情不同，采用不同的进食方法。

（1）颌骨骨折的患者除有咀嚼功能障碍外，食欲及消化功能均属正常，应给予高能量和营养丰富的流质饮食或软食，每日应增加进餐次数，以维持机体需要，促进创口愈合。不能张口或颌间结扎的患者可将吸管置于磨牙后区经口进流食；颌间牵引一般保留 2～4 周，拆除后可进半流食；半年内禁咬硬物。

（2）无颌骨骨折和口内无伤口的患者手术当日进流食，术后 1 日起进半流质饮食，第 4 日后可进普通饮食。

（3）鼻眶筛骨骨折的患者进半流质或流质饮食 3 天，第 4 日后可进普通饮食，术后 1 个月禁食酸、辣等刺激性食物。

5. 口腔护理　能含漱的患者可用 1%～2%碳酸氢钠或氯己定溶液漱口。颌间固定的患者，不能咀嚼而失去自洁能力，需每天用冲洗器、棉签或小牙刷进行口腔清洁，清除牙间及夹板间的食物残渣。

6. 心理护理　向患者解释病情及预后，耐心解答患者有关创伤、骨折等各种问题，尽可能消除引起焦虑和恐惧的因素，使患者树立战胜伤痛的信心和勇气，主动配合医护人员进行治疗。

7. 健康指导

（1）提高患者安全意识，从根本上降低口腔颌面部损伤的发病率。

（2）对全身状况良好的患者，应鼓励其尽早下床活动，改善局部和全身血液循环，促进早期愈合。

（3）对颌骨骨折患者，指导其掌握张口训练的时机及方法，逐渐恢复咀嚼功能，减少并发症的发生。

（4）出院指导：指导患者注意合理饮食，勿进食粗硬食物，勿咬、碰患牙。视患者具体情况嘱其定期复查。

第3节 口腔颌面部肿瘤患者的护理

肿瘤是人体组织细胞由于内在和外界致病因素长时间的作用，使细胞的遗传物质脱氧核糖核酸（DNA）产生突变，对细胞的生长和分裂失去控制而发生异常增生和功能失调所造成的一种疾病。

口腔颌面部肿瘤占全身肿瘤的 8.2%。口腔颌面部肿瘤中一般良性比恶性为多。男女性别差异日趋缩小，患病年龄，我国以 40～60 岁为高峰。

口腔颌面部良性肿瘤以牙源性及上皮源性肿瘤为多见，其次是间叶组织瘤。恶性肿瘤以上皮源组织来源最多，尤其是鳞状上皮细胞癌最为常见，一般占 80%以上；其次是腺源性上皮癌及未分化癌；肉瘤较少，主要为纤维肉瘤、骨肉瘤等。

一 舌癌

（一）概述

1. 概念　舌癌是最常见的口腔癌，多数是鳞癌，特别是在舌前 2/3 部位。腺癌较少见，多见于舌根部；舌根部有时亦可发生淋巴上皮癌或未分化癌。男性多于女性，但近年来有女性增多及发病年龄更年轻化的趋势。

2. 病因　舌癌的致病因素迄今尚未明确，可能与下列因素有关。

（1）外在因素

1）物理因素：紫外线、X 线及其他放射线物质、热、损伤及长期慢性刺激等都可能成为致癌的因素。

2）化学因素：烟草和乙醇被证实是致癌的因素。

3）生物因素：实践证明某些恶性肿瘤可以由病毒引起，人乳头瘤病毒是诱发人口腔黏膜鳞癌的相关病毒。

4）营养因素：营养不良或营养过度，包括某些维生素及微量元素的变化均与癌瘤的发生有一定关系。维生素 A 和维生素 B、维生素 E 类缺乏与口腔癌发生有关。

（2）内在因素

1）神经精神因素：精神过度紧张，心理平衡遭到破坏，可促进肿瘤的发生。

2）内分泌因素：内分泌功能紊乱可引起某些肿瘤的发生。

3）机体免疫状态：实验证明，癌瘤之间存在着肿瘤抗原与免疫反应。

4）遗传因素：癌症患者可有家族史，但需要一定的环境因素才能发病。

5）基因突变：近年来研究认为人类染色体中存在着癌基因。

（二）护理评估

1. 健康史　询问患者的生活史及家族史，了解患者的现病史、既往史及治疗情况。

2. 身体状况

（1）症状

1）疼痛：多数舌癌的早期症状不明显；当病灶范围超过 1～2cm 时，出现舌部疼痛；如有继发感染或侵犯舌根常发生剧烈疼痛，有时放射至颞部及耳部。

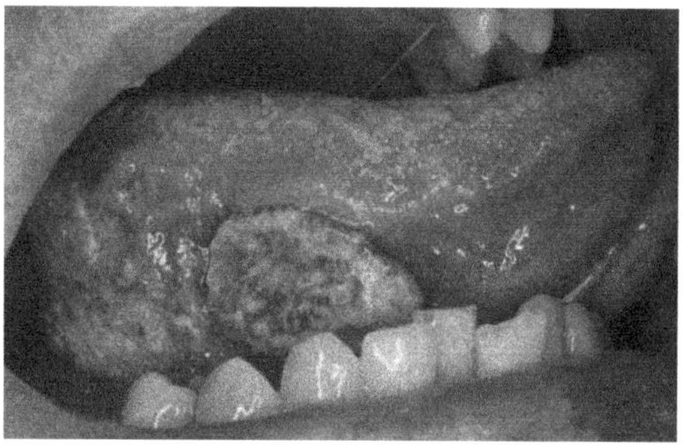
图 15-4　舌癌

2）进食和语言困难：癌灶侵犯舌肌时，引起舌运动受限，患者进食困难，语言表达不清。

（2）体征

1）舌部癌灶（图 15-4）：舌癌多发生于舌缘，其次是舌尖、舌背。常为溃疡型或浸润型，也有菜花型。

2）舌体运动受限：舌癌一般恶性程度较高，生长快，浸润性较强，常波及舌肌，致舌运动受限。晚期舌癌可蔓延至口底及下颌骨，使全舌固定。

3）颈部及颏下淋巴结肿大：舌的血供及淋巴丰富，特别是舌肌的经常挤压运动，使得舌癌容易发生早期颈淋巴转移，远处可转移至肺部。

3. 心理-社会状况　由于舌癌对进食和发音的影响、对颜面的破坏、病情的反复、放疗化疗后的不良反应、手术对组织器官造成的毁坏性效果，生命质量的下降，都会对患者心理构成很大的压力，评估患者是否存在恐惧或焦虑等心理问题。个别晚期患者会因不能忍受疼痛、吞咽或言语困难，对治疗丧失信心而产生轻生念头。

4. 辅助检查

（1）X 线检查：了解舌癌有无颌骨浸润及其侵犯范围，并常规行胸部摄片检查肺部有无转移。

（2）CT 和 MRI：主要用于判断舌癌病损的部位、范围、破坏性质，病变累及范围、大小及性质。

（3）活检：以确定病变性质、肿瘤类型及分化程度。

（4）肿瘤标志物检查：可以协助对肿瘤的诊断，也可用于对患者治疗效果及其预后进行有效的监护。

5. 治疗要点　以综合治疗为主。早期高分化者可考虑放疗、单纯手术切除或冷冻治疗。晚期舌癌可根据不同条件采取放疗加手术，或化疗、手术加放疗的综合方案。

（三）护理问题/医护合作性问题

1. 语言沟通障碍　与舌切除有关。
2. 有窒息的危险　与术后易发生舌后坠而致呼吸道阻塞有关。
3. 恐惧　与被诊断为癌症担心预后有关。
4. 营养失调　与术后张口受限、咀嚼及吞咽困难有关。
5. 潜在并发症：伤口出血、移植皮瓣坏死。
6. 知识缺乏：缺乏舌癌治疗和预后的相关知识。

（四）护理措施

1. 术前护理

（1）口腔护理：术前根据患者的口腔情况做牙周清洁，及时治疗口腔及鼻腔炎症。

（2）饮食护理：鼓励患者平衡膳食，对不能进食者应静脉给予必要的营养，以保证机体需要量。

（3）心理护理：让患者与同种病例术后恢复期的患者进行交流，增强信心，减少恐惧感。

根据患者的心理反应提供心理调适方案，使患者以最佳的心理状态接受治疗。

（4）术前常规准备：按外科手术常规备血、备皮，教会患者有效的咳痰方法，戒烟，学会床上大小便。

（5）特殊护理

1）语言沟通障碍的护理：教会患者简单的手语；通过文字表达感受和需求；对于不能读写的患者采用图片进行交流。

2）修复体准备：做一侧下颌骨切除术者，术前应为患者做好健侧的斜面导板，并试戴合适便于术后立即佩戴，防止下颌偏位，影响患者呼吸。

2. 术后护理

（1）一般护理：患者意识未清醒时应取平卧位，头偏向一侧；患者意识清醒时采取半卧位，有利于防止颌面部水肿，减轻缝线张力，并有利于分泌物的排出和伤口引流，以防误吸。

（2）病情观察：密切观察患者神志和意识、瞳孔、生命体征、心电图及病情变化、引流物颜色、形状；皮瓣色质、出入量等；及时做好记录。观察口内伤口及颈部伤口有无出血或渗血；观察伤口肿胀情况及辅料包扎松紧度，若包扎过紧影响呼吸时须立即报告医生处理，并做好记录。

（3）保持呼吸道通畅：及时清除呼吸道的分泌物，防止呕吐物或血液误吸入气管。鼓励患者深呼吸和轻轻地咳嗽，排出气道分泌物。患者因一侧舌体切除及下颌骨切除易引起舌后坠，发生呼吸道阻塞。若患者保留有气管内插管或人工气道，应维护人工气道的正确位置，待病情许可后方能拔除。否则患者舌体应用 7 号缝线牵拉固定以防舌后坠，应注意保持缝线固定稳妥。

（4）饮食护理：全麻患者清醒 6 小时后无呕吐者可给少量温开水或糖水，根据患者情况和手术部位，给予流质或半流质饮食。

（5）口腔清洁：保持口腔清洁的方法一般有口腔护理和口腔冲洗两种。口腔冲洗是用一定冲击力的漱口液冲洗清洁口腔。对口内有伤口的患者，一般先用生理盐水冲洗，然后用氯己定含漱每日 3～4 次。若口内有皮瓣移植者勿用过氧化氢溶液，避免影响皮瓣成活。

（6）做好负压引流的护理：行舌颌颈联合根治术者，安有负压引流管，应保持引流管通畅，并密切观察引流液的流出量、颜色、性状。

3. 健康指导

（1）日常指导：出院后可继续日常活动，睡眠时适当抬高头部。

（2）伤口保护指导：避免压迫、撞击术区；用柔软的牙刷刷牙，每餐后漱口；保持切口处干燥，洗脸时勿触及伤口，洗头时避免水污染伤口。

（3）饮食指导：出院 1 个月内避免进食辛、辣、硬食物，食物营养要丰富平衡。

（4）用药指导：遵医嘱服药。

（5）修复体使用指导：指导患者正确摘戴修复体和清洁修复体的方法。

（6）出现异常症状立即返院检查：如出现呼吸困难；伤口出血、裂开、肿胀；体温超过 38℃；或其他任何异常症状。

二 牙龈癌

（一）概述

牙龈癌多为分化较高的鳞癌，下牙龈癌较上牙龈癌多见，男性多于女性。在口腔鳞癌中，牙龈癌构成比居第二或第三位。

本病发病原因和发病机制与舌癌一样，可能与口腔卫生不良、不良修复体的慢性刺激有关。

（二）护理评估

1. 健康史　询问患者的家族史、发病前的健康状况，口腔卫生习惯，有无不良修复体；饮食习惯，有无烟酒嗜好，是否长期进食辛辣刺激性食物；询问患者发病时间、就诊和治疗情况；询问患者的出生地、生活环境、婚姻和生育情况。

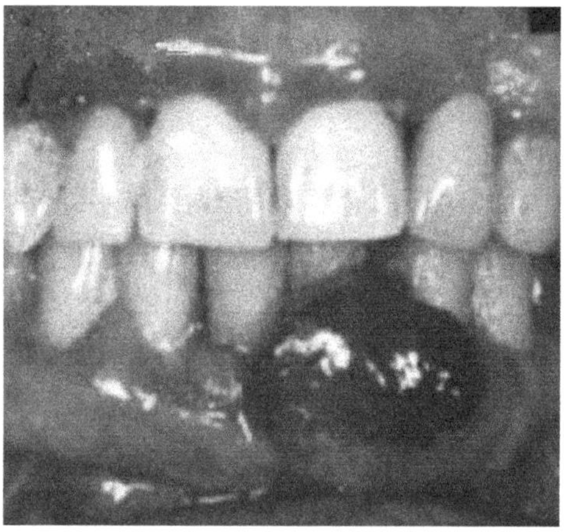

图 15-5　牙龈癌

2. 身体状况

（1）症状：牙龈癌临床上可表现为溃疡型或外生型，以溃疡型多见。多起源于龈乳头或龈缘，溃疡浅表呈淡红色，一般生长缓慢（图 15-5），患者早期可侵犯牙槽突及颌骨，引起牙松动或脱落。上牙龈癌可侵犯上颌窦及腭部；下牙龈癌则可侵及口底及颊部，如侵及磨牙后区则可引起张口困难。

（2）体征：下牙龈癌可转移至患侧下颌下淋巴结及颏下淋巴结，再转移到颈深上淋巴结；上牙龈癌则转移至患侧下颌下淋巴结及颈深淋巴结。

3.心理-社会状况　牙龈癌手术后导致面容及生理功能破坏，极大地影响到患者的生活质量及其在家庭和社会中的地位和交往，给患者心理及精神带来严重的创伤，患者常悲观厌世，甚至有自杀的念头。

4. 辅助检查

（1）X 线检查：了解牙龈癌破坏牙槽骨和颌骨的情况及其侵犯范围，并常规行胸部摄片检查肺部有无转移。

（2）CT 和 MRI：主要用于判断牙龈癌病损的部位、范围、破坏性质，病变累及范围、大小及性质。

（3）活检：以确定病变性质、肿瘤类型及分化程度。

（4）肿瘤标志物检查；可以协助对肿瘤的诊断，也可用于对患者治疗效果及其预后进行有效的监护。

5. 治疗要点

（1）手术治疗：牙龈癌以外科手术治疗为主。早期下牙龈癌仅波及牙槽骨时，应将原发性及下颌骨做方块切除。如癌瘤范围较广侵入颌骨时，应将原发灶及下颌骨部分或一侧切除，所遗缺损可行一期植骨整复。由于下颌牙龈癌淋巴结转移率较高，一般应同期进行选择性颈淋巴清扫术。上牙龈癌应做上颌骨次全切除或全切除，一般不需同期行选择性颈淋巴清扫术，但应加强术后随访观察，待有临床转移征象时，再行颈淋巴清扫术。

（2）放射治疗：大多数牙龈癌为高分化鳞癌，对放射治疗不敏感，如采用大剂量放射治疗，容易发生放射性骨坏死，一般仅适用于未分化的牙龈癌。

（三）护理问题/医护合作性问题

1. 焦虑　与被诊断为癌症和缺乏治疗和预后的知识有关。

2. 自我形象紊乱　与颌骨切除后导致面部畸形有关。

3. 有窒息的危险　与手术后全麻未醒，分泌物误吸，舌后坠有关。

4. 潜在并发症：伤口出血。

5. 营养失调　与术后致张口受限、咀嚼及吞咽困难有关。

（四）护理措施

1. 术前护理　参考舌癌患者的术前护理措施。

2. 术后护理　参考舌癌患者的术后护理措施。

3. 健康指导

（1）鼓励患者保持积极向上的心理状态，正确对待面部外观的改变。

（2）介绍有关术后恢复的知识，及早进行义齿修复，以恢复正常的语言及进食功能。

目标检测

A_1型题

1. 智齿冠周炎是指什么牙位发生的炎症（　　）
   A. 下颌第一磨牙　B. 下颌第二磨牙
   C. 下颌第三磨牙　D. 上颌第一磨牙
   E. 上颌第三磨牙

2. 智齿冠周炎一般不出现（　　）
   A. 冠周牙龈红肿　B. 张口受限
   C. 发热乏力　D. 冷热刺激痛
   E. 面部肿胀

3. 智齿冠周炎冲洗后盲袋后可涂（　　）
   A. 复方硼砂液　B. 复方碘甘油
   C. 复方黄金散　D. 75%乙醇
   E. 以上都不是

4. 口腔颌面部间隙感染最常见的原因是（　　）
   A. 腺源性　B. 血源性
   C. 外伤性　D. 牙源性
   E. 继发于其他感染

5. 颌面部创口初期清创缝合最宽的时间是（　　）
   A. 24 小时
   B. 12 小时
   C. 48 小时
   D. 6 小时
   E. 只要没有明显的化脓创口，72 小时以上清创后仍可作初期缝合

6. 智齿冠周炎发生的原因是（　　）
   A. 盲袋形成　B. 细菌感染
   C. 智齿阻生　D. 食用不洁食物
   E. 机体抵抗力低下

7. 口腔颌面部损伤最有效的防治感染措施是（　　）
   A. 使用大剂量抗生素
   B. 尽早进行清创缝合
   C. 使用大剂量磺胺类药物
   D. 及时注射破伤风抗毒素
   E. 包扎伤口，防止细菌继续侵入

8. 关于口腔颌面部损伤的特点下列叙述不正确的是（　　）
   A. 血运丰富，伤口易愈合、不易感染、预后好
   B. 易并发颅脑损伤
   C. 血运丰富，易发生组织血肿和水肿
   D. 易发生面部畸形
   E. 易发生窒息

（冀景珍）

第十六章 先天性唇裂与腭裂患者的护理

第1节 先天性唇裂患者的护理

● 案例 16-1

王女士足月产下一男婴，出生时即被发现双上唇全部裂开，并伴有牙槽嵴裂，患儿吸吮困难。

问题：1. 该患者的临床诊断是什么？

2. 如何对该患儿进行饮食护理？

一 唇裂概述

（一）概念

唇裂是胎儿在发育过程中，受到某些因素的影响，使上颌突与球状突未能融合而发生裂隙。唇裂是颌面部最常见的一种先天性畸形，患病率约为1/1000，唇裂可造成唇部外形缺陷和吸吮、咀嚼、语言、表情等功能障碍。

（二）病因

目前尚未完全明了引起胚突发育和融合障碍的确切原因和发病机制，可能与下列因素有关。

1. 遗传因素　唇腭裂患者的多个基因均有遗传倾向，当多个基因的效果叠加达到一定限度时，就会发生唇腭裂。多基因遗传性疾病亲属患病率高于群体患病率，亲属关系越密切患病率越高。

2. 环境因素　在妊娠前3个月，有多种因素可导致胎儿唇裂的发生，但确切因素尚不明确，目前认为可能的因素有以下几种。

（1）营养缺乏：缺乏维生素A、维生素B、维生素C、维生素D、维生素E及钙磷铁等。

（2）感染因素：目前已证实风疹病毒、巨细胞病毒、流感A2病毒和病毒H1与唇裂的发生有一定关系。

（3）药物因素：在妊娠前3个月孕妇使用对胎儿有影响的药物，可能导致胎儿畸形的发生，如苯妥英钠、甲氨蝶呤、环磷酰胺、抗组胺药等。

（4）内分泌因素：孕妇因生理性、精神性及损伤等原因，可使体内肾上腺皮质激素分泌增加而诱发先天畸形。

（5）其他：如物理因素、机械刺激、烟酒等可能致畸。

二 护理评估

（一）健康史

了解患儿全身发育、营养、体重情况，有无先天性心脏病、胸腺肥大等。询问有无过敏史、传染病史及家族史等。

（二）身体状况

1. 症状　患儿吸吮及进食困难，加之唇部裂开，冷空气直接进入口咽部，很容易患呼吸道感染，常影响患儿的生长发育。重度唇裂患儿说话时吐字不清，影响发音。

2. 体征　出生时即发现上唇部裂开，有两种分类方法。

（1）按裂隙部位分类

1）单侧唇裂：可分为不完全唇裂和完全唇裂。

2）双侧唇裂：可分为不完全裂、完全裂及混合裂。

（2）按裂隙程度分类

1）Ⅰ度唇裂：仅限于红唇部裂开（图 16-1）。

2）Ⅱ度唇裂：上唇部分裂开，但未裂至鼻底（图 16-2）。

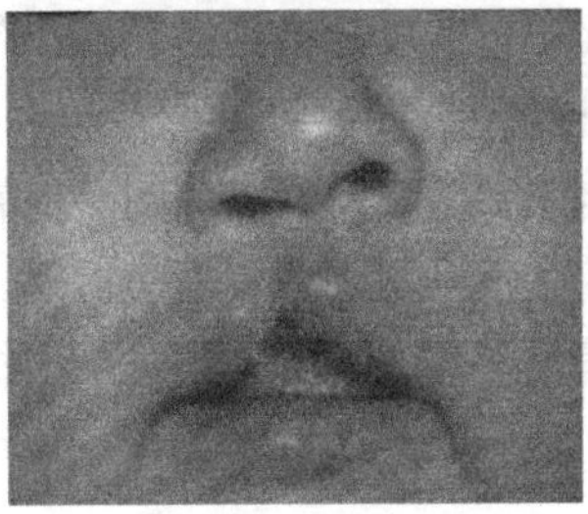

图 16-1　Ⅰ度唇裂

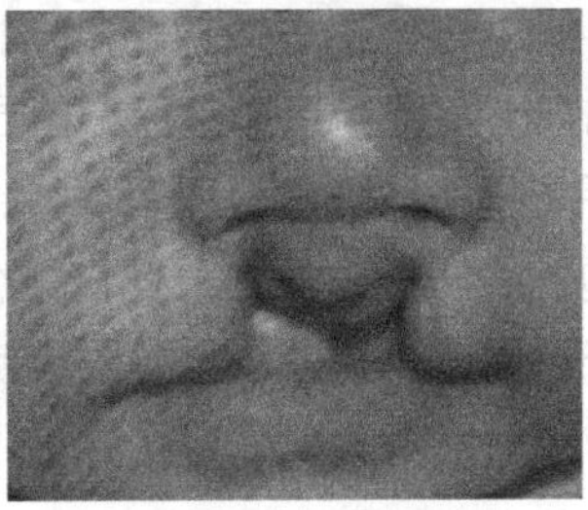

图 16-2　Ⅱ度唇裂

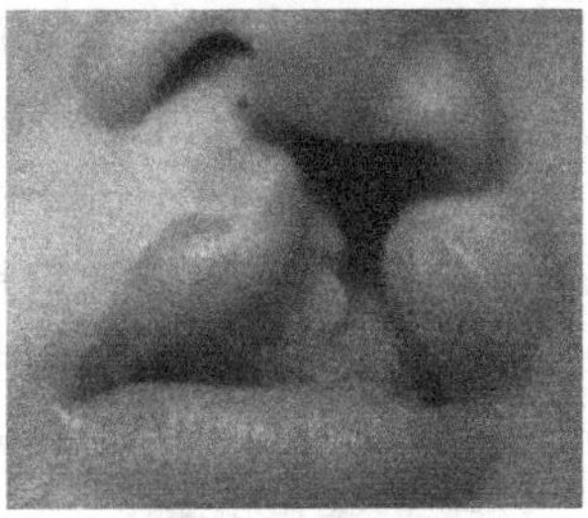

图 16-3　Ⅲ度唇裂

3）Ⅲ度唇裂：整个上唇至鼻底完全裂开（图 16-3）。

3. 心理-社会状况　年龄稍大的患儿有自卑和孤独感，不愿合群。家长不敢也不愿让别人知道孩子的问题，常感到失落与哀伤，多迫切要求手术治疗，而且对手术抱有很高的希望。

4. 治疗要点　手术治疗是修复唇裂的唯一重要手段，单侧唇裂整复术的最佳年龄为 3～6 个月，双侧唇裂整复术一般在 6～12 个月施行。

三 护理问题/医护合作性问题

1. 焦虑　与患者、家属担心手术效果有关。

2. 有窒息的危险　与全麻手术及喂养方式不当有关。

3. 语言沟通障碍　与唇部畸形造成生理缺陷导致说话不清有关。

4. 潜在并发症：窒息、出血、伤口裂开、感染等。

5. 知识缺乏　与患儿家长对疾病认识不足及缺乏正确的喂养知识有关。

四 护理措施

（一）术前护理

1. 对患儿作出健康评估　全面体检，包括体重、营养状况、心肺情况，实验室检查血红蛋白、白细胞、出血时间及凝血时间都应在正常范围。

2. 心理护理　向患者父母及成年患者介绍手术基本情况，减轻对手术的焦虑，增强信心，消除自卑感和心理创伤，积极鼓励参与社会活动和人际交往。

3. 饮食指导　指导患儿父母改变喂养方式，术前 3 天停止母乳和奶瓶喂养，改用汤匙喂养。婴幼儿术前 4 小时给予 10%葡萄糖液或糖水 100～150ml 口服，随后禁食禁饮；成人术前 8～12 小时禁食禁饮。

4. 预防上呼吸道感染　注意保暖，预防上呼吸道感染的发生，以免延误手术。

5. 皮肤准备　术前 1 天用肥皂水清洗上下唇及鼻部，用生理盐水棉球擦洗口腔，成人应剪去鼻毛，剃胡须。

（二）术后护理

1. 体位　全麻术后未清醒时，患者取平卧位，头偏向一侧，以利口内分泌物流出。麻醉完全清醒后可取头高卧位。

2. 病情观察　严密观察患者病情和生命体征的变化，呼吸道是否通畅，切口是否出血、肿胀等。如有面色苍白、脉搏微弱、出汗等，应采取给氧、输血等措施。

3. 防止伤口感染　遵医嘱给予抗生素治疗，预防感染。唇部创口暴露在外，应每日用 75%乙醇清洗创口。如有血痂存积，则可用 3 %双氧水清洗。保持创口清洁，切忌用力擦拭。

4. 营养支持　全麻清醒后 4 小时，可给予少量葡萄糖水，如无呕吐，可开始用滴管或小勺喂少量流质饮食，注意避免碰触伤口。呕吐严重可遵医嘱给予止吐药。

5. 防止伤口裂开　患儿清醒后，应用护臂夹板固定双臂，限制肘关节活动，以免用手抓唇部创口。术后 1 日，术区可加压包扎，防止出血。如创口愈合良好，可在术后 5～7 天拆线，注意防止唇部外伤，以免创口裂开；创口的张力较大时，应使用唇弓固定。一般术后 10 天拆除。唇弓应松紧适度，观察胶布的过敏反应和皮肤压伤。

（三）健康指导

1. 保护创口　拆线后可持续用唇弓 10～14 天，避免唇部碰伤。

2. 术后指导　指导患儿父母学习清洁唇部伤口的方法。

3. 喂养指导　婴幼儿术后用汤匙喂食营养丰富的流质饮食，喂食时尽量不要接触伤口，以免引起伤口感染。术后 10 天方可吸吮母乳或奶瓶。

4. 定期复诊　术后 3 个月内复诊，如发现唇部或鼻部的修复仍有缺陷，可考虑 12 岁后或适当时间施行二期整复术。

第 2 节　先天性腭裂患者的护理

案例 16-2

患儿，女，3 个月。患儿出生后进食母乳，容易出现呛咳，后发现腭部裂开，患儿喂养困难，体格消瘦，来院就诊。

问题： 1. 该患儿的临床诊断是什么？

2. 该病的护理诊断是什么？

一　腭裂概述

（一）概念

腭裂是指软硬腭部分或完全裂开，可单独发生，也可与唇裂同时伴发。腭裂不仅有软组织畸形，更主要是骨组织畸形。腭裂患者的吸吮、进食、语言等生理功能障碍及面容比唇裂更严重，对患者的生活、学习、工作均带来一定的影响。

（二）病因

腭裂与唇裂一样，是胎儿在发育过程中，因某种因素的影响，使面部突起的相互连接受到阻挠而形成的裂隙，大多是遗传与环境两种因素共同作用的结果。妇科疾病或经常接触射线等也可导致胎儿发生畸形。

二 护理评估

（一）健康史

询问患者有无家族史，了解患者全身发育、营养、体重情况及有无其他疾病史、有无过敏史。

（二）身体状况

1. 症状

（1）吸吮障碍：因腭裂造成鼻口相通，口腔内不能或难以产生负压，因此患者无力吸吮母乳，或乳汁从鼻孔溢出。

（2）腭裂语音：由于腭咽闭合不全，产生过度鼻音，使患者发音含糊不清。

（3）口鼻腔自洁环境的改变：由于腭裂使口腔和鼻腔相交通，容易相互感染，不易保持清洁。

（4）听力减退：由于腭裂患者咽鼓管开放功能较差，易发生分泌性中耳炎；同时由于不能有效地形成腭咽闭合，吞咽进食时食物容易反流，易造成咽鼓管和中耳的感染。

（5）颌骨发育畸形：患者可有上颌骨发育不全，面中1/3塌陷，呈刀削脸状。

2. 体征

（1）腭部裂开：出生时即发现腭部裂开，按裂开部位和程度可分为以下几种类型（图16-4）。①软腭裂；②不完全性腭裂；③单侧完全性腭裂；④双侧完全性腭裂。

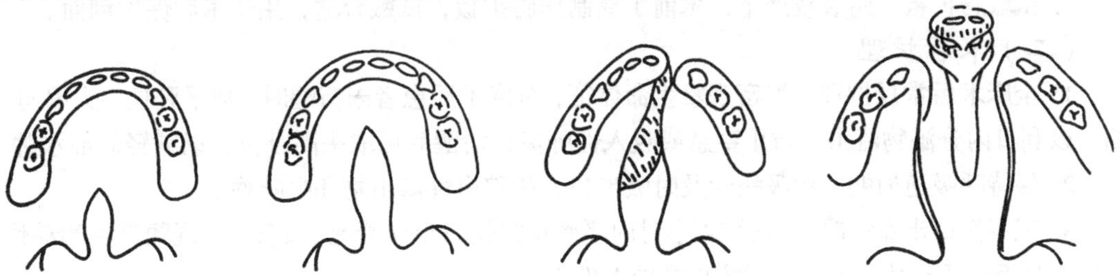

A　B　C　D

图16-4　腭裂的类型

A. 软腭裂；B. 不完全腭裂；C. 单侧完全性腭裂；D. 双侧完全性腭裂

（2）面部畸形：患者可有上颌骨发育不全，随着年龄的增长而越来越明显，导致反𬌗或开𬌗，以及面中塌陷畸形。

3. 心理-社会状况　先天性腭裂虽不影响美观，但对咀嚼、吞咽、呼吸、语言等功能均有影响，部分患者合并有面部畸形，使正常生活受到影响，患者有自卑、性格孤僻等心理。患者父母存在焦虑状态，迫切要求治疗，并且期望值较高。

4. 辅助检查

（1）X线检查：了解心肺有无异常，胸腺有无肥大。

（2）实验室检查：血尿常规检查。

5. 治疗要点　采用综合序列治疗的原则来恢复腭部的解剖形态和生理功能，重建良好的腭咽闭合，获得正常的语音；改善面形和恢复正常的咀嚼功能。除手术治疗外，还有非手术治疗方法，如正畸治疗、缺牙修复、语音训练及心理治疗。

三 护理诊断–医护合作性问题

1. 焦虑　与担心手术效果有关。
2. 婴儿喂养困难　与腭裂造成鼻腔与口腔相通有关。
3. 有窒息的危险　与全麻手术后体位及喂养方式不当有关。
4. 语言沟通障碍　与腭裂及手术有关。
5. 潜在并发症：切口出血、感染、创口裂开等。
6. 知识缺乏　与患者及父母对腭裂疾病的认识不足有关。

四 护理措施

（一）术前护理

1. 心理护理　帮助患者及家属正确认识疾病，向患者及家属介绍腭裂治愈的情况，增强患者及家属的信心，缓解患者及家属的焦虑情绪，消除自卑感和心理创伤，鼓励患者积极参与社会活动和人际交往。

2. 健康评估　与唇裂术前一样，对患儿进行全面的健康检查。

3. 饮食护理　指导患儿父母采取正确的喂养方法，改用汤匙或滴管喂养，以适应术后的进食方法。儿童术前4～6小时禁食禁饮，成人全麻术前8小时禁食禁饮。

4. 预防上呼吸道感染　注意保暖，预防上呼吸道感染的发生。

5. 皮肤准备　腭裂手术与唇裂手术术前准备相同。

6. 口腔清洁　术前3天开始用1：5000呋喃西林液漱口，呋喃西林麻黄碱液滴鼻，每日3次。

7. 试戴腭护板　腭裂较严重，术前1周制作腭护板，试戴合适，用于术后保护创面。

（二）术后护理

1. 全麻术后常规护理　严密观察生命体征，全麻术后患者未清醒时，取平卧位，头偏向一侧，以利口内分泌物流出，防止窒息或吸入性肺炎；清醒后可取头高卧位，以减轻局部水肿。

2. 保持呼吸道通畅　用吸痰管及时吸出口、鼻腔血性渗出物和呕吐物。

3. 观察伤口出血情况　术后24小时内严密观察伤口出血情况，如患者出现频繁吞咽动作，应检查是否有活动性出血。注意防止腭护板松脱。

4. 饮食护理　指导正确的喂养方法，不能过早吃过硬、过热食物。麻醉清醒后4小时，用汤匙或滴管喂少量糖水，观察30分钟，如无呕吐，可喂流质饮食。术后10～14天内进全流质饮食，以后逐渐改半流质饮食，1个月后可进普食。

5. 防止伤口裂开　保持安静，防止哭闹、感冒、咳嗽，以免增加腭部伤口张力，引起出血。避免将手指、玩具等放入口中，以免伤口裂开。

6. 预防伤口感染　每日清洗口腔，成人给予漱口剂漱口，小儿餐后多饮水，保持口腔卫生和伤口清洁。遵医嘱应用抗生素，预防感染。

7. 拆线　术后8～10天分次抽出切口内所填碘仿纱条，2周后拆除伤口缝线。

（三）语音训练

手术为正确发音奠定了解剖基础，尤其是年龄较大的患者，仍须进行一段时间的发音训练，以纠正其已经形成的腭裂语音习惯。

语音训练分两个阶段进行：

1. 第一阶段　练习软腭及咽部的肌肉活动，目的是使其有效地完成“腭咽闭合”动作。常用的方法有以下 2 种。

（1）吹气法：为最简单有效的方法，可以训练正确的呼吸方向，可以逐渐增加口腔中的气压。可用玻璃管吹气泡或肥皂泡，练习吹气球、吹笛子、口琴等。

（2）练习唇舌部肌肉活动：唇舌的肌肉活动对正确发音有密切关系。腭裂患者在发音时常常运用唇舌的运动强行代偿，因此，必须重新训练，使唇舌肌肉变得灵活和协调。

2. 第二阶段　“腭咽闭合”基本正常后练习发音。

（1）练习单音。

（2）练习单字的拼音。

（3）练习语句及谈话：从简单到复杂，逐渐加快速度。可以由先练习唱歌、朗诵、读报等开始，然后再练习谈话。

（四）健康指导

1. 健康教育　与患儿家属介绍腭裂相关知识，帮助他们正确认识疾病。
2. 饮食指导　术后 2 周内流食，逐步过渡到半流食，4 周后可进普食。
3. 口腔清洁指导　成人每次餐后用漱口剂漱口，小儿餐后多饮水。
4. 复诊　遵医嘱复诊，不适随时就诊。

链接

腭裂的序列治疗

①对患儿及父母的教育：包括心理健康、喂养方式的指导等；②1～2 岁行腭裂手术，9～11 岁行牙槽突裂植骨术全面评估，对有问题者及时训练，腭裂闭合不全者，或经语音训练改善不明显者，可考虑行二期咽成形术；③口腔正畸治疗：可分为乳牙列期、混合牙列期、恒牙列期 3 个阶段进行治疗；④对耳鼻疾患进行治疗；⑤对继发畸形如咬合关系错乱，面部畸形的患者可再次手术治疗。

目标检测

A_1 型题

1. 单纯唇裂术的最好整复时间是（　　）
   A. 出生后 1 个月　B. 3～6 个月
   C. 1～2 岁　D. 5～6 岁
   E. 6 岁后
2. 唇裂患儿术后麻醉清醒回到病房，应采取的卧位是（　　）
   A. 头高侧卧位　B. 半卧位
   C. 俯卧位　D. 屈膝侧卧位头偏向一侧
   E. 仰卧位
3. 腭裂整复术后的语音训练一般在手术后何时开始进行（　　）
   A. 1～2 个月　B. 3～4 个月　C. 半年
   D. 1 年　E. 1 年半

A_3/A_4 型题

患儿，男，4 岁，自小右侧上唇裂开，喂养困难，检查见腭垂、软腭至切牙孔裂开。入院行腭裂修复术。

4. 关于腭裂不常见的临床表现有（　　）
   A. 营养不良　B. 面部畸形　C. 发音障碍
   D. 吸吮进食障碍　E. 鼻窦炎
5. 关于患儿护理措施以下叙述正确的是（　　）
   A. 术前 1 周制作腭板并试戴
   B. 术前 1 天用肥皂水清洗上下唇及鼻部
   C. 术后 1 周改半流质
   D. 每日清洗口腔
   E. 术后 24 小时内严密观察伤口出血情况

（冀景珍）

五官科常用护理技术实训操作标准

第1节　眼科护理技术实训操作标准

一　滴眼药水法

1. 操作目的　用于眼部疾病的药物治疗、表面麻醉、缩放瞳孔等。

2. 物品准备　眼药水、棉签、治疗盘、快速手消毒剂。

3. 评分标准

项目（总分）	操作要点	分值	语言沟通
准备 （1.5分）	说明用药目的	0.5分	
	手部消毒	1分	
操作过程 （8分）	患者体位	1分	
	暴露下穹隆部结膜	1分	
	在距眼球1～2cm处向下穹隆滴入1～2滴眼药水	5分	
	按压泪囊区1～2分钟	1分	
完善 （0.5分）	棉签擦去多余眼药水	0.5分	
总分		10分	

4. 注意事项　①眼药水专人专用。②操作时动作轻柔，勿压迫眼球。③眼药水瓶口不与眼球直接接触，保持1～2cm的距离。④滴入眼药后压迫泪囊区1～2分钟。⑤滴用两种眼药水时，间隔5～10分钟后再滴入另一种眼药水。

二　涂眼药膏法

1. 操作目的　用于眼部疾病的药物治疗、保护眼表、润滑等。

2. 操作用物　眼药膏、棉签、治疗盘、快速手消毒剂。

3. 评分标准

项目（总分）	操作要点	分值	语言沟通
准备 （1.5分）	说明用药目的	0.5分	
	手部消毒	1分	
操作过程 （8分）	患者体位	1分	
	暴露下穹隆部结膜	1分	

续表

项目（总分）	操作要点	分值	语言沟通
	用右手持眼药膏将眼膏挤入下穹隆部，膏体与睑缘平行	5分	
	用棉签或玻璃棒辅助使膏体固定在结膜囊内	1分	
完善（0.5分）	左手放开下眼睑，右手轻轻提拉上眼睑盖住药膏并包住下眼睑睑缘	0.5分	
总分		10分	

4. 注意事项　①避免使药膏管口与睫毛及睑缘接触。②使用玻璃棒之前确认光滑无破损。③涂眼膏时不要将睫毛卷入结膜囊内。④眼药膏在结膜囊内停留时间较长，故宜在睡前或术后使用，避免影响日间视力。

三 结膜囊冲洗法

1. 操作目的　清除结膜囊内分泌物、异物、酸碱化学物或眼科手术前准备。

2. 操作用物　冲洗用吊瓶或洗眼壶、受水器、治疗巾、棉签、纱布、冲洗液。

3. 评分标准

项目（总分）	操作要点	分值	语言沟通
准备（1.5分）	说明冲洗目的	0.5分	
	手部消毒	1分	
操作过程（8分）	患者体位	1分	
	受水器摆放位置	2分	
	右手持洗眼壶或吊瓶冲洗头，左手拇指及示指辅助撑开上下眼睑	3分	
	先冲洗外眼眼睑皮肤，待其适应后再冲洗结膜囊，同时嘱患者转动眼球，再翻转眼睑，充分冲洗	2分	
完善（0.5分）	用棉签擦去多余冲洗液，滴入抗生素眼药水	0.5分	
总分		10分	

4. 注意事项　①冲洗时动作轻柔，避免挤压眼球。②告知患者受水器使用方法，避免冲洗液淋湿衣物。③冲洗压力不宜过大，冲洗头距离眼部 3～4cm。④眼部有溃疡或穿通伤者，禁结膜囊冲洗。⑤冲洗液温度适宜，避免过冷或过热。

四 泪道冲洗法

1. 操作目的　用于泪道疾病的诊断、治疗及内眼手术前的泪道清洁。

2. 操作用物　治疗盘、注射器、冲洗针头、泪点扩张器、受水器、表面麻醉剂、棉签、抗生素滴眼液、泪道探针。

3. 评分标准

项目（总分）	操作要点	分值	语言沟通
准备（1.5分）	说明冲洗目的	0.5分	
	手部消毒	1分	
操作过程（8分）	患者体位	1分	
	受水器摆放位置	2分	
	压迫泪囊区将其中的分泌物挤出，并用棉签拭去，滴表面麻醉药物作用于泪小点3分钟	2分	
	用左手示指或棉签拉开下眼睑，暴露下泪小点，右手持注射器，将泪小点针头垂直插入泪小点约2mm，再将针头转向内眦方向，沿泪小管走行5～6mm，缓慢注入冲洗液2～3ml	3分	
完善（0.5分）	询问患者口咽部有无液体，并观察液体反流方向及脓液反流情况	0.5分	
总分		10分	

4. 注意事项　①动作轻柔，避免损伤角膜及结膜。②泪小点狭小者，可先行泪点扩张。③进针时若遇到阻力，不可强行进针，以免形成假道。④急性泪囊炎禁忌行泪道冲洗。

五 眼部包扎法

1. 操作目的　保护患眼，使患眼充分休息；保持眼部清洁，避免感染；止血；局部加压包扎可以促使浅前房患者的前房形成。

2. 操作用物　绷带、无菌纱布、眼垫、胶布、眼药膏、棉签。

3. 评分标准

项目（总分）	操作要点	分值	语言沟通
准备（1分）	说明包扎目的	0.5分	
	患者体位	0.5分	
操作过程（9分）	单眼包扎法：在健眼处垂直置一条20cm长的纱布条，用绷带自患眼侧耳下至健眼侧耳上环绕数周，绷带头用胶布固定，同时预置的绷带条两端结扎，暴露健眼	4分	
	双眼包扎法：绷带以“8”字形包扎双眼，绷带头端从左侧耳上开始，经前额向下包扎右侧眼，再经右耳下至枕部绕左耳上，再由左耳上经前额至右耳上，重复以上动作，缠绕数周后在前额固定	4分	
	需做加压包扎者，可在缠绕绷带前眼部加用眼垫	1分	
总分		10分	

4. 注意事项　①包扎时注意患者的感受，不宜过松过紧。②充分暴露鼻孔及耳郭等部位。③绷带固定部位应在前额部，避免由于仰卧或侧卧时造成松脱。④双眼包扎有发生视觉剥夺性精神病者应予以注意。

第2节　耳鼻咽喉科护理技术实训操作标准

一 外耳道冲洗

1. 操作目的　清除耵聍栓塞，清除耳道异物。

2. 操作用物　洗耳器 1 个、受水器 1 个、消毒棉签、温生理盐水 500ml。

3. 评分标准

项目（总分）		操作要点	分值	语言沟通
素质要求（4 分）		报告考核项目，语言流畅，态度和蔼，面带微笑	1	
		仪表大方，举止端庄，轻盈矫健	1	
		着装符合手术操作要求	2	
操作前准备（6 分）		修剪指甲、规范洗手，核对患者信息	1	
		备齐用物、按顺序放置	1	
		评估环境：温湿度适宜、安静整洁、光线适中，符合要求	2	
		检查生理盐水温度（讲明查对结果）	1	
		规范洗手，戴口罩	1	
操作步骤（80 分）	操作前解释、核对（10 分）	核对医嘱，准备用物	2	
		核对患者床号、姓名、住院号、腕带，评估患者	3	
		携用物至患者床边，再次核对患者床号、姓名并做好解释工作	5	
	外耳道冲洗过程（40 分）	协助患者取侧坐位，患耳向操作者	4	
		清洁并检查患者外耳道	5	
		颈肩部铺治疗巾	5	
		外耳道冲洗器使用正确	10	
		棉签轻擦耳道，小棉球放入耳道	6	
		75% 乙醇消毒外耳道（视情况给予上药）	5	
		操作者动作轻柔	5	
	病情观察（20 分）	随时观察患者病情变化	10	
		正确处理操作过程中患者出现的不适（恶心、呕吐）	10	
	操作后（10 分）	帮助患者取舒适卧位，整理床单位	2	
		询问患者有无不适	2	
		处理用物	2	
		洗手，取口罩	2	
		记录	2	
综合评价（10 分）		操作熟练	3	
		动作轻巧、准确、操作规范	4	
		患者舒适、无不良反应	3	
总分			100	

4. 注意事项

（1）坚硬而大的耵聍、尖锐的异物、中耳炎鼓膜穿孔、急性中耳炎、急性外耳道炎，不宜做外耳道冲洗。

（2）冲洗液应接近体温，不应过热或过冷，以免引起迷路刺激症状。

（3）冲洗时不可对准鼓膜，用力不宜过大，以免损伤鼓膜；也不可对准耵聍或异物，以免将其冲至外耳道更深部，更不利于取出。

（4）若耵聍软化，可用耵聍钩钩出，或嘱患者再滴3%碳酸氢钠溶液2～3天后再冲洗。

（5）若冲洗过程中，患者出现头晕、恶心、呕吐或突然耳部疼痛，应立即停止冲洗并检查外耳道，必要时请医生共同处理。

二 鼻腔冲洗

1. 操作目的　清洁鼻腔，湿润黏膜，减轻臭味，促进黏膜功能恢复。
2. 操作用物　鼻腔冲洗液，鼻腔冲洗器，小毛巾一条，脸盆一个，一次性治疗巾一个。
3. 评分标准

项目（总分）	操作要点		分值	语言沟通
素质要求（4分）	报告考核项目，语言流畅，态度和蔼，面带微笑		1	
	仪表大方，举止端庄，轻盈矫健		1	
	着装符合手术操作要求		2	
操作前准备（6分）	评估环境：温湿度适宜、安静整洁、光线适中，符合要求		3	
	规范洗手，戴口罩		2	
	核对医嘱，准备用物		1	
操作步骤（80分）	操作前解释、核对（10分）	核对患者床号、姓名、住院号、腕带，评估患者	3	
		评估患者病情及合作程度，并向患者解释鼻腔冲洗的目的，操作方法和注意事项	4	
		评估患者鼻腔渗血情况	3	
		携用物至患者床边，再次核对患者床号、姓名	5	
		冲洗用物摆放合理	4	
	鼻腔冲洗过程（55分）	嘱患者擤鼻涕	4	
		指导患者摆好体位，取坐位或立位，头前倾，下接一脸盆	10	
		教会患者鼻腔冲洗器的使用方法	10	
		向患者解释操作过程中需冲洗时头前倾30°，低头，张口，勿做吞咽动作	6	
		将鼻腔冲洗器橄榄头一端塞入前鼻孔内，另一端放入鼻腔冲洗液中，挤压冲洗器的橡胶负压球，进行鼻腔冲洗	10	
		鼻腔冲洗液使用方法正确，计量准确	6	
	操作后（15分）	协助患者卧床休息，有利于药物吸收	2	
		询问患者有无不适	2	
		观察病情，如有不适及时处理	3	
		正确处理冲洗用物（用清水把鼻腔冲洗器冲洗干净，风干备用）	4	
		洗手，取口罩	2	
		记录	2	
综合评价（10分）	操作熟练		3	
	动作轻巧、准确、操作规范		4	
	患者舒适、无不良反应		3	
总分			100	

4. 注意事项

（1）鼻腔有急性炎症及出血时禁止冲洗，以免炎症扩散。

（2）灌洗桶不宜太高，以免压力过大引起并发症。

（3）水温以接近体温为宜，不能过冷或过热。

（4）冲洗时勿与患者谈话，以免发生呛咳。

（5）冲洗时发生鼻腔出血，应立即停止冲洗。

（6）患者自行冲洗时，用特制的鼻腔冲洗瓶盛入生理盐水，用手挤压冲洗瓶将冲洗液注入鼻腔，注意用力不可过猛。

三 鼻窦负压置换疗法

1. 操作目的

（1）吸引鼻腔及鼻窦内分泌物。

（2）使窦腔形成负压，药液进入窦腔以达到治疗目的。

2. 操作用物　负压吸引器、橄榄式接头、1%麻黄碱滴鼻液、治疗碗、棉球少许、滴管、棉签、棉球、面巾纸。

3. 评分标准

项目（总分）	操作要点		分值	语言沟通
素质要求（4分）	报告考核项目，语言流畅，态度和蔼，面带微笑		1	
	仪表大方，举止端庄，轻盈矫健		1	
	着装符合手术操作要求		2	
操作前准备（6分）	修剪指甲、规范洗手、戴口罩，核对患者信息		2	
	备齐用物、按顺序放置		2	
	评估环境：温湿度适宜、安静整洁、光线适中，符合要求		2	
操作步骤（80分）	操作前解释、核对（8分）	核对患者床号、姓名、住院号、腕带，评估患者	3	
		评估患者病情及合作程度和鼻部情况	5	
		向患者讲解负压疗法的目的	5	
	鼻腔冲洗过程（60分）	携用物至患者床边，再次核对患者床号、姓名	6	
		协助患者取仰卧位，肩下垫枕，头尽量后垂或头低垂位，使下颌部与两外耳道口连线与水平线（即床面）垂直	7	
		左手轻推鼻尖，右手持滴管，沿两侧鼻孔贴壁徐徐滴入微温的1%麻黄碱3～5滴，以利于窦口打开	7	
		2～3分钟后嘱患者擤尽鼻涕（萎缩性鼻炎禁用1%麻黄碱）	5	
		保持卧位同前，每侧鼻腔均滴入2~3ml负压液，嘱其开口呼吸	6	
		用连接吸引器（负压＜24kPa）的橄榄头紧塞一侧鼻孔，1~2秒后急速移开，同时指压另一侧鼻翼以封闭该侧前鼻孔	7	
		吸引期间嘱患者连续发“开、开、开”音，使软腭上举以关闭咽腔，随机进行简短吸引	6	
		如此重复6~8次，双鼻孔交替进行，将鼻窦内分泌物吸出的同时，药液进入鼻窦	6	
		幼儿不能合作者，其哭泣时软腭已自动上举，封闭鼻咽部	5	

续表

项目（总分）		操作要点	分值	语言沟通
	操作后（12分）	协助患者卧床休息，有利于药物吸收	2	
		询问患者有无不适	2	
		观察病情，如有不适及时处理	2	
		正确处理冲洗用物	2	
		洗手，取口罩	2	
		记录	2	
综合评价（10分）	操作熟练		3	
	动作轻巧、准确、操作规范		4	
	患者舒适、无不良反应		5	
总分			100	

4. 注意事项

（1）急性鼻炎、急性鼻窦炎、鼻出血、鼻息肉、鼻部手术后伤口未愈、鼻前庭炎、鼻前庭疖、高血压者禁做。

（2）吸引器压力不可过大（压力一般为 20～40kPa），抽吸时间不宜过长，每次持续 1～2 秒，以免负压过大引起鼻出血或真空性头痛。

第 3 节 口腔科护理技术实训操作标准

一 口腔四手操作技术

1. 操作目的

（1）保护口腔科医生、护士的体力及健康。

（2）缩短单个患者诊疗时间，并增加患者的舒适感。

（3）提高工作效率和医疗质量。

2. 操作用物 防污膜；摆放口腔检查基本器械；安装手机、三用枪工作头、吸唾管。

3. 评分标准

项目（总分）	操作要点	分值	语言沟通
操作准备（10分）	仪表大方端庄、衣帽整洁；剪指甲、六步法洗手	5	
	语言恰当，态度和蔼可亲	5	
评估患者（10分）	向患者作自我介绍及介绍主治医生	3.5	
	核对患者，了解一般情况	3.5	
	心理状态、健康史、过敏史、卫生习惯、就诊目的	3	
术前护理（25分）	环境准备符合要求，综合治疗台功能正常	6	
	患者术前准备完善，防护措施到位，诊疗体位合适，正确指导术中配合	6.5	
	正确核对灭菌有效期，药品、材料品名、有效期、品质及治疗仪器	6.5	
	常规物品、检查器械、治疗用物准备齐全放置合理，标准预防措施正确	6	

续表

项目（总分）	操作要点	分值	语言沟通
术中护理（15分）	符合无菌技术要求，有控制交叉感染措施	5	
	保持术野清晰，及时吸唾，调节光源。及时观察患者反应，指导患者配合	5	
	器械摆放合理，仪器使用正确、装卸熟练	5	
术后护理（20分）	妥善安置患者，清洁患者面部，询问患者感觉	5	
	物品分类处理	5	
	可重复使用器械分类放置，保湿暂存	5	
	综合治疗台复位，物表消毒顺序正确	5	
指导患者（10分）	口腔保健、疾病预防常识	3.5	
	治疗后健康指导及药物使用指导	3.5	
	预约复诊时间	3	
提问（10分）		10	
总分		100	

4. 注意事项

（1）设备配备合理。操作前注意检查器械的性能及手机、吸唾系统等功能。

（2）护理操作前、中、后均应做好三查七对，确保护理操作安全。

（3）操作过程要做好职业防护及患者的防护。

（4）以患者口腔为中心，合理安排医护患的位置。操作时严禁从患者的头面部传递物品。常用握笔式直接传递法平行交换器械。

（5）操作中侵入性治疗和接触破损黏膜的治疗，应严格执行无菌操作技术。接触正常黏膜检查与治疗遵循消毒水平护理操作流程。一次性用品保证一人一份，一用一更换。反复使用的器械应按规范消毒、灭菌，保证一人一机，一用一灭菌。

（6）及时吸唾，保持术野清晰，吸引器注意勿紧贴黏膜，避免损伤黏膜和堵塞管口。

（7）使用后的器械及时做好预清洁，防止残留材料或有机物干固而增加清洁难度。

（8）患者准备、物品准备、整理物品、综合治疗台清洁消毒顺序要因地制宜，达到方便快捷，有效控制交叉感染。

二 口腔材料调拌技术

1. 操作目的　调配成品符合要求，方便医生使用。

2. 操作用物　玻璃板或一次性纸板及调拌刀，治疗巾。

3. 评分标准

项目（分值）	考核评价要点	分值	语言沟通
操作准备（4分）	仪表端庄、衣帽整洁	2	
	剪指甲、六步法洗手	2	
评估（6分）	诊室整洁、明亮、安全、舒适	2	
	适宜的温度、湿度	2	
	了解患处情况以指导选取材料	2	

续表

项目（分值）	考核评价要点	分值	语言沟通
操作前（15分）	检查器械灭菌有效期	5	
	检查玻璃板或一次性纸板、调拌刀是否干燥、表面平整、光滑；温度适宜	5	
	认真查对材料名称、有效期、质量	5	
操作过程（40分）	遵守无菌操作原则	10	
	材料用量合适，不浪费，粉、液比例合适	10	
	调拌方法正确，操作熟练、轻巧	10	
	调配性状符合要求	10	
操作后（15分）	物品分类处理，椅旁清洁方法正确	5	
	可重复使用器械分类放置，保湿暂存	5	
	物品消毒方法正确	5	
指导患者（10分）	口腔保健、疾病预防常识	3.5	
	治疗后健康指导及药物使用指导	3.5	
	预约复诊时间	3	
提问（10分）		10	
总分		100	

4. 注意事项

（1）适宜的空气环境，最适宜的温度为22℃，湿度为50%。

（2）玻璃板用前要灭菌、干燥、表面光滑、平整，用后及时做好椅旁预清洁。纸板应一用一弃，剩余的用密封袋包装保存。

（3）调拌技术操作遵守无菌操作原则。

（4）根据病情需要，与医师认真核实，选择合适材料；调拌前应认真检查材料的有效期、颜色、品质；根据窝洞的大小、形态按粉、液比例适当取材，置于玻璃板或一次性纸板上，粉、液相距3～4cm。

（5）调拌时只能将粉逐次加入液体中，而不能加液体于粉剂中。

（6）调拌刀工作端前1/2～2/3紧贴玻璃板或一次性纸板表面，以同一方向匀速旋转把粉、液推开，以减少气泡形成，提高调拌技术质量。

（7）材料现用现调。取用后应立即加盖，以防止氧化受潮。

三 口腔手术后的护理操作技术

1. 操作目的

（1）保持口腔清洁，预防感染。

（2）观察口内情况，了解病情变化。

（3）保持正常的口腔功能，促进患者舒适。

2. 操作用物　治疗盘、治疗巾、弯盘2个、口镜（压舌板）、弯血管钳、镊子、0.02%氯己定棉球、水杯、漱口水、生理盐水、纱布、3%过氧化氢液棉球（伤口有血痂时）、手电筒、液状石蜡。

3. 评分标准

项目（分值）	操作要点	分值	语言沟通
操作准备（4分）	仪表端庄、衣帽整洁、六步法洗手	2	
	语言恰当，态度和蔼可亲	2	
评估（6分）	护患沟通良好，解释清楚	2	
	意识状态，口内创口情况，全身状况，口腔卫生状态	1	
	心理状态，合作程度	1	
	对口腔卫生的重视，保持伤口清洁的认知程度	2	
操作前（20分）	环境整洁、明亮、安全	3	
	查对患者床号、医嘱、治疗本，查对灭菌器械有效期与品质	3	
	备齐用物，放置合理，漱口液选择正确	3	
	患者取半坐位或仰卧，头转向操作者	2	
	铺巾置弯盘正确	2	
	润唇、助漱口（视病情而定）	3	
	检查口腔及伤口	4	
操作中（30分）	使用压舌板、开口器方法正确	5	
	夹取棉球方法正确	4	
	棉球湿度适宜	2	
	擦洗方法、顺序正确，动作轻柔	6	
	擦洗到位干净	3	
	时了解患者反应，指导患者配合	5	
	去除血痂方法正确	3	
	协助患者漱口	2	
操作后（20分）	口腔疾患处理正确	4	
	妥善安置患者，擦净口周、面部，询问患者感觉	4	
	做好交班记录	3	
	整理床单位	3	
	物品分类处理	3	
	可重复使用器械分类放置，保湿暂存	3	
指导患者（10分）	向患者解释口腔护理的目的及配合方法	3.5	
	介绍常用漱口液的作用及用法	3.5	
	保持口腔清洁	3	
提问（10分）		10	
总分		100	

4. 注意事项

（1）评估患者口腔、伤口情况，按需备足棉球，并清点棉球数目。

（2）根据病情，正确选择漱口液。

（3）如有义齿者应先取下洗净，放入清水中浸泡备用，禁用热水或消毒液浸泡。

（4）去除伤口血痂动作轻柔，防止伤口裂开，口腔皮瓣者避免使用3%过氧化氢液消毒。

（5）根据病情取合适体位，如部分皮瓣修复患者要求头部制动。

参考文献

陈佩珠，2007. 口腔专科护理操作流程. 广州：广东科技出版社.
陈卫国，邓冬梅，2011. 眼耳鼻喉口腔科护理学. 郑州：郑州大学出版社.
陈艳艳，2014. 眼耳鼻咽喉口腔科护理学. 第3版. 北京：人民卫生出版社.
丁淑华，席淑新，2005. 五官科护理学. 北京：中国中医药出版社.
丁淑贞，刘莹，2016. 眼科临床护理. 北京：中国协和医科大学出版社.
杜礼安，2014. 五官科护理学. 北京：化学工业出版社.
范真，2015. 五官科护理. 北京：中国中医药出版社.
范珍明，迟立萍，2015. 眼、耳鼻咽喉和口腔科护理学. 第2版. 北京：中国医药科技出版社.
冯桂玲. 五官科护理学，2012. 第2版. 北京：科学出版社.
郭金兰，2012. 五官科护理. 北京：科学出版社.
韩晋玲，2013. 五官科护理. 北京：科学出版社.
孔维佳，2015. 耳鼻咽喉头颈科学. 第2版. 北京：人民卫生出版社.
李敏，2015. 眼耳鼻咽喉口腔科护理学. 第2版. 北京：人民卫生出版社.
马树平，李少芬，赵兰，等，2013. 护理专业技术实训. 第3版. 北京：科学出版社.
尚少梅，蒋小俭，2014. 五官科护理. 北京：北京出版社.
史玉泉，1994. 实用神经病学. 第2版. 上海：上海科学技术出版社.
席淑新，2014. 眼耳鼻喉口腔科护理学. 第3版. 北京：人民卫生出版社.
徐国兴，2014. 眼科学基础. 第2版. 北京：高等教育出版社.
张春舫，任景坤，2014. 护士岗位技能训练50项考评指导. 第2版. 北京：人民军医出版社.

《五官科护理》教学基本要求

一 课程性质和任务

五官科护理是临床护理的一个分支，包括眼科护理、耳鼻咽喉科护理和口腔科护理三部分内容，是护理专业学生的专业课。

本课程主要任务是根据护理专业培养目标，通过课程学习，使学生掌握五官科护理的基本理论及五官科常见病、多发病的护理特点，能够运用护理程序对五官科常见病患者进行护理、进行社区五官科护理服务，从而达到促进健康、预防疾病、协助康复、减轻痛苦的目的；同时，熟悉五官科护理的新动向、新进展，以优化学生的护理专业知识结构和专业素质。

二 课程教学目标

（一）知识目标

能描述五官科常见疾病的病因、病理、临床表现、主要检查方法及治疗要点；能运用所学知识，较全面、系统的为患者提供个性化整体护理。

（二）能力目标

能熟练运用五官科护理技能对患者进行护理操作。

（三）素质目标

具备刻苦勤奋、严谨求实的学习态度，坚持以人的健康为中心的护理理念；能初步运用心理护理和人际沟通技巧，与患者及其家属进行有效沟通；具有爱伤观念，养成良好的职业习惯和职业态度。

三 教学内容和要求

本课程的教学内容主要包括理论模块与实践模块。根据五官科护理课程职业教育的要求，提倡在实际教学中将理论与实践教学相互渗透，推进理实一体教学。因此，教学标准中的“理论模块”并非传统的单纯理论教学。本教材中亦植入了数字化教学资源，此为本教材的创新之处。

教学内容	教学要求					教学活动参考
	理论模块			实践模块		
	了解	熟悉	掌握	学会	熟练掌握	
一、绪论						课堂讲授 网络教学
（一）五官科护理课程性质	√					
（二）五官科护理课程学习目标	√					
（三）五官疾病的特点及本课程学习方法	√					

续表

教学内容	教学要求						教学活动参考
	理论模块			实践模块			
	了解	熟悉	掌握	学会	掌握	熟练掌握	
二、眼科患者护理概述							课堂讲授 网络教学 病案讨论 临床见习 技能实训
（一）眼的应用解剖生理					√		
1. 眼球		√					
2. 眼副器			√				
3. 眼的血管、神经与视路		√					
（二）眼科患者的护理评估							
1. 眼科疾病基本特征			√				
2. 眼科患者的护理评估		√					
3. 眼科常用检查方法					√		
4. 眼科常用护理诊断			√				
（三）眼科常用护理技术与护理管理							
1. 眼科常用护理技术					√		
2. 眼科护理管理		√					
三、眼附属器疾病患者的护理							课堂讲授 网络教学 病案讨论
（一）眼睑疾病患者的护理							
1. 睑缘炎患者的护理			√				
2. 睑腺炎患者的护理			√				
3. 睑板腺囊肿患者的护理			√				
4. 睑内翻患者的护理			√				
5. 睑外翻患者的护理			√				
6. 上睑下垂患者的护理			√				
（二）泪器疾病患者的护理							
慢性泪囊炎患者的护理			√				
（三）结膜疾病患者的护理							
1. 急性细菌性结膜炎患者的护理			√				
2. 病毒性结膜炎患者的护理			√				
3. 沙眼患者的护理			√				
4. 免疫性结膜炎患者的护理			√				
5. 翼状胬肉患者的护理			√				
6. 干眼症患者的护理			√				
（四）斜视患者的护理							
1. 共同性斜视患者的护理			√				
2. 麻痹性斜视患者的护理			√				
四、眼球壁疾病患者的护理							课堂讲授 网络教学 病案讨论
（一）角膜疾病患者的护理							
1. 细菌性角膜炎患者的护理			√				
2. 真菌性角膜炎患者的护理			√				
3. 单纯疱疹病毒性角膜炎患者的护理			√				
（二）葡萄膜疾病患者的护理			√				
（三）视网膜疾病患者的护理			√				
1. 视网膜动脉阻塞患者的护理			√				
2. 视网膜静脉阻塞患者的护理			√				
3. 高血压性视网膜病变患者的护理			√				
4. 糖尿病性视网膜病变患者的护理			√				
5. 视网膜脱离患者的护理			√				
（四）弱视患者的护理			√				
五、眼球内容物疾病患者的护理							课堂讲授 网络教学 临床见习
（一）青光眼患者的护理							
1. 急性闭角型青光眼病人的护理			√				
2. 开角型青光眼病人的护理			√				
3. 先天性青光眼病人的护理			√				
（二）白内障患者的护理							
1. 年龄相关性白内障			√				
2. 先天性白内障		√					
（三）玻璃体病人的护理		√					
（四）屈光不正患者及老视的护理							
1. 近视病人的护理			√				
2. 远视病人的护理		√					

续表

教学内容	教学要求						教学活动参考
	理论模块			实践模块			
	了解	熟悉	掌握	学会	掌握	熟练掌握	
3. 散光病人的护理		√					
4. 老视病人的护理		√					
5. 斜视病人的护理		√					
六、眼外伤病人的护理							课堂讲授 网络教学 临床见习
（一）眼球表面异物患者的护理			√				
（二）眼钝挫伤病人的护理			√				
（三）眼球穿通伤及眼内异物患者的护理		√					
1. 眼球穿通伤病人的护理			√				
2. 眼内异物病人的护理		√					
（四）眼化学伤病人的护理		√					
（五）电光性眼炎病人的护理	√						
七、耳鼻咽喉科患者护理概述							课堂讲授 网络教学 临床见习 技能实训
（一）耳鼻咽喉的应用解剖与生理							
1. 耳的应用解剖与生理		√					
2. 鼻的应用解剖与生理		√					
3. 咽的应用解剖与生理		√					
4. 喉的应用解剖与生理		√					
5. 气管、支气管的应用解剖与生理		√					
6. 食管的应用解剖与生理		√					
（二）耳鼻咽喉科的护理评估							
1. 耳鼻咽喉科疾病基本特征			√				
2. 耳鼻咽喉科患者护理评估		√					
3. 耳鼻咽喉科常用护理诊断			√				
（三）耳鼻咽喉科常用护理技术操作							
1. 外耳道清洁法				√			
2. 外耳道滴药法					√		
3. 鼓膜穿刺法				√			
4. 鼻腔滴药法						√	
5. 鼻腔冲洗法					√		
6. 下鼻甲黏膜下注射法					√		
7. 上颌窦穿刺冲洗法					√		
8. 鼻窦负压置换疗法					√		
9. 咽部涂药法					√		
10. 咽喉部喷雾法					√		
11. 雾化吸入法						√	
（四）耳鼻咽喉科护理管理							
1. 门诊护理管理		√					
2. 隔音室护理管理		√					
八、耳科患者的护理							课堂讲授 网络教学 病案讨论
（一）外耳炎症及外伤患者的护理							
1. 外耳道炎患者的护理		√					
2. 鼓膜外伤患者的护理		√					
（二）中耳炎患者的护理							
1. 分泌性中耳炎患者的护理			√				
2. 慢性化脓性中耳炎患者的护理		√					
（三）梅尼埃患者的护理			√				
九、鼻科患者的护理							课堂讲授 网络教学 病例讨论 临床见习
（一）鼻炎患者的护理							
1. 鼻疖患者的护理	√						
2. 慢性鼻炎患者的护理			√				
3. 变应性鼻炎病人的护理		√					
（二）鼻窦炎患者的护理							
1. 急性鼻窦炎患者的护理		√					
2. 慢性鼻窦炎患者的护理			√				
（三）鼻出血患者的处理			√				
十、咽科患者的护理							课堂讲授 网络教学 病例讨论
（一）扁桃体炎患者的护理							
1. 急性扁桃体炎			√				

续表

教学内容	教学要求						教学活动参考
	理论模块			实践模块			
	了解	熟悉	掌握	学会	掌握	熟练掌握	
2. 慢性扁桃体炎		√					临床见习
（二）慢性咽炎患者的护理			√				
（三）鼻咽癌患者的护理		√					
（四）阻塞性睡眠呼吸暂停综合征患者的护理			√				
十一、喉科患者的护理							课堂讲授
（一）喉部炎症患者的护理		√					网络教学
（二）喉阻塞患者的护理			√				病例讨论
（三）喉癌患者的护理		√					临床见习
十二、气管及支气管、食管异物患者的护理							课堂讲授 网络教学
（一）气管及支气管异物患者的护		√					病例讨论 临床见习
（二）食管异物患者的护理	√						
十三、口腔科患者护理概述							课堂讲授
（一）口腔颌面部应用解剖生理							网络教学 病例讨论
1. 口腔基本结构		√					临床见习
2. 牙体及牙周组织		√					技能实训
3. 颌面部结构要点		√					
（二）口腔科患者的护理评估							
1. 口腔科疾病基本特征			√				
2. 口腔科患者护理评估		√					
3. 口腔科常用护理诊断			√				
（三）口腔科护理管理							
1. 口腔科护士的素质要求		√					
2. 门诊护理管理	√						
3. 消毒隔离制度	√						
4. 手术前、后的护理管理		√					
（四）口腔四手操作技术						√	
（五）口腔材料调拌技术				√			
（六）口腔手术后的护理操作技术					√		
十四、牙体及牙周组织疾病患者的护理							课堂讲授 网络教学
（一）牙体及牙髓病患者的护理							病例讨论 临床见习
1. 龋病患者的护理			√				
2. 牙髓病患者的护理		√					
（二）根尖周病患者的护理							
1. 急性根尖周病患者的护理			√				
2. 慢性根尖周炎患者的护理		√					
（三）牙周疾病患者的护理							
1. 牙龈炎患者的护理		√					
2. 牙周炎患者的护理		√					
十五、口腔黏膜病患者的护理							课堂讲授 网络教学
（一）口腔黏膜炎症患者的护理							病例讨论 临床见习
1. 复发性口疮患者的护理			√				
2. 口腔念珠菌病患者的护理		√					
（二）口腔黏膜白斑患者的护理		√					
十六、口腔颌面部疾病患者的护理							课堂讲授 网络教学
（一）口腔颌面部炎症患者的护理							病例讨论 临床见习
1. 智齿冠周炎			√				
2. 颌面部间隙感染		√					
3. 颌骨骨髓炎		√					
（二）口腔颌面部损伤患者的护理							
1. 口腔颌面部损伤的特点		√					
2. 口腔颌面部损伤的临床表现		√					
3. 口腔颌面部损伤的急救			√				
4. 口腔颌面部损伤的分类与护理		√					

续表

教学内容	教学要求						教学活动参考
	理论模块			实践模块			
	了解	熟悉	掌握	学会	掌握	熟练掌握	
（三）口腔颌面部肿瘤患者的护理							
1. 舌癌		√					
2. 牙龈癌		√					
十七、先天性唇裂与腭裂患者的护理							课堂讲授 网络教学 病例讨论 临床见习
（一）先天性唇裂患者的护理			√				
（二）先天性腭裂患者的护理			√				

四 教学标准说明

（一）适用对象与参考学时

本教学标准供全国高等职业技术学校护理、助产等专业使用，共 30 学时，其中理论 22 学时，实践 8 学时，理论与实践教学的学时比例为 2.75:1。

（二）教学要求

1. 本教学标准对知识的教学要求分为三个层次：①了解：能记住知识的内容；②熟悉：能领会概念的含义和理解知识的内容；③掌握：能深刻认识、分析知识的联系和区别，并能灵活地综合运用所学知识分析和解决临床护理问题。

2. 本课程对实践教学要求分为三个层次：①学会：在老师指导下，能正确地进行护理操作，能收集患者资料、列出护理诊断、制定护理措施；②掌握：能按照教学素材正确地进行护理技能操作，并熟知注意事项。③熟练掌握：能在不同病案中灵活运用与正确进行护理技能操作，能运用护理程序对患者实施整体护理。

（三）教学建议

1. 本课程是高职护理专业课程，其突出特点是实践性非常强。在教学过程中切实做到以学生为中心、让学生做教学的主人，充分发挥教师的主导作用和学生的主体作用。注重理论联系实际，并组织学生开展必要的临床案例分析讨论，以培养学生的分析问题和解决问题的能力，使学生加深对教学内容的理解和掌握。

2. 实践教学要充分利用教材中数字资源，适当增加临床见习课时、案例分析讨论等教学形式，充分调动学生学习的积极性和主观能动性，强化学生的动手能力和专业实践技能操作。

3. 教学评价应通过课堂提问、布置作业、单元目标测试、案例分析讨论、操作技能考核、期末考试等多种形式，对学生进行学习能力、实践能力和应用新知识能力的综合考核，以期达到教学目标提出的各项任务。

（四）学时分配建议（30 学时）

序号	教学内容	学时数		
		理论	实践	合计
1	绪论	0.5		0.5
2	眼科患者护理概述	1.5	3	4
3	眼附属器疾病患者的护理	1		1

续表

序号	教学内容	学时数		
		理论	实践	合计
4	眼球壁疾病患者的护理	1		1
5	眼球内容物疾病患者的护理	2		2
6	眼外伤病人的护理	1		1
7	耳鼻咽喉科患者护理概述	2	2	4
8	耳科患者的护理	2		2
9	鼻科患者的护理	2		2
10	咽科患者的护理	1		1
11	喉科患者的护理	0.5		0.5
12	气管及支气管、食管异物患者的护理	0.5		0.5
13	口腔科患者护理概述	1	3	4
14	牙体及牙周组织疾病患者的护理	2		2
15	口腔黏膜病患者的护理	2		2
16	口腔颌面部疾病患者的护理	1		1
17	先天性唇裂与腭裂患者的护理	1		1
	合计	22	8	30

目标检测选择题参考答案

第一章

1. B　2. E　3. A　4. D　5. D　6. D　7. C　8. B　9. B　10. B　11. C　12. ABCDE　13. CDE　14. ABCDE

第二章

1. C　2. E　3. D　4. E　5. A　6. C　7. C

第三章

1. C　2. E　3. B　4. B　5. E　6. E　7. D

第四章

1. C　2. B　3. E　4. A　5. A　6. D　7. C　8. A　9. B　10. C　11. B　12. D　13. B　14. D　15. D　16. B　17. A　18. A　19. A　20. C　21. A　22. D

第五章

1. B　2. B　3. B　4. B　5. D　6. A　7. E　8. B　9. D　10. B　11. E　12. A　13. D　14. D　15. A　16. C　17. D　18. D　19. B　20. C　21. D　22. C　23. E　24. D　25. C　26. C　27. A　28. C　29. C　30. D　31. D　32. B　33. A　34. A　35. D　36. C　37. C　38. D　39. A

第六章

1. E　2. E　3. B　4. E　5. E　6. B　7. C　8. A　9. D　10. A　11. B　12. A　13. E　14. B　15. B　16. D　17. A　18. D　19. D　20. C　21. D　22. C

第七章

1. A　2. D　3. D　4. E　5. D　6. B

第八章

1. B　2. A　3. E　4. E 5. B　6. B　7. C　8. E　9. D　10. D　11. C　12. D

第九章

1. A　2. E　3. C　4. A　5. D　6. A　7. C　8. B　9. E　10. C　11. E　12. E　13. A　14. D

第十章

1. B　2. A　3. B　4. A　5. D　6. A　7. B　8. D

第十一章

1. D　2. A　3. A　4. C　5. B　6. C　7. D

第十二章

1. A　2. D　3. C　4. B　5. E　6. B

第十三章

1. C　2. D　3. D　4. B　5. C　6. B　7. C　8. C　9. B　10. B　11. A　12. B　13. A　14. E　15. C　16. B　17. B　18. D　19. D　20. B　21. E

第十四章

1. E　2. C　3. A　4. D　5. E　6. B

第十五章

1. C　2. D　3. B　4. D　5. E　6. C　7. B　8. A

第十六章

1. B　2. D　3. A　4. E　5. C